UMA MULHER SEM IMPORTÂNCIA

UMA
MULHER
SEM
IMPORTÂNCIA

Sonia Purnell

UMA MULHER SEM IMPORTÂNCIA

A história secreta da espiã americana mais perigosa da Segunda Guerra Mundial

Tradução
PETÊ RISSATTI

 Planeta

Copyright © Sonia Purnell, 2019
Copyright © Editora Planeta do Brasil, 2021
Todos os direitos reservados.
Título original: *A Woman of No Importance*

Preparação: Fernanda Guerriero Antunes
Revisão: Karina Barbosa do Santos e Marina Castro
Diagramação: Futura
Capa: Túlio Cerquize
Imagem de capa: GL Archive / Alamy / Fotoarena

Dados internacionais de Catalogação na Publicação (CIP)
Angélica Ilacqua CRB-8/7057

Purnell, Sonia
  Uma mulher sem importância: a história secreta da espiã americana mais perigosa da Segunda Guerra Mundial/Sonia Purnell; tradução de Petê Rissatti. – São Paulo: Planeta, 2021.
  416 p.

  ISBN 978-65-5535-227-6
  Título original: A Woman of No Importance: The Untold Story of the American Spy Who Helped Win World War II

  1. Goillot, Virginia, 1906-1982 – Biografia 2. Espiãs – Estados Unidos – Biografia 3. Guerra Mundial, 1939-1945 – Serviço secreto – Estados Unidos I. Título II. Rissatti, Petê

20-4169   CDD 940.54092

Índices para catálogo sistemático:
1. Segunda Guerra Mundial - Espiãs - Serviço secreto

2021
Todos os direitos desta edição reservados à
EDITORA PLANETA DO BRASIL LTDA.
Rua Bela Cintra, 986, 4º andar – Consolação
São Paulo – SP – 01415-002
www.planetadelivros.com.br
faleconosco@editoraplaneta.com.br

Para Sue
1951-2017
A coragem vem de muitas formas.

A Resistência era um modo de vida. [...] Nós nos víamos ali, totalmente livres [...] uma versão desconhecida e incógnita de nós mesmos, o tipo de gente que ninguém jamais poderá encontrar de novo, que existia apenas com relação a condições únicas e terríveis [...] a fantasmas ou aos mortos. [...] [Ainda assim] eu chamava esse momento da vida de "felicidade".
— Jean Cassou, líder da Resistência de Toulouse e poeta

O sujeito ideal do governo totalitário não é o nazista convicto ou o comunista convicto, são as pessoas que acreditam que a distinção entre fato e ficção (ou seja, a realidade da experiência) e a distinção entre verdadeiro e falso (isto é, os padrões de pensamento) não existem mais.
— Hannah Arendt, *As origens do totalitarismo*

É a partir de inúmeros atos diversos de coragem e crença que a história humana é moldada. Cada vez que o homem defende um ideal, age para melhorar a sorte de outrem ou luta contra a injustiça, ele provoca uma pequena ondulação de esperança, e, ao se cruzarem entre milhões de diferentes centros de energia e de ousadia, essas ondulações formam uma corrente que pode derrubar a mais poderosa das muralhas.
— Robert F. Kennedy

Lista de personagens

Os codinomes e nomes de campo aparecem em itálico em todo o livro. Os agentes, em geral, tinham vários codinomes e nomes de campo, mas, para fins de clareza, usei apenas os mais relevantes.

Alain = Georges Duboudin
Antoine = Philippe de Vomécourt (também *Gauthier*, *Major St. Paul*)
Aramis = Peter Harratt (também *Henri Lassot*)
Artus e *Auguste* = Henry e Alfred Newton
Bispo = Abade Robert Alesch (também *René Martin*)
Bob = Raoul Le Boulicaut
Carte = André Girard
Célestin = Brian Stonehouse
Christophe = Gilbert Turck
Constantin = Jean de Vomécourt
Fontcroise = Capitão Henri Charles Giese
Georges = Georges Bégué
Gévolde = Serge Kapalski
Gloria = Gabrielle Picabia
Lucas = Pierre de Vomécourt (também *Sylvain*)
Marie = Virginia Hall (também *Germaine*, *Philomène*, *Nicolas*, *Diane*, *Diana*, *Marcelle*, *Brigitte*, *Isabelle*, *Camille*, *DFV*, *Artemis*)
Nicolas = Robert Boiteux (também conhecido como Robert Burdett)
Olive = Francis Basin
Pépin = Dr. Jean Rousset
René = Victor Gerson (também *Vic*)
Sophie = Odette Wilen
Victoire = Mathilde Carré (ou *La Chatte*)

Sumário

PRÓLOGO		13
CAPÍTULO UM	O sonho	19
CAPÍTULO DOIS	Chega a hora	41
CAPÍTULO TRÊS	Minhas amigas meretrizes	71
CAPÍTULO QUATRO	Adeus, Dindy	99
CAPÍTULO CINCO	Doze minutos, doze homens	133
CAPÍTULO SEIS	Colmeia de espiões	149
CAPÍTULO SETE	A montanha cruel	177
CAPÍTULO OITO	A agente mais procurada	195
CAPÍTULO NOVE	Contas a acertar	225
CAPÍTULO DEZ	Maria das Montanhas	255
CAPÍTULO ONZE	Dos céus	287
CAPÍTULO DOZE	Os anos na CIA	321
EPÍLOGO		345
AGRADECIMENTOS		349
NOTAS		353
BIBLIOGRAFIA SELECIONADA		375
ÍNDICE REMISSIVO		381

PRÓLOGO

A França estava caindo. Carros queimados, antes lotados de objetos valiosos, eram vasculhados loucamente em trincheiras. Suas amadas cargas de bonecas, relógios e espelhos jaziam esmagadas ao redor deles e ao longo de quilômetros de estradas inamistosas. Os proprietários, jovens e velhos, espalhavam-se pela terra quente, gemiam ou já estavam em silêncio. Ainda assim, hordas continuavam passando por eles, uma fila infinita de fome e exaustão temerosa demais para parar por dias a fio.

Estavam na caminhada 10 milhões de mulheres, crianças e velhos, todos fugindo dos tanques de Hitler que invadiam a fronteira do leste e do norte. Cidades inteiras movimentaram-se em uma tentativa fútil de escapar da *Blitzkrieg* nazista que ameaçava engoli-las. A conversa agitada era de que os soldados alemães se despiam até a cintura em júbilo pela facilidade da conquista. O ar estava denso com fumaça e o fedor dos mortos. Os bebês não tinham leite, e os idosos caíam onde estavam. Os cavalos, puxando velhas carroças sobrecarregadas, despencavam e bufavam em uma agonia suarenta. A onda de calor francesa de maio de 1940 era testemunha disso, do maior êxodo de refugiados de todos os tempos.[1]

Dia após dia, um veículo solitário cruzava a multidão com uma mulher jovem e impressionante ao volante. A soldada Virginia Hall com frequência ficava quase sem combustível e remédios, mas ainda assim seguia em frente em sua ambulância do Exército francês na direção do inimigo, que avançava. Ela perseverava, mesmo quando os Stukas alemães vinham zunindo e soltavam bombas de mais de 50 quilos nos comboios ao redor dela, incendiando carros e abrindo crateras nas estradas. Mesmo quando os aviões de combate passavam pela copa das árvores para metralhar as trincheiras onde mulheres e crianças tentavam se proteger da carnificina. Mesmo quando soldados franceses desertaram de suas unidades, abandonando armas e fugindo, alguns dentro de tanques. Mesmo quando seu quadril esquerdo era dominado pela dor por pisar continuamente na embreagem com seu pé protético.

Agora, com 34 anos, sua missão marcava um ponto de virada após anos de rejeição cruel. Pelo seu bem e também pelos ferimentos que acumulava dos campos de batalha e dos transportes ao hospital, ela não podia falhar de novo. Havia muitos motivos para Virginia arriscar a vida voluntariamente, longe de casa, para auxiliar um país estrangeiro, quando milhões de outros estavam desistindo. Talvez o principal deles fosse que fazia muito tempo que ela não se sentia tão viva, tão entusiasmada. Com nojo da covardia dos desertores, não conseguia compreender por que não continuavam a luta. Por outro lado, tinha tão pouco a perder. Os franceses ainda se lembravam do sacrifício de um terço de seus jovens na Grande Guerra, e uma nação de viúvas e órfãos não queria mais derramamento de sangue. No entanto, Virginia pretendia ir até o fim, aonde a batalha a levasse. Estava preparada para assumir qualquer risco, enfrentar qualquer perigo. A guerra total contra o Terceiro Reich talvez oferecesse, de um jeito perverso, sua última esperança de paz pessoal.

Ainda assim, isso não era nada se comparado com o que estava por vir em uma vida que se estenderia por uma história homérica de aventura, ação e coragem aparentemente inconcebíveis. Os serviços de Virginia Hall na França, no verão de 1940, foram apenas um aprendizado para uma próxima missão suicida contra a tirania dos nazistas e de suas marionetes na França. Ela ajudou a inaugurar um papel audacioso de espionagem, sabotagem e subversão por trás de linhas inimigas em uma era em que as mulheres mal apareciam no prisma de heroísmo, quando sua participação em combates se limitava a uma função paliativa, de apoio. Quando se esperava que elas apenas parecessem bonitas e agissem com obediência, deixando os homens fazerem o serviço pesado. Quando as mulheres (ou os homens) com deficiência ficavam confinadas em casa, com frequência levando vidas limitadas, insatisfatórias. O fato de uma jovem, que havia perdido a perna em circunstâncias trágicas, ter superado as restrições mais extremas, o preconceito e até mesmo a hostilidade a fim de ajudar os Aliados a vencerem a Segunda Guerra Mundial é surpreendente. É incrível que uma líder de guerrilha de sua estatura permaneça tão desconhecida até hoje.

Ainda assim, talvez essa tenha sido a vontade de Virginia. Ela operava nas sombras, e nas sombras era mais feliz. Até mesmo para seus aliados mais próximos na França ela parecia não ter lar, família ou regimento, apenas um desejo ardente de derrotar os nazistas. Eles não sabiam seu nome verdadeiro, tampouco sua nacionalidade, nem como havia ido parar ali. Constantemente mudando de aparência e postura, surgindo sem aviso prévio por fileiras inteiras da França apenas para desaparecer de repente, permaneceu um enigma durante toda a guerra e até alguns anos depois. Mesmo agora, foram necessários três bons anos de trabalho de detetive para rastrear sua história, o que me levou aos Arquivos Nacionais em Londres, aos arquivos da Resistência em Lyon e às zonas de pouso de paraquedas no Haute-Loire, até os dossiês jurídicos de Paris e os corredores de mármore branco da sede da CIA, em Langley. Minha busca me levou por nove níveis de liberação de segurança e ao coração do mundo atual da espionagem norte-americana. Discuti as pressões de operar em território inimigo com um ex-membro das Forças Especiais Britânicas e ex-oficiais da inteligência dos dois lados do Atlântico. Rastreei arquivos que estavam perdidos e descobri que outros permanecem misteriosamente ausentes ou desaparecidos. Passei dias desenhando diagramas que combinassem com as dúzias de codinomes com classificações de suas missões, meses caçando trechos daqueles estranhos papéis "desaparecidos"; anos escavando memórias e documentos esquecidos. Claro, os melhores líderes de guerrilha não pretendiam deixar futuros historiadores felizes, mantendo registros matinais detalhados de todas as suas missões noturnas. Os registros existentes não raro são incompletos ou contraditórios. Quando possível me limitei à versão dos eventos contada pelas pessoas mais próximas a eles. Às vezes, no entanto, era como se Virginia e eu estivéssemos fazendo nosso próprio jogo de gato e rato; como se do túmulo ela continuasse, conforme sempre dizia, "não disposta a falar" sobre o que fazia.

Em seu universo secreto, quando praticamente toda a Europa – do Mar do Norte à fronteira russa – estava sob domínio nazista, a confiança era um luxo inalcançável. O mistério era tão vital quanto uma pistola Colt de bolso. E, ainda assim, em um período em que o mundo parecia mais uma vez inclinado à divisão e ao extremismo, seu exemplo de camaradagem entre fronteiras na busca de um ideal mais elevado se destaca mais do que nunca.

Nem os governos facilitaram o preenchimento das lacunas. Uma porção de documentos relevantes ainda estará sob sigilo por mais uma geração – embora eu tenha conseguido a liberação de vários documentos para escrever este livro com a ajuda inestimável de dois ex-agentes da inteligência. Outros papéis foram consumidos pelas chamas em um incêndio devastador nos Arquivos Nacionais Franceses, nos anos 1970, deixando um buraco irrecuperável nos relatos oficiais. Lotes inteiros de documentos na Administração de Registros e Arquivos Nacionais (NARA [sigla em inglês]), em Washington, D.C., aparentemente se perderam ou talvez tenham sido arquivados de maneira incorreta; pelo visto, uma lista útil deles foi ignorada na mudança entre dois edifícios. Restam apenas 15% dos documentos originais da Executiva de Operações Especiais (SOE [sigla em inglês]) – o serviço secreto britânico para o qual Virginia trabalhou de 1941 a 1944. Ainda assim, com todos esses desafios, percalços e viradas por corredores escuros e ocultos, a história de Virginia não decepciona nenhuma vez: na verdade, revelou-se várias vezes mais extraordinária, com personagens mais vívidos e de uma importância maior do que eu poderia ter imaginado. Ela ajudou a mudar para sempre a espionagem e o ponto de vista em relação às mulheres na guerra – e o curso da luta na França.

Os inimigos de Virginia eram mais mortais; a conduta dela, mais ousada do que muita fantasia de filmes de ficção de Hollywood. E, ainda assim, a história de suas aventuras é verdadeira, Virginia é uma heroína real que seguiu em frente mesmo quando tudo parecia perdido. O universo impiedoso de enganação e intriga que a circundava talvez tenha inspirado Ian Fleming a criar James Bond, ainda que ela tenha chegado mais perto de ser o suprassumo da espionagem. Afinal, tão implacável e astuta quanto o ficcional 007, ela também entendia a necessidade de se misturar e manter distância de amigos e inimigos na mesma proporção. Enquanto qualquer malvado internacional conhecia Bond de nome, ela passava despercebida pelos inimigos. Enquanto Bond dirigia um berrante Aston Martin, ela viajava de trem, bonde ou, apesar de sua deficiência, a pé. Enquanto o personagem de Fleming parecia ter subido na vida até o topo sem percalços, Virginia precisou se esforçar para conseguir cada milímetro de reconhecimento e autoridade. Sua luta fez dela a figura que ela se tornou, aquela que sobreviveu, até mesmo prosperou, em uma vida clandestina que derrubou muitos aparentemente mais aptos àquele trabalho. Não é de se estranhar que o atual responsável pela agência britânica de inteligência, o MI6, tenha revelado que busca recrutas que não sejam escandalosos e exibidos, mas que tiveram de "lutar para progredir na vida".[2]

Virginia era um ser humano com defeitos, medos e inseguranças, como todos nós – talvez mais ainda –, mas eles a ajudaram a compreender seus inimigos. Seus instintos a traíram apenas uma vez, com consequências catastróficas; na maior parte do tempo, porém, ela dominou seus demônios e ganhou a confiança, a admiração e, por fim, a gratidão de milhares nesse processo. Quem conhecia Virginia obviamente nunca a esqueceria. Até o momento em que se aposentou, nos anos 1960, de sua carreira de pós-guerra na CIA, ela foi uma mulher à frente de seu tempo e tem muito a nos dizer nos dias de hoje.

Ainda há uma imensa controvérsia sobre mulheres lutando ao lado de homens no *front*, mas quase oito décadas atrás Virginia já comandava homens dentro do território inimigo. Ela vivenciou seis anos da guerra europeia de um jeito que poucos norte-americanos viveram. Arriscava sua vida constantemente, não em virtude de um nacionalismo fervoroso por seu país, mas por amor e respeito à liberdade alheia. Explodiu pontes e túneis e enganou, negociou e, assim como 007, teve licença para matar. Virginia buscava uma forma muito moderna de guerra, com base em doutrinação, fraude e a formação de um inimigo interno – técnicas hoje cada vez mais familiares a todos nós. No entanto, seus objetivos eram nobres: desejava proteger em vez de destruir, restaurar a liberdade em vez de retirá-la. Nunca buscou fama ou glória, tampouco as recebeu de verdade.

Estas páginas não são um relato militar da batalha pela França, nem uma análise das formas mutantes da espionagem ou do crescente papel das Forças Especiais, embora, claro, eles tramem um pano de fundo rico e dramático da história de Virginia. Este livro é, acima de tudo, uma tentativa de revelar como uma mulher ajudou de vez a virar a maré da história. Revelar como a adversidade, a rejeição e o sofrimento podem às vezes se transformar, por fim, na resolução e no triunfo final, mesmo em um cenário de conflito terrível que lança uma sombra gigante sobre o jeito como vivemos hoje. Revelar como as mulheres podem sair do construto da feminilidade convencional para desafiar todos os estereótipos se alguém ao menos lhes der uma chance. E como as urgências desesperadas da guerra podem, de maneira perversa, abrir portas que a vida normal tragicamente mantém fechadas.

Claro, Virginia, que serviu nos serviços secretos britânico e norte-americano, não trabalhava sozinha. A equipe de apoio – formada por médicos, prostitutas, esposas de fazendeiros, professores, policiais e livreiros – também foi esquecida, mas todos com frequência eram pagos generosamente por seu valor. Da mesma forma que aquilo que faziam pela causa era inspirado em parte por romantismo e ideais orgulhosos, também estavam cientes de que o fracasso ou a captura resultariam em uma morte solitária e cruel. Algumas das figuras mais vis e horrendas do Terceiro Reich eram obcecadas por Virginia e por suas redes, e se dedicaram ao máximo para eliminá-la e acabar com o movimento que ela ajudou a criar. No entanto, em 1944, quando chegou a hora da libertação da França, os exércitos secretos equipados, treinados e às vezes liderados por ela desafiaram as expectativas e ajudaram a conquistar a vitória completa e final dos Aliados. No entanto, isso também não foi suficiente para ela.

CAPÍTULO UM
O sonho

A sra. Barbara Hall tinha tudo preparado. Criou Virginia, sua única filha e a mais nova entre os irmãos, nascida em 6 de abril de 1906, na expectativa de um casamento vantajoso. Tendo sido uma secretária jovem e ambiciosa no século anterior, Barbara triunfara ao se casar com o chefe – Edwin Lee Hall (conhecido como Ned), um rico banqueiro e dono de cinemas de Baltimore – e nunca quis olhar para trás. Sua grande ascensão social aos círculos finos da Costa Leste a deixou, ao menos de acordo com sua família, "metida". Afinal, o pai de Ned, John W. Hall, podia ter fugido para o mar aos 9 anos em um barco a vela da família, mas no fim tinha se casado com uma herdeira e se tornado presidente do First National Bank. O irmão de John, Robert, tio-avô de Virginia, havia sido o maior entre os grandes do exclusivo Jóquei Clube de Maryland. Barbara via como os Hall mais velhos levavam uma vida sofisticada – o vestíbulo de sua opulenta casa de Baltimore, pelo que diziam, era longo o bastante para caber uma carroça com cavalos – e queria o mesmo. Ned, porém, para evidente frustração de Barbara, não conseguiu nem manter a fortuna da família, muito menos aumentá-la, então a situação doméstica dos Hall era mais modesta. A casa de campo de Ned e Barbara na Boxhorn Farm, em Maryland, era requintada, mas não tinha aquecimento central e tirava sua água de um riacho. Seu apartamento no centro de Baltimore, apesar de elegante, era alugado. Era obrigação de Virginia levar a família de volta ao elevado nível social dos Hall, casando-se com alguém com mais posses.

Na antiga vida de Virginia, Barbara observava como a filha era perseguida por jovens e prósperos pretendentes com satisfação maternal. Tal era a atração exercida por Virginia antes de ela perder a perna que suas amigas da fina escola particular Roland Park Country a conheciam como "Donna Juanita". Alta e magra, com olhos castanhos brilhantes e um sorriso apaixonante (que ela quase nunca exibia), tinha um ímpeto incomum e se apresentava como um desafio irresistível àqueles jovens, que sonhavam em domá-la. Virginia, no entanto, detestava essas demonstrações de ardor masculino e, sempre que podia, afirmava sua independência usando calças de rapazola e camisas de estampa xadrez. "Preciso de liberdade máxima", proclamou ela em seu anuário escolar, em 1924, aos 18 anos. "Imunidade tão vasta quanto eu quiser." Pouco do que ela dizia ou fazia condizia com os grande planos de sua mãe.

Virginia tinha prazer em desafiar as convenções. Caçava com rifle, esfolava coelhos, cavalgava sem sela e, uma vez, usou um bracelete de cobras vivas na escola. Estava claro que a jovem e destemida "Dindy", como a família a chamava, ansiava por aventuras, tal qual seu avô desbravador de mares. Mesmo que isso resultasse em um desconforto duradouro. A insistência dickensiana de Roland Park Country em manter suas janelas abertas apesar do clima congelante – ou seja, as meninas estudavam de casaco, luvas e chapéu – parece não a ter incomodado nem um pouco.

Dindy descrevia-se como "teimosa e caprichosa"[1] – visão compartilhada por suas colegas, que, mesmo assim, também reconheciam seus dons para organização e sua iniciativa. Viam-na como sua líder natural e votavam nela para presidente da classe, editora-chefe, capitã dos esportes e até mesmo "Profeta da classe". Seu irmão mais velho, John, estudou Química na Universidade de Iowa e, em seguida, obediente, foi trabalhar com o pai, como já estava previsto desde seu nascimento. Já Virginia gostava de explorar novas paisagens, incentivando suas colegas de sala a não esperar dela nada menos do que o inesperado. Considerada pelas alunas da escola a mais "original" entre elas – um elogio de que ela obviamente gostava –, admitia que se esforçava para "manter sua reputação o tempo todo".[2] Ned era permissivo com essa perspectiva individualista, mas Barbara tinha um ponto de vista bem diferente. A sra. Hall estava determinada a fazer a filha abrir mão do interesse pela aventura em troca de um prêmio maior: um marido rico e um lar elegante. Aos 19 anos, Virginia foi obediente, noivou e parecia destinada ao confinamento de uma vida doméstica como a de muitas outras mulheres da sociedade que começavam a vida adulta nos anos 1920.

No entanto, por mais apropriado que seu próspero noivo fosse aos olhos da mãe, Virginia ainda se ressentia de sua arrogância e suas traições. Sim, esperava-se que jovens "moças" como Virginia obedecessem aos seus pretendentes, mas agora a rebelião estava no ar, com o advento, em Baltimore e em outros lugares, de garotas ousadas amantes da independência. Era uma nova geração de jovens que romperam com as regras da era da proibição de bebidas e escandalizaram os mais velhos ao cortar os cabelos bem curtos, fumar e dançar jazz. Rejeitavam as restrições unilaterais de um casamento tradicional e estavam assumindo um papel mais ativo na política, especialmente porque, em 1920 (depois de um século de protestos), as mulheres norte-americanas receberam o direito de voto. Virginia olhou ao redor: a vida doméstica era sufocante, e o mundo lá fora parecia oferecer liberdades novas e atraentes. E assim – para evidente indignação de seu noivo –, ela o dispensou (o que foi uma ótima decisão, pois mais tarde ele supostamente passou por três casamentos infelizes com muito adultério).

Virginia talvez partilhasse do senso de ambição crescente da mãe, mas começou a direcioná-lo para uma carreira e para explorar o mundo em vez de caçar um marido indolente, ainda que próspero. Em sua juventude, Barbara não teve muita escolha além do cargo de secretária; havia poucas outras opções disponíveis para uma mulher solteira de fortuna modesta no fim do século XIX. Ela ficou desconcertada com o desejo da filha de trabalhar fora de casa em vez de se casar e ter uma vida de lazeres, mas as frequentes viagens em família de Virginia à Europa durante a infância e a influência de sua avó alemã, que se vestia de forma impecável, inspiraram nela uma fome por viagens independentes. Era excelente em idiomas na escola e sonhava em usá-los para conhecer pessoas que ela chamava de "interessantes" ao se tornar embaixadora, pelo visto sem se deter pelo fato de que esses cargos elevados até então eram reservados aos homens. Dindy estava disposta a provar que era tão competente quanto os homens em um mundo masculino e, para tanto, foi seu pai coruja (de quem ela era excepcionalmente próxima) que permitiu que ela passasse sete anos estudando em cinco prestigiosas universidades.

Virginia começou, em 1924, em Cambridge, Massachusetts, na Redcliffe (agora, parte de Harvard), mas a atmosfera pedante a enfastiou e, em 1925, ela se mudou para a Barnard College, uma faculdade mais metropolitana, em Manhattan, onde desfrutava dos teatros da Broadway. No entanto, ainda tinha consciência de que, depois de ter dispensado um pretendente, ela deveria seguir as regras e arranjar outro marido adequado. Não conseguiu encontrar nenhum. Também não impressionava seus professores, que a classificavam como "uma aluna mediana", que não participava da vida no câmpus nem aparecia para as aulas de Educação Física. Francês e Matemática eram suas matérias preferidas (ela odiava Latim e Teologia), mas, embora tivesse conseguido "bom conceito", suas notas eram na maioria medíocres, e ela não se formou. Sabia que precisava de uma educação universitária, mas estava ansiosa para começar a vida no mundo real. Talvez Barnard fosse parecida demais com sua casa, e ela não conseguiria se destacar.

Paris parecia oferecer horizontes mais amplos, e ela convenceu os pais de que se sairia muito melhor se ao menos pudesse ir ao exterior. Assim como muitos norte-americanos prósperos da Costa Leste antes e depois dela, Virginia via a capital francesa como o portal elegante para a libertação. Centenas de jovens norte-americanas embarcavam nos transatlânticos da Cunard rumo à Europa toda semana, enviando notícias para casa sobre como as mulheres elegantes de Paris – as *garçonnes*, com seus cabelos curtos e joelhos à mostra – eram incentivadas a ser independentes, atléticas e andróginas em aparência, e podiam trabalhar e amar como bem entendessem. Então, em 1926, aos 20 anos de idade, Virginia também se mudou para o outro lado do Atlântico, longe da cansativa decepção da mãe, para se matricular na École Libre des Sciences Politiques, no Rive Gauche. Na época dos *Années Folles*, os anos loucos, em vez da Proibição Americana e da segregação racial, ela encontrou uma cena artística, literária e musical com uma diversidade impressionante que atraíra escritores como F. Scott Fitzgerald, Gertrude Stein e Ernest Hemingway, além da lendária dançarina negra Josephine Baker (famosa por suas apresentações de charleston no Foliers Bergère e, mais tarde, por seus serviços na Resistência). Nos cafés de Saint-Germain e nos clubes de jazz de Montmartre, Virginia conheceu atrizes, velocistas, intelectuais e políticos iniciantes. A jovem aventureira de Baltimore fumava, bebia e dançava com todos eles, muito mais encantada com aquilo que aprendia com seus novos amigos deslumbrantes do que com seus professores. Ali, por fim, sentiu-se livre para ser ela mesma.

Esse estilo livre e exuberante continuou no segundo semestre de 1927, quando Virginia se mudou para a Konsular Akademie, em Viena, a fim de estudar idiomas, Economia e Jornalismo. Ao contrário de seu período em Nova York, ela ia bem nas aulas, alcançando as notas exigidas com o mínimo de esforço, e encontrava muito tempo para aproveitar a cena festiva e frenética da cidade. Alta, magra e agora elegante com trajes da última moda europeia, atraía muita atenção dos homens, em especial de um ousado oficial do Exército polonês chamado Emil, que a cortejava em passeios românticos às margens do Danúbio. Ele a adorava como um espírito livre e, por isso, ganhou o coração dela de um jeito que ninguém havia conseguido. No entanto, o pai de Virginia (aparentemente incitado por Barbara) se opunha às origens incertas do rapaz e à ideia de que a filha morasse na Europa de vez, e proibiu-a de vê-lo novamente. Mesmo atormentada, Virginia, que costumava ser irredutível, obedeceu a seu amado Ned (assim ela o chamava) e rompeu o noivado não oficial. Ela manteve uma foto de Emil por algum tempo, mas sua independência ia até esse ponto. Nunca mais viu o amante, e mais tarde descobriu que ele provavelmente havia morrido na primavera de 1940, um dos milhares de oficiais poloneses executados a sangue-frio pela polícia secreta russa durante a Segunda Guerra Mundial e enterrados em valas comuns na floresta de Katyn.

Assim que se recuperou da decepção amorosa, Virginia voltou para casa uma mulher muito diferente daquela que atravessara o oceano em 1926. Afinal, não carregava consigo apenas uma formação, mas uma crença fervorosa na emancipação feminina. Aqueles três anos despreocupados despertaram nela um amor profundo e constante pela França e pelas liberdades que seu povo lhe oferecera. A paixão resistiria a toda a barbárie que viria e a impulsionou a pôr sua vida em risco para defender o que ela chamaria de seu "segundo país". Também havia afiado sua coleção de cinco idiomas – os mais úteis, francês e alemão, além de espanhol, italiano e russo –, embora nunca tivesse conseguido se livrar do arrastado sotaque norte-americano. No entanto, tornou-se excepcionalmente bem versada em cultura, geografia e, acima de tudo, política europeias. Quando esteve em Viena, viu grupos fascistas triunfarem durante deflagrações de agitações políticas sangrentas. Em viagens além da fronteira, testemunhou a ascensão rápida da popularidade do Partido Nacional-Socialista de Adolf Hitler como resultado de sua promessa de fazer da Alemanha um país líder, com seus comícios de Nuremberg se transformando em demonstrações gigantescas da força paramilitar nazista. Na Itália quase vizinha, o ditador Benito Mussolini havia declarado guerra à própria democracia em 1925 e, desde então, estava construindo um Estado policial. Portanto, ela foi testemunha das nuvens obscuras de nacionalismo que se reuniam no horizonte. A paz na Europa e a inebriante "*belle vie de Paris*" de Virginia já estavam ameaçadas.

Dindy voltou para Maryland e para a Boxhorn Farm em julho de 1929, pouco antes de quase todo o resto da fortuna da família ser eliminado na quebra da Bolsa de Wall Street e na Grande Depressão subsequente. Seu irmão, John, perdeu o emprego nos negócios de construção e finanças da família, agora sitiados, e o desespero geral parecia ter atingido os estudos de Virginia na pós-graduação em Francês e em Economia na Universidade George Washington, em Washington, D.C. Sua presença era errática, mas as notas eram suficientes para que ela se candidatasse ao Departamento de Estado e se tornasse diplomata profissional, ainda seu sonho fervoroso. Com a autoconfiança da juventude – mais os idiomas e o estudo acadêmico extenso –, ela esperava ter sucesso no indispensável exame de ingresso. O fato de apenas seis dos 1.500 agentes dos Serviços de Relações Exteriores serem mulheres deveria ter sido alerta suficiente.

A rejeição foi rápida e brutal. O alto escalão do Departamento de Estado não parecia disposto a receber de bom grado mulheres em suas fileiras, disse ao amigo Elbridge Durbrow, mas, recusando-se a aceitar a derrota, ela planejava "entrar pela porta de trás".[3]

Nesse meio-tempo, Virginia tentou apoiar o pai, que se esquivava de uma calamidade comercial atrás da outra, agonizando pelo drama de milhares de desempregados e enfrentando a possibilidade da própria ruína. Em 22 de janeiro de 1931, quando saía de seu escritório no centro de Baltimore, Ned despencou na calçada devido a uma parada cardíaca fulminante e morreu poucas horas mais tarde. Ele tinha apenas 59 anos, e sua perda foi um golpe cruel na família – para Virginia, talvez, mais que para os outros. O pai mimava sua querida e jovem Dindy, era permissivo com a tendência da garota a atividades tradicionalmente masculinas, como a caça, tendo até mesmo comprado uma arma para a filha. Agora, ele tinha partido, e também grande parte do dinheiro. John, sua esposa e os dois filhos se mudaram para Boxhorn Farm com Barbara para cortar custos, e esperavam que Virginia fosse viver uma vida tranquila com eles. No entanto, esse arranjo claustrofóbico foi tolerável apenas por um tempo, e logo ela passou a se candidatar a empregos. Depois de sete meses presa em casa, em agosto de 1931, Virginia estava impaciente, a caminho de um emprego de secretária na embaixada dos Estados Unidos em Varsóvia. Pagava 2 mil dólares ao ano, um salário respeitável (e um terço a mais que a renda média dos EUA em meio à Depressão, quando muitas famílias ficavam em filas para conseguir comida). Finalmente tinha saído de Baltimore e irrompido nas fileiras do Departamento de Estado, mas, apesar de todo o seu estudo e das altas expectativas, era uma secretária, exatamente como sua mãe.

No entanto, Virginia causou uma boa impressão instantânea no trabalho, conduzindo seus afazeres – codificando e decodificando telegramas, lidando com a correspondência, processando vistos diplomáticos e enviando relatórios a Washington em meio a uma situação política cada vez mais tensa – com talento e iniciativa. Varsóvia era uma cidade vibrante, com a maior população judaica da Europa, mas a Polônia (Estado independente somente após o fim da Grande Guerra) ficava precariamente espremida entre duas potências musculosas, a Alemanha e a Rússia, e seu futuro era incerto. O tempo e o lugar eram instrutivos, e a simpatia de Virginia pelos poloneses sem dúvida se realçava pelas lembranças de seu caso amoroso com Emil. Talvez o fato de ter sido treinada em codificação tenha lhe rendido seu primeiro vislumbre sedutor do mundo da inteligência. De qualquer forma, ela sentia que seus vastos estudos e sua experiência estavam sendo desperdiçados atrás de uma máquina de escrever. Então, um ano depois, pediu e recebeu apoio de seus chefes – inclusive de seu amigo Elbridge, que agora era vice-cônsul – para se candidatar novamente para o exame de ingresso no corpo diplomático. Estava especialmente confiante no teste oral, em que ela havia provado ser uma candidata excepcional ao obter a pontuação máxima da primeira vez. Virginia sabia que pessoalmente era mais convincente e impressionante. Ainda assim, de forma misteriosa, o questionário da prova oral nunca apareceu, e ela perdeu o prazo de candidatura. Bem quando pensou que finalmente estava prestes a ser aceita no âmago do Departamento de Estado, ela foi relegada de novo às suas margens.

Frustrada, candidatou-se sete meses depois a uma transferência para Esmirna (atualmente Izmir), na Turquia – um cargo perfeito para alguém com seu amor pela vida ao ar livre, por sua proximidade com lagoas e pântanos salgados do Delta de Gediz, famoso por seus pelicanos e flamingos. Quando chegou, em abril de 1933, descobriu que seus deveres oficiais não eram mais elevados do que em Varsóvia e, de fato, Esmirna tinha um interesse estratégico menor. No entanto, nesse local improvável, uma jovem aventureira, talvez ainda ingênua, foi forjada a se tornar uma figura de força excepcional; foi ali que o destino deu as cartas que mudariam a vida de Virginia. O que aconteceu por lá, onde o rio Gediz desemboca no cintilante mar Egeu, ajudaria a moldar o futuro da nação distante em uma Guerra Mundial que ainda estava a seis anos de distância.

Logo depois de sua chegada, Virginia começou a organizar grupos de amigos para expedições de tiro a narcejas nos pântanos. A sexta-feira do dia 8 de dezembro amanheceu clara e tranquila enquanto ela se preparava para outro dia de esporte, levando a estimada escopeta calibre 12 que ganhara de presente do falecido pai. Havia muitos bicos longos para se caçar naquele dia, e uma grande empolgação pairava sobre o grupo de caçadores com ideias afins, embora as narcejas fossem pássaros difíceis de acertar na asa, por conta de seu padrão errático de voo. Sempre competitiva, talvez a ânsia de Virginia em ser a primeira a ensacar uma das aves bem camufladas a distraísse e também a persuadisse a não usar a trava de segurança. De qualquer forma, no momento em que subiu em uma cerca de alambrado que corria pelos juncos altos dos pântanos, Virginia tropeçou. Na queda, sua escopeta escorregou do ombro e ficou presa no sobretudo. Ela estendeu a mão e, quando tentou agarrar a arma, atirou à queima-roupa no pé esquerdo.

Uma mancha rastejante de sangue tingiu as águas lamacentas do delta ao seu redor enquanto ela desmaiava. O ferimento foi sério – o cartucho que Virginia atirara era grande, rombudo e cheio de pelotas de chumbo, que agora estavam cravadas em seu pé. Em desespero, os amigos procuraram estancar o sangramento com um torniquete improvisado enquanto a carregavam ao carro e partiam em disparada rumo ao hospital da cidade. Os médicos em Esmirna agiram rapidamente e, nas três semanas seguintes, ela parecia se recuperar bem. Seus amigos – e a sede do Departamento de Estado em Washington – ficaram aliviados quando souberam que Virginia voltaria à vida normal dentro de alguns meses. O que os médicos locais ainda não haviam notado era que uma infecção virulenta estava entrando nas feridas abertas. Pouco antes do Natal, a saúde da jovem começou a se deteriorar rapidamente, e o chefe do hospital norte-americano em Istambul foi chamado às pressas, junto com duas enfermeiras norte-americanas. Quando chegaram, após uma viagem de trem de 24 horas, o pé de Virginia estava inchando e empretecendo, a carne podre já começava a feder, e o corpo inteiro era traspassado por ondas de dor violentas. Imediatamente, a equipe norte-americana percebeu que o diagnóstico era o pior possível: a gangrena havia se instalado e se espalhava rapidamente pela perna. Em uma época pré-antibióticos, não havia tratamento médico eficaz, e os órgãos de Virginia estavam em risco de falência. Ela estava à beira da morte quando, no dia de Natal, os cirurgiões serraram sua perna abaixo do joelho em uma última tentativa de salvá-la.[4] Ela estava com 27 anos.

A amputação correu bem, considerando as circunstâncias, mas, quando Virginia se restabeleceu, nada aliviava sua tristeza pela vida que ficara para trás. O consulado em Esmirna enviou um telegrama a Washington, informando que a "Secretária Hall" estava "repousando com muito conforto" e que sua saúde estaria recuperada dentro de duas ou três semanas, embora um retorno a suas atividades fosse levar muito mais tempo. No entanto, naqueles primeiros dias, Virginia quase não conseguia suportar a ideia de viver algum futuro. Sua vida havia se restringido a uma cama de hospital e, o pior de tudo, à pena dos outros. E como poderia dar a notícia à mãe, que nunca quis que ela fosse para tão longe e que já havia perdido seu querido Ned? Através de um caleidoscópio de imagens mentais de sangue e sofrimento, Virginia reviveria suas ações daquele fatídico dia pelo resto da vida, ao mesmo tempo que se puniria pela negligência.

Perry George, cônsul norte-americano, enviou um telegrama a Washington para pedir que um oficial sênior informasse à sra. Hall sobre o acidente de Virginia "da forma mais cuidadosa possível". Como Virginia temia, Barbara ficou inconsolável ao receber as notícias devastadoras da filha. A tragédia logo vazou na imprensa, mas a coerente compaixão pública não ajudou Barbara, paralisada pelo medo de perder a filha mais nova. Apenas em 6 de janeiro ela recebeu notícias de que acreditavam que Virginia estava fora de perigo. O médico norte-americano finalmente voltou a Istambul, aliviado por sua paciente ter sobrevivido.

Onze dias depois, o alarme soou novamente. Uma nova infecção havia começado e parecia ser uma sepse, um envenenamento potencialmente letal do sangue. Lutando em frenesi pela vida de Virginia mais uma vez, os médicos locais injetaram soros misteriosos em seu joelho para tentar salvá-lo, enquanto consultavam os norte-americanos em Istambul por telefone de hora em hora. Mesmo hoje, com a medicina moderna, sua condição teria sido crítica; naquela época, as chances eram muito pequenas. A dor diária de Virginia se tornava quase insuportável quando as enfermeiras trocavam as bandagens ensopadas de pus no toco da perna, e o coração muitas vezes disparava, incontrolável.

Um dia, delirante pela infecção que corria por seu corpo, Virginia foi reanimada pelo que ela descreveria como uma visão. Embora sua família remanescente estivesse a milhares de quilômetros de distância, seu falecido pai apareceu ao lado de sua cama, trazendo uma mensagem simples. Ned lhe disse que não deveria desistir e que "era obrigação dela sobreviver", mas que, se ela realmente não pudesse aguentar a dor, ele voltaria para buscá-la. Embora não fosse religiosa em nenhum sentido formal, Virginia acreditava que o pai realmente viera lhe falar. Ela guardou aquelas palavras como uma força poderosa, e sempre falava, com o passar dos anos, como ele a incentivou a lutar pela vida.[5] E dessa forma venceu a primeira (mas não a última) grande batalha pela vida, praticamente sozinha, exceto por um fantasma. Se fosse poupada depois desse sofrimento aterrador, certamente se sentiria capaz de resistir a qualquer outra coisa que a vida lhe trouxesse. E não deixaria que um grande erro ficasse em seu caminho, em nome de seu pai.

De fato, Virginia se recuperou milagrosamente, e o cônsul, que a visitava com devoção no hospital todos os dias, saiu perplexo pela resiliência da jovem, que acabou sendo transferida para um hospital mais moderno em Istambul para a convalescência. Durante as longas e lentas semanas de sua recuperação, determinou que não seria tratada como uma inválida. Em maio de 1934, contra a opinião dos médicos e de seu empregador, insistiu em voltar ao trabalho no consulado um dia depois de sua alta no hospital. Foi uma decisão terrível. Os médicos locais conseguiram apenas uma perna de madeira das mais rudimentares e inadequadas, então ela seguiu confiante em muletas; depois de meses deitada em uma cama, percorrer a mais curta distância já era exaustivo. Houve pouco acompanhamento médico em Esmirna, e a dor de seu ferimento ainda era excruciante. Para variar, ela se sentiu desolada por estar tão distante de casa, e o resultado foi um rápido colapso físico e emocional. "Essa é uma situação que eu previa e tentei evitar, mas a srta. Hall não entendeu as dificuldades que estavam diante dela", dizia o telegrama do cônsul Perry ao Departamento de Estado, em Washington. "A experiência foi dolorosa para todos nós."[6]

Dentro de poucos dias, Virginia estava em um navio para voltar aos Estados Unidos e, um mês depois, em 21 de junho, chegou a Nova York, onde sua família a encontrou no píer e a observou claudicar com hesitação na direção deles. Ela deu entrada no hospital para uma série do que se chamava de "operações de reparo", quase certamente envolvendo cortar mais um pedaço da perna para evitar infecções devoradoras e para ser ajustada com uma nova prótese. Embora fosse moderna para os padrões da década de 1930, era pesada e presa no lugar com faixas de couro e espartilho ao redor da cintura.[7] No clima quente, o couro irritava sua pele e o toco de perna criava bolhas e sangrava. Apesar de ser oca, a perna de madeira pintada, somada ao pé de alumínio, pesava quase 4 quilos. Dar uma simples volta era um teste de resistência, e seus queridos esportes de campo agora estavam fora de cogitação. A dor seria sua inseparável companheira pelo resto de seus dias.

Durante os meses de verão em Boxhorn Farm, Virginia aprendeu a andar novamente, ainda lutando contra infecções oportunistas e o espectro constante da depressão. Ela gostava de ficar sentada no alpendre e ajudar a alimentar as ovelhas, os cavalos e os bodes. No entanto, em novembro de 1934, estava ansiosa para voltar ao trabalho e garantiu um novo posto na Europa, dessa vez em Veneza, onde esperava que as condições estivessem "melhores" que na Turquia, país que tinha tantas lembranças ruins que ela não pretendia visitar nunca mais.

Virginia não pediu – nem lhe foi concedida – dispensa especial com relação a sua carga de trabalho. Apenas alguns ocasionais lampejos de raiva, típicos de alguém que enfrenta frustrações intoleráveis, indicavam aos observadores sua angústia. Ela tentava disfarçar sua deficiência com longas caminhadas, embora fosse obrigada, mesmo com sapatos sem salto, a andar com um rebolado mais acentuado, que ficava ainda mais aparente quando estava cansada. Subir e descer degraus continuou sendo um desafio especial – e, consequentemente, como ela estava prestes a descobrir, Veneza não podia ser menos adequada a uma recém-amputada.

La Serenissima era uma cidade feita para se caminhar. Virginia olhava com horror para as escorregadias passagens de pedra e as quatrocentas pontes altas, muitas com degraus, sobre os 177 canais da cidade. Rapidamente, imaginou uma solução engenhosa: uma gôndola particular com um brasão esplêndido de leão dourado seria sua carruagem. Um morador local devotado, Angelo, a ajudaria a remar e a buscaria quando o "mar estivesse bravio", tornando seu "equilíbrio precário".[8] Ela estava desenvolvendo um jeito de recrutar pessoas que largariam tudo para ajudá-la na adversidade, impressionadas por seu charme e sua óbvia coragem.

Virginia montou sua casa em um *palazzo* histórico que possuía uma enorme sacada com vista para o Grande Canal. Ela começou a fazer recepções de novo, utilizando bem as finas louças e pratarias da família Hall. No início, também convidou a mãe para lhe fazer companhia vários meses, pois ainda sentia que talvez fosse precisar de uma ajuda extra, especialmente porque seu toco de perna "sofria enormemente" no pegajoso calor veneziano. Talvez fosse em parte por seus desacordos renovados por sua decisão de, mais uma vez, trabalhar tão longe de casa que sua vida se tornava desconfortável na presença de sua ansiosa mãe. De qualquer forma, parece que, por mais que as duas se amassem genuinamente, Barbara nunca mais viajou para ver a filha na Europa.

Apesar dessas provações, Virginia impressionou de novo seus superiores no consulado dos Estados Unidos, onde a equipe lidava com vistos, passaportes e repatriações de turistas norte-americanos, bem como com acordos alfandegários para empresários. Desesperada para provar seu valor, ela logo estava envolvida em tarefas mais complexas ou delicadas, tipicamente reservadas a diplomatas de carreira, e não a secretárias, e até mesmo cobria as ausências do vice-cônsul. Descobriu que se manter ocupada era a melhor maneira de controlar os pensamentos mais obscuros. O cônsul notou que Virginia raramente tirava um dia de folga, mesmo nos fins de semana, e que ela nunca permitia que sua deficiência atrapalhasse o trabalho. Supondo agora que nunca se casaria, sua carreira era mais importante do que nunca, e ela se esforçava para se manter atualizada com os acontecimentos políticos. Horrorizada pela maré de fascismo que crescia ao seu redor, ansiava por se envolver nos esforços diplomáticos para impedi-lo.

Era um momento de desemprego em massa e pobreza acachapante, quando apenas os ditadores que tomavam o poder pela Europa pareciam oferecer esperança. Hitler, que pouco tempo antes era motivo de risos complacentes daqueles que diziam que ele não chegaria a lugar nenhum, era agora chanceler da Alemanha, adorado por milhões; o país anfitrião de Virginia, a Itália, era efetivamente um Estado fascista unipartidário nas mãos de Mussolini, defendido por gangues de brutamontes de camisas-negras conhecidos como *squadristi*; Stalin conduzia uma ditadura assassina na Rússia. Esse extremismo (da esquerda e da direita) parecia estar em marcha em todos os lugares, como resultado da propaganda, da invenção de slogans e da implacável manipulação dos meios de comunicação.

Naquela que ficou conhecida como a década das mentiras, a verdade e a confiança se tornaram vítimas do medo, do racismo e do ódio. Virginia viu-se em uma posição privilegiada quando o ideal cada vez mais frágil de democracia não conseguia encontrar defensores com respostas alternativas. Uma exceção rara era seu país natal, onde o New Deal do presidente Franklin Roosevelt oferecia programas de ajuda humanitária combinados com a criação de empregos com salários adequados em projetos de obras públicas gigantescas. Virginia era uma apoiadora natural de Roosevelt e tivera aulas na Barnard com um de seus principais conselheiros, o professor Raymond Moley. Para sua frustração, porém, os Estados Unidos, ainda sem querer se envolver naquilo que viam como intermináveis rusgas europeias, estavam fechando os olhos para os acontecimentos ameaçadores no restante do mundo. Por mais que seu entorno fosse esteticamente glorioso, seu trabalho de secretariado em Veneza parecia ter uma irrelevância sufocante diante do cenário global.

No fim de 1936, Virginia decidiu tentar de novo se tornar diplomata. Com seus cinco anos de serviços no exterior como secretária do Departamento de Estado, não precisava mais fazer o exame escrito;

uma entrevista bastaria. Confiante de que isso finalmente lançaria foco em seus pontos fortes, ela voltou aos Estados Unidos em janeiro de 1937 para seguir sua candidatura, com a bênção de seus chefes em Veneza e uma sensação de otimismo. Aos 30 anos e tendo servido em três missões diferentes, tinha muito a oferecer em conhecimento político local. Sua candidatura, contudo, foi imediatamente rejeitada, dessa vez com a menção de uma regra obscura que impedia que amputados entrassem na diplomacia. No início ela pensou que fosse meramente um obstáculo temporário e exigiu uma série de reuniões no Departamento de Estado para provar que seu trabalho não era afetado de maneira nenhuma. Era uma campanha valente, mas fadada ao fracasso, e Virginia voltou a Veneza com seu moral em frangalhos e uma aversão crescente a regras e seus executores.

O próprio Secretário de Estado, Cordell Hull, havia expedido o veredito, mas os apoiadores de Virginia, muitos democratas sagazes como os próprios Hall, não permitiriam que esse tratamento para com ela passasse sem luta. Depois de vários meses e uma revoada de correspondências entre vários amigos poderosos da família, um deles, o coronel E. M. House, assumiu a tarefa de convencer seu velho amigo do Salão Oval. Ele disse a Roosevelt que Virginia era uma "mulher nobre de grande inteligência" e um "crédito ao país", que estava sendo vítima de uma "injustiça". Apesar de sua lesão, ela levava uma vida ativa, inclusive remava, nadava e cavalgava, e sempre fez "um bom trabalho", mas recebeu como resposta que nunca poderia progredir no campo diplomático. Em 4 de fevereiro de 1938, Roosevelt pediu um briefing de Hull, que parecia ter se ofendido com o lobby especial em favor de Virginia. Disseram ao presidente que a deficiência de Virginia prejudicava seu desempenho, e ela não estava apta às exigências de um cargo diplomático. Hull, aparentemente ignorando os relatórios brilhantes do consulado em Veneza, concordou que ela poderia ser uma "ótima moça de carreira",[9] mas apenas nos níveis administrativos. Roosevelt havia superado a semiparalisia por pólio para chegar ao cargo mais alto de todos. Ainda assim, por mais irônico que fosse, não viu motivo para continuar com aquele assunto.

No que parecia uma punição deliberada por sua ousadia, ordenou-se que Virginia saísse de Veneza logo depois desse caso, contra sua vontade, e se apresentasse para serviço na missão norte-americana em Talín, a distante capital báltica do Estado cada vez mais autoritário da Estônia. Quando solicitou passar por Paris – levemente fora de seu trajeto – para fazer reparos urgentes na perna protética, foi sumariamente informada de que seus gastos não seriam reembolsados. Era igualmente ofensivo que seu sucessor em Veneza – um homem – tivesse recebido a posição de vice-cônsul e um salário maior. Cada vez mais fazendo jus a sua reputação de rebelde, Virginia decidiu viajar sem ajuda alguma para a capital francesa e se reunir com velhos amigos.

Poucos em Paris sabiam, mesmo que alguns talvez se perguntassem por que ela sempre usava meias grossas sob o sol primaveril, que ela havia sofrido um acidente. Certamente não tinham ideia de que as roupas de baixo ajudavam a disfarçar a prótese e amorteciam o impacto no toco da perna, minimizando a dor e o sangramento. Embora Virginia se descrevesse como episcopal, a família de sua mãe vinha das tradições estoicas de holandeses da Pensilvânia, descendentes dos primeiros colonos alemães ligados aos Amish. Ela foi criada para nunca falar sobre dinheiro, sentimentos ou saúde e se manter um pouco afastada da multidão. Era natural, portanto, que mantivesse seus problemas – e segredos – guardados. Talvez não tivesse um marido indiferente, mas outra forma de sofrimento silencioso agora era parte de sua vida.

Virginia chegou a Talín no fim de junho e começou a trabalhar com o mesmo salário de 2 mil dólares, sem ter recebido sequer um aumento durante os sete anos de serviços. A única compensação era a recompensa de caça, disponível nas vastas florestas virgens da Estônia, e Virginia não perdeu tempo para conseguir licenças para caçar tetrazes e faisões. Ela havia decidido que seu acidente não a impediria de praticar tiro, apesar do terreno desafiador e pantanoso. No entanto, o trabalho de nível inferior a aborrecia. Ela estava atendendo a telefonemas e preenchendo papéis enquanto a Europa rodopiava em direção à guerra e observou com horror quando Neville

Chamberlain, primeiro-ministro britânico, reuniu-se com Hitler em Munique, em 1938, e falou sobre "paz para o nosso tempo". Na Estônia, Virginia encontrou uma história semelhante à do restante da Europa: uma febre nacionalista também havia se estabelecido ali. Partidos políticos foram banidos, a imprensa era censurada, e nomes potencialmente estrangeiros eram modificados para parecerem estonianos. Temerosa pelo futuro, com todas as esperanças de promoção frustradas, rotulada como uma mulher incapacitada sem importância, ela pediu exoneração do Departamento de Estado em março de 1939. Apesar de toda a ambição inicial, sua carreira havia se provado pouco mais promissora ou recompensadora do que o casamento à moda antiga de que ela antes desdenhava.

Depois de sete anos vivendo sob a sombra do fascismo, Virginia decidiu fazer mais para que o público de sua terra natal despertasse daquilo que ela considerava "pensamento falso", "corrupção" e "enganações terríveis". Assim, passou a vender artigos a jornais norte-americanos. Claro, estudara Jornalismo na Akademie, em Viena, mas escrever nunca havia sido seu forte. Não se sabe se ela foi bem-sucedida ou se sua voz foi ouvida. Não foi encontrado nenhum artigo publicado dessa época, embora seu passaporte prove que ela permaneceu em Talín por alguns meses. Sinceramente, escrever não seria satisfatório por muito tempo. Virginia queria agir, não apenas relatar. Como podia superar as restrições de sua vida e fazer algo realmente válido? Como poderia derrubar a depressão que ainda a assombrava e provar que sua sobrevivência contra todas as expectativas tinha um motivo de ser?

Em 1º de setembro de 1939, a Alemanha lançou um ataque repentino e brutal contra a Polônia. Dois dias depois, a Grã-Bretanha e a França reagiram com uma declaração de guerra. Era sabido que a vizinha da Estônia, a Rússia, tinha projetos expansionistas semelhantes e, no fim de outubro, Virginia decidiu de última hora sair em um navio para Londres antes que fosse tarde demais. De qualquer forma, teve outra ideia: abandonaria a máquina de escrever e se voluntariaria para o Serviço Territorial Auxiliar, o braço das mulheres do Exército britânico. No entanto, quando ela apareceu no escritório de recrutamento, os sargentos deram uma olhada em seu passaporte e declararam que estrangeiros não eram bem-vindos. Mais uma rejeição.

A maioria das pessoas em seu lugar talvez tivesse desistido e voltado à segurança dos Estados Unidos, mas, para Virginia, esse movimento teria sido uma impensável admissão de fracasso. Ela viajou de volta a Paris e, persistente e corajosa, finalmente buscou o único papel ativo que poderia assumir para ajudar na luta contra o fascismo. Para evitar uma briga, fez questão de esconder da mãe que, em fevereiro de 1940, se inscreveria no 9º Regimento de Artilharia francês para dirigir ambulâncias para o Serviço de Santé des Armées. Não tinha habilidades médicas, mas possuía carteira de motorista, e o serviço era uma das poucas corporações militares abertas a voluntárias – e também a estrangeiras. Para sua alegria, eles a admitiram rapidamente (talvez sem saber de sua deficiência) e lhe deram um curso intensivo de primeiros socorros.

Em 6 de maio, depois do curso de admissão, Virginia se apresentou para serviço nas cercanias de Metz, na fronteira nordeste da França, perto da Linha Maginot de fortificações de concreto, construída como uma barreira supostamente intransponível a futuras agressões alemãs. Naqueles últimos dias da que ficaria conhecida como Guerra de Mentira, havia pouco a se fazer. Soldados perambulavam sem rumo, e suas armas permaneceram ociosas. Com o máximo de gentileza possível, Virginia aproveitou a chance para dar a notícia de seu novo cargo a Barbara, insistindo que, embora ela estivesse "entediada e desmazelada", estava sendo "bem cuidada" em uma cabana "cheia de comida boa".[10] Dificilmente a mãe se deixaria enganar. Disse a um repórter do jornal *Baltimore Sun*, que pesquisava a história da mulher de Maryland que dirigia uma ambulância para o Exército francês,[11] o seguinte sobre as palavras de Virginia: "[são] bem-intencionadas, mas me trazem pouco conforto, pois, de sua maneira característica, ela está tentando fazer as coisas parecerem melhores para mim". Por que sua filha, ela se perguntava, estava fugindo de uma vida confortável em casa e seguindo rumo a mais dificuldades, mais armas e mais horror?

Aquela foi a última vez que se ouviu falar de Virginia por um bom tempo. Em 10 de maio, os alemães armaram um ataque fatal, simplesmente contornando toda a Linha Maginot para irromper na França pelas florestas das áreas montanhosas e indefesas das Ardenas belgas. Divisões de tanques cobriram a fronteira, pegando de surpresa os velhos e complacentes generais franceses e desbaratando suas tropas despreparadas, enquanto Virginia avistava alguns deles da ambulância. Os franceses insistiam em uma mentalidade defensiva antiquada, mantendo-se atrás de muralhas e enviando mensagens uns aos outros por pombos-correios. Tinham pouca chance contra a genialidade devastadora das forças nazistas, com sua velocidade assustadora, lança-chamas e ondas velozes de bombardeio aéreo. A apatia negligente – em alguns casos, a corrupção – da velha elite francesa permitiu que uma potência mundial se rebaixasse a um povo subjugado em apenas seis semanas. Os políticos e militares, como um patriota francês comentou à época, tinham enganado o povo com "alucinação de força e invulnerabilidade" que, quando testadas pelos alemães, rapidamente se revelaram um "engodo criminoso".[12] Pôsteres oficiais repetidamente alardeavam: "Vamos vencer a guerra porque somos os mais fortes!". Ninguém no governo ou no alto-comando francês imaginara a possibilidade do colapso até ele acontecer.

Dentro de pouco mais de duas semanas, os remanescentes dos Exércitos francês e belga e grandes números das tropas britânicas foram interceptados pelo avanço alemão e esperavam ser evacuados a partir das praias de Dunkirk. Parecia que nada poderia impedir Hitler de varrer vitoriosamente a Europa inteira. Virginia ficou apavorada ao testemunhar a maior parte da equipe de sua unidade de ambulâncias entrar em pânico e abandonar os moribundos onde jaziam. Então, muitos de seus oficiais – bem como líderes civis, tais quais prefeitos e conselheiros – também haviam largado suas responsabilidades e fugido. Até o governo francês abandonou a capital em 10 de junho, escapando para o sul de Bordeaux, onde logo também colapsaria em desordem.

Quatro dias depois, quando os alemães, sem qualquer impedimento, invadiram Paris pela Porte de Vincennes na alvorada, Virginia já estava a caminho de Valençay, no Vale do Loire, bem no coração da França. Ela tinha ouvido falar que ali um determinado coronel francês ainda estava reunindo feridos e levando-os de automóvel até os hospitais da capital, a 320 quilômetros. Conforme o Exército caía ao redor dele, ele necessitava de mais ajuda, e Virginia respondeu ao chamado. Por várias semanas, ela levou soldados a Paris, onde precisou se registrar para pegar cupons de combustível e permissões das autoridades nazistas recém-instaladas sob suásticas gigantes no Hôtel Meurice. Sendo uma norte-americana nominalmente neutra, percebeu que obtinha mais permissões do que os franceses que trabalhavam com ela. Um pensamento começou a se formar em sua cabeça.

O novo líder francês de extrema-direita, o marechal Philippe Pétain, já havia tomado o poder e, em 22 de junho, assinou um armistício com Hitler em um vagão ferroviário em Compiègne, sinalizando a capitulação de seu país aos nazistas. Virginia foi formalmente dispensada algumas semanas depois, mas ao menos tinha um lugar para ir em meio ao caos: a casa de um velho amigo de seus dias de estudante que vivia na avenue de Breteuil, em Paris. Já tinha resistido ao terror do fogo inimigo na estrada, mas o estrito toque de recolher, as mortes em represália e as primeiras ondas de prisões – ou *rafles* – na capital a perturbavam. Ela também criticava a cumplicidade das autoridades francesas em troca daquilo que muito claramente era a paz a um preço. Era a polícia francesa que abrigava os nazistas nos melhores hotéis de Paris, e os franceses permitiam que em seu território fossem construídos campos para os milhares que os alemães estavam prendendo.

Virginia sabia que, acima de tudo, queria ajudar sua amada França a rejeitar a aquiescência de seus governantes e lutar para reivindicar a antiga liberdade. Apenas isso podia lhe dar um objetivo tão almejado e aliviar seus pensamentos mais sombrios. Estava convencida de que não demoraria muito até que os franceses se reerguessem e, nesse meio-tempo, ela voltaria a Londres para aguardar. Agora, a Grã-Bretanha estava sozinha contra Hitler, mas por quanto tempo poderia sobreviver sem ajuda? Para o desespero de Virginia, os

Estados Unidos se recusaram a ser arrastados para a guerra com seus antigos aliados – o Congresso não aceitaria perder vidas americanas pelo que era visto como meros interesses nacionais marginais em um continente distante, especialmente tão perto da última guerra europeia. A opinião pública, até mesmo nas universidades, era extremamente contra a aliança com a Grã-Bretanha em uma reprise do conflito franco-germânico. No entanto, Virginia tinha visto a realidade do fascismo com os próprios olhos, e o isolacionismo de seu país não a impedia de entrar na luta por conta própria. Mesmo se a diplomacia fechasse as portas, devia haver outra maneira de provar seu valor na luta que ela considerava a batalha da verdade contra a tirania. Ela precisava encontrar seu valor.

CAPÍTULO DOIS
Chega a hora

Em um dia claro e quente, no fim de agosto de 1940, um agente secreto britânico chamado George Bellows estava trabalhando na empoeirada cidade fronteiriça espanhola de Irun, vigiando atentamente as frenéticas idas e vindas na estação de trem. A Espanha era governada por outro ditador fascista, o *Generalísimo* Francisco Franco, e fervilhava com informantes nazistas, mas era oficialmente neutra. A cada dia, centenas ou até milhares de refugiados atravessavam a fronteira da França, alguns deles talvez com informações vitais sobre o que estava acontecendo sob o comando do Terceiro Reich. Desde a invasão de Hitler e a evacuação em Dunkirk, a inteligência britânica perdera quase todo o contato com seu vizinho continental mais próximo. Sua rede de agentes, que antes se estendia por toda a França, havia ou escapado ou sido morta ou era considerada suspeita. Londres ficara dependente dos caprichos do reconhecimento aéreo e dos relatórios superficiais de diplomatas e repórteres neutros para descobrir o que Hitler e seus aliados estavam fazendo, mesmo que uma invasão nazista através do Canal da Mancha parecesse iminente. A Grã-Bretanha estava lutando simplesmente pela sobrevivência, mas lutava quase às cegas.

Os olhos of Bellows foram atraídos por uma americana glamourosa que fazia perguntas no guichê de passagens sob o olhar raivoso e sinistro dos retratos imensos de Hitler, Mussolini e Franco. Intrigado, ele se aproximou e entabulou uma conversa com a jovem, que tinha acabado de chegar da França e desejava pegar um trem para Portugal, para de lá prosseguir até a Grã-Bretanha de navio. Apresentou-se como um comerciante com experiência em desafios de viagens em tempo de guerra e se ofereceu para ajudá-la a garantir sua passagem. Enquanto conversavam, Virginia recontou sua história extraordinária ao sereno acompanhante (embora, como sempre, fosse seletiva naquilo que revelava). Bellows ouviu sobre sua ambulância sendo guiada sob tiros e como ela tinha feito jornadas sozinha por toda a França, que vacilava pela humilhação da capitulação à Alemanha nazista. E como precisara cruzar a linha demarcatória com o patrulhamento pesado que seguia a amplidão do curso do rio Loire e dividia o país em duas zonas distintas. Ela descreveu em detalhes objetivos como as condições se deterioravam rapidamente no sul (a conhecida Zona Livre ou Não Ocupada), governada nominalmente a partir de Vichy pelo chefe de Estado não eleito, marechal Pétain. A Zona Ocupada (composta pelo norte e oeste da França) já estava sob controle direto dos alemães estacionados em Paris, e ela descreveu com raiva os toques de recolher e a falta de comida, as prisões disseminadas e o incidente em uma fábrica da Renault, onde operários que protestavam por melhores condições de trabalho foram alinhados contra um muro e fuzilados.

Enquanto ouvia o relato preciso, ainda que apaixonado, Bellows ficava cada vez mais perplexo com a coragem de Virginia em meio aos tiros, seu poder de observação e, acima de tudo, sua vontade sem precedentes de ajudar a França a contra-atacar. Confiando em seus instintos, ele tomou a decisão mais importante da vida, a qual ajudaria a reviver as esperanças de uma vitória final dos Aliados na França. Quando ele se despediu de Virginia, deixou com ela o número de telefone de um "amigo" em Londres que poderia ajudá-la a encontrar um novo cargo que valesse a pena e encorajou-a a ligar para ele assim que chegasse. Mesmo se o Departamento de Estado não apreciasse suas qualidades, Bellows sabia que tinha acabado de encontrar uma força excepcional.[1]

Bellows não revelou nada e, a julgar pelo seu pedido de visto, Virginia parecia ter imaginado que era mais provável dirigir ambulâncias de novo assim que chegasse à Inglaterra. Na verdade, o número era de Nicolas Bodington, oficial sênior na França independente, ou Seção F, de um novo e controverso serviço secreto britânico. A SOE havia sido aprovada em 19 de julho de 1940, no dia em que Hitler havia feito um discurso triunfante no parlamento alemão, o Reichstag, em Berlim, vangloriando-se de suas vitórias. Em resposta, Winston Churchill havia ordenado pessoalmente que a SOE "pusesse fogo na Europa" por meio de ataques de sabotagem, subversão e espionagem sem precedentes. Queria que os agentes da SOE – na realidade, mais Forças Especiais que espiões – encontrassem uma maneira de inflamar a resistência, provar aos franceses e a outras nações subjugadas que eles não estavam sós e prepará-los para se insurgir contra os invasores nazistas. Por meio de uma nova forma de operação irregular – pois ainda era indefinida e não havia sido testada –, precisavam preparar-se para o dia distante em que a Grã-Bretanha poderia aterrissar com suas forças no continente de novo. Se essa nova versão paramilitar de quinta-colunistas violasse as antigas regras de Queensberry de conflitos internacionais (que envolviam códigos de conduta, hierarquias e uniformes), seria porque os nazistas não lhe haviam dado escolha.

Churchill acreditava que, para servir na SOE, seria necessário ter uma personalidade capaz de perseguir uma causa nobre com ousadia prática. No entanto, não causava estranheza que a SOE estivesse com dificuldades para encontrar homens com a astúcia e a determinação necessárias para se infiltrar secretamente na França sem reforços caso algo desse errado. Ninguém jamais tinha pensado em considerar mulheres para tal trabalho potencialmente suicida, mas Bellows acreditava que a americana que ele havia encontrado na estação de Irun poderia ser exatamente a pessoa de que a SOE precisava.

No entanto, Virginia logo se esqueceu do número de telefone, pois, estranhamente, ela havia mudado de ideia. Quando chegou a Londres, em 1º de setembro, sentiu-se relutante em fazer a mãe se angustiar ainda mais, talvez duvidando também de que ela pudesse mesmo ser útil. Apresentou-se à embaixada norte-americana em Londres como ex-funcionária do Departamento de Estado e pediu um trabalho temporário enquanto esperava para ser repatriada e voltar para casa. No início, Virginia não foi bem recebida; afinal, já havia renunciado ao serviço antes. Verdade que todo o seu conhecimento recente sobre a França era inestimável, e ela escreveu de bom grado um relatório detalhado sobre questões como o toque de recolher, a falta de comida e a maneira como, na sua visão, "os franceses continuavam a se portar com dignidade, com exceção das prostitutas", as quais, acreditava ela, estavam cinicamente se associando aos alemães.[2] Contudo, o Departamento de Estado prestou mais atenção a suas habilidades linguísticas e datilográficas. O adido militar precisava de uma secretária. Em duas semanas, ela estava de novo atrás de uma máquina de escrever.

As semanas arrastavam-se, suas noites em grande parte insones enquanto Londres enfrentava os ataques inesperados (*Blitze*). A sra. Hall implorou para que a filha acelerasse seu retorno e, pouco antes do Natal, Virginia concordou em voltar para casa e tentou reservar a passagem à qual pensava ter direito como ex-funcionária do Departamento de Estado. Não, ela foi informada, era tarde demais. Tinha deixado que mais de um ano se passasse desde sua renúncia e não era mais elegível a uma passagem oficial, e, em tempos de guerra, outras passagens eram praticamente impossíveis de conseguir. Inesperadamente presa em Londres, sozinha, ela procurou o número de telefone que tinha recebido em Irun. Nicolas Bodington, ex-correspondente em Paris da agência Reuters, atendeu ao telefonema e a convidou para um jantar no início do novo ano com ele e sua esposa norte-americana, Elizabeth, em uma casa chique com revestimento em estuque branco, na Charles Street, 20, em Mayfair, não muito longe de onde Virginia estava hospedada.

Embora os óculos redondos lhe emprestassem um ar erudito, Bodington podia ser uma pessoa lenta e até mesmo controversa, conhecida por sua brutal falta de tato. No entanto, por trás de cortinas *blackout* naquela noite de um inverno intenso, ele estava mais do que divertido e deixou Virginia à vontade ao manter a lareira acesa e servir o mais fino jantar que as condições de guerra permitiam. Ela não tinha ideia do real trabalho de guerra de seu anfitrião – ou de sua exasperação pelo contínuo fracasso da Seção F de infiltrar um único agente depois de seis meses de tentativas –, mas logo atraiu a atenção dele com a conversa sobre seus planos. Agora que não podia ir para casa nos Estados Unidos, ela queria voltar à França.

Falando de sua viagem de forma tão despreocupada, como se estivesse embarcando para um feriado e aparentemente inabalada pelos perigos e obstáculos, ela recontou como havia planejado tudo, até a maneira como pressionaria seus antigos contatos no Departamento de Estado para acelerar seu pedido de visto. Também tramara a rota via Barcelona, no norte da Espanha, cruzando a fronteira de trem até a Riviera francesa, para ajudar ostensivamente o esforço de auxílio aos refugiados dos quacres, mas também aproveitando a chance para enviar reportagens a jornais nos EUA. Afinal, como ela enfatizou a seu exultante anfitrião quando terminaram o jantar, como uma norte-americana supostamente neutra, podia viajar para lá e para cá pela França bem às claras.

Bem cedo na manhã seguinte, em 15 de janeiro de 1941, Bodington correu até os escritórios supersecretos da SOE na Baker Street, 64 (coincidentemente, a rua que ficou famosa por ser o lar do detetive fictício Sherlock Holmes).[3] Pegou o elevador sacolejante até o quinto andar e, em um estado de considerável empolgação, ditou um memorando urgente ao chefe de sua seção, conhecida internamente como F. "Parece-me que esta moça, nascida em Baltimore", ele informou a F, "talvez possa ser bem usada para uma missão e que talvez possamos facilitar sua viagem de ida e volta, além de bancar suas despesas de viagem em troca do serviço que ela puder nos prestar".[4] Quanto mais Bodington pensava em Virginia, mais excepcional se mostrava a oportunidade que ela parecia oferecer para a SOE, agora sob intensa pressão de justificar sua existência por meio de ação. Como ela era norte-americana, não havia necessidade do tipo de entrada clandestina e desafiadora por mar nem do uso de paraquedas – que, até aquele momento, havia se provado demais para eles. Nem seu francês com sotaque seria um problema, pois ela podia operar sob o disfarce de jornalista norte-americana, o que também explicaria sua necessidade de viajar pelo país fazendo perguntas e sondagens.

Tal era sua certeza dos benefícios da ideia que Bodington já havia instruído o capitão Strong, do MI5 (a agência nacional de contrainteligência e segurança britânica), a conduzir uma checagem dos antecedentes dela, um processo de investigação rigoroso conhecido à época como "pôr à prova dos cartões", ou PTC [sigla em inglês]. O PTC envolvia buscar vestígios de conexões alemãs nos vastos cofres de prontuários de referência cruzada mantidos sobre *personae non gratae* de todo tipo. Era um processo extenso, e F rapidamente concordou que Virginia era um partido tão bom que eles não podiam esperar. Bem antes de o veredito "liberada" ter voltado, em 17 de fevereiro, Virginia recebeu a proposta de trabalho. Dessa vez não era datilografia que as pessoas tinham em mente.

Por sorte, o dinheiro não era motivação, pois a oferta de 500 libras ao ano era pouco mais do que ela recebia para ficar sentada diante de uma escrivaninha do Departamento de Estado. No entanto, como Virginia, apaixonada por aventura, antes presa a um trabalho que era um beco sem saída – que ela considerava uma vida sem propósito –, poderia resistir a uma entrada na França como oficial de ligação secreta (Classe A)? Com a tarefa de coordenar o trabalho dos líderes locais da Resistência e futuros agentes da SOE, sua nomeação foi um ato de fé excepcional em suas capacidades, que por tanto tempo haviam sido diminuídas ou ignoradas. Ela renunciou de novo ao cargo no Departamento de Estado e, em 1º de abril de 1941, começou a trabalhar na preparação de sua missão secreta sem ninguém compreender muito bem o que isso envolveria.

Apenas havia ficado claro que a marca nova e mais "indigna" da missão de guerra da SOE se inspiraria, em grande parte, no terror imposto contra a Grã-Bretanha pelos paramilitares republicanos irlandeses. Na guerra anglo-irlandesa de 1919-1921, os britânicos observaram como as tropas regulares podiam ser derrotadas por uma população hostil, cuja vontade havia sido incitada por alguns pistoleiros resolutos. Agora, era de se esperar que os agentes da SOE agissem como esses líderes terroristas irlandeses – inspirando, controlando e auxiliando os franceses a se insurgir contra seus opressores no momento certo e a eliminar de forma implacável aqueles que ficassem no caminho. No entanto, havia muito trabalho de base a ser feito antes de a SOE ter alguma esperança de acender o que era, de fato, outra Revolução Francesa.

Anúncios para atrair recrutas a um trabalho tão subversivo estavam, obviamente, fora de questão – o governo nunca havia mencionado a Executiva de Operações Especiais em público e, se alguém perguntasse, negaria sua existência. Tradicionalmente, os serviços secretos britânicos se baseavam em um pool genético raso de garotos mimados que tinham crescido com histórias de aventuras imperiais, mas esse apreço pela estirpe em detrimento do intelecto dificilmente era compatível com a barbárie cruel do Terceiro Reich. Os agentes do MI6 estavam acostumados a se manter discretos e recolher informações importantes pacientemente enquanto evitavam ações diretas. Os agentes da SOE seriam diferentes. Observariam, claro, mas também recrutariam e treinariam forças de guerrilha para agitar, doutrinar e, em última instância, matar e destruir. Como um escritor da inteligência disse: se os oficiais do MI6 avistassem tropas inimigas cruzando uma ponte, observariam à distância e calculariam seu número, enquanto a SOE simplesmente demoliria a ponte. Os espiões à moda antiga ficavam indignados com aquilo que consideravam uma abordagem de alta estratégia, mas de pouca tática – estigmatizando-a também como "amadora", "perigosa" ou "artificial" –, e tentavam frustrar a própria abertura da SOE.

Não foi surpresa para ninguém quando Hugh Dalton, o combativo ministro trabalhista que Churchill escolheu para comandar a SOE, descobriu que a busca por um novo tipo de recruta que quebra as regras, capaz de "absoluta discrição" e "entusiasmo fanático",[5] era uma tarefa difícil. Os tipos militares inveterados, com sua preocupação pelo que chamavam de "ética", deviam ser mantidos longe, como de fato fez a maioria dos ministros de Sua Majestade. Um colega do Gabinete nacional excluiu Lorde Halifax, secretário de relações exteriores e devoto anglo-católico, das reuniões da SOE, por exemplo, porque ele não era bom o suficiente para "ser um gângster".[6]

Ainda assim, tal era o drama da Grã-Bretanha ao se preparar para a invasão que as maiores esperanças foram depositadas na SOE pelo próprio Churchill. Outros também a viam como uma alternativa original, ainda que desesperada, aos "violentos combates frontais" da Primeira Guerra Mundial. Talvez, com astúcia e coragem, ela pudesse ajudar a romper a força nazista, enquanto a Grã-Bretanha trabalharia o mais rápido possível para montar a força militar necessária a um retorno ao Continente. E, embora ninguém pudesse prever ainda quando uma invasão poderia acontecer, qualquer tentativa de aterrissagem possivelmente ocorreria na França (o maior e mais próximo país na Europa Ocidental), transformando-a em principal cenário militar no hemisfério ocidental. No entanto, não havia ainda plano detalhado ou técnica comprovada para provocar essa rebelião. Virginia estava entrando no que parecia um serviço secreto "Cinderela", cujos primeiros dias foram marcados por fracassos reiterados. Um barco que levava três agentes para a costa norte da França voltou ao avistar uma escolta alemã. Outro agente tentou saltar de paraquedas, mas se apavorou no último minuto e se recusou a saltar. A maioria dos recrutas nem chegou a tanto: desertou horrorizada no minuto em que descobriu o que deveria fazer; outros foram ejetados por terem sido considerados loucos ou maldosos. Mesmo em Londres, a Seção F conseguiu recrutar apenas oito pessoas. A SOE inteira tinha apenas dez linhas telefônicas.

Era uma aposta gigantesca em muitos sentidos. Mesmo se Virginia pudesse chegar em segurança à França, a secretária de Baltimore tinha realmente o que precisava para ser bem-sucedida? Havia alguma esperança real de criar uma França livre, ou a resistência era apenas uma fábula? No início, Dalton prometera que, no fim de 1940, "os países escravizados" invadidos pela Alemanha se rebelariam, fazendo a ocupação nazista "se dissolver como neve na primavera".[7] Claro que isso não aconteceu. Um proeminente patriota francês, por exemplo, não foi capaz de recrutar mais do que cinco voluntários para formar um grupo inexperiente da Resistência depois de três meses de tentativas desesperadas. Assim, havia mesmo algum apoio na França para que a Grã-Bretanha continuasse a lutar? Os franceses poderiam ser transformados em paramilitares para ajudar a Grã-Bretanha a conduzir a guerra contra o fascismo ou se tornariam simplesmente serviçais hostis do Terceiro Reich? Um agente controlado pela Grã-Bretanha poderia sobreviver na França por tempo suficiente para enviar relatos ao país? A SOE não tinha respostas a essas perguntas.

Sem dúvida, a perspectiva dos serviços da SOE no campo era aterrorizante. Tantos recuaram que a SOE mais tarde estabeleceu um "resfriador", uma casa de campo remota nas florestas da Escócia onde os desertores eram forçados a ficar confinados até que seu conhecimento sobre a SOE perdesse a utilidade. Em julho de 1941, a Seção F tinha apenas dez pessoas ainda em treinamento – Virginia era a única mulher. E a única com uma deficiência.

No entanto, não havia menção da prótese de Virginia em seus arquivos. A SOE parece não ter se importado. Seus superiores já sabiam que ela conseguia dirigir pela experiência com as ambulâncias francesas. Quando questionada se podia cavalgar, pilotar um barco, escalar montanhas, esquiar ou andar de bicicleta, ela respondeu sim, sim, sim, sim, sim. Ela também admitiu que não podia lutar boxe nem fazer o mais importante para um agente secreto, correr.[8] Para Virginia, contudo, essa era a primeira vez desde o acidente que não a julgavam por sua deficiência. *Ela* não desistiria.

Mesmo assim, uma série frustrante de eventos continuava a atrasar sua partida. Dessa vez, era como se o Departamento de Estado (provavelmente sem saber da verdadeira razão de sua viagem à França) a estivesse retendo deliberadamente, impedindo que a embaixada em Londres ajudasse a gerar seu visto com "base no fato de que nenhuma assistência especial"[9] deveria ser dada à srta. Hall. Sem querer promovê-la em suas fileiras, os oficiais do Departamento de Estado pareciam igualmente relutantes em permitir que ela abrisse caminhos próprios em outros lugares. Talvez seu nome tenha sido anotado em algum lugar em um arquivo como alguém que havia pedido tratamento especial em sua candidatura para entrar no serviço diplomático.

Nesse meio-tempo, em maio de 1941, a SOE finalmente conseguira enviar dois agentes de paraquedas, os dois franceses, para dentro da França. O aristocrata Pierre de Vomécourt (ou *Lucas*) era o primeiro organizador de circuito da SOE, e Georges Bégué, seu primeiro operador de rádio e, portanto, seu único elo de comunicação direta com a França. (Os operadores de rádio eram vitais para enviar informações e receber ordens.) Os dois se tornariam, por caminhos distintos, oficiais excepcionais, mas sozinhos não conseguiriam cobrir o país inteiro – com seus 647 mil quilômetros quadrados. A presença de Virginia era mais urgente que nunca, mas agora havia problemas com sua cobertura jornalística. A SOE usara um intermediário para abordar Ralph Ingersoll, proprietário da revista norte-americana *PM*, a fim de empregá-la como correspondente. "Só pediremos à srta. Hall que mantenha olhos e ouvidos abertos, nada mais",[10] disseram a Ingersoll. Ele negou. A SOE teve mais sorte com o "extremamente cordial" George Backer, editor do *New York Post*, que concordou em providenciar que Virginia se tornasse sua correspondente credenciada. Backer estava "obviamente consciente" do "motivo velado",[11] embora fingisse muito bem que não sabia, relatou um contente operador da SOE.

Como sempre na vida de Virginia, havia outros obstáculos. O Gabinete de Churchill proibiu mulheres de atuar em qualquer serviço de linha de frente. Advogados do governo diziam que as mulheres eram especialmente vulneráveis se pegas, pelo fato de não serem reconhecidas como combatentes; portanto, não eram protegidas por leis internacionais de guerra. Dentro da própria SOE, atitudes antiquadas também estavam disseminadas. Havia uma "hostilidade considerável"[12] em todos os níveis diante da ideia de uma mulher em qualquer papel que não fosse de apoio, como decodificadora, datilógrafa e mensageira. Além disso, era mesmo possível confiar em Virginia, sendo ela norte-americana? Era política padrão da inteligência recrutar apenas cidadãos britânicos. Seu país, naqueles dias pré-Pearl Harbor, não estava em guerra com a Alemanha e tinha uma amizade suspeita com o regime de Vichy, que se mostrava profundamente hostil à Grã-Bretanha. "Levantei essa questão para CD [chefe da SOE] e para as Seções relacionadas e não considero que ela seja qualificada como agente de inteligência",[13] argumentou um oficial sênior de segurança poucos dias depois de ela ter ingressado no serviço. Parecia que sua deficiência não era a única coisa que contava contra ela.

Por fim, os apoiadores de Virginia venceram, persuadindo os céticos de que a nacionalidade dos recrutas não importava, bastava que fossem leais à causa antinazista e ao esforço de guerra britânico. A

SOE obrigatoriamente deveria ser multinacional; não poderia haver espaço para nenhum tipo de nacionalismo. E como a necessidade de infiltrar agentes na França era muito urgente, o fato de que um entre os poucos candidatos plausíveis era uma mulher teria simplesmente de ser ignorado. Na verdade, a SOE decidiu, em seu desespero, que deveria e estaria pronta para trabalhar com "qualquer homem, mulher ou instituição, fosse católico apostólico romano ou maçom, trotskista ou liberal, sindicalista ou capitalista, racionalista ou chauvinista, radical ou conservador, stalinista ou anarquista, gentio ou judeu, que ajudasse a derrubar os nazistas".[14]

Então, a urgência da SOE se tornou a reviravolta de Virginia. No verdadeiro estilo da SOE, o livro de regras (da forma como existia) foi descartado, e sua missão foi confirmada como "Ligação e Inteligência em Vichy, França" – embora quase unicamente na SOE ela não recebesse o reconhecimento de uma patente militar equivalente, talvez porque sua deficiência a tivesse impedido de ser aprovada em um exame médico pré-nomeação. Era uma omissão que a perseguiria pelo resto da guerra, mas, por ora, a civil srta. Hall recebera ordens para se apresentar de forma geral em condições operacionais e ajudar outros agentes que a seguiriam. Agora, finalmente, a tarefa que a SOE designou para ela como treinamento "especial" podia começar.

Apesar da abrangência ampla de sua missão, a iniciação foi perfunctória e nada parecida com a preparação extensa dada a recrutas posteriores. Depois de alguns dias trancada em uma casa moderna e fortemente vigiada, escondida a norte de New Forest, em Bournemouth, ela aprendeu o básico de codificação e de guerra e segurança clandestinas – como disseminar propaganda pró-Grã-Bretanha, como usar apenas nomes de cobertura ou codinomes em campo –, além da "importância de parecer natural e comum" ao fazer "coisas nada naturais e extraordinárias".[15] Nesses dias, que começavam às seis da manhã e iam até a noite, ela aprendeu a identificar um perseguidor (olhar para uma janela) e despistá-lo (voltando pelo mesmo caminho). Ela sabia quando mudar de endereço, como criar tinta secreta (a urina brilha ao ser exposta ao calor) e até mesmo como esconder sua personalidade (pela alteração de uma risada, um gesto ou comportamento distinto). Ela viu como selar documentos microfilmados (equivalentes a nove folhas de papel tamanho carta) em pequenos recipientes e inseri-los no umbigo ou no reto – ou, como Virginia descobriu, em um pequeno e útil compartimento em seu calcanhar metálico. Aprendeu a folhear arquivos e vasculhar uma mesa sem deixar vestígios, até mesmo a repor o pó sobre uma superfície suave, e a maneira de se abrir uma casa vigiada sem fazer barulho. Um arrombador aposentado lhe demonstrou o procedimento para se abrir fechaduras. Uma equipe vestida com uniformes alemães provavelmente fez exercícios-padrão de interrogatórios simulados da Gestapo, ou *Verhör*, acordando-a no meio da noite com o cabo de escopetas, luzes ofuscantes e gritos de *Raus, du Schweinehund!* (Para fora, vagabunda!)

Claro que ela já tinha familiaridade para lidar com armas, mas nesse momento foi instruída a usá-las em momentos de raiva. É possível que tenha recebido permissão para praticar tiro ao alvo no estilo James Bond no subterrâneo da estação de metrô da Baker Street, que pertencia ao Clube de Rifle do Departamento de Transportes de Londres. (Em 1941, a Grã-Bretanha estava com estoques de munição tão baixos que é provável que Virginia tenha recebido permissão apenas para carregar e descarregar sua nova favorita, uma submetralhadora Sten, e não para atirar com ela. A maioria dos *trainees* tinha de praticar com uma "Thompson muito velha".[16]) Ela foi treinada para atirar com uma porção de armas à disposição da SOE, embora grande parte dos agentes – e provavelmente Virginia – tivesse recebido, em um primeiro momento, uma Colt calibre 32, prática e compacta. No entanto, devido à falta de informações atualizadas sobre as condições na França, nenhum desses treinamentos preparou de fato os agentes para os perigos em campo. Por exemplo, a única fonte de mapas era um antigo guia de viagens Michelin de uma agência de viagens londrina.

Francis Cammaerts, outro agente, observou a respeito dos funcionários da SOE: "[eles estavam apenas imaginando] o tipo de coisas que estavam nos ensinando. [...] Estavam tentando nos ensinar algo que nem eles mesmos sabiam". De fato, não havia muito a se dizer sobre a atividade principal de formar uma rede da Resistência do zero em um país estrangeiro por trás das linhas inimigas – porque, na verdade, ninguém tinha feito aquilo. Com suas privilegiadas vivências em jornalismo e negócios, e como cidadãos de uma ilha-nação que não havia sido invadida por quase um milênio, os oficiais da SOE em Londres pouco sabiam como um ocupante podia ser implacável. "No início, é necessário confessar, nós pensávamos no negócio todo como um jogo", relembrou um dos primeiros agentes, que logo percebeu que não era bem assim. "Sério, fatal, mas um jogo, de qualquer forma. Havia diversão, empolgação e aventura."[17] Os alemães, porém, nunca viram aquilo como um jogo, e Virginia era uma pioneira nesse tipo totalmente novo de guerra: uma amadora e improvisadora, enfrentando a brutalidade profissional da Gestapo e da polícia de Vichy. Não restam registros – talvez nem tenham sido feitos – de como ela se saiu nos treinamentos. Era certo que no campo ela aprenderia rápido ou morreria. De qualquer forma, a maioria dos colegas pensava que nenhuma mulher fosse capaz de realizar um trabalho tão exigente e perigoso. Dependia apenas dela a sobrevivência, para provar que eles estavam errados.

O briefing final de Virginia aconteceu no escritório da Seção F, na Orchard Court, 6, logo atrás da loja de departamento Selfridges, na Praça Portman. Arthur Park, um ex-leão de chácara com dentes de ouro da filial parisiense do National Westminster Bank, recebeu-a no corredor acarpetado, chamando-a pelo codinome *Germaine Lecontre*. Embora o apartamento tivesse uma decoração luxuosa, muitos agentes descobriam que suas lembranças finais de Londres seriam dominadas pelo banheiro bizarro e macabro, que tinha uma banheira preta, azulejos pretos e uma pia preta com torneiras cromadas reluzentes.

Um oficial líder da SOE instruiu que Virginia informasse à mãe que estava indo "para algum lugar da Europa". Então, recebeu a orientação de quando podia exercer sua licença para matar – e como. Seu método preferido era usar um dos comprimidos de uma série fornecida pelos laboratórios da SOE. O que ela chamava de *as pílulas* provavelmente eram os L, ou comprimidos letais: pequenas bolinhas de borracha com cianureto de potássio, que também eram destinadas a uso próprio, caso estivesse sendo torturada e não aguentasse mais a dor. A cápsula era insolúvel: se Virginia a engolisse inteira, a pílula passaria pelo corpo sem causar dano; se a mastigasse ou a cápsula estourasse e o conteúdo fosse adicionado à comida, a morte aconteceria em 45 segundos. Sob a própria marca de moralidade da SOE – e ela se diferenciava do terrorismo especialmente nisso –, ela foi instruída a matar apenas quando a segurança de seus camaradas estivesse em perigo imediato. Disseram que a primeira "eliminação" seria a mais difícil.

Outro tipo de comprimido causava febre alta e outros sintomas de febre tifoide, e seria útil caso uma internação em hospital pudesse facilitar uma fuga. As pílulas K, baseadas em morfina, podiam também ter serventia para desmaiar alguém, inclusive um guarda ou uma enfermeira, por quatro horas. No entanto, os mais usados eram os comprimidos amargos e azuis de Benzedrina, ou anfetamina. Dormir em campo seria um luxo, mas erros cometidos em meio ao cansaço geralmente eram fatais. A maioria carregava umas duas dúzias e logo pedia mais. Agora, pronta para partir, em 23 de agosto de 1941, um sábado, Virginia deixava a vida antiga para trás e seguia de navio rumo a Lisboa e ao desconhecido quase sem olhar para trás.

Ninguém em Londres acreditava que a Agente 3844 tivesse mais que 50% de chance de sobrevivência nos primeiros dias. Apesar de todas as qualidades de Virginia, enviar uma funcionária burocrática de 35 anos e sem uma perna em uma missão cega durante tempos de guerra na França era, teoricamente, uma aposta quase insana. Sua missão, de codinome Operação Geólogo 5, iria expô-la ao medo massacrante e à probabilidade constante de uma morte horrenda. Não havia comitê de recepção para lhe dar as boas-vindas ou um círculo pronto ao qual ela pudesse se unir, mas Virginia tinha permissão – até mesmo a obrigação – de cometer uma série de crimes, desde subversão a assassinato. Para sobreviver, deveria levar uma vida dupla perfeita e evitar a captura a todo custo. Sua deficiência talvez a protegesse – pois a transformava em uma agente improvável –, mas, ao mesmo tempo, deixava-a mais em evidência.

Fazia dois anos que a guerra começara, e Virginia seguia a passos largos até o modesto Hôtel de la Paix, em Vichy, capital da Zona Não Ocupada. Trovões roncavam à distância de forma sinistra, e o calor era sufocante depois de uma longa seca de verão, mas dezenas de pares de olhos se fixaram naquela recém-chegada que parecia uma estátua, os cabelos flamejantes, com postura aristocrática, quando ela subiu as escadas até o saguão. Qualquer pessoa fora do normal era perfeita para uma denúncia aos alemães ou aos seus sabujos de Vichy. A recompensa financeira era generosa.

No dia seguinte, 4 de setembro de 1941, Virginia registrou sua chegada no posto militar como cidadã norte-americana com seu nome verdadeiro, dizendo-lhes que era enviada especial do *New York Post*. Como prova, ela destacou o fato de que já enviara uma história por meio de um telegrama da Western Union, com manchete exclusiva: ESCRITÓRIOS NO BANHEIRO – REPÓRTER ENCONTRA CAPITAL LOTADA. Sua publicação era uma medida prévia de sua eficiência calma – e causa de um surto de alegria em Baker Street. Virginia não só havia conseguido sobreviver a suas primeiras horas, mas também já tinha estabelecido contato. Finalmente, uma conexão com o coração político da França depois de tanto tempo de silêncio.

O artigo concentrava-se muito em como a administração de Pétain estava confiscando cada espaço em sua nova cidade natal, inclusive os banheiros de hotéis. O que entusiasmou Londres, contudo, foi sua reportagem sobre a falta de táxis e como seu talão de racionamento recém-adquirido permitia que ela tivesse apenas 280 gramas de carne por semana, 280 gramas de pão por dia, mas sem arroz, espaguete ou chocolate. "Ainda não vi manteiga, e há pouco leite… [e] as mulheres não podem mais comprar cigarros"[18] – anotavam palavra por palavra. Esses fios mínimos de informação podiam fazer a diferença entre a vida e a morte e, inicialmente, Londres queria tais informações mais do que qualquer outra coisa, enquanto aumentava os esforços para infiltrar mais agentes na França.[19] Um operador se metia em problema, por exemplo, quando não sabia que cafés franceses não podiam vender álcool em dias alternados. Sua ignorância logo o denunciava como impostor e, para sobreviver, ele precisava fugir enquanto o proprietário chamava a polícia. Como as cartas eram censuradas, e os alemães ouviam as conversas telefônicas, Virginia ficou limitada àquilo que ela podia dizer com segurança aos controladores em seus artigos publicados. Alguns continham palavras pré-combinadas como mensagens codificadas, mas em sua maioria ela dizia as coisas às claras. Foi Virginia quem alertou Baker Street de que até os cartões-postais familiares enviados através das fronteiras eram verificados rotineiramente, com a observação de aparência inocente de que "a pessoa não deve escrever muito [neles] ou ventilar nenhum descontentamento".[20] Londres não tinha contato direto com ela.

A situação de Virginia como jornalista era sua única proteção contra o "espírito sádico e depravado"[21] da Gestapo, que sempre permanecia, mesmo na que era conhecida como Zona Livre, apesar de estarem em geral à paisana. Assim, estabelecer seu disfarce foi a prioridade de Virginia nos primeiros dias. Combinando um sorriso beatífico e o amor genuíno à França, ela conquistou os burocratas seniores e os policiais de Vichy e logo os fez comer em sua mão, apelando ao seu patriotismo e orgulho. Em tempo, alguns arriscariam as próprias posições para salvar a vida dela e ajudar a proteger muitos outros. Como um historiador observou, "ela parece ter enfeitiçado por completo a todos que a conheceram".[22]

Ela também se apresentou ao embaixador norte-americano, o almirante William Leahy, mas ele se provou mais resistente a seus encantos. O isolacionismo dos EUA continuava sendo uma força formidável, e Washington havia reconhecido o regime totalitário de Pétain, apesar de sua evidente conciliação com os nazistas. No entanto, o Presidente Roosevelt tirou um de seus antigos amigos da aposentadoria e o nomeou emissário para cuidar das relações com Vichy – precisamente porque ele estava (em segredo) preocupado que a França de alguma forma ajudasse as potências do Eixo a derrotarem a Grã-Bretanha. Apesar da política pública de não intervenção, os Estados Unidos já tinham enviado comida e ajuda à França para tentar livrá-la da dependência do apoio alemão e ganhar sua lealdade. Leahy, tão pontual ao chegar e sair do trabalho que uma loja de malas local ajustava o relógio de acordo com seus movimentos, considerava um dever predominante manter relações corteses com o marechal, mesmo quando o governo de Vichy adotou alguns dos piores excessos da ideologia nazista sob a égide de uma nova ordem moral para a França. A repressão de Pétain contra judeus ou "imigrantes", como se referia a eles – que ele já havia banido das universidades e de profissões importantes –, era, nesse momento, com frequência mais draconiana que a de Hitler. Alguns dos colegas mais liberais de Leahy, no entanto, afligiam-se dizendo que a "simpatia" dele "pelo regime de Vichy não raro parecia mais calorosa do que se podia explicar por meio de considerações de conveniência diplomática e estratégica".[23]

Leahy deixou claro que não queria que sua equipe – ou outros norte-americanos – se associasse a qualquer atividade de espionagem, pois isso estragaria sua cuidadosa coreografia diplomática. Já tinha percebido aquela "repórter" entre o bando de repórteres homens, com sua atitude independente e sede de conhecimento, e assim levantou suspeitas. Ficou claro que ela estava ganhando apoio de importantes oficiais franceses com astúcia e extraindo muito mais informações deles do que seus pares. Suzanne Bertillon, censora-chefe da imprensa estrangeira no Ministério de Informações de Vichy, foi apenas uma das que se desviaram para ajudar Virginia desde o início. Havia algo nessa estrangeira em particular que conquistou a confiança de Bertillon, e elas viraram amigas. Bertillon, uma gaullista ferrenha, não apenas evitava censurar os artigos de Virginia, mas também estabeleceu uma rede de noventa contatos em toda a França (como prefeitos, fazendeiros e industriais) para fornecer semanalmente à norte-americana informações que se provaram vitais ao esforço de guerra britânico. Virginia, portanto, era capaz de coletar informações privilegiadas sobre a localização de munição e depósitos de combustível, movimentos de tropas alemãs, produção industrial e uma base submarina nazista em construção em Marselha, que mais tarde foi destruída por bombas Aliadas.[24] De fato, Virginia se tornou tão conhecedora do estado da França em guerra que a equipe de Leahy também conjecturava que ela pudesse estar trabalhando para a inteligência britânica. Pouco depois, persuadiu alguns deles a ajudá-la, mesmo arriscando sua carreira para isso, e todos tinham cuidado para cooperar longe das vistas do embaixador. Conhecido entre eles era o adido de defesa norte-americano Robert Schow, que, sem o chefe saber, mantinha contato com os primeiros membros da Resistência. Há evidência de que, mais tarde, um oficial afro-americano chamado Johnny Nicholas também se envolveu diretamente.[25] É mais do que provável que tenham se cruzado, mas não há registros de encontros com Virginia, e por um bom motivo. Era uma posição ousada, pois nenhum cofre ou documento de identidade falsa estaria disponível para ele em caso de problema. Os nazistas nutriam um ódio patológico a negros, que eram raridade na Europa da época. Quando assumiam o controle de uma área, em geral, começavam a capturá-los.[26]

Apesar do progresso em fazer contatos, Virginia enfrentou obstáculos formidáveis naqueles primeiros dias. Logo descobriu que Vichy, uma estância esquecida com atmosfera de opereta, era pequena e claustrofóbica demais, o que levava a uma vida totalmente dupla de repórter e espiã. Apesar da amizade de Leahy com o regime francês, sua embaixada estava sob constante vigilância.[27] De fato, a cidade fervilhava com oficiais da Gestapo disfarçados e cada vez mais predatórios. A Zona Livre talvez tivesse sido poupada da ocupação nazista massificada, mas sua liberdade era um fingimento. A verdade, como disse um historiador, era que a França de Vichy estava firmemente "sob controle alemão iminente".[28] Pétain tinha 85 anos à época e quase certamente estava senil. Era mantido em alerta com injeções matutinas de anfetaminas, e, mesmo quando seu efeito acabava, à tarde, era simplesmente difícil que ele acordasse ou tivesse coerência. E, ainda assim, ele era reverenciado, apesar do choque de muitos apoiadores em toda a França ao saber de seu apertar de mãos com Hitler em Montoire, no sul de Paris, em outubro de 1940, e de sua adoção da colaboração com os nazistas. Suas ações tiveram o efeito perverso de fazer muitos acreditarem que resistir aos alemães era cometer um crime. O marechal era visto pela maioria dos franceses como a personificação da honra que restara à França; para grande parte de uma nação ainda atordoada pela velocidade e desonra de sua capitulação, ir contra um herói militar da Primeira Guerra Mundial era o mesmo que traição. Também visto no sul como a barreira final contra a ocupação total alemã (e igualmente dos temidos Vermelhos da Rússia), ele interpretava a derrota como uma oportunidade para o poder pelo qual tanto ansiava. Imagens dele eram vistas nas paredes de salas de aula e vitrines de lojas; sua efígie estava em moedas e selos.

Diante desse culto poderoso de personalidade – sustentado pela mordaça odiosa da imprensa independente –, Virginia descobriu, para seu pavor, que havia pouco e precioso apetite de reingressar na luta. Pétain – subvertendo o legado dos heróis franceses como Joana d'Arc e Napoleão – persuadira os franceses de (ou ao menos permitira que acreditassem) que era possível encontrar honra na derrota. Ele não tolerava oposição à sua aliança com os alemães ou à rejeição da democracia; suas imposições contra inimigos internos eram executadas por esquadrões de encarceramento, internação e, quando necessário, execução. A oposição ficara e ainda estava fragmentada e fraca. Nenhum partido político maior manteve-se unido contra a dissolução do Parlamento ou em favor da resistência contra os alemães – e, naquele momento, tinham sido dispensados. Um prefeito do *département* de Eure-et-Loir, Jean Moulin, cortou a própria garganta em uma tentativa de suicídio, em vez de concordar, sob tortura, com a assinatura de uma declaração pró-alemães, mas, embora tenha sobrevivido, tornou-se uma figura isolada. Um general francês e ex-subsecretário de defesa, chamado Charles de Gaulle, também tivera coragem de proclamar que não aceitava a capitulação. Um dia antes de Churchill fundar a SOE, o francês convidara seus compatriotas a entrar com ele na luta. "Seja lá o que aconteça", proclamou ele com voz trêmula, em 18 de junho de 1940, pela BBC, em seu exílio em Londres, "a chama da resistência francesa não deve morrer e não morrerá". Pétain reagiu devidamente, fazendo De Gaulle ser julgado por traição e o sentenciou *in absentia* à morte. De qualquer forma, sua convocação quase não foi ouvida – pois a maior parte dos franceses simplesmente havia aceitado o preço da derrota. Nessas circunstâncias, de que adiantaria para Virginia pregar o evangelho da Resistência?

Depois de um mês em Vichy, Virginia se mudou para o que ela acreditava que eram campos mais promissores, na cidade de Lyon, pouco mais de 110 quilômetros a sudeste e fora das vistas do embaixador Leahy. A fachada burguesa de Lyon camuflava um passado subversivo, e o que ela ouvia podiam ser as agitações de um futuro rebelde. Suas guildas profissionais rebelaram-se contra o clero no século XIII e, durante a Revolução de 1789, seus cidadãos resistiram ao poder dos jacobinos em Paris. Desde então, sociedades secretas, como os maçons, prosperaram; continuava a ser uma cidade difícil de ser desvendada por forasteiros.

A proximidade de Lyon da fronteira da neutra Suíça (apenas 130 quilômetros a leste) também podia abrir um novo canal de comunicação, pois Virginia continuava sem um operador de rádio. A topografia drástica da cidade, com seu traçado confuso, era outro fator que a tornava o berço natural de um movimento subversivo. Dividido em áreas discretas, o coração da cidade era uma península banhada por dois rios, o Ródano e o Saône, ambos cobertos por dezessete pontes e cercados por montanhas repletas de bosques. Por trás da Place des Terreaux, com o edifício da prefeitura do século XVII, havia a colina de Croix-Rousse. Ali, centenas de degraus de pedra levavam até Vieux Lyon, com sua rede impenetrável de *traboules*, passagens interconectadas através de prédios e entre as ruas "muito parecidas com um sistema de esgoto de superfície, e quase tão sujas e fedorentas quanto".[29] Apenas os nativos sabiam percorrer o labirinto quando a Gestapo o descobriu. Bem fora da cidade havia enormes planícies aluviais retas, ideais para futuras aterrissagens de paraquedas com agentes e suprimentos.

Chegaram a Virginia notícias de que alguns lioneses excepcionalmente durões estavam se reunindo em enfumaçados *bouchons* – os famosos, pequenos e rústicos bistrôs da cidade – para planejar e tramar. Alguns publicavam os primeiros panfletos experimentais antinazistas, usando pequenas prensas primitivas, como *Les Petites*

Ailes de France [As pequenas asas da França] e *Le Coq Enchaîné* [O galo acorrentado]. Havia um punhado que "preferia morrer a ter que aceitar a dominação alemã",[30] e seu estado de espírito estava apenas começando a inspirar uma mudança de humor a partir da covarde aceitação. O fato de que mais de 1 milhão de maridos, filhos e irmãos franceses ainda não haviam voltado dos campos de prisioneiros de guerra na Alemanha incitava uma raiva silenciosa, mas fervilhante; grupos de lionesas também mostravam indignação diante de exortações para que melhorassem como cristãos, soldados ou esposas obedientes sob a "nova ordem moral" de Vichy. Desdenhavam dos votos de Pétain para livrar a França da Terceira República, que havia abrigado um excepcional florescimento literário e artístico, mas que ele denunciava como "dominada por homossexuais e mulheres". Sentiram-se traídos pela forma como ele buscou destruir as ideias de *Liberté, Egalité, Fraternité* [Liberdade, Igualdade, Fraternidade] da Revolução Francesa e as substituiu pelo slogan *Travail, Famille, Patrie* [Trabalho, Família e Pátria] para o novo *État Français* [Estado Francês]. Comunistas franceses ficaram especialmente exaltados desde que o Reich atacara a União Soviética em junho, rompendo um pacto de não agressão.

Então, pela primeira vez desde o armistício, e por uma série conflitante de motivos, havia um leve rumor nas ruas de Lyon entre lojistas, médicos, operários, ferroviários e industriais. No entanto, por mais exaltados que estivessem, nenhum deles chegou ao ponto de conseguir se unir à "Resistência", pois, até aquele momento, uma organização desse tipo nunca havia de fato existido. Não havia plano imposto de cima, e a associação dependia, em grande parte, de encontros aleatórios. O foco ainda era falar em vez de agir; não havia armas, explosivos ou habilidade para usá-los. A ajuda de Londres continuava sendo inalcançável; informações genuínas eram igualmente ilusórias, pois a propaganda de Vichy sobre o progresso da guerra já abafara as notícias reais havia muito tempo. E, como a denúncia de vizinhos, colegas ou mesmo da família era uma ameaça constante, surgia uma suspeita feroz contra forasteiros.

Quando Virginia chegou à Gare de Perrache, uma estação de trem em Lyon, suas preocupações eram mais imediatas. O lugar estava fervilhando. Cerca de 200 mil refugiados que haviam escapado da perseguição nazista no norte desceram até a cidade, que contava uma população de 570 mil. Todos os hotéis e hospedarias estavam entupidos, não se encontravam apartamentos para alugar, e ela não tinha a quem recorrer. Pouco tempo mais tarde, uma exausta Virginia se arrastava pela encosta verdejante do rio Saône até La Mulatière; lá, localizou o convento de Sainte-Elisabeth e bateu à porta. Felizmente, as irmãs enclausuradas, desacostumadas de receber visitantes, tiveram pena e lhe ofereceram uma cama em um quartinho em uma torre, onde ela tinha a "atenção indisputada de um forte vento do norte".[31] A única condição era de que voltasse para o convento até as 18h30, quando elas trancavam os portões. Virginia admitiu que essa era "uma mudança e tanto" comparada à sua existência festiva pré-guerra em Paris. As freiras, que usavam uma "cobertura estranha na cabeça (uma touca holandesa com asas)", a alimentavam com produtos de um sítio próprio. Apesar de seu desprendimento do mundo, elas se tornaram não apenas seu primeiro abrigo em Lyon, mas também suas primeiras recrutas. Graças à criatividade de Virginia, a Seção F tinha garantido um dos melhores esconderijos iniciais na França de Vichy.

No entanto, assim que vagou um quarto no Grand Nouvel Hôtel da rue Grolée, ela o reservou para poder ficar no centro da cidade. Era ideal como seu PC – ou *poste de commande* –, tinha várias entradas (vital para uma fuga rápida), era de fácil acesso ao bonde Número 3 (útil para circular) e, o mais importante, localizava-se perto do consulado norte-americano, na place de la Bourse. Virginia registrou-se como *Brigitte Lecontre* com os documentos falsos fornecidos pela SOE, impressos por um falsário aliado na Kingston Bypass, no sudoeste de Londres (outro dos contatos do submundo da SOE), e, em seguida, carimbados e desgastados até que parecessem adequadamente surrados. *Brigitte* rapidamente acomodou-se a uma rotina, saindo cedo e voltando às seis da tarde, quando bebia uma taça de vinho no bar enquanto lia as mensagens deixadas para ela na recepção.

Depois disso, às vezes jantava em um pequeno restaurante próximo do hotel, onde o *patron* grego, que estocava produtos para o mercado clandestino, tratava aquela mulher bonita como uma filha querida. Recusava-se a pegar seus cupons de comida, mas fornecia a ela pratos de macarrão, seu aperitivo favorito, com gim e vermute, e até os cigarros ingleses, muito valiosos, mesmo sendo proibido que mulheres comprassem qualquer coisa para fumar.[32] Ele foi outro dos primeiros recrutas.

Como Virginia, ela tomava o máximo de cuidado para se infiltrar no consulado norte-americano, visitando-o quase todos os dias como correspondente do *New York Post*. No entanto, os cachos ruivos da srta. Hall de Vichy haviam desaparecido. Aprendera a se tornar mais discreta que a figura impressionante que chamara a atenção de George Bellows na Espanha: havia tingido os cabelos de castanho-claro e usava um coque para revelar as "feições de um cavaleiro" e os "olhos lindos e calmos" que "cintilavam em circunstâncias amistosas".[33]

Também havia abandonado seu chique guarda-roupa parisiense, esquivando-se da aparência extravagante que a propaganda de Vichy chamava de "*virago juive et bolchévique*"[34] e adotando os discretos conjuntos de *tweed* da pequena burguesia. Naquele momento, usar suas amadas calças estava fora de questão, pois Vichy as culpava pela emancipação feminina que fascinara Virginia na Paris pré-guerra, mas que os pétainistas igualavam a uma perigosa "torpeza moral".[35] Essas liberdades tinham sido perdidas e, naquele tempo novo e tacanho, as mulheres se vestiam de um jeito modesto para evitar a atenção da polícia francesa ou dos senhores alemães. O lado bom era que, naqueles primeiros meses, essa visão retrógrada indicava que a maioria dos homens não desconfiaria que as mulheres podiam se envolver em subversão.

Inspirando-se no amor pelo drama e por se fantasiar, ela aprendeu a adotar outra aparência em poucos minutos, dependendo da pessoa com quem se reunia. Alterar o estilo de cabelo, usar um chapéu de aba larga, pôr óculos, mudar a maquiagem, usar luvas diferentes para esconder as mãos ou mesmo inserir pedaços de borracha na boca para inflar as bochechas: tudo funcionava incrivelmente bem. Com um pouco de improvisação, ela conseguia ser três ou quatro mulheres diferentes – Brigitte, Virginia, Marie ou Germaine – em uma só tarde. Sempre em movimento, sempre mudando, era difícil rastreá-la.

Na place de la Bourse, o vice-cônsul norte-americano George Whittinghill a recebia calorosamente como Virginia. Embora ele permanecesse neutro por fora, ela logo conquistou a simpatia de Whittinghill e o recrutou como um de seus mais importantes apoiadores. Não demorou até que os dois desenvolvessem um método confiável de contrabandear mensagens para fora da França até a embaixada norte-americana em Berna por meio de malote diplomático. A partir da capital suíça, o adido militar, coronel Barnwell Legge – que declarava que Virginia era "uma datilógrafa excelente e uma funcionária extremamente confiável"[36] –, enviava com toda confiança os relatórios a Londres. Encaminhava as respostas e dinheiro da Baker Street a Lyon em envelopes selados destinados a "Marie, aos cuidados de Lion", sendo *Lion* o codinome de Whittinghill. Naquele momento, Virginia tinha um canal de comunicação confiável e invejável – ainda que não fosse rápido.

No entanto, o que ela precisava mesmo era de um operador de rádio. Era quase impossível organizar pousos de paraquedas dos novos agentes ou suprimentos, por exemplo, sem comunicação instantânea. A SOE tinha até então conseguido enviar apenas dois operadores em toda a Zona Livre. O primeiro, Georges Bégué, estava sobrecarregado e monopolizado por *Lucas*, a mais de 320 quilômetros, em Châteauroux. O outro operador na Zona Livre, Gilbert Turck, de codinome *Christophe*, havia sido enviado de paraquedas em agosto, mas foi imediatamente aprisionado pela polícia francesa após ter ficado inconsciente no pouso. Seu futuro parecia fatídico até chegarem notícias de sua "fuga incrível", graças a uma intervenção misteriosa do alto-comando de Vichy, a primeira pista de que o tombo da SOE estava por vir.

Setembro de 1941 foi um mês agitado para a SOE, que rapidamente aumentava a marcha de suas operações na França. Virginia aguardava para entrar em contato com mais ou menos uma dezena de agentes da Seção F que chegaria de paraquedas ou por mar pela costa mediterrânea. Entre os saltadores na noite de 6 de setembro estavam George Langelaan, ex-correspondente do *New York Times*; Michael Trotobas, um jovem e carismático *chef* inglês; Victor Gerson, ou *Vic*, empresário judeu do ramo têxtil; e Ben Cowburn, um engenheiro extremamente corajoso de Lancashire. Em 19 de setembro, muitos outros homens da Seção F chegaram a bordo de um avião de carga convertido, inclusive Georges Duboudin, ou *Alain*, que seguiu para Lyon para se juntar a Virginia, e Francis Basin (*Olive*), que permaneceu na Riviera.

Bem quando Virginia estava se acomodando no Grand Nouvel Hôtel, outros quatro pousaram sob a noite enluarada de 10 de outubro, uma sexta-feira, perto de Bergerac, na Dordonha, juntamente com a primeira entrega aérea de dinheiro, explosivos e armas da SOE. Uma chegada especialmente bem-vinda, pois o tenente Jean-Philippe Le Harivel tinha ordens para viajar a Lyon a fim de atuar como operador de rádio de Virginia. Ele e dois outros foram recebidos por um comitê de recepção liderado pelo ex-deputado socialista Jean Pierre-Bloch e sua esposa, Gaby, que se apressou em esconder o material e levar os homens a um esconderijo. No entanto, um recém-chegado não foi localizado. Na confusão, ele caiu 6,5 quilômetros longe da rota – juntamente com a maioria dos suprimentos – e desmaiou após aterrissar sobre uma rocha. A polícia de Vichy o pegou e, na manhã seguinte, encontrou em seu bolso um pedaço de papel que Londres, descuidada, fornecia a todos os agentes que partiam. Era um mapa mostrando a localização de um esconderijo da SOE em Marselha – uma residência gradeada por trás de um enorme jardim verdejante chamada Villa des Bois –, onde *Christophe* estivera escondido desde sua libertação. Era apenas uma entre as várias pistas que já estavam de posse da polícia e que levavam àquele endereço nas cercanias do porto francês.

Depois dos recentes surtos de violência contra o Exército de ocupação em Paris e em outros lugares, as autoridades de Vichy e os opressores alemães passavam por um processo de repressão brutal, com prisões em massa e represálias sangrentas. O assassinato de um único coronel alemão na cidade de Nantes, próximo do rio Loire, por exemplo, levou ao assassinato a tiros de 48 cidadãos como vingança. A polícia francesa estava tão ansiosa quanto os nazistas para reprimir mais problemas e "intimidar os dissidentes até subjugá-los".[37] A SOE talvez não estivesse ciente "da eficiência e da brutalidade" de Vichy contra a Resistência e fracassou na tarefa de alertar seus agentes.[38] No entanto, logo teriam de aprender que Vichy era mais temerosa que a Gestapo por conta da habilidade dos seus serviços de segurança em montar armadilhas e se infiltrar em suas fileiras.[39] As autoridades francesas estavam fazendo um trabalho de alta competência em nome dos nazistas.

De certa forma, os assassinatos de Nantes foram vantajosos para Virginia quando ela começou a se estabelecer em Lyon e planejar o futuro. Eles inflamaram as opiniões contra os alemães e seus apoiadores de Vichy e ajudaram a acender a centelha dos primeiros pensamentos sobre um movimento nacional de Resistência. Ela enviou relatórios a Londres informando que a tragédia de Nantes, embora não relacionada à SOE, estava destacando a necessidade de estratégia, treinamento e suprimentos a serem coordenados de forma adequada por toda a França. Havia ficado claro que a Resistência nunca poderia ser uma ameaça real aos ocupantes até que tivesse conexões múltiplas e confiáveis de rádio com a única nação livre da Europa que continuava a lutar. Menos óbvio era como Virginia construiria a força de trabalho local necessária para uma futura força combatente. Embora oficialmente ainda fosse apenas uma oficial de ligação, agora ela passava a estabelecer um circuito próprio, de codinome Heckler – mesmo tendo começado do zero, sem orientação alguma de como recrutar apoiadores no local.

O avanço naqueles dias em Lyon era de dificuldade extrema. Mesmo aquelas raras almas que ela encontrava com vontade de lutar teriam que ser extremamente pacientes. Seu trabalho naquele momento era simplesmente existir, formar o núcleo de um exército secreto que um dia se levantaria para atacar alemães por dentro quando os Aliados finalmente voltassem. Nesse meio-tempo, por mais tentador que fosse, todos os assassinatos e atos espetaculares de sabotagem que pudessem ser atribuídos a "interferência deliberada" estavam estritamente proibidos por Baker Street. Virginia teria que segurar, até a hora certa, os cabeças quentes para que não aproveitassem uma chance para a glória; precisava impedir seu pessoal de se envolver em mais exercícios não planejados e inúteis em essência, como aquele em Nantes que terminou em tragédia. "Os incêndios poderiam misteriosamente aparecer sozinhos", rolamentos de motores poderiam de repente "aquecer demais" ou talvez um carro alemão pudesse parar por conter açúcar no tanque de combustível, mas as coisas não deviam "explodir à noite",[40] era o que constava em um dos relatórios da SOE. "A explosão prematura da resistência francesa era nosso pior risco", explicou um futuro chefe da Seção F, "pois, naquele momento, não havia perspectiva de uma aterrissagem próxima de tropas aliadas para apoiar o movimento."[41] Virginia sabia que era vital ter tudo no lugar para quando chegasse o momento da ação, mas, até então, sua missão de recrutamento teria de acontecer com delicadeza e evitar sacrifícios desnecessários.

Uma lista de 9 nomes oferecidos antes de sua partida por Baker Street baseada amplamente em informações pré-armistício não era segura (não havia mais certeza de onde estavam as verdadeiras afinidades), tampouco suficiente. De qualquer forma, ela preferiu fazer contatos próprios, aqueles em quem sabia que poderia confiar, pois, após anos de reação inútil ou hostil à sua deficiência, sentia que havia se tornado excelente em julgar o caráter dos outros. Necessitava de mensageiros para levar mensagens, dinheiro e armas, mais esconderijos para agentes que chegariam e fugitivos de partida, e "caixas postais" – pessoas que aceitariam a entrega de pacotes e mensagens secretas sem fazer perguntas. Ela precisava de documentos de identidade falsos, carteiras de habilitação e cartões de racionamento, e rapidamente. No entanto, o fato era que uma agente recém-chegada e solitária como Virginia corria grande perigo de ser descoberta ou traída porque, em sua ignorância ou pressa, suas primeiras entrevistas talvez chegassem à Gestapo, que podia prender alguém ao mero rumor de um informante. Havia grandes chances de uma palavra indiscreta ou um lapso momentâneo causar um desastre. Ela precisava conhecer algumas pessoas confiáveis logo, para continuar sua missão.

O discreto Bégué, que, embora fosse francês, havia estudado engenharia na Hull University, no norte da Inglaterra, tinha a mesma noção de urgência e desespero para começar as operações da SOE na França e a transmitia freneticamente a Londres diretamente de um pequeno quarto de hotel em Châteauroux. Cinco circuitos incipientes da SOE dependiam dele, mas ninguém pensou em lhe oferecer proteção, e ele estava claramente em perigo. Vichy e os alemães haviam começado a usar carros detectores de rádio, que, por meio de um sistema de triangulação, podiam rastrear com o tempo a fonte de sinais clandestinos de rádio.[42] Único operador de rádio ativo no sul da França, Bégué estava no ar tempo demais, e os dias estavam contados até sua inevitável prisão.

"Sentindo o bafo quente da polícia em seu pescoço",[43] Bégué decidiu entrar em contato com o único operador de rádio na Zona Livre conhecido e em liberdade. *Christophe* respondeu emitindo uma convocação a todos os agentes no sul da França para se encontrar na Villa, em Marselha – uma contravenção absoluta das regras básicas de segurança. O motivo para ele ter feito isso logo se tornou assunto de violento debate; a tragédia foi que, à época, muitos responderam. Alguns foram por camaradagem, achando a atividade em campo ainda mais dura do que haviam imaginado; outros, tão sem dinheiro que estavam quase morrendo de fome, foram pegar dinheiro da carga aérea recente. Muitos deles tinham gastado recursos próprios em comitês de recepção compostos de nativos inescrupulosos que de alguma forma pensavam que deveriam ser reembolsados.[44] O problema era, em grande medida, que os agentes da SOE e *résistants* civis ainda operavam sozinhos sem direcionamento claro ou apoio local ou em Londres. A necessidade de uma figura estabelecida em campo não podia ser mais urgente.

Virginia, esperando Le Harivel aparecer em Lyon como seu tão ansiado operador de rádio, também estava se sentindo isolada. Depois de sete semanas sozinha, também lhe fazia falta ter orientação ou apoio. Ainda assim, algum sexto sentido aparentemente a impediu de se juntar àquela massa do clã da SOE que se reuniria. Por necessidade, tinha descoberto os benefícios da independência havia tempo e já estava bastante calejada. Ao contrário, um tal tenente Marc Jumeau, consultor técnico alto e de vasta cabeleira, um dos quatro paraquedistas que caíram perto de Bergerac em 10 de outubro, não tinha o mesmo cuidado que ela e buscava companhia amistosa em um mundo assustador. Sendo o primeiro a chegar à Villa des Bois, ignorou o fato de que ninguém respondera quando ele telefonara para a casa várias vezes mais cedo. Deixou de lado as preocupações de uma vizinha sobre o comportamento suspeito de *Christophe*. Não notou nada de inconveniente nos jardins com mato alto, caminhando alegremente os 20 metros do caminho até a porta, passando por vários policiais disfarçados. No entanto, em vez de ser recebido por seu companheiro agente da SOE, três inspetores da força antiterrorismo francesa (a temida Sûreté) abriram a porta e o prenderam.

Outra dezena de agentes da SOE – inclusive Le Harivel e Langelaan – foi capturada logo depois disso. Mais cinco deles foram pegos na Villa, inclusive Jean e Gaby Pierre-Bloch (que estavam levando 5 milhões de francos enviados por Londres enrolados em uma toalha), ambos judeus, o que levou a mais prisões em Châteauroux e Antibes. Por fim, enquanto a escuridão sobrevinha em 24 de outubro, o último operador de rádio em ação da SOE na Zona Livre, sua única ligação direta com a vastidão do sul da França, chegou à estrada até os portões da Villa e descobriu a casa toda fechada. Ao menos Bégué seguiu o protocolo de segurança à risca, tendo telefonado meia hora antes para fazer sondagens. Um homem com a voz exatamente como a de *Christophe* garantiu a ele que tudo estava "normal",[45] mas, quando ele tocou a campainha e esperou para entrar, seis oficiais da Sûreté prenderam Bégué também e o levaram para se juntar aos outros nas celas, onde interrogadores tinham por hábito passar a noite queimando a sola dos pés dos prisioneiros com maçaricos. Bégué acreditava que *Christophe*, que nunca havia sido uma figura popular, permitira conscientemente ser seguido e que a Villa fosse usada como uma ratoeira. Outros[46] estavam convencidos de que ele comprara sua liberdade ao atrair ativamente seus colegas para a catástrofe. *Christophe*, o único ainda em liberdade, continuava a alegar sua inocência. Seja por traição ou não, o fato foi que, em uma cajadada, a polícia francesa, e não a alemã, praticamente extinguiu a SOE de toda a Zona Livre. Praticamente todos os seus agentes mais promissores, e os dois operadores de rádio da Zona Livre, estavam atrás das grades e com a perspectiva de semanas de tortura seguidas de esquadrão de fuzilamento. A maioria sequer havia começado seu trabalho secreto.

Poucos dias depois, André Bloch, que fazia transmissões a partir da Zona Ocupada, também desapareceu depois de ser denunciado por um vizinho francês simplesmente por parecer judeu. Ninguém tinha avaliado os perigos extras que se apresentavam nesse caso. Foi torturado pela Gestapo, que descobriu com alegria seu rádio, mas, corajoso até o fim, Bloch encarou o esquadrão de fuzilamento sem entregar ninguém. Agora, não havia nenhum operador de rádio da SOE atuante e em liberdade em toda a França.

A Seção F havia entrado no que era visto como uma nova "idade das trevas"[47] e estava ensurdecida pelo silêncio de seus agentes. Depois de quinze meses de intensa atividade envolvendo o recrutamento, o treinamento e, por fim, a infiltração de quase uma dúzia de agentes, restava para Londres "quase nada além da srta. Virginia Hall em campo".[48] Apenas ela tinha meios de contatar Baker Street. Apenas ela tinha um circuito crescente não contaminado pelas prisões. Apenas ela estava oferecendo informações vitais a respeito de Vichy e dos ocupantes nazistas. O futuro da inteligência Aliada na França agora dependia de uma mulher solitária que tinha sido menosprezada durante quase toda a sua vida adulta.

CAPÍTULO TRÊS

Minhas amigas meretrizes

O desastre da Villa des Bois teve um impacto muito ruim sobre a SOE. Cabeças rolaram em Londres entre acusações de terrível amadorismo, como os rivais no MI6 haviam previsto. Vários membros da equipe não estavam aguentando a pressão e, em poucos meses, o chefe da SOE, conhecido internamente como CD – o antigo membro do Parlamento Frank Nelson –, se aposentaria, pois sua saúde tinha se deteriorado de forma irrecuperável. Nesse meio-tempo, um novo chefe da Seção F, chamado Maurice Buckmaster, foi nomeado para melhorar os padrões, mas também não tinha muito treinamento nem experiência em operações clandestinas ou regulares. Ex-gerente da Ford Motor Company na França, diziam que ele "traria o otimismo de um diretor de vendas" para Baker Street. No entanto, a animação dos ex-alunos da Eton College era, muitas vezes, ingênua, e seus superiores o contrataram apenas porque "não havia outra pessoa".[1] Logo, o novo chefe de Virginia tinha 41 anos e estava trabalhando dezoito horas por dia, indo de bicicleta para casa no Chelsea no meio da noite, tudo isso – por um tempo aflitivamente longo – sem notícia alguma de seus agentes. A Villa des Bois e a morte de Bloch foram um ponto de virada para a SOE e mostravam que, naquele momento, ninguém em Baker Street pensava em seu trabalho como um jogo. "O silêncio completo da França era uma tensão em nossos nervos e um obstáculo ao nosso progresso", relembrou Buckmaster. "Não havia nada que pudéssemos fazer, só restava esperar."[2] Baforando freneticamente em um cachimbo, Buckmaster confiava, de alguma forma, que Virginia sobreviveria, descobriria o que estava acontecendo e, por fim, enviaria um relatório. Porém, embora fossem estimulados a manter a animação o tempo todo, os oficiais em Londres tinham um temor oculto de que poderiam ter feito mais para resguardar seus valiosos agentes – se simplesmente soubessem como.

A SOE agora podia contar em uma das mãos o número de agentes sobreviventes na Zona Livre – Philippe de Vomécourt (*Gauthier*), que havia sido recrutado pelo irmão, *Lucas*, Francis Basin (*Olive*) em Côte d'Azur, e Georges Duboudin (*Alain*) em Lyon, com Virginia. Era uma operação esvaziada, e todos os outros dependiam de Virginia – principalmente porque ela tinha os únicos meios confiáveis de se comunicar com Londres por meio do malote diplomático. No entanto, cada mensagem levava vários dias para chegar e, sem operador de rádio, o posto avançado da SOE na França não se sustentaria por muito tempo.

A necessidade de Virginia de reiniciar a operação francesa inteira não podia ser mais premente. Quase não havia hora no dia, ou dias na semana, em que ela não estivesse trabalhando para recuperar terreno perdido, mas, como mais pessoas incitadas pela brutalidade de Vichy e dos alemães queriam entrar na Resistência, Virginia corria o risco de ser extinta. Encorajados pelos sucessos como o da Villa des Bois, as autoridades de Vichy e os ocupantes alemães ficavam em cima de qualquer pessoa suspeita de nutrir visões pró--Resistência. Muitos dissidentes facilitavam demais; para horror contínuo de Virginia, eles se reuniam em público, falavam alto e de maneira orgulhosa, não verificavam novos recrutas, usavam seus nomes reais e lutavam contra grupos rivais. Apesar dos eventos em Nantes, continuavam a fazer gestos fúteis, com frequência levando a horrendas represálias por pouco ou por nada. Como mera oficial de ligação, ela não tinha controle sobre as ações de outros grupos, mas, quando chegava o momento de recrutar pessoal, buscava criar um sistema mais seguro e disciplinado de pequenas células discretas, com membros escolhidos a dedo preparados para seguir ordens. Também tinham que entender a pena por comportamentos descuidados. Ela não podia permitir que acontecesse novamente o que ocorrera na Villa des Bois.

Por ora, Lyon oferecia certo conforto aos refugiados, mas a cidade era observada de perto pelos serviços de segurança alemães. Tanto a Gestapo, a polícia secreta oficial nazista, quanto a Abwehr (a inteligência militar) conduziam operações secretas e competiam para se superar no zelo e na pressão sobre as autoridades francesas para que também fizessem mais. Tinham auxílio, pois a prefeitura estava nas mãos de colaboradores que usavam os nazistas de Paris como modelo. Todos tinham medo de ser ouvidos pelos vizinhos – havia mais de 1.500 denúncias por dia –, e a maioria ficava com medo de abrir a boca ou infringir a lei. Virginia ficou decepcionada por tão poucos considerarem uma obrigação se colocar em perigo para tentar libertar o próprio país, mas talvez isso nem fosse muito surpreendente.

O fato de simplesmente ninguém contar com os britânicos para continuar a luta também era um problema considerável. Pétain os havia culpado de forma enfática pela derrota francesa. Dunkirk talvez tivesse sido manipulada por Winston Churchill como um tipo de milagre, mas para os franceses (incentivados por um bombardeio da propaganda de Vichy) tinha representado um ato traiçoeiro de deserção. Agora, o prestígio britânico havia sido arruinado de novo pelos reveses militares, como a perda humilhante do encouraçado HMS *Hood* e a fracassada batalha de Creta, que resultou na evacuação forçada de milhares de tropas. Esperava-se que Londres fosse seguir Paris, desmoronando rapidamente e negociando a paz. Embora isso não tivesse acontecido, exceto na Rússia, onde a vitória ainda era um mistério, a Alemanha estava vencendo batalha após batalha. Os nazistas eram vistos como vitoriosos inevitáveis e seria loucura enfrentá-los. De que adiantava correr o risco de tortura e morte para perseguir uma causa perdida? Sendo agente de um serviço secreto conduzido pelos desacreditados britânicos, como Virginia poderia encontrar gente disposta a aceitar suas ordens e ajudar?

Os britânicos não eram vistos apenas como fracos, mas, com auxílio de séculos de desconfiança mútua, eram especificamente antifranceses. Vichy controlava a imprensa e a rádio no sul como os alemães faziam no norte, então a verdade foi a primeira vítima da colaboração de Pétain, e o resultado era a disseminação de ódio, fome e doença. A maioria dos franceses foi levada a acreditar, por exemplo, que um bloqueio britânico era a principal causa da falta de alimento, vinho e combustível. Virginia sabia que era mentira. Saques sistemáticos dos nazistas tinham arrancado da França muito de seu carvão e uma grande parte de sua produção farta de carne, vegetais, frutas e peixes. E Vichy era cúmplice desse embarque volumoso e abundante para a Alemanha. Por essa razão, não era de se estranhar que Virginia logo procurasse instruções de Londres sobre como estragar a comida que era embarcada para Berlim. A melhor maneira era inserir "uma pequena porção de carne podre" em uma carcaça, fazer um furinho nos enlatados, colocar água salgada no açúcar e deixar que os vegetais e cereais ficassem úmidos.[3]

Em um de seus artigos para o *New York Post*, Virginia relatou como os famosos *crimes passionelles* franceses deram lugar a crimes pequenos – gente desesperada roubando comida de cestos de compras ou arrancando cercas para fazer lenha. Até os pombos esqueléticos nas praças das cidades e os coelhos criados em varandas de apartamentos eram valorizados por sua carne. As pessoas estavam em média 6,5 quilos mais leves que antes da guerra, e muitos haviam perdido dentes e unhas devido à desnutrição.[4] As crianças estavam tão famintas que passaram a crescer menos, e muitas morreram de doenças comuns. A dieta pobre também levou à epidemia de escarlatina, difteria, tuberculose, febre tifoide, furúnculos e impetigo. A própria Virginia, embora comesse quando podia em seu bistrô favorito de Lyon, não podia se dar ao luxo de perder mais peso.

Em um relatório para o *New York Post* – que, como muitos, não foi publicado, mas enviado diretamente à SOE –, Virginia escreveu que trinta pessoas estavam hospitalizadas em Lyon com edema caquético, um inchaço do corpo causado pela fome extrema.[5] Como o inverno se aproximava (o pior desde as Guerras Napoleônicas), a saúde de todos estava piorando pelo frio intenso. Era difícil comprar roupas – especialmente sutiãs, por conta do trabalho e dos múltiplos componentes envolvidos. Botas de couro eram solicitadas pelos militares alemães, então havia uma redução desesperadora de sapatos normais. Os calçados rudimentares às vezes ainda à venda nas lojas tinham solas de madeira que estalavam alto quando as pessoas andavam pelas ruas – uma característica dos tempos de guerra que se tornou a trilha sonora do governo nazista.

Assim, esse era um terreno pouco fértil para se criar um circuito controlado por Londres, mas Virginia teve sorte quando George Whittinghill a apresentou, no consulado norte-americano, a um piloto da RAF que o visitava quase todos os dias. Gravemente queimado por um incêndio em um bombardeiro sobre a Bélgica no primeiro dia da *Blitzkrieg* alemã, em maio de 1940, William Simpson havia passado meses no hospital envolvido em ataduras untadas e agora esperava a repatriação à Grã-Bretanha, embora esses acordos humanitários ainda não fossem permitidos pela França. Bonito no passado, seu rosto era agora cheio de cicatrizes e manchado, e faltavam parte de seu nariz e a pálpebra esquerda. Seus dedos tinham sido amputados, e ele não conseguia abrir o fecho da calça sem ajuda, por isso sempre precisava do auxílio de alguém para urinar. Seu pé e seu joelho esquerdos foram severamente queimados, e ele claudicava dolorosamente, mesmo com a ajuda de uma bengala, fortalecendo-se para lidar com os inevitáveis olhares horrorizados e compassivos. Simpson esforçou-se para recompensar a compreensão óbvia de Virginia em relação ao seu sofrimento, embora também aproveitasse a chance de se fazer útil de novo. Desenvolveram uma afinidade instantânea.

Simpson acreditava que poderia ter a resposta para sua necessidade urgente de ter recrutas confiáveis. Ofereceu-se para apresentar Virginia a uma das residentes mais celebradas de Lyon, que já tinha arriscado a vida para ajudá-lo a encontrar abrigo na cidade e estava fazendo sua parte para lutar contra os nazistas em bases *ad hoc* quase totalmente sozinha (como muitos *résistants* naquele momento). Dependeria de Virginia ganhar a confiança da amiga francesa – se ela pudesse – e alistá-la para ajudar na criação de uma operação da Resistência que respondesse a Londres e à SOE. Simpson acreditava que, se havia alguém capaz fazê-lo, esse alguém era Virginia. Ele a achava diferente de outras mulheres, tendo o que ele considerava (no pensamento da época) uma "coragem e uma força de propósito" masculinas, em contraste com sua "aparência essencialmente feminina".⁶

A lionesa preferida de Simpson (que, como ele mesmo disse, lhe devolvera a "noção de hombridade") não era a imagem de uma típica *résistant*. Uma "morena fogosa" de 37 anos com "magnetismo sexual animal", Germaine Guérin era coproprietária de um dos bordéis mais bem-sucedidos de Lyon. Envolta em joias, sedas e pelagens, ela exalava um "calor cigano" nos *salons* noturnos que fazia no apartamento em cima de seu local de trabalho, cercado por uma coleção de gatos pretos – um de seus gatinhos a seguia com devoção pela rua. Por fora parecia um prédio alugado comum em uma pequena rua antiquada de Lyon (atualmente, substituído por escritórios modernos do Tesouro Nacional Francês), mas dentro de sua casa havia um tesouro: tapeçaria, arcas de madeira cheias de moedas de ouro e guarda-roupas repletos da alta moda parisiense. Homens ricos e poderosos vinham fazer a corte e, em troca de seus favores, ficavam felizes em atender a seus pedidos pela causa.

Na *maison close* no andar de baixo, a ilustre Germaine recebia separadamente militares alemães, policiais franceses, oficiais de Vichy e industriais. Ela lhes oferecia uísque do mercado clandestino e bifes de primeira a preços exorbitantes, mas guardava um pouco para seus amigos. Seus clientes nunca pensaram em duvidar de suas motivações, nem mesmo em vasculhar suas instalações. Tinham prazer em lhe fornecer gasolina, impossível de se obter de outra forma (sem saber que ela usaria seu carro para transportar agentes e fugitivos), e carvão (um luxo quase impossível naquele inverno de 1941). Germaine "movia-se em arredores sórdidos e tinha moral irregular", relembrava Simpson, embora ele também reconhecesse sua virtude subjacente. "Tinha [...] a limpeza brilhante de um leão-marinho."⁷

Quando Virginia conheceu Germaine, as duas ficaram desconfiadas. A francesa era orgulhosa e ferozmente patriota; por instinto, repeliu a ideia de se juntar a uma rede formal e especialmente de receber ordens de uma estrangeira. Virginia já tinha as freiras em La Mulatière como ajudantes devotadas, mas agora se via recrutando na outra ponta do espectro moral. Mesmo sua sede por aventura nunca a levara a um mundo tão distante da vida puritana em sua terra natal, um mundo onde o corpo da mulher era comprado e vendido por dinheiro. Em geral, nenhuma das mulheres buscava a intimidade feminina, mas, apesar das óbvias diferenças de histórico, Simpson observou como elas descobriram que tinham muito mais em comum: as duas ficavam mais felizes quando flertavam com o perigo, tinham um senso de humor malvado, conseguiam "criar algo sem ter nada" e compartilhavam um "desdém pelas próprias sensações de medo".[8] Germaine parece ter se convencido ainda mais pela evidente integridade e coragem de Virginia e com certeza compreendeu que a conexão com Londres traria um avanço imenso ao seu desejo de uma França livre. Concordou em transformar parte do bordel e três outros apartamentos disponíveis em esconderijos (aquecidos por seu carvão ilícito), embora ambas inicialmente fingissem não saber por que eram necessárias. Germaine se tornaria um pilar improvável de toda a operação de Virginia em Lyon e uma de suas agentes mais heroicas – mesmo que Virginia tivesse imediatamente reconhecido que teria de controlar sua nova amiga e lhe ensinar noções básicas de segurança. Como Simpson alertara, a arrogância artística de Germaine era sedutora para homens e mulheres, mas ela também podia ser "descuidada" em sua coragem e "ridiculamente precipitada".[9]

De qualquer forma, graças a Virginia, Germaine se tornou um "ponto de convergência"[10] para muitos agentes da SOE que passavam por Lyon, bem como judeus fugindo da Zona Ocupada, poloneses a caminho da luta e fugitivos rumando para o sul até a Espanha. Ela dizia que queria ajudar a "revolução contra os invasores alemães" para recriar o que ela chamava de "França viril", então encontrava um lugar para escondê-los, fornecia-lhes comida, roupas e documentos falsos e os enviava para a liberdade. Os riscos que ela assumia pareciam diverti-la, mas, mesmo com a sua aparente negligência, o recrutamento de Germaine marcou um estágio totalmente novo na missão de Virginia. Seu circuito Heckler agora era visto pela SOE como um sistema com "bases sólidas",[11] com uma lista de recrutas excepcionalmente úteis e comprometidos no centro do que era aquele improvável par de mulheres.

Os poderes de Germaine sobre os franceses bem estabelecidos abriam todo tipo de portas. Um deles era o rico engenheiro lionês chamado Eugène Jeunet, um viúvo com três filhos que tinha um passe muito valioso para cruzar a linha demarcatória militarizada entre as duas zonas francesas. Ele se ofereceu para levar e trazer mensagens de Virginia aos grupos subversivos em Paris, o que lhe dava a chance de estender suas redes muito além de sua base em Lyon até a capital. Também oferecia transporte, gasolina, acomodação e alimentação a agentes, bem como esconderijos em sua empresa para armas, explosivos e rádios. Por acaso, o cunhado de Jeunet era o chefe de polícia local que havia sido persuadido a não olhar de perto para o que Virginia estava fazendo e a lhe dar avisos quando seus oficiais estivessem prestes a organizar um ataque ou efetuar uma prisão. Seus alertas tempestivos protegeriam Virginia de ser capturada em muitas ocasiões e também salvaram diversos de seus mais importantes agentes.

Contudo, eram as "garotas" de Germaine que talvez assumissem os maiores riscos de todos ao fornecer informações a Virginia. Com o incentivo de sua madame, elas caprichavam nos drinques de seus clientes para eles soltarem a língua e vasculhavam bolsos em busca de papéis interessantes para fotografarem enquanto eles dormiam. Um ano antes, em seu relatório para a embaixada norte-americana em Londres, Virginia mostrara um desdém especial pelas prostitutas que entretinham clientes alemães, mas agora ela chamava essas mulheres de forma afetuosa de suas "amigas meretrizes". Graças a suas "companheiras de cama dos chucrutes", como as chamava, eles sabiam de "muita coisa".[12] Elas passavam informações para Virginia, mas algumas amigas meretrizes iam ainda mais longe, usando heroína traficada via Londres no malote diplomático norte-americano. Clientes alemães bêbados seriam atraídos com a oferta de "apenas uma cheiradinha" na droga "para ver o que aconteceria". Se tudo ocorresse de acordo com o plano, os homens logo ficariam viciados e misteriosamente se mostrariam incapazes de trabalhar; alguns dos pilotos descobriram que sua visão havia sido afetada e foram impedidos de voar em seus aviões.[13]

Era uma forma perigosa e nada ortodoxa de operação de guerra, mas, de qualquer maneira, eficaz.

Germaine também apresentou Virginia a outra figura vital com ligações no *demimonde*. Dr. Jean Rousset era jovial e de rosto gorducho com um bigode extravagante, muito amado pelas *filles de joie* da cidade, as quais visitava quase toda semana profissionalmente como seu ginecologista. Sua "ideia muito demoníaca de descompostura dos clientes alemães"[14] parecia incluir infectar o máximo possível com sífilis e gonorreia. Ele distribuía cartões brancos especiais que marcavam garotas livres de infecção, quando na verdade não estavam. Pelo que se sabe, uma ou duas espalharam sua doença para dezenas de inimigos – os alemães eram ativamente incentivados a visitarem bordéis, na crença de que isso aumentaria sua motivação para lutar – antes de buscar pronto tratamento. Outras punham pó de mico nas roupas dos clientes para aumentar sua agonia. Felizmente, o bom doutor tinha um jeito incrível de se livrar de situações embaraçosas – um talento que acabaria salvando sua vida.

Rousset tinha seu consultório de ginecologia e dermatologia atrás de portas de madeira imponentes no número 7 da place Antonin-Poncet. O prédio antigo de pedras cor de mel logo se tornaria o *poste de commande* particular de Virginia, um local conveniente, pois ela podia atribuir suas visitas à busca de aconselhamento médico devido a uma alergia cutânea genuína. Ali, o dr. Rousset cuidava de agentes feridos ou doentes, recebia mensagens, apresentava-a a dezenas de outros contatos úteis e mantinha um manicômio falso no andar de cima como esconderijo sobressalente. Era improvável que os alemães fossem ali, pois aprenderam a temer doenças mentais e procuravam evitar qualquer lugar onde provavelmente houvesse camisas de força, gritos e uivos. Sendo reservista do Exército, Rousset já abrigava judeus e prisioneiros fugitivos da guerra desde que havia sido desmobilizado, em 1940. Sua mobília pesada do consultório escondia um estoque de literatura subversiva, e ele estava esperando a oportunidade de fazer mais pela causa Aliada da maneira que pudesse. Agora, finalmente havia ali alguém de Londres que poderia organizar e alimentar a Resistência com ajuda externa. Quando Virginia encontrou Rousset, ela gostou de seu otimismo, de sua energia e de sua vasta rede de amigos com ideias semelhantes. E ele, como muitos outros, foi arrebatado pela força do caráter dela. Havia algo de infalivelmente íntegro na mulher, não importava o que ela fizesse ou onde estivesse. Sua autoridade, competência e carisma eram óbvios, bem como sua abnegação. Os dois reconheciam que, em tempos de guerra, a nobreza podia ser encontrada em lugares inesperados; para Vichy e os alemães, porém, eles e seus colegas seriam, a partir de agora, classificados como terroristas.

Rousset não via motivo para não arriscar o pescoço recebendo ordens daquela estrangeira. Afinal, ela estava arriscando a própria vida por seu país, o que muitos de seus compatriotas não faziam. Sua disposição era ainda mais excepcional, considerando que o regime reacionário na França de Vichy esperava que as mulheres, como dever patriótico, ficassem em casa, se casassem e tivessem no mínimo quatro filhos. O aborto era ilegal e punível com a guilhotina. (Não era surpresa que a taxa de natalidade no departamento do Ródano, nas cercanias de Lyon, tivesse crescido 35% em pouco mais de um ano.)[15] O retrocesso para as mulheres metropolitanas emancipadas dos anos de 1920 e 1930 foi decisivo e extremo. Elas agora eram vassalas que não podiam votar, legalmente obrigadas a obedecer a seus maridos e, como declarava Vichy, "tinham seus nervos perturbados por ruídos estridentes".[16] Ainda assim, Rousset ignorou todas essas restrições e se dispôs a ser o "assistente mais valioso"[17] de Virginia. Ela lhe deu o codinome *Pépin*, que significava "caroço" ou "semente", e o nomeou seu tenente-chefe.

Virginia também foi apresentada a Robert Leprevost, um ex-oficial da inteligência francesa e outra peça-chave que já havia ajudado diversos pilotos caídos da RAF a escapar da França via Marselha. Totalmente por acaso, ele se tornou especialista em levar para fora do país os oficiais britânicos que não falavam francês ou que não pareciam franceses. Eles comiam, bebiam e até caminhavam de um jeito diferente de seus anfitriões gauleses. Também tendiam a ser mais altos, mais largos, mais pálidos e a ter pés maiores — o que trouxe problemas a Virginia e a outros quando tentavam fazer que calçados civis servissem neles. O simples ato de aparecer na rua era um perigo para eles, e mais ainda para aqueles que os ajudassem. Mais tarde, quando os Estados Unidos entraram na guerra, o desafio cresceu ainda mais. Os chicletes precisaram ser banidos e texanos de pernas arqueadas tinham de aprender a se movimentar como europeus e a evitar pôr as mãos nos bolsos, algo visto como um pecadilho ianque. A especialidade de Leprevost era uma habilidade que serviria bem para eles.

George Whittinghill também se uniu secretamente aos esforços de Virginia para ajudar os fugitivos. Em muitas ocasiões ele tirou recursos do próprio bolso para auxiliar a retirar do país algumas centenas de pilotos da RAF pela Espanha durante a guerra, e outros vinte agentes britânicos e belgas. Semanas após a chegada de Virginia à França, os aeronautas britânicos receberam a instrução de que, se fossem baleados, deveriam ir ao consulado norte-americano em Lyon e anunciar "sou amigo de *Olivier*". Era a senha para entrar em contato com *Marie Monin*, o *nom de guerre* de Virginia. Com ajuda de Germaine e de amigos, ela conseguiu esconder e alimentar dezenas deles e depois organizar sua fuga da França. A notícia da milagrosa *Marie de Lyon* começou a circular em todo canto.

Os dias de Virginia eram longos e cheios de atividade, quase sem um momento para se debruçar sobre seus problemas. Ela havia estabelecido o núcleo de sua rede com Rousset e Germaine, mas então quis expandir, inicialmente por Lyon e, depois, pelo restante do sul da França e além. Como oficial de ligação, seu trabalho era coordenar ostensivamente (em vez de liderar) diferentes circuitos de agentes, mas o desespero da SOE por avanços, combinado com sua capacidade de inspirar e unir muitos franceses de todos os tipos, fez que ela ultrapassasse suas atribuições originais. Virginia recrutou um fabricante de perfumes de 50 anos, Joseph Marchand, que ofereceu esconderijo em Lyon para os agentes e passaria a liderar um dos circuitos da SOE; duas valentes solteironas mais velhas, as *mesdemoiselles* Fellot, cujo porão do antiquário armazenava suprimentos para a Resistência e cujo apartamento acolhia agentes em fuga; a proprietária da loja de roupas íntimas La Lingerie Pratique,

France Pejot (futuramente mãe do músico Jean-Michel Jarre e sogra de Charlotte Rampling), que guardava armas sob pilhas de sutiãs de renda e era anfitriã das suadas reuniões da Resistência nos fundos da loja; além de vários cabeleireiros que abrigavam *résistants* em apuros e ajudavam a mudar seu visual. Madame Alberte recebia mensagens de diferentes líderes da Resistência em sua lavanderia, sinalizando que havia algo a ser coletado ao colocar duas meias compridas remendadas bem próximas da janela. Se estivessem separadas, nada havia chegado. Amigos do tempo de faculdade de Virginia em Boston, Jean e Marie-Louise Joulian, agora donos de fábrica em Le Puy, escondiam fugitivos nas montanhas do Haute-Loire e emprestavam dinheiro a Virginia quando nenhuma quantia chegava de Londres. Ela também recrutou um forjador, um entalhador altamente respeitável em uma galeria de lojas sofisticada chamada Passage de l'Hôtel-Dieu. Monsieur Chambrillard tornou-se especialista em recriar documentos oficiais para Virginia, tanto que enganava até mesmo inspetores com olhos de águia. Ele, como todos os seus apoiadores, sabia que o preço provável da captura era a morte.

Para agir efetivamente contra o inimigo, a SOE reconheceu, antes mesmo dos franceses, que os elementos separados da Resistência precisavam ser unidos em exércitos secretos disciplinados. A maioria dos grupos não sabia nada dos outros e se esforçava para operar de forma eficaz sem um plano coeso estabelecido por uma figura central. Virginia não deixava nenhum contato potencialmente útil sem notícias e viajava muito para estabelecer os elos necessários sob a proteção da SOE e, acima de tudo, oferecer aos franceses esperança de um futuro com a promessa de ajuda externa. Ela calculava a logística de quantos tipos diferentes de *résistants* (adulto, jovem, católico, protestante, judeu, ateu, homem ou mulher) seriam capazes de trabalhar juntos tendo-a como elemento de ligação. Com a combinação de recomendação pessoal e abordagens perspicazes de estranhos, ela alistava cada vez mais ofertas de auxílio. Ao apresentar um pouco de seus sentimentos sobre a guerra e seu desejo ardente de uma França livre, Virginia encontrou uma maneira de fazer as pessoas se abrirem para ela, mas também deixava claro que, caso eles se registrassem em um circuito da SOE e seguissem suas ordens, ela podia garantir a entrega de armamentos, explosivos, alimentos, dinheiro e remédios. Somente a SOE podia oferecer e, ao fim e ao cabo, ofereceu milhares de toneladas de suprimentos, mas seus recrutas precisavam cumprir sua parte do acordo. O problema era que muitas pessoas ainda estavam mais concentradas em suas lutas de facções – inclusive entre comunistas e o número cada vez maior de apoiadores do general De Gaulle – do que em aceitar ordens de Londres sobre como exatamente servir à causa Aliada.

Virginia avançava devagar, recusando-se a tomar lado entre as tribos políticas que eternamente se digladiavam. Apresentava-se o tempo todo como uma força unificadora, interessada em qualquer um que estivesse genuinamente disposto a vencer a guerra acima de tudo, quaisquer que fossem suas lealdades secundárias. Para que funcionasse, ela viajava até Marselha para montar linhas de fuga com Robert Leprevost, até Avignon para recrutar mulheres locais como mensageiras e estabelecer um esconderijo para uso de um futuro operador de rádio e, de novo, até Le Puy, onde recrutou um transportador chamado Eugène Labourier para fornecer caminhões que buscariam suprimentos dos pousos futuros de paraquedas e os armazenar em seu depósito. (As entregas de armas e explosivos começou de forma modesta em meados do segundo semestre de 1941.) Ela visitava *Olive* em Antibes para ajudar com seu circuito embrionário na Côte d'Azur (idealmente localizado para receber os novos agentes que chegavam ou partiam de barco) e outros contatos em Perpignan, perto da fronteira espanhola, para estabelecer linhas de fuga pelos Pireneus. Abordou advogados simpatizantes da causa, que repassavam informações sobre prisioneiros Aliados e a força do processo contra eles. Mirou hoteleiros aliados que forneciam quartos, funcionários da prefeitura com acesso a carimbos oficiais para documentos falsos, fazendeiros com celeiros para armazenagem. E, claro, regularmente voltava a Vichy para visitar a embaixada e buscar informações políticas de seus contatos na administração de Pétain.

No entanto, talvez seu maior golpe tenha sido se infiltrar na Sûreté – a "Ersatz-Gestapo"[18] que havia montado a armadilha na Villa des Bois e que, por meio de operações de "ouvidos bisbilhoteiros",[19] rastreava com maestria sinais secretos de rádio. Ela identificou e recrutou um belo e idealista oficial corso de 30 anos, Marcel Leccia, com base em Limoges, e em seguida, por incrível que pareça, conseguiu alistar seu assistente (Elisée Allard) e seu chefe (Léon Guth). Agora, ela provavelmente seria alertada de futuras armadilhas semelhantes à da Villa des Bois e podia esperar que a Sûreté fosse mais leniente com qualquer um de seus agentes que fossem capturados.

Muitos outros – capatazes de fábricas, operários de ferrovias, policiais, oficiais do governo e donas de casa – começaram a criar coragem de se aproximar da bela mulher de sotaque forte e oferecer ajuda, incentivados pelo fato de que ela vinha de um país que, naqueles dias obscuros, era o farol da liberdade e da democracia liberal. "Como americana, ela estava em uma posição ótima para ajudar, e as pessoas lhe falavam abertamente de seus sentimentos", observou um impressionado Ben Cowburn, que Virginia classificava como o agente mais brilhante da SOE. Embora estivesse na França apenas para uma missão temporária, ele a visitava com frequência e observava com admiração o modo como essas abordagens não solicitadas de nativos franceses estavam trazendo para ela um grande número de "contatos úteis".[20] Aos poucos, ela passou a romper as fundações do governo de Vichy e minar o edifício inteiro da resignação francesa. Virginia havia recrutado pessoas em lugares melhores, mais do que qualquer outro: ela começou sem nada, mas naquele momento praticamente todas as instâncias francesas tinham seu dedo. Glamourosa, mas também autoritária e decidida, ela não podia ter sido uma embaixadora melhor para a causa britânica ou campeã da Resistência: a presença Aliada na França havia sido transformada.

No entanto, as viagens constantes pela chuva com neve e pela lama quando o inverno se estabeleceu eram, nas palavras da própria Virginia, uma "missão amarga em que não se embarca de forma leviana. Arrasadora para os fracos e exaustiva até mesmo para os fortes".[21] Os alemães haviam requisitado material rodante moderno das ferrovias, abandonando apenas locomotivas antiquadas que quebravam com frequência e eram lentas, sujas e não aquecidas.

Podia levar o dia todo para viajar apenas algumas centenas de quilômetros. O horário estava muito reduzido se comparado aos níveis do pré-guerra, e poucas pessoas conseguiam bancar gasolina para os carros. Então, os trens ficavam, como Virginia relatou, "incrivelmente cheios e pareciam uma reunião de *brainstorm* de Walt Disney",[22] com pessoas apertadas contra as janelas e agarradas nas plataformas de entrada, e as portas não se fechavam direito. Às vezes, Virginia se via presa na entrada, evitando por pouco a morte (ou o que ela chamava de "vazio") por até duas horas, agarrando-se à mão de um completo estranho que estava dentro do vagão. Algumas mulheres começaram a pôr uma almofada embaixo da roupa na esperança de que os passageiros tivessem pena de uma mulher grávida e cedessem seu assento, mas mesmo esse truque não funcionava sempre, pois "a atmosfera estava carregada de uma melancolia fria e de desconfiança. Ninguém conversava".[23] Às vezes, apenas dois comprimidos de Benzedrina de seu suprimento que minguava rapidamente lhe davam forças para prosseguir.

Virginia tirava toda vantagem de seu *status* de jornalista e da proteção informal da polícia, ao menos em Lyon, para explicar suas viagens e horários irregulares. Ela continuava a escrever artigos com certa frequência para manter seu disfarce e agradava tanto a seus editores no jornal que eles lhe ofereceram um bônus de mil francos. Os artigos mais sensíveis sobre notícias políticas não eram publicados, mas enviados diretamente à SOE para evitar chamar atenção para ela. No entanto, uma exceção foi publicada na edição de 24 de novembro de 1941 do *New York Post*, com cabeçalho de Lyon, contando ao mundo todo sobre a ameaça crescente da repressão de Vichy sobre os judeus.

Para sua segurança, Virginia evitava expressar suas ideias, mas era cada vez mais difícil disfarçar sua raiva diante do tratamento dos judeus, que agora estavam excluídos de praticamente todas as profissões prestigiosas ou influentes. Foram proibidos de trabalhar como banqueiros, corretores de ações, agentes de publicidade, comerciantes ou corretores de imóveis, até mesmo no teatro, no cinema ou na imprensa. Ela citou um "oficial de governo especialmente qualificado", que disse que seria "melhor prevenir que suprimir", alertando que mais leis restritivas estavam a caminho.

Apesar do cuidado na escrita, a itinerância contínua de Virginia era um risco inevitável. Os trens estavam sujeitos a batidas policiais relâmpago, às vezes apoiadas pela Gestapo, especialmente no expresso que ia até Marselha. A opção mais segura enquanto viajava era manter os documentos incriminatórios (com mensagens longas demais para guardar na memória ou talvez detalhes técnicos de possíveis alvos de sabotagem) em uma das mãos. Assim, eles poderiam facilmente ser enfiados entre as almofadas do assento, jogados nos trilhos ou até mesmo comidos, se necessário. Alguns agentes erguiam espelhinhos ao lado da janela em cada estação para ver quem estava prestes a embarcar, ficando assim avisados de problemas iminentes. Virginia observava que a polícia de segurança tinha mais interesse nos lugares mais baratos, então ela reservava na primeira classe. Memorizava seu endereço de destino em vez de anotá-lo e sempre inventava e decorava um motivo plausível para sua viagem. Mesmo assim, cada jornada apresentava um perigo mortal – e sua perna de madeira impedia a derradeira opção aberta aos outros, que era se jogar do trem e fugir, buscando abrigo. E, a cada encontro, os contatos podiam se revelar agentes duplos ou traidores ou talvez pudessem ter sido pegos e torturados, pois a Sûreté ou a Gestapo poderia ter aparecido antes.

No entanto, o pior momento de todos talvez fosse finalmente voltar ao seu quarto de hotel em Lyon. A temperatura lá fora havia despencado para 15 graus abaixo de zero, mas, sem aquecimento, o quarto de Virginia estava apenas um pouco melhor, e ela precisava lançar mão de trapos velhos para tampar as correntes de vento das janelas e de jornais para forrar as roupas (que faziam um barulho de papel amassando quando se movia) e se manter aquecida. Havia apenas um filete de água quente, somente aos domingos de manhã. Felizmente, seus anos escolares em Roland Park Country a prepararam para aguentar o frio. Muito pior era a ausência de sabão para ela e para suas roupas e lençóis, então tudo parecia não apenas frio, mas encardido. Depois de um tempo, Virginia decidiu que usar roupas escuras era melhor, pois a sujeira não aparecia, mas isso ia contra sua natureza em geral meticulosa. "Se vocês pudessem me enviar uma barra de sabão", escreveu ela para Londres no malote diplomático, "eu ficaria muito feliz e muito mais limpa".[24] Ela também ficaria mais bem protegida da primeira epidemia de sarna em humanos em mais de um século – viajar no aperto com outros passageiros desnutridos e mal lavados nos trens poderia atrair a doença, e a maioria das pessoas não parava de se coçar. Talvez o maior desafio de todos fosse o esgotamento de meias médicas especiais para sua perna, sem as quais suas jornadas horripilantes nos trens se tornavam um teste de resistência ainda maior.

O período solitário em seu quarto era o momento em que os agentes tinham que enfrentar seus medos, e as orelhas se erguiam ao menor som suspeito. Apesar das relações de Virginia com a polícia local, sua passada peculiar fez da "Maria Manca" – *la dame qui boite*, ou a mulher que manca, como alguns passaram a chamá-la – uma figura que chamava a atenção. "O medo nunca diminuía", relembrou um rebelde francês franco. "Medo por si, medo de sofrer denúncia, medo de ser seguido sem saber, medo de que sejam 'eles' quando, de madrugada, se ouve ou se pensa ouvir uma porta batendo ou alguém subindo as escadas. [...] Medo, por fim, de ter medo e não ser capaz de superá-lo."[25] A Resistência exigia uma coragem solitária de homens e mulheres que podiam lutar sozinhos, mas a solidão era um esforço eterno. Um agente começou a jantar diante do espelho, pois ninguém, a não ser o próprio reflexo, era totalmente confiável. Por trás das linhas inimigas, a lealdade tinha um significado diferente e, no fim das contas, era lealdade a um ideal, e não a uma pessoa ou um povo. Virginia sabia muito bem que baixar a guarda, mesmo com outros agentes ou apoiadores durante um jantar ou quando estavam bebendo, poderia ser fatal. Todos vivenciavam a solidão e uma urgência de compartilhar pensamentos e medos, mas a sobrevivência dependia dessa contenção. No entanto, para Virginia, desde que perdera a perna, esconder suas emoções e ter a autoconfiança firme tinha se tornado um hábito. E viver em meio a todo o terror e o caos era melhor do que se sentir morta por dentro. Ela estava fazendo um trabalho vital, e fazendo bem. Tinha um papel. Embora a captura fosse uma perspectiva real a cada minuto do dia, ela nunca tinha se sentido tão livre.

Estava claro, muito antes do Natal, que Virginia tinha feito um início impressionante. De fato, a SOE a considerava "incrivelmente bem-sucedida" e classificou seu trabalho e sua habilidade em campo como "inspirados".[26] No entanto, nem todo mundo estava satisfeito com seu progresso. *Alain*, ou Georges Duboudin, era um dos poucos agentes da SOE que haviam evitado a ratoeira de Marselha, e estava baseado próximo dela, em Lyon. Um ano mais jovem que Virginia, ele era francês, casado com uma britânica, e trabalhara no banco Crédit Lyonnais em Londres antes da guerra. Tinha sido treinado por Kim Philby (mais tarde, exposto como membro do círculo de Cambridge de espiões soviéticos, mas à época trabalhava para a SOE) e havia sido elogiado em Londres como um "tipo excepcionalmente superior" e um "líder natural".[27] De maneira formal, *Alain* havia sido nomeado chefe (ou organizador) de seu circuito incipiente e, portanto, era tecnicamente superior a Virginia em posto. Ele acreditava que o mais correto seria que ele – e não uma mulher com deficiência – assumisse o controle das operações da SOE em Lyon.

Virginia alocou-o, em sua chegada à cidade, ao grupo da Resistência que publicava o *Le Coq Enchaîné* e o pôs em contato com outros que coletavam armas para missões futuras e produziam documentos falsos. Ela fez o que pôde para ele avançar. Ainda assim, *Alain* estava tendo dificuldades para conseguir sucesso em campo; não chegava a tempo para reuniões importantes e parecia incapaz de recrutar apoiadores ou de manter apoio dos que recrutava. Informava a uma extasiada Baker Street que havia alistado cerca de 10 mil homens prontos para lançar uma gigantesca campanha de sabotagem quando fosse a hora. No entanto, mesmo que Londres, desesperada por boas-novas, quisesse acreditar nisso, Virginia sabia que não era bem assim. Viu que *Alain* ficava inquieto com a vida clandestina e detestava o isolamento e a atenção constante que ela exigia. Sem a companhia fácil de soldados encontrados em seus pelotões, ele buscava o equilíbrio com bebida e a companhia de uma variedade grande de mulheres, nenhuma das quais era a sua. E essas namoradas não eram nem discretas nem receptivas. Enquanto ele se vangloriava por aí de ser um agente secreto, Virginia temia que suas bravatas estivessem se tornando um problema de segurança crucial para ela e a construção inteira da SOE. "É dos seus que a pessoa precisa ter mais medo", relembrou outro oficial. Eles sabem demais sobre você.[28]

Portanto, o que ela não permitiria era que *Alain* tivesse contato com seu circuito, muito menos deixaria que ele o assumisse – uma recusa da qual ele claramente se ressentia. Aqueles eram seus contatos pessoais, que confiavam apenas nela, e Virginia repetidamente alertava Baker Street para "dar um tempo"[29] quando sugeriam que *Alain* deveria assumir o comando. De seu breve tempo em campo, Virginia entendia muito bem, mesmo que Londres não compreendesse, a necessidade de células autônomas no estilo comunista, com um punhado de pessoas, cada uma recomendada por um membro existente e conhecendo apenas seu superior imediato. Ela sabia dos perigos de um único elo fraco na corrente, tendo perdido a maioria de seus colegas na Villa des Bois. A saga perversamente a salvou. Forçou-a a reconhecer, desde as primeiras semanas, que a autoconfiança – inclusive, ao que parecia, a recusa de arranjar um amante – precisava ser a primeira regra para que ela pudesse ser livre e sobreviver. Havia aprendido com a própria vida o preço terrível da negligência. Passava as noites sozinha e não precisava se esforçar para guardar segredo. Sua deficiência ampliava a distância que ela sentia que deveria manter dos outros. Seu desafio era garantir que seus contatos fizessem o mesmo ou limitassem o dano se não conseguissem, mantendo-os em grupos separados, claramente definidos, com pouco conhecimento uns dos outros ou dela, e de apenas um de seus vários codinomes. Ela insistia em manter contato apenas deixando mensagens em uma caixa postal segura ou por um intermediário, como a lavanderia da Madame Alberte. *Alain*, porém, era um amador carente que precisava ser mantido fora disso.

Ainda assim, tamanho era seu sucesso em fazer contatos confiáveis e resolver problemas que *Marie Monin* era uma lenda além das fronteiras da cidade de Lyon. Sua rede havia se tornado tão grande e bem-sucedida que ela não conseguia mais selecionar todos os membros sozinha como gostava de fazer no início. Ser tão boa em seu trabalho a transformou, aos olhos da SOE, em [de acordo com seu prontuário pessoal] "tia universal de todos os nossos que estão em apuros; e qualquer um em dificuldades imediatamente a visitava".[30] No entanto, ser a solução do problema de tantos estava inevitavelmente atraindo atenção para ela.

O bar no Grand Nouvel Hôtel, que ela ainda visitava com frequência para pegar mensagens, agora era conhecido em todo canto como o lugar para pedir ajuda. De fato, Londres temia que o bar se tornasse o que eles chamavam de "*bruto* ou queimado", o termo da SOE para comprometido, por conta de sua notoriedade. Virginia estava satisfeita em confiar em seus contatos policiais para alertá-la de quaisquer problemas e em saber que o bar tinha múltiplas saídas. Ainda assim, era difícil ser um lugar seguro quando "praticamente todos os agentes"[31] na França continuavam a aparecer pedindo dinheiro, refúgio, documentos falsos ou rotas de fuga. Ela também era muito bem conhecida como o único canal seguro devido à contínua falta de operadores de rádio, de mensagens de Londres e para lá via contatos no consulado. Recém-chegados seguiam direto até ela para pedir ajuda a fim de se instalar ou fazer apresentações. Ela também lhes dava tíquetes para comida, tabaco e vinho; cupons para roupas, sapatos e sabão. Na verdade, Virginia talvez estivesse disposta demais a ajudar os outros, embora (ou talvez porque) nunca tivesse tido ninguém para lhe dar esse apoio. Era uma alegria ser valorizada.

Novos agentes agora estavam muito mais preparados do que Virginia estivera. Desde Villa des Bois, mais atenção foi dada a nomes e identidades falsos, francês perfeito e treinamento de segurança, em parte graças aos relatórios essenciais de Virginia. Ainda assim, a maioria ainda se sentia desconfortável e evidente nos primeiros dias. "A pessoa quase imagina que luzes neon estão piscando na testa e anunciando *Made in England*",[32] lembrou Peter Churchill, um ex-jogador de hóquei no gelo de 32 anos que saiu de Londres em dezembro de 1941 para viajar ao sul da França de submarino. Ao desembarcar, ele, quase como todos os outros, se viu seguindo para Lyon em busca de Virginia, visitando o Grand Nouvel Hôtel, onde esperava encontrá-la no bar. Ele voltou várias vezes naquele dia e à noite para procurá-la, cada vez passando pelo Carlton Hôtel, o quartel-general da Gestapo guardado por fileiras da polícia de Vichy. Fazia 26 horas que não comia, pois a entrega de cupons de comida prometida por outros não se materializou, e ele passou fome por duas horas, tomando chá de cadeira no bar. Por fim, Churchill desistiu, seguindo instruções de Baker Street de deixar um recado para ela na recepção, usando as palavras "*nouvelles de Marie*" e assinando como *Raoul*, com quatro letras sublinhadas.[33]

Parece que o fato de Virginia não ter aparecido talvez tenha sido uma maneira de testar a boa-fé de Churchill, pois, assim que ele voltou ao quarto no Hôtel Verdun – onde foi alertado para esconder seu precioso sabão da camareira –, quase imediatamente recebeu uma ligação dela. Ele ofereceu notícias de sua "irmã" Suzanne – outra senha –, e ela o convidou para jantar. Comeram no restaurante favorito dela, onde Virginia o alimentou e lhe forneceu todos os cupons de comida de que ele poderia precisar, cortesia de um amigo dela na administração dos alimentos. Churchill ficou encantado com a qualidade da refeição – a entrada para eles foi uma dúzia de ostras –, mas Virginia lhe disse que aquilo custava um preço excessivamente alto, e esses convivas privilegiados precisavam ser primeiramente apresentados por um cliente bem conhecido.

Enquanto conversavam em francês, ela foi gentil, charmosa e elogiosa, e deixou Churchill tranquilo até ele proferir a palavra "*Angleterre*" na conversa. Virginia o interrompeu no meio da frase para explicar que ele nunca deveria "nomear esse lugar quando quisesse falar dele. Em vez disso, teria de dizer *chez nous*, em casa. A outra palavra poderia atrair atenção".[34] Ela fez a repreenda no mesmo tom calmo que antes para evitar alertar os convivas ao redor, mas não havia dúvida quanto à sua seriedade. Churchill não pôde deixar de notar que o sorriso havia desaparecido e um cansaço revelador aparecera em seus olhos.

Virginia sabia que erros triviais podiam custar a vida dos agentes – e a dela. Um colega foi capturado por um oficial perspicaz da

Gestapo depois de passar na frente de um carro, tendo esquecido por um momento que os franceses dirigiam na mão oposta. Virginia lembrava os recém-chegados de comerem como os franceses – usando ostensivamente o pão para limpar o molho do prato, sem deixar uma mancha de comida e sem alinhar ordenadamente os talheres na parte de baixo do prato ao fim da refeição como um britânico bem-educado. E, como não estavam mais na Inglaterra, deviam deixar de andar com capa de chuva. Virginia tentava pensar em tudo. Proibida de comprar cigarros para seus "garotos" a fim de tranquilizar o que eles todos chamavam de "ataques de nervosismo", ela recolhia pontas de cigarro do chão de cafés para eles fumarem. Também os ajudava a se misturarem. Pegar pontas de cigarro tornou-se um passatempo nacional – e respeitável –, e era melhor do que a alternativa popular de enrolar cigarros usando folhas caídas das árvores no outono. Aquele hábito fazia as ruas de Lyon cheirarem a fogueira e com frequência eram causa de uma tosse seca persistente.

Ainda assim, com toda a sua habilidade em campo, era aparente, até mesmo para recém-chegados como Peter Churchill, que a conduta irresponsável de *Alain* estava deixando Virginia vulnerável. Ele percebeu que perdê-la nesse momento podia ser ainda mais danoso do que o fiasco da Villa des Bois. Ainda assim, também era claro que *Alain* estava o tempo todo tentando sabotar Virginia e não aceitaria sua ajuda, quando, na verdade, o fracassado era ele. Apesar de toda a gabolice, ele não havia conseguido criar nenhum grupo adequado para futuras missões de sabotagem. Em seu retorno a Londres, poucas semanas depois, Churchill informou a Seção F sobre a frustração de Virginia com *Alain*, descrito como um provocador. E até sugeriu que *Alain* talvez devesse ser chamado de volta a Londres antes que causasse mais danos.

Ao mesmo tempo, Churchill não podia ter sido mais elogioso sobre Virginia, sugerindo que Londres deveria facilitar a vida dela – e refletir a realidade no território – ao deixar claro que ela estava no cargo. Ela era considerada a *verdadeira* "executiva lá", explicou ele. Era "conhecida como *le champion américain* em Lyon e conseguia tudo de melhor para si". Virginia era, ele acrescentou, "uma enciclopédia ambulante, conhecia todo mundo, estava a par de todos, era adorada por todos".[35] Adorada, decerto, mas também levemente temida. Sua disposição de ajudar os outros agora se comparava a uma brutalidade florescente. Ela fazia questão de aprimorar suas habilidades de tiro em saídas regulares de caça nas colinas próximas de Lyon (para mostrar a Londres que não era menos útil por usar uma prótese, que ela apelidara carinhosamente de Cuthbert). E, com frieza louvável, informou a Churchill que "seus rapazes se livrariam" de um contato suspeito de entregar informações à polícia francesa.[36] Ainda assim, formalizar sua posição como chefe ou lhe dar autoridade total para assumir o comando em campo era um passo longo demais para uma mulher, mesmo na SOE. Parecia que, apesar de todas as suas conquistas para estabelecer uma base sólida da SOE na França, e por mais infundadas que tivessem sido as alegações sobre seu progresso, a palavra de *Alain* era levada mais a sério em Londres do que a dela. Havia uma irritação crescente contra a recusa de Virginia a aceitar ordens dele e lhe entregar o controle de sua rede.

O entusiasmado Peter Churchill também era uma estrela em Baker Street. Ele, e não Virginia, estava encarregado da missão de prioridade máxima de apurar o que havia acontecido com a dúzia de agentes presa como resultado do desastre da Villa des Bois. Aquilo era mais difícil do que ele esperava. Depois de deixar Lyon, Churchill viajou até Marselha (onde achava que os homens estavam sendo mantidos) para acompanhar o que parecia uma pista promissora. Levava com ele uma imensa quantidade de dinheiro – e uma grande quantidade de sabão – para extrair informações. Virginia deveria auxiliá-lo como um guia, então ela o encontrou em um trem sob os arcos abobadados da Gare Saint-Charles, em Marselha, e o escoltou pela plataforma até a saída. Avistando um grupo grande da Gestapo na entrada da bilheteria, ela o conduziu rapidamente para dentro do café lotado da estação e até uma porta lateral não monitorada sem serem vistos ou dizer uma palavra.

Quando descem às pressas os grandiosos lances das famosas escadas de pedra para as ruas fervilhantes detrás da estação, Churchill passou a enxergar Virginia como "uma mulher que podia superar qualquer obstáculo". Ficou tão surpreso com o ritmo que ela mantinha ao caminhar, estalando o salto, pelas ruas de cor ocre e multidões de marselheses subnutridos, que se sentiu obrigado a romper o silêncio para perguntar se os rumores sobre sua perna postiça eram verdadeiros. Ela confirmou – e mais tarde removeria Cuthberth aos risos, batendo-a contra a mesa para que ele pudesse ouvir que ela era oca. Mesmo assim, Virginia nunca gostou de contar como a havia perdido – e muitos na SOE acreditavam em uma história boba de que ela tinha caído de um ônibus. Preferia deixar qualquer rumor rodar a revelar demais sobre si, especialmente a respeito do período mais obscuro de sua vida, que a guerra por fim permitiu que ela abandonasse. Da mesma forma que ela mantinha a guarda alta, alertou Churchill para fazer o mesmo. E informou que Marselha era um lugar perigoso e que ele deveria evitar os *Gestapo V-Leute* – ou informantes de confiança – que patrulhavam La Corniche, via que ladeava o Mediterrâneo, e especialmente os bandos de brutamontes que ficavam no Vieux Port.

Churchill começou, dessa vez por conta própria, a visitar um procurador que ele acreditava que o ajudaria a libertar os homens da Villa des Bois. No entanto, a reunião não saiu totalmente como o planejado, apesar da animadora oferta de 1 milhão de francos. Na verdade, foi tão tensa que Churchill pensou que ele mesmo tinha caído em uma armadilha e que possivelmente pioraria o sofrimento dos prisioneiros. Virginia suspeitou que Churchill tinha más notícias quando eles se encontraram em um café onde ela estava escrevendo cartões-postais. "Você parece uma torcida que vi uma vez quando soube que havia perdido para os Ashes",[37] ela lhe disse, exibindo sua familiaridade com a ferocidade dos rivais anglo-australianos. Virginia ofereceu-se para intervir, sugerindo que ela abordasse um de seus contatos, Madame Germaine Poinso--Chapuis, que de fato se provou muito mais útil que qualquer contato de Churchill. Madame logo relatou que os homens não estavam em Marselha, mas eram mantidos na fortaleza sombria de uma prisão a mais de 300 quilômetros de distância de Périgueux.

Virginia tentou pagar seu contato pelas informações, mas a mulher se recusou, embora estivesse andando maltrapilha.

Aquela foi a primeira indicação firme em três longos meses de que os homens ainda estavam vivos. Por fim, havia esperança de que os melhores agentes da SOE poderiam ser salvos. No entanto, o tempo era curto, e Churchill logo deveria retornar a Londres. Muitos prisioneiros em Périgueux pereciam com o frio, com as instalações infestadas de ratos e a dieta lamentavelmente escassa, ou eram enfileirados contra uma parede no início da manhã e fuzilados. Sem a proteção oferecida às forças regulares pelas Convenções de Genebra, era improvável que sobrevivessem à captura. (De fato, apenas quinze, ou um em cada oito, dos 119 agentes da SOE baseados em Londres e presos na França durante a guerra voltaram para casa.)[38] Estava claro que tinham que ser libertados com urgência, mas a tarefa foi realocada para *Olive*, na Riviera, e não a ela, e assim Churchill entregou o milhão de francos para propina a ele. Logo em seguida, outro contato francês da SOE, de codinome *Carte*, contribuiu com notícias bem-vindas de que suas fontes esperavam que os homens estivessem na iminência da soltura. Pintor falastrão sem a mínima noção básica de segurança, ele assegurou para um Churchill ainda impressionável que participaria pessoalmente de toda a questão e que ninguém mais, inclusive Virginia, precisava se envolver. Baker Street apreciou a conversa de *Carte* de que comandaria um exército secreto de 300 mil, mas era outro fantasista que prometia muito e não entregava praticamente nada. A constante falta de ação incomodava a mente de Virginia, por mais que ela tivesse que aceitar. Em silêncio, ela começou a preparar abrigos e rotas de fuga para os agentes na prisão, apenas para o caso de poder ajudar.

Churchill e Virginia planejaram encontrar-se uma última vez em Marselha antes de ele voltar à Inglaterra, exausto de seu breve período em campo. Contrariando o conselho de Virginia, ele tomou um atalho até o café por passagens malcheirosas do Vieux Port, onde seu caminho foi barrado por dois homens, um dos quais usando uma faixa de braço branca, oficial da polícia de Vichy responsável por lidar com vendedores do mercado clandestino. Pediram documentos, e um deles, quando Churchill olhou para baixo, empurrou alguma coisa para a frente embaixo do sobretudo, como se fosse uma arma. Quando Churchill enfiou a mão no bolso, os homens viram sua carteira cheia de notas de dinheiro e ameaçaram embarcá-lo para a Alemanha como mão de obra escrava caso ele não entregasse o dinheiro. Poucos minutos depois, o homem da SOE saiu livre, ainda que trêmulo e 25 mil francos mais pobre.

Enquanto isso, Virginia estava terminando uma reunião com *Olive* em outro café nas proximidades. Quando se levantaram para ir embora, houve confusão e comoção, com apitos, gritos, berros e dezenas de policiais armados, correndo e ordenando que os clientes se enfileirassem contra a parede. Em pé ao lado de *Olive*, Virginia percebeu que tinham caído em uma armadilha perigosa. A polícia estava reunindo pessoas inocentes para serem deportadas à Alemanha a fim de satisfazer o monstruoso apetite nazista por mão de obra escrava em suas fábricas (assim como haviam ameaçado os agressores de Churchill). Vichy tinha concordado previamente em mandar milhares de voluntários para a *Vaterland*, prometendo boa comida, bom pagamento, concertos e feriados. Poucos, porém, haviam se voluntariado, e os números ficaram muito aquém das exigências nazistas. Então, Vichy tinha concordado secretamente em recorrer a expatriações forçadas e ordenou a captura de pessoas aleatórias em várias cidades-alvo. Marselha precisava que trezentos trabalhadores fossem enviados para a Alemanha em três dias ou seria forçada a embarcar seus policiais nos trens para o leste. Virginia e *Olive* estavam no lugar errado no momento errado e seriam despachados sob guarda armada naquela noite, sem chance de se despedir ou de fazer as malas. A polícia bloqueara a rua inteira. Não havia escapatória.

Virginia tentava freneticamente pensar em um jeito de sair quando o comissário de polícia do distrito entrou marchando e inspecionou suas presas, muitas das quais começaram a chorar. Um inspetor o seguiu, momento no qual *Olive* deu o braço para Virginia, o que ela interpretou como um gesto bem-vindo de conforto, mas que na verdade era um sinal pensado rapidamente para dar a entender que estavam juntos. O inspetor também percebeu e apontou para

Olive e Virginia, ordenando sucintamente que um de seus homens os prendesse em uma sala nos fundos, onde ele lidaria com os dois "em particular".

A algumas ruas de distância, Churchill corria da cena de sua experiência desagradável para o encontro com Virginia. Ficou surpreso e decepcionado por ela já não estar no café, conforme prometera. Era tão confiável, não era de seu feitio se atrasar. E ele sentia que as coisas não eram tão ruins quando ela estava por perto. Sentou-se de frente para a porta, pediu um Cinzano, acendeu um de seus últimos cigarros e fingiu ler um jornal para acalmar os nervos. Virginia ainda não havia aparecido, e ele se perguntava por que o local estava vazio. Sentiu a tensão no ar. Terminou a bebida e pediu outra para refletir.

Virginia e *Olive* ouviram a porta se trancar atrás deles e pensaram que seu destino estava selado. No entanto, para sua alegria, perceberam que o cômodo tinha uma pequena janela que se abria para um beco nos fundos. Enquanto os outros clientes eram empurrados aos gritos para dentro dos caminhões na frente do café, eles subiram silenciosamente na janela e se apertaram para passar pela abertura estreita, um de cada vez. Virginia passou a perna boa sobre o peitoril e conseguiu puxar Cuthbert – antes de soltar o corpo do outro lado. Ela manteve o passo com *Olive* o quanto pôde enquanto corriam para fugir e buscar Churchill.

Por fim, depois de uma espera que parecia interminável, *Olive* chegou avançando a passos largos para dentro do café de Churchill. "Vamos", disse em voz baixa, tomando o braço do inglês. Avistando Virginia logo na entrada vigiando a rua, Churchill soube que algo muito ruim deveria ter acontecido e que os três precisavam agir rapidamente. Jogou o dinheiro restante na mesa e seguiu Virginia até o lado de fora. *Olive* apressou-os para o outro lado da rua, enquanto continuavam a olhar para trás. "Estão atacando cafés", explicou ele a Churchill enquanto os conduzia rapidamente a um lance de escadas que dava em um apartamento-esconderijo e trancou a porta. Também relatou, com um sorrisinho, que tinha feito amizade com o inspetor de polícia antes da guerra, e ele o reconhecera e quis lhes dar a chance de escapar. Tinha sido por um triz.

O instinto imediato deles foi partir da cidade logo. Virginia aconselhou esperarem até de manhã, pois provavelmente haveria mais perseguições, e a estação seria uma "colmeia fervilhante de ódio". Churchill passou sua última noite em Marselha ouvindo de Virginia que gângsteres mafiosos que se passavam por policiais de Vichy o tinham enganado e obrigado a entregar os 25 mil francos, e que outra chantagem envolvia vender *résistants* suspeitos aos alemães em troca de dinheiro ou das posses de suas vítimas. De repente se sentindo assolado pelos múltiplos perigos que o confrontavam, Churchill sentiu mais pavor e, assim, precisava dela mais do que nunca.

Talvez tenha sido seu estado vulnerável que tenha provocado em Virginia um raro momento de suavidade durante aquelas horas de ansiedade enquanto esperavam para escapar. "Envelhecemos muito rápido aqui, e com a idade vem a sabedoria", ela o aconselhou. Admitiu que, por encarar o medo o tempo todo, ela se sentia "com 100 anos de idade" e, depois de fugas tão arriscadas como a que haviam vivenciado naquele dia, nenhum deles seria "o mesmo de antes". Ela também previu que, em seu retorno à Grã-Bretanha, Churchill compararia sua "vida de companheirismo" na Baker Street "com a vida solitária [que levaram aqui]".[39]

"Quando você chegar em casa, vai parecer diferente a distância", ela o provocou com um sorriso e acendeu um cigarro. "Vai esquecer o quanto sentiu frio, só que vai trazer roupas mais quentes da próxima vez; vai se esquecer de todos os pavores que teve e vai se recordar apenas da emoção."[40]

CAPÍTULO QUATRO
Adeus, Dindy

George Backer, do *New York Post*, enviou um telegrama a Virginia pedindo que ela voltasse para casa.[1] O ataque surpresa dos bombardeiros japoneses contra a base naval dos EUA em Pearl Harbor, uma semana antes, na hora do café, em 7 de dezembro de 1941, havia sido descrito pelo Presidente Roosevelt como uma data que "viveria na infâmia". Esse ataque fez os Estados Unidos mergulharem na guerra contra o Japão, e então, poucos dias depois, contra a Alemanha e a Itália. Backer sabia que, como norte-americana, Virginia corria muito mais perigo que antes e achava que ela deveria reconsiderar sua missão. A França deveria permanecer oficialmente neutra, mas, a partir daquele momento, sua cobertura jornalística oferecia pouca ou nenhuma proteção naquele lugar que, na verdade, era um Estado-fantoche nazista.

Pétain estava prestando um favor a seus mestres alemães ao realizar outro ataque à Resistência. A polícia de Vichy entregou dezenas, se não centenas, de prisioneiros aos nazistas para fuzilamentos em massa, mas também guilhotinou outros, por conta própria, nas fileiras de cadafalsos especialmente construídos. Já em Londres, o general De Gaulle, valendo-se de um pouco mais que força de caráter e do financiamento britânico, continuava sendo, para muitos *résistants*, apenas uma voz de rádio distante dos perigos mortais de seu dia a dia. Mesmo aqueles que secretamente ouviam as transmissões da BBC – o que era estritamente proibido – não sabiam se deveriam acreditar nelas. Almas iluminadas, como o ex-prefeito Jean Moulin, agora um líder da Resistência trabalhando fora de Lyon, reconheciam no general – um homem duro na queda que tinha quase 2 metros de altura – um ponto de convergência vital para todo o movimento França Livre. Virginia, porém, sabia que De Gaulle continuava sendo uma figura desagregadora e distante. A maioria de seus compatriotas ainda se sentia sozinha, abandonada e desesperançada.

Esse sentimento era exacerbado pela imprensa francesa, que estava sendo mais estritamente controlada do que nunca e se opunha com veemência à aliança anglo-americana, retratando-a como uma reverência aos "temidos" comunistas russos de Stalin. Os franceses ouviam repetidamente que Londres, de qualquer forma, havia sido destruída no bombardeio aéreo (*Blitz*) e uma invasão nazista da Grã-Bretanha era de fato iminente. Paul Marion, ministro da informação francês, recebeu a tarefa de conduzir a censura da imprensa e a disseminação constante de propaganda de Vichy, com o objetivo de garantir uma realidade ficcional coerente e, em última instância, "a uniformidade de opinião contra a democracia e seus apoiadores judeus".[2] As mesmas mensagens falsas eram apresentadas insistentemente até serem aceitas quase em âmbito universal, mesmo quando iam de encontro a fatos incontestáveis. Negar, divergir ou se desviar agora era traição. No entanto, os jornais não revelavam o quanto Vichy estava apoiando ativamente o esforço de guerra alemão, inclusive fornecendo 5 mil toneladas de gasolina e frotas de caminhões para o Exército do marechal de campo Erwin Rommel no norte da África.[3] Acreditando na vitória de Hitler, a França se alinhava de forma cada vez mais estreita ao Terceiro Reich e estava mais determinada do que nunca a esmagar aqueles que se pusessem no caminho. Ainda assim, mesmo com os ventos da guerra soprando contra ela, Virginia se recusou a partir. Sua única grande concessão foi intitular seus artigos para o *Post* com a vaga frase: "Em algum lugar na França". A convocação de George Backer para que ela abandonasse o posto enquanto a luta se intensificava a deixava mais inclinada a ficar.

No entanto, no início de 1942, Virginia possuía um estado de espírito estranhamente soturno. Agentes, em especial aqueles com esposa e filhos, valorizavam qualquer notícia de casa, por menor que fosse, e confiavam nela para superar os momentos mais sombrios.

No entanto, Virginia não tivera nenhum amor sério desde Emil, o oficial polonês de Viena catorze anos antes. E, desde Pearl Harbor, todas as cartas de sua família nos Estados Unidos haviam parado de chegar, exceto por um telegrama da mãe no Natal que passou a rota diplomática normal via SOE. O que a entristecia em especial era que um bolo de frutas feito em casa enviado pela sra. Hall nunca chegara. "Nunca nos desesperamos", ela escreveu a Nicolas Bodington, em Baker Street, em 5 de janeiro, "mas duvidamos que essas delícias incríveis cheguem... isso parece injusto".[4]

Sozinha e, sem dúvida, temerosa, Virginia abaixou a guarda em uma carta extremamente pessoal com os dizeres "[Ao] meu querido Nic", datilografada na cama de seu hotel na lúgubre rue Grolée, em Lyon, enquanto a neve caindo lá fora manchava as janelas. Apesar de sua determinação em ficar, ela confessou que sofria com a saúde, estava resfriada e com uma "dor no tórax" causada por "neve, chuva e lama" persistentes. "Os dias escuros são mesmo horrendos." Virginia buscava consolo onde conseguisse encontrá-lo, escrevendo: "Grande entusiasmo. Parece [...] quase possível que teremos um pouco de manteiga [...] "Que mente frívola – sempre pensando em mantimentos". Virginia sabia que aqueles que viviam em relativo conforto em Londres não tinham ideia real dos sacrifícios que ela estava fazendo e pensavam que ela era "louca" por fantasiar sobre comida dessa maneira. "Algum dia [...] até mesmo você poderá compreender. [...] Tudo gira em torno, primeiro, do estômago, segundo, da incapacidade de comprar sapatos." Ainda assim, por mais que suportasse um mundo masculino, sua criação a impedia de soltar imprecações mesmo nesse momento. A palavra para descrever seu humor, explicou ela, era "puramente anglo-saxã": "[e] se escreve s—t (m*rda)".

"Fico tão 'cheia'", ela suspirava, implorando para os membros de Baker Street lhe escreverem a fim de substituir as cartas de casa. "Eu me ressinto dessa escassez de correspondência e desse deserto árido no qual existo. Minha nossa! Caramba, e como!" Então, em um grito vindo do coração, ela acrescentava: "Odeio a guerra e os políticos e as fronteiras. [...] Na verdade, estou me sentindo muito azeda". Virginia, porém, terminava com a mensagem tipicamente otimista de que "superaria isso". Ela mandava um abraço a todos no escritório, despedindo-se ao modo inglês e com seu apelido de família: "Tchauzinho, Dindy".

Foi uma nota afetuosa e provavelmente a última mensagem do tipo escrita pela antiga Virginia. Na verdade, o enigmático Bodington nunca pôde oferecer o conforto que ela buscava. A guerra também avançara para uma fase ainda mais brutal e, se *Marie* quisesse sobreviver, não poderia demonstrar novamente tal vulnerabilidade. Agressividade era necessária: a agressividade devia pulsar dentro dela a cada hora do dia. Precisava "comer, dormir, viver com ela" e se concentrar em cada chance de "prejudicar o inimigo".[5] Dindy precisava ser abandonada.

O inverno rigoroso indica que mais nenhum agente – muito menos operador de rádio – havia sido enviado para a França para substituir os prisioneiros da Villa des Bois, de quem tanto sentiam falta e que continuavam a apodrecer na prisão. Sem o auxílio moderno de navegação, os pilotos confiavam no luar para identificar pontos de referência como lagos ou colinas para guiá-los, pois incursões diurnas eram consideradas perigosas demais. Ou seja, havia pouquíssimas oportunidades para pousos bem-sucedidos de paraquedistas em qualquer mês, e o mau tempo diminuía ainda mais as chances. Temperaturas congelantes, ventos de mais de 30 quilômetros por hora ou uma camada espessa de nuvens mantinham os aviões inertes. Depois de semanas de silêncio no rádio, a Seção F ainda dependia da lenta rota de mensagens de Virginia via consulado norte-americano para se comunicar com seus agentes. Essa situação ficou intolerável para os impacientes organizadores de circuito, como *Lucas*, baseado em Paris, na Zona Ocupada, que havia trabalhado com Virginia desde seu primeiro dia na França. Ele deduziu que havia outros operadores de rádio transmitindo para a Grã-Bretanha independentemente da SOE. Ele se pôs a procurar um – carregando Virginia de forma inexorável para o papo dos nazistas no processo.

Ela soube do problema quando uma figura de barba por fazer e vestes grosseiras e muito manchadas veio bater freneticamente à sua porta em Lyon, no fim de uma tarde de fevereiro. Ben Cowburn, em outra de suas missões curtas na França, estava claramente a ponto da exaustão e privado de alimentação, e ela o colocou para dentro antes que ele atraísse atenção indesejada. Cowburn viajara por cinco noites sem dormir pela extensão da França, arriscando-se com a Gestapo e a polícia francesa para alertar que ela estava em grande perigo. Como resultado de uma traição desastrosa por uma agente dupla, que ele amargamente chamava de "senhora vírus", a existência e o paradeiro de Virginia muito provavelmente eram de conhecimento dos alemães. Era apenas questão de tempo até que chegassem a ela. Cowburn implorou para que ela deixasse Lyon imediatamente a fim de se salvar – afinal, Virginia já estava na França havia seis meses, e aquele era normalmente considerado o limite de qualquer missão. O próprio Cowburn também restringia seu período em campo para não ser descoberto nem se desgastar demais. Virginia, por outro lado, estava mais preocupada em oferecer para ele um banho – o primeiro em uma semana – e um pijama limpo. Enquanto ele se arrumava, Virginia mandou um recado a seus contatos em Marselha para organizar uma rota de fuga para ele pelos Pireneus até a Espanha e evitar que ele fosse preso. Ignorando os alertas de Cowburn, Virginia só decidiria o que fazer com a própria situação depois que tivesse ouvido a história inteira. Aquele era seu primeiro teste real, e ela não se dobraria. Seu sangue-frio nesse momento surpreendeu Cowburn e a destacou entre os outros; parecia que, quanto mais perigo ela enfrentava, mais calma e resoluta ficava.

Cowburn relatou que *Lucas*, poucas semanas antes, em 26 de dezembro de 1941, conhecera Mathilde Carré, uma francesa de cabelos escuros e apelido La Chatte (a Gata) em um café na Champs-Élysées, na desesperada esperança de que ela tivesse acesso a um rádio. De apetites sexuais vorazes e olhos verdes curiosamente inclinados, ela era amante do chefe de uma rede de inteligência polonesa em Paris chamada Interallié. Usando chapéu vermelho, sua marca registrada, confirmou que ainda tinha acesso ao transmissor de seu amante, embora ele tivesse sido preso. Ofereceu-se para enviar uma mensagem a Londres em nome dele e, assim que ela o fez, *Lucas* e Baker Street ficaram muito felizes por finalmente terem restabelecido contato.

Seduzido pelo charme coquete de La Chatte, *Lucas* não fez muitas perguntas – sequer pensou no porquê de ela estar livre e seu amante não. De fato, La Chatte (codinome *Victoire*) estava vivendo havia seis semanas com um oficial não comissionado na Abwehr e passava todas as mensagens de rádio de *Lucas* para a SOE e vindas de lá através dele. O charme sedutor do sargento Hugo Bleicher – ele conquistava a confiança de prisioneiros quando, de modo muito convincente, se declarava inimigo de Hitler e de seus rivais da Gestapo – camuflava uma perspicácia assustadora e a missão de conquistar. Antes de se juntar à Abwehr, ele era um modesto contínuo em Hamburgo, mas, como soldado raso na Primeira Guerra Mundial, havia escapado de campos de prisioneiros de guerra quatro vezes, o que era surpreendente. Agora estava se provando um dos ases da contraespionagem da Alemanha. Com os cronogramas, códigos e verificações de segurança dos Aliados fornecidos por La Chatte, ele estava usando o rádio polonês capturado para transmitir relatórios enganosos para Londres – inclusive um que ajudou a enganar o almirantado britânico, que permitiu que dois encouraçados alemães realizassem a famosa Operação Cerberus embaixo de seus narizes. O *Scharnhorst* e o *Gneisenau* evitaram ser descobertos por mais de doze horas e conseguiram chegar à Alemanha a partir de Brest, no noroeste da França, para grande embaraço da Grã-Bretanha e de suas agências de inteligência.[6] Agora, naquilo que os alemães chamavam de *Funkspiel*, ou jogo de rádio, Bleicher também podia ler e decodificar tanto as mensagens de *Lucas* para a Seção F quanto as respostas. Metódico e persistente, ele começou a juntar detalhes sobre os agentes companheiros de *Lucas* pela França. Ficou especialmente intrigado ao saber como eles giravam em torno de uma figura até então não detectada na área ao redor do Ródano. Graças à impaciência e à lascívia de *Lucas*, Bleicher estava agora no encalço de Virginia.

Algumas semanas depois, *Lucas* começou a ficar desconfiado, mas o estrago já estava feito. Bleicher já havia compilado diversos nomes e endereços importantes. *Lucas* confrontou La Chatte, que não se segurou e confessou que era uma agente dupla. Havia trabalhado para os Aliados e era amante do chefe da rede polonesa, mas, quando os líderes da Interallié foram pegos, em novembro de 1941, ofereceram-lhe uma maneira de se salvar e ganhar 6 mil francos por mês como informante. Não demorou muito até ela trair setenta de seus ex-camaradas de armas. Aparentemente sem remorso, viu um atrás do outro ser levado, a maioria para a morte. Depois de um banquete de celebração regado a patê e champanhe com Bleicher, La Chatte se tornou sua amante.

Nesse momento, *Lucas* deveria ter eliminado La Chatte, procurado um local para se esconder e contatado Virginia assim que possível, para informar que, no melhor dos casos, seu posto estava comprometido e, no pior, ela estava prestes a ser presa. Em vez disso, ele tentou salvar a própria pele em um plano de alto risco. Ele converteria La Chatte em agente tripla (retransferindo a lealdade dela aos Aliados enquanto continuava em contato com os alemães), depois a levaria a Londres para interrogatório e convenceria Baker Street a usar a conexão de rádio, a fim de virar a mesa sobre Bleicher, enviando informações enganosas com um *Funkspiel* próprio. La Chatte sabia qual seria a pena caso não cooperasse, mas *Lucas* foi negligente e não informou à agente Virginia quais seriam as consequências para ela.

La Chatte era tão adepta da mentira que foi relativamente fácil persuadir Bleicher, seu inspetor e amante, dizendo-lhe que ela precisava de permissão para ir a Londres com *Lucas*. A isca era torná-la uma espiã da Abwehr no coração da SOE, uma oponente cada vez mais temida. Os alemães, exasperados pelo número de espiões que estava entrando e saindo da França embaixo de seus narizes, também poderiam observar como um resgate de agente era conduzido. Empolgado com essa perspectiva, Bleicher concordou e, fingindo-se de *Lucas*, arranjou com a SOE, através do transmissor polonês confiscado, que seu agente e uma acompanhante VIP fossem resgatados de barco. *Lucas* foi incapaz de alertar Londres que ele havia envolvido os alemães ou que eles estariam observando o exercício inteiro – ou, de fato, que La Chatte não era de confiança. Quando Londres concordou, sem saber de nada, os riscos não podiam ter ficado mais altos.

Na calada da noite amarga e sem lua de 12 de fevereiro, uma quinta-feira, *Lucas*, La Chatte (com seu chapéu vermelho e um casaco de pele) e Ben Cowburn seguiram diligentemente seu caminho até uma caverna remota nas proximidades da estação de férias bretã de Locquirec. La Chatte dissera a Bleicher que Cowburn os acompanhava apenas para ajudá-los a fugir e que ele permaneceria na França. De fato, embora Cowburn fosse cético quanto àquele grande esquema maquiavélico, sabia que os alemães planejavam prendê-lo assim que chegassem e se programou para saltar do barco no último minuto. À meia-noite, um grupo da Abwehr se posicionou em observação atrás das rochas, bem quando uma canhoneira a motor britânica apareceu com o casaco branco de Bodington claramente visível no passadiço. Quando dois pequenos botes se aproximaram pela rebentação, *Lucas* ficou consternado ao identificar um oficial da Marinha Real de uniforme e dois novos e tão esperados operadores de rádio da SOE, todos seguindo para uma armadilha que ele mesmo havia criado. Talvez, em meio ao desespero, *Lucas* simplesmente não tivesse antecipado que Londres usaria a operação para infiltrar mais agentes. Por outro lado, Baker Street não estava ciente dos perigos e queria explorar a missão ao máximo. Quando o oficial e os agentes desceram na praia com os dois marinheiros que remavam os botes, *Lucas* sussurrou um alerta a todos os cinco de que estavam cercados pelos alemães. O inimigo não tocaria em La Chatte e nele, como parte da missão acordada de levá-la à Inglaterra, mas os recém-chegados seriam instantaneamente capturados. Desesperado, o oficial naval lançou sinais luminosos para pedir ajuda ao navio, mas percebeu que seria melhor não envolver mais pessoas em uma situação de perigo.

Sem se melindrar, La Chatte tentou embarcar em um dos botes, mas a frágil embarcação foi alagada pelas ondas que batiam, deixando-a encharcada e fazendo sua maleta se perder no mar. Depois de uma hora de luta com as espumas das ondas, os dois marinheiros desistiram de tentar resgatar os novos passageiros e remaram de volta para o barco sozinhos, pois os alemães começaram a sair dos esconderijos. A última coisa que o grupo da praia viu foi a canhoneira dando meia-volta para voltar à Grã-Bretanha antes de o sol raiar. Percebendo que era inútil, o oficial naval abandonado se entregou, pois sabia que, graças a seu uniforme, não seria tão maltratado como prisioneiro de guerra. Os dois agentes da SOE já tinham corrido para a terra, mas foram delatados no dia seguinte por um fazendeiro que os traiu por dinheiro, e provavelmente foram mortos a tiros.

Depois da missão abortada, *Lucas*, La Chatte e Cowburn partiram rumo a Paris com os inspetores alemães a reboque para sinalizar a Londres que organizassem uma nova tentativa para outra noite. Cowburn, porém, sabia que tinha a obrigação de alertar Virginia (antes que fosse tarde demais) de que a Abwehr havia penetrado no circuito de *Lucas* e que ela estava em perigo. Os seguidores de *Lucas* sabiam dela e de seu esconderijo. Se eles fossem pegos e torturados, como era esperado, a Abwehr também ficaria sabendo. Como Peter Churchill, Cowburn reconhecera que perder Virginia seria a maior calamidade de todas para a SOE. Ninguém mais tinha seus contatos, sua rota de comunicação ou sua determinação. Ele também precisava encontrar uma maneira de informar à SOE que o rádio estava nas mãos dos alemães e que ela devia a todo custo parar de enviar mais agentes para uma morte quase certa. Sem um transmissor de rádio em funcionamento, sua única opção era encontrar o adido militar amigo de Virginia, que estaria na embaixada norte-americana em Vichy, do outro lado da França (e da linha demarcatória), e persuadi-lo a transmitir o alerta. Então, ele viajaria a Lyon e até Virginia, que não suspeitava de nada.

Para não alertar os alemães designados para acompanhá-los, Cowburn se juntou a outros no trem para Paris até Le Mans, mas, quando teve a chance, afastou-se silenciosamente e tomou um trem aflitivamente lento para Tours. Disseram para La Chatte informar a seus inspetores ingênuos que ele estava se isolando para planejar outra possível rota de saída em caso de necessidade. No entanto, apesar de suas melhores tentativas de posar de francês, Cowburn sabia que chamava atenção e, ao se esquivar de um homem que tentava iniciar uma conversa desajeitada com ele, percebeu que ainda estava sendo seguido. Então, em Tours, ele se misturou à multidão fora da estação, depois se esgueirou de volta e embarcou em um trem para Bordeaux. Despistara quem o seguia, mas, para evitar mais problemas, passou a noite acordado mais uma vez, ainda com sapatos manchados e roupas endurecidas pela água do mar. Levantou-se nas primeiras horas na estação de Angoulême, de onde passou às escondidas pelas patrulhas na linha de demarcação e pegou vários ônibus até Limoges. Depois de uma jornada épica de cinco noites roendo as unhas de tensão, ele finalmente chegou a Vichy e passou em disparada pela equipe de supervisão da Gestapo, seguindo para dentro da vazia embaixada norte-americana, a fim de implorar que mandassem um telegrama a Londres com as notícias (desde a entrada na guerra após Pearl Harbor, um exercício muito mais tenso). Por fim, desgrenhado e exausto, ele pegou outro trem para Lyon e para o novo apartamento de Virginia (ela havia se mudado da rue Grolée).[7]

Apesar de Cowburn ter pedido muitas vezes que Virginia levasse seus alertas em consideração, ela decidiu ficar. Seu trabalho na França ainda não havia terminado, e ela não partiria até finalizá-lo. Saber que os alemães estavam indo atrás dela a deixava ainda mais determinada a provar seu valor conseguindo despistá-los. Não haveria mais exibições de fraqueza para Bodington ou para qualquer outro. Quando seu pai lhe disse em sonho, tantos anos atrás, na Turquia, que ela precisava sobreviver, mas também entender o porquê, contra tudo e contra todos, sua vida havia sido salva.

Graças aos esforços de Cowburn, Baker Street estava totalmente alerta antes do resgate de La Chatte e *Lucas* em uma noite muito calma, duas semanas depois. O próprio Buckmaster encontrou o casal na chegada à confortável vila litorânea de Kingswear, no condado de Devon, e eles viajaram para Londres sem mais obstáculos. Assim que foi informada por *Lucas* quanto à verdadeira identidade de La Chatte, a SOE imediatamente a pôs sob vigilância e grampeou a sala. Tinham um interesse especial em seu chapéu vermelho, acreditando que poderia servir como um sinal para seus senhores nazistas. Quando ela não tinha mais utilidade para a SOE, foi enviada para a prisão pelo restante da guerra.

Enquanto isso, *Lucas* estava se coçando para voltar à França e tentar resgatar seu circuito, apesar dos perigos óbvios para si mesmo e para Virginia – especialmente se ele a contatasse de novo. Ele tomou a precaução básica de mudar seu codinome para *Sylvain* quando voltou, em 1º de abril, mas ainda enfrentou o terrível problema de não ter operador de rádio. Incrivelmente, depois de apenas duas semanas, *Sylvain* pôs a segurança de lado e enviou dois mensageiros para Virginia e lhe pediu que transmitisse as mensagens via malote diplomático, como se nada tivesse acontecido. Um dos mensageiros chegou até ela com segurança, mas o outro foi barrado na linha demarcatória perto de uma central de controle do Exército e foi torturado por três dias. Os documentos que ele carregava foram enviados a Bleicher, que não reconheceu o nome de *Sylvain*, mas já estava bastante familiarizado com aquela caligrafia. Sabendo que sua presa havia voltado para a França, Bleicher montou uma vingança implacável por ter sido enganado por meio de La Chatte. Exímio localizador de pessoas, ele não perdeu tempo e enviou a Gestapo para recolher o circuito inteiro de *Sylvain*, usando os detalhes adquiridos por meio de rádio e interrogatórios subsequentes. Em 25 de abril, eles prenderam o próprio *Sylvain* em um café de Paris. Durante o interrogatório, o francês horrorizado tentou cometer suicídio com morfina, fracassou, então conseguiu persuadi-los a enviá-lo ao campo de prisioneiros de guerra em Colditz, e não para o pelotão de fuzilamento. Mais uma vez, a própria Virginia descobriu sobre as prisões por meio de seus contatos e foi a portadora das más notícias para Londres. E mais uma vez, a imprudência de outra pessoa colocou sua vida em altíssimo risco.

De fato, Bleicher agora concentraria seu gênio fatal nas buscas pelo destinatário misterioso das mensagens de *Sylvain*. Quem seria a pessoa na Zona Livre que *Sylvain* tentava contatar, e que obviamente tinha acesso confiável a Londres? A Abwehr agora sabia tudo sobre a SOE e a Seção F de Maurice Buckmaster, mas quem na França estaria mantendo as coisas em funcionamento apesar de todas as prisões? A inteligência apontava para uma figura-chave que operava a partir de Lyon. Quem quer que fosse esse "homem" engenhoso, "ele" era obviamente o eixo da inteligência Aliada; sua rede da Seção F era considerada em Berlim o "inimigo número um" para a segurança interna.[8] Esse agente ardiloso e perigoso precisava ser rastreado e neutralizado.

Nem mesmo a prisão de *Sylvain* conseguiu impedir a indomável Virginia. Todos os relatórios em Baker Street indicavam como ela comandava as operações de forma eficaz em toda a Zona Livre, com alguma ajuda vinda da costa de *Olive*. No histórico oficial da SOE, M. R. D. Foot observou o seguinte: "[...] é possível dizer que metade das operações iniciais da Seção F na França não poderia ter ocorrido de jeito nenhum [sem ela]".[9] De fato, seu nome provavelmente aparece mais do que qualquer outro nos Diários de Guerra da SOE disponíveis, o que refletia a maneira como ela expandia constantemente as fronteiras para além de qualquer atribuição originalmente prevista em Baker Street; seu trabalho era tão variado e vital que depois da guerra foi descrito como de "caráter universal".[10] Apesar dos perigos cada vez maiores, ela estava coletando detalhes sobre a situação política na França, o escopo e o efeito da campanha de Vichy, o uso de aeronaves falsas de madeira para enganar o reconhecimento aéreo britânico, a identidade e os movimentos de regimentos alemães, as facções combatentes dentro da Resistência Francesa, as tocaias de atiradores nos telhados de Paris e as listas de possíveis locais para futuros ataques de sabotagem que reduziriam a necessidade de bombardeios aéreos – e seus perigos inerentes de mortes de civis. Por meio daquilo que ela chamava de "serviço de informação política" (fruto da relação que ela mantinha com oficiais e ex-oficiais), Virginia foi capaz de fornecer a Londres revelações vitais sobre o relacionamento de Vichy com as potências do Eixo, incluindo relatórios sobre reuniões ultrassecretas entre Pétain e Hermann Göring (vice de Hitler) e o conde Ciano (genro de Mussolini) com o almirante François Darlan (vice de Pétain), inteligência provavelmente enviada ao próprio Winston Churchill. Ela transmitiu relatórios sobre o "temperamento" do povo francês, especialmente como estava consternado pela capitulação humilhante da Grã-Bretanha aos japoneses em Cingapura, em fevereiro, além do fiasco dos encouraçados alemães invasores na Operação Cerberus (em parte, graças a Bleicher). "[Os franceses] ainda estão esperando a vitória e muitos, muitos deles estão dispostos a ajudar", ela observou, "mas eles gostariam de ver algo concreto além de batidas em retirada".[11]

No entanto, havia alguns sinais de esperança, inclusive um movimento de dissidência que tomava o lugar da submissão. Trabalhadores de fábricas em toda a França estavam reduzindo a produção bélica alemã fazendo greve em protesto pela falta de comida e combustível, ou simplesmente "perdendo" documentos importantes ou trocando rótulos de produtos. Em março, em um dos primeiros atos de resistência pública em massa, uma multidão impediu a entrada de pessoas que assistiriam a um concerto da Orquestra Filarmônica de Berlim em Lyon, e o auditório ficou praticamente vazio. Cada vez mais integrantes da polícia trocavam de lado e passavam informações para Virginia, inclusive as boas notícias de que recentes bombardeios da RAF em fábricas da Renault (que fazia caminhões e tanques para o Exército alemão) tinham sido concluídos com sucesso.

A dedicação de Virginia a consagrou como os olhos e ouvidos dos Aliados em grande parte da França – e Lyon se tornou crucial para a atividade subversiva francesa. Mesmo sem uma conexão de rádio direta com Londres, sua presença provava que os Aliados ainda estavam no jogo e se preparavam para dar a vida pela França. Enquanto isso, Germaine e o dr. Rousset continuavam a trabalhar incansavelmente por sua "chefe", recrutando apoiadores e encontrando novos esconderijos. A popularidade de Rousset espalhava-se por todos os cantos, e a maioria das pessoas ficava ávida para cumprir qualquer solicitação dele. De fato, "Eu vim em nome do Doutor" se tornou a senha padrão da SOE em grande parte do sul da França. Também não havia recusa daqueles que se preparavam para ajudar Germaine, que nunca se negava a incentivar seus compatriotas a serem mais "viris" por seu país, e eles quase sempre a atendiam. Esse trio formava uma estrutura permanente da SOE que se multiplicava em vários novos circuitos que chegavam até a costa, ao sul, e até a fronteira suíça, ao leste – com recrutas vindo até mesmo de Paris. Agora, Virginia conseguiria convocar apoio de centenas de homens e mulheres de Lille a Perpignan, e em dezenas de profissões – de médicos e carcereiros até engenheiros ferroviários. Ali estava o genuíno núcleo de um exército secreto para quando a hora chegasse – se ao menos tivessem um rádio para falar com Londres em tempo real, a fim de fazer planos e receber ordens.

Quando o galante Cowburn voltou à França, em junho de 1942, em outra missão de bate e volta para atacar linhas ferroviárias próximas a Tours (no centro da França), ele descobriu não só que Virginia havia ignorado seus alertas para partir, mas também que seu apartamento se tornara "o centro de toda a Resistência"[12] na França. A fama de Virginia demonstrava que ela assumira o que Buckmaster descreveu como riscos "insanos e incríveis" ao recrutar tantas pessoas diferentes para a causa. No entanto, ela não era tola. Ela havia alterado seu codinome de *Marie* para *Isabelle* e, mais tarde, para *Philomène*. Tomava o cuidado de variar as rotas de volta para casa, verificar constantemente se estava sendo seguida, nunca se aproximava de uma casa ou de um café sem antes dar a volta no quarteirão, evitava ir ao mesmo lugar todos os dias e alterava sua aparência com frequência. Virginia também conseguiu uma nova carteira de motorista francesa, para não ter a necessidade de pegar tantos trens. Sua sobrevivência se tornara de fato uma batalha homérica de sagacidade.

Ainda assim, os perigos de traição e infiltração eram cada vez maiores. Sua sorte, habilidade em campo e protetores policiais não poderiam protegê-la para sempre. O interesse obsessivo de Bleicher por uma figura misteriosa em Lyon desde a prisão de *Sylvain* havia sido notado pela Gestapo. Certa noite, um jovem que Virginia não conhecia – e de quem nunca tinha ouvido falar – apareceu em sua porta dizendo ser um paraquedista da SOE. Ele persistiu e, de certa forma, sua história era plausível, mas o sexto sentido dela detectou problemas e, fingindo inocência, ela o dispensou. Foi por um triz. Mais tarde, soube que vários *agents provocateurs* alemães estavam tentando se infiltrar em sua rede. A Abwehr e a Gestapo estavam determinadas a caçar – juntas ou não – esse agente notório que estaria em algum lugar na cidade. Bleicher era uma figura refinada que preferia vencer os inimigos com a sagacidade em vez de torturá-los. A Gestapo não tinha esses escrúpulos.

Sentindo o perigo cada vez maior, Virginia intensificou sua segurança. Mudou-se para um apartamento de três cômodos na place Ollier, nº 3, uma praça elegante com prédios genuinamente burgueses de seis andares, o tipo de lugar onde, em tempos normais, dentistas ou advogados prósperos levavam vidas nada interessantes. O prédio de esquina de Virginia tinha várias saídas úteis, inclusive uma passagem discreta nos fundos. Quando havia um vaso de flor por trás das grades ornamentais de sua janela, significava que era seguro bater à porta, e Cowburn ficou surpreso com o fluxo constante e variado de suplicantes de todo o país, como se ela fosse algum tipo de fada madrinha. "Se você ficasse tempo suficiente na cozinha, veria muitas pessoas que chegavam com algum tipo de problema, e [ela] prontamente ajudava", relatou Cowburn, preocupado ao ver que Virginia estava agindo como uma "figura materna" para tantas pessoas diferentes. Ela fornecia contatos para eles, mas também lavava roupas e doava a própria comida e sabão. Seu serviço de bem-estar incluía distribuir dinheiro às famílias de *résistants* na prisão,[13] além de conseguir que a Cruz Vermelha enviasse pacotes de comida para os homens da Villa des Bois na prisão em Périgueux. Virginia tinha o maior prazer em ajudar quem precisava. "Ela pagava o preço por ter uma personalidade forte e confiável: todo mundo levava seus problemas para ela", observou Cowburn.[14] Na verdade, não havia momentos de tédio, mas era exatamente disso que ela gostava. De fato, Virginia estava desenvolvendo uma linha de trabalho para tirar os agentes da prisão, o que ela chamava de suas "solturas não oficiais". Ninguém mais parecia estar fazendo isso, permitindo que alguns dos maiores talentos da SOE simplesmente fossem desperdiçados em prisões francesas, aparentemente sem esperança. Graças a seus contatos na polícia, em prisões e hospitais franceses, ela saboreava a chance de fazer uma contribuição importante para a guerra de inteligência. Ninguém conseguia pará-la.

Numa noite, em março de 1942, um homem bateu à sua porta, com o estômago contorcido, delirando de dor. Ela o esperava. Gerry Morel, agente sênior da Seção F, era um corretor de seguros nascido na França que se descrevia como "britânico de tempos de guerra" e tinha sido o primeiro a ser infiltrado pelo Lysander, um aviãozinho de três lugares capaz de aterrissar e decolar em quase qualquer lugar. No entanto, Morel havia durado apenas seis semanas em seu país de origem antes de um contato entregá-lo às autoridades. Para sua sorte, os oficiais que o prenderam o levaram para Léon Guth, chefe regional da Sûreté baseado em Limoges e um dos devotos de Virginia. Graças a seus poderes persuasivos, Guth sabia como dispensar seus agentes que estavam no rastro de agentes britânicos, contanto que tivessem uma história plausível para anotar em suas cadernetas. Alguns até ofereciam conselhos úteis sobre como obter as melhores carteiras de identidade ou como andar armado de forma mais discreta. Morel, porém, havia sido capturado por dois novos oficiais com sotaque alemão e, diante deles, Guth precisou fingir "interrogá-lo, tentando aterrorizá-lo com ameaças e gritaria". Depois de um intervalo adequado, Guth então "aquietou-se por completo [e] disse [...] que tudo ficaria bem".[15]

No entanto, nem mesmo Guth conseguiu deixar passar um erro crasso da SOE. Descobriram que o cartão de racionamento de Morel mencionava um endereço inexistente, e seu caso foi retirado das mãos de Guth. A própria Vichy assumiu a responsabilidade pelo prisioneiro, considerado um agente britânico "de suma importância" e "extremamente perigoso",[16] pois descobriram que ele havia aterrissado em um "Lizzie". Morel foi levado à solitária na prisão de Périgueux, onde os agentes da Villa des Bois também estavam sendo mantidos, sem nenhuma chance aparente de fuga e com a perspectiva diária da execução.

Ao ouvir as notícias, Virginia entrou em ação. Guth e ela tinham relações "muito cordiais"[17] e, sempre que viajava 400 quilômetros até Limoges, ela se hospedava com ele e a esposa. De fato, não demoraria muito até que ela chamasse Marcel Leccia e Elisée Allard, os subordinados dele, de "sobrinhos" (mesmo sendo um pouco mais novos que ela, mostravam grande respeito e gratidão perante a "tia"), e o próprio Guth de seu "amigo mais especial".[18] Virginia contou a Guth que, quaisquer que fossem as dificuldades, ele precisava ajudá-la a salvar Morel. Assim, os dois tramaram um plano meticuloso que lhes dava um panorama do que estava por vir. Ela não deixaria que ele morresse, o destino mais temido para os homens da Villa des Bois.

Intencionalmente, Morel parou de comer, e sua saúde se deteriorou de maneira rápida, certamente com ajuda dos famosos comprimidos "adoecedores" da SOE, contrabandeados por Virginia para dentro da cadeia (causavam sintomas semelhantes à febre tifoide, como cólicas estomacais e febre alta). Carcereiros aliados conseguiram removê-lo para um hospital prisional perto do gabinete de Guth em Limoges para um procedimento abdominal. Depois da cirurgia, Morel foi transferido de uma cela patrulhada por guardas fortemente armados para um anexo monitorado por um único policial. O cirurgião, também recruta, assinou uma declaração de que, em sua condição pós-operatória, Morel estava incapacitado de andar, e o único oficial fora de seu quarto fingiu ter cochilado em serviço. Ciente do plano, Morel esgueirou-se para fora da cama, vestiu um jaleco branco de médico e, com a ajuda de uma enfermeira solidária, escalou o muro do hospital. Um ajudante estava aguardando do outro lado para lhe dar roupas, sapatos, açúcar e um pouco de rum. Então, Morel atravessou uma tempestade de neve até um dos esconderijos de Virginia, onde recuperou suas energias antes de prosseguir ao apartamento dela em Lyon. Resgatar um dos prisioneiros mais valiosos de Vichy, sob qualquer circunstância, era um golpe espetacular. Mostrava do que Virginia era capaz.

Depois de alguns dias cuidando da saúde de Morel, ela o escoltou de volta a Marselha, apesar dos perigos de acompanhar o alvo de uma grande caça nacional em um trem cheio de oficiais da Gestapo. Em seguida, teriam que caminhar por uma rota de fuga que ela havia ajudado a estabelecer, que saía de Perpignan para cruzar até a ponta leste dos Pireneus até Barcelona, no norte da Espanha. Com o codinome Linha Vic – em homenagem a seu chefe, Victor Gerson –, a rota levaria centenas de agentes e aviadores a um local seguro, graças aos guias, ou *passeurs*, fornecidos por um general pertencente ao que restava do rebelde Exército Republicano Catalão. Victor era judeu, como a maioria de seus tenentes – todos assumindo um risco maior em campo, mas também impulsionados por grande motivação pessoal antinazista. Contra todas as adversidades, a Linha Vic conduziu Morel, ainda muito fraco, pelas montanhas até a Espanha. De volta a Londres, houve um "grande espanto"[19] com o sucesso de Virginia, e Morel também ficou maravilhado com o que ela havia feito. "Sua personalidade, integridade e entusiasmo incríveis eram um exemplo e uma inspiração para todos nós", relatou ele. "Nenhuma tarefa era grande demais ou pequena demais para ela; em qualquer tarefa que assumisse, ela investia todas as energias, sem poupar nada para si."[20] Para Virginia, aquela fuga foi a primeira vez que ela não estava apenas treinando, ajudando ou apoiando outros: estava comandando sozinha uma operação. Provara que podia assumir a liderança com estilo espetacular. Morel, porém, foi apenas um aquecimento.

Depois que os alemães fizeram prisões em massa de *résistants*, as ações não pararam por aí. A tortura extraiu mais nomes, a desatenção levou a mais pistas e a mais prisões. Às vezes, parecia que toda a SOE na França seria exterminada. Uma investigação na Seção F no fim da guerra concluiu que "[...] a destruição não foi completa principalmente devido às atividades brilhantes" executadas por Virginia.[21] Investigações também constataram que um ato dela em particular, na França Não Ocupada, em fevereiro de 1942 – quando *Lucas* estava lidando com a traição de La Chatte –, salvou "a operação inteira" da "extinção prematura".

Certamente, a SOE não estava ignorando os pedidos desesperados de um novo operador de rádio para substituir aqueles que foram presos. Já havia meses que todos os agentes da Seção F tinham sido privados da conexão crucial com Londres; por isso, a SOE enviou dois operadores, que desembarcaram na praia naquela noite tempestuosa de fevereiro na Bretanha com La Chatte. Ironia considerável era que um operador de rádio também estava desesperado para encontrar *Lucas* e oferecer seus serviços. *Georges 35* (os operadores de rádio recebiam o codinome *Georges* e um número, em homenagem a Georges Bégué) havia aterrissado no fim de janeiro em Vaas, no departamento de Sarthe, a 240 quilômetros da sede de *Lucas*, em Paris. O recém-chegado (o nome real era Donald Dunton) não encontrou *Lucas*, porque aterrissou em um vinhedo a 40 quilômetros do local designado, escapando por pouco de ser empalado no escuro por uma fileira de estacas afiadas. "Realmente não está boa o suficiente!",[22] protestou Virginia com relação à navegação imprecisa do piloto. Como o comitê de recepção de *Georges 35* estava esperando no local de aterrissagem original, ele foi encontrado por um cão pastor atento e barulhento. Temendo a chegada da polícia, rapidamente enterrou seu rádio e partiu a pé.

Depois de um mês perambulando pela França, tentando fazer contato com qualquer pessoa da SOE – e sem os tíquetes necessários para comprar comida –, acabou partindo para Marselha, onde pensou que talvez pudesse encontrar ajuda para sair do país e seguir para casa. Foi ali, em 24 de fevereiro, que, graças a sua vasta rede de contatos, Virginia ouviu falar da chegada dele e logo agiu para impedir que ele partisse. Um operador de rádio era precioso demais para ficar perdido, e ela criou uma solução engenhosa para sua falta de rádio. Georges Bégué devia ter escondido seu aparelho em Châteauroux em outubro, antes de seguir para a Villa des Bois, onde ele tinha, claro, sido preso. Ela enviou *Georges 35* para encontrar o rádio. Ele voltou sorrindo, alguns dias depois, trazendo o aparelho. Graças à própria iniciativa, Virginia finalmente havia restabelecido as comunicações de rádio com Londres. Nesse momento, ela havia ido muito além de sua função original. Além de cumprir com suas outras obrigações, tinha se tornado a principal solucionadora de problemas.

O retorno de Pierre Laval ao governo, em abril de 1942 – um colaborador dos nazistas extremamente malvado conhecido como "Pierre le Noir" – estimulou outro endurecimento do clima político na França. Pétain dispensou-o em dezembro de 1940, em parte por ser pró-nazista *demais*, e seu ressurgimento "ocasionou uma onda fascinante de ódio, e o apoio [do Marechal] caiu consideravelmente", relatou Virginia em um de seus relatórios a Londres. "Mas há tanta apatia e medo no país que não houve nenhuma reação decidida."[23] Mesmo as instruções do governo de não cumprimentar judeus com aperto de mão nem usar seus nomes ou títulos, mas chamá-los simplesmente de *le juif* ou *la juive*, causaram apenas um leve tremor. A opinião pública começou a mudar apenas em junho, quando Laval pregou a vitória alemã na guerra e o chefe de polícia de Vichy, René Bousquet, aceitou as exigências dos nazistas de capturar 10 mil judeus para deportação da suposta Zona Livre. Quando os números ficaram menores que as exigências da Solução Final – plano nazista de extermínio de judeus acordado na Conferência de Wannsee, em janeiro de 1942 –, Laval ignorou as exceções de crianças abaixo de 16 anos e insistiu em enviá-las também. Naquele verão, foi possível ver os primeiros carros fretados com famílias inteiras estacionando na frente da estação em Lyon; Vichy não se importou em esconder o que estava acontecendo, muito menos tentou impedir. Mesmo com restrições para publicar seus artigos, Virginia revelou no *New York Post*, em 22 de junho, a notícia de que judeus em Paris agora eram obrigados a usar uma estrela amarela. De qualquer forma, os agentes judeus da SOE continuavam seu perigoso trabalho, mas os dias de Virginia como jornalista certamente estavam contados, pois ela tinha medo de chamar mais atenção.

Virginia continuou a ser sabotada por alguns de seus colegas. Como *Alain* era o chefe oficial do circuito, era dele (e não dela) a responsabilidade de implementar as ordens de Baker Street para iniciar o treinamento de homens para formar as futuras forças paramilitares e planejar a chegada de explosivos, armas e munição por via aérea. Ele transmitia para Londres a falsa impressão de atividade, com histórias exaustivas sobre seus muitos amigos na polícia, na imprensa e entre os gângsteres de Lyon, e sobre seus grandiosos planos de explodir ferrovias. Londres acreditou na lorota e enviou meio milhão de francos para que ele financiasse suas operações aparentemente impressionantes. Somente mais tarde a SOE finalmente reconheceu que "nem mesmo a energia e as exímias habilidades [de Virginia] conseguiram arrancar um trabalho satisfatório"[24] dele.

Virginia não costumava ficar calada por muito tempo. Acreditava que era seu dever apontar sua opinião de que, na verdade, *Alain* era medroso e preguiçoso. Em vez de montar uma equipe grande, bem treinada e coesa, pronta para atacar na primeira oportunidade, ele não estava fazendo nada além de desperdiçar informações confidenciais (e voluntários) que ela lhe enviava. Apesar de suas alegações, ele quase não tinha recrutas, e nenhum de seus homens havia recebido treinamento ou armamento. Várias vezes ela foi abordada por operários ou ferroviários que se dispuseram a parar maquinário ou trens discretamente em troca de equipamentos e treinamento. Virginia alertou *Alain*, mas ele a ignorou. "Seria ótimo ter um estrategista organizado", escreveu enfaticamente a Bodington, em março. Ela tinha muitos contatos e conhecia alvos ideais para sabotagem, "mas eles precisam de acompanhamento e organização, e nada disso foi feito".

A natureza da SOE estava atraindo alguns egos consideráveis, porém, na opinião de Virginia, "seria necessário alguém diferente para explorar a situação, alguém trabalhador e pontual ao mesmo tempo". "Por favor, pergunte [a *Olive*] sobre isso, pois eu odeio a ideia de ficar contando histórias... mas, às vezes, perco as esperanças." Enquanto a maioria dos melhores agentes, como Cowburn e Churchill, cumpria missões curtas de bate e volta (e os agentes da Villa des Bois ainda penavam em Périgueux), ela carregava sozinha um fardo pesado demais. O outro agente da SOE na região – Philippe de Vomécourt, ou *Gauthier* – era um grande nome na Resistência, assim como seus dois irmãos (além de *Sylvain*, havia outro irmão chamado Jean, ou *Constantin*, que operava próximo da fronteira suíça), mas era pouco útil para Virginia. Baker Street admitiu mais tarde que ele também era "descuidado" e "mais difícil" para com ela. Talvez fosse por pura inveja profissional que ele havia insinuado que Virginia dormia com alguns dos homens e que tinha uma "má reputação" em Londres, mas essa tática era dissimulada. *Gauthier* fazia alegações igualmente espúrias sobre a quantidade de seguidores (alardeando ter 2 mil homens, quando não passava de meia dúzia) e não conseguia cumprir suas promessas de receber agentes recém-chegados da SOE, que dependiam dele, pois não tinham nenhum lugar para ir. Outros dois esperaram por ele em um café de Lyon por dezessete dias – tiveram que passar essas noites em trincheiras. "Precisamos de mais ou menos seis camaradas espertos", suspirava Virginia, "pessoas extremamente confiáveis – gente de 'casa'."[25] Enquanto isso, ela continuava lutando sozinha.

Talvez a tão esperada chegada a Lyon de seu operador de rádio permanente (ou pianista, no jargão da SOE) ajudasse a incentivar *Alain* a agir. Quando Edward Zeff, um "homem de coragem e astúcia",[26] chegou de submarino em abril, Virginia ficou exultante. Zeff, que antes tinha um armarinho em Paris, passava até seis horas por dia fazendo transmissões de rádio, organizando chegadas de armas para o exército supostamente imenso de *Alain* nas zonas designadas nas cercanias de Lyon.

Em pouco tempo, *Alain* estava recebendo explosivos plásticos, pavios, detonadores, detonadores lápis, submetralhadoras Sten, pistolas Colt. Também havia cigarros, chocolate, saquinhos de chá (uma das "regalias" favoritas de Virginia) e pó de mico (sem dúvida para as garotas de Germaine). Foi uma remessa impressionante, e *Alain* passou as munições adiante para um pequeno bando de seus contatos favoritos no *Le Coq Enchaîné*, mas não lhes explicou como deveriam armazená-las ou manuseá-las. Assim, mesmo depois de as equipes aéreas se arriscarem para levar o equipamento até a França, as armas foram deixadas para enferrujar em lugares úmidos, ou simplesmente abandonadas. Os explosivos também foram, em grande parte, desperdiçados em "atos de provocação sem valor real",[27] como explodir bancas de jornal: dificilmente, na visão de Virginia, um precursor valioso daquilo que se tornaria, no tempo certo, uma guerrilha disciplinada e concentrada. Talvez sem saber da utilidade dessas aventuras para distrair o inimigo e aumentar o moral, ela se enfurecia, pois considerava aquilo desperdício e incompetência. Alegava que, no futuro, apenas operadores da SOE devidamente treinados deveriam receber armas e explosivos, e não *résistants* franceses amadores sem familiaridade com eles. No entanto, seu posto ainda era de uma mera oficial de ligação; não era oficialmente a chefe. Sem o apoio de Londres, ela não podia fazer nada a respeito.

A fúria de Virginia só piorou o conflito com *Alain*. Sabendo que ela já havia reclamado dele, *Alain* mandou um telegrama para Londres como retaliação.[28] "Sinto muito por ter confrontado *Marie*, mas contesto seu comportamento", disse ele. "Não duvido que ela tenha sido útil a vocês, mas fiz meu trabalho sem sua ajuda." Ele a acusou de reivindicar crédito por todas as conquistas (não especificadas) dele. "Conheço meu trabalho, *Marie* não é útil para mim e, se alguém tem que dar ordens, sou eu, não ela." Ele exigia quantias enormes de 60 mil francos ao mês – mesmo depois de afirmar que havia perdido 70 mil francos que tinham lhe enviado – e sugeriu a própria promoção: "Que tal aquela terceira patente?". Para botar ainda mais fogo nessas questões, Zeff entrou em contato com Londres para reclamar dos dois – de *Alain* pela falta de liderança e de Virginia por ser brusca. Londres não esclareceu nada quando respondeu, uma semana depois, informando *Alain*, Zeff e Virginia que todos eles estavam realizando um trabalho de primeira linha e que não estavam lá para brigar.

Zeff tinha razão sobre *Alain*, mas também tinha motivo para falar de Virginia. Era verdade que, depois de meses em campo, a pressão estava no limite. As mensagens dela para Londres antes refletiam suas maneiras falantes, bem-humoradas, mas, se ela havia se tornado mais ditatorial, isso tinha sido quase necessário. Era difícil permanecer agradável quando Zeff vivia ignorando suas instruções e exigindo mais dinheiro. Ela começou a imaginar se ele e outros agentes estavam se aproveitando e desviando dinheiro da SOE. "Por que diabos eu deveria dar dinheiro a ele?", reclamava ela para Baker Street. Não era apenas Zeff. Quando mais agentes chegaram, outras figuras irritantes fizeram o mesmo. Sua posição era ainda mais difícil por sua falta de patente militar, o que tornava sua autoridade facilmente questionável. "O que acontece com soldados que se recusam a seguir ordens?", perguntou ela em um relatório. "O que vocês indicam para homens que vocês mesmos enviaram e que se recusam abertamente a seguir ordens? Tenho autoridade para lidar com esses casos como considerar adequado?"[29] Algum tempo depois, Londres se cansou das encrencas de Zeff, que recebeu uma mensagem informando que sua "opinião sobre *Marie* era totalmente infundada: que ele fizesse a gentileza de se recompor e trabalhar com calma".[30] No entanto, era bem difícil. Até mesmo *Gauthier* lamentava o fato de a SOE ter criado "dúvidas perigosas na mente [deles]", uma vez que não esclareceu quem era responsável e quem era subordinado em campo.

Certa noite, em junho, um bombardeiro britânico sob responsabilidade da SOE lançou uma carga de contêineres a cerca de 3 quilômetros de seu alvo perto de Montbrison. *Alain*, com sua indiferença de sempre quanto à segurança, reuniu uma equipe de dezessete *résistants* tagarelas para recolher os suprimentos. Quando eles correram ruidosamente para coletar os contêineres, foram identificados com facilidade ao luar e capturados pela polícia. Apenas *Alain* foi liberado, mas logo cometeu seu segundo erro crasso: alardeou publicamente sobre o policial que concordou em soltá-lo, ocasionando a prisão e a tortura, por 48 horas, do simpatizante secreto da Resistência. "Isso não trouxe popularidade para ele", observou Ben Cowburn, que afirmou "evitar *Alain*" enquanto "todos [estavam] atrás de seu esconderijo". A última de uma longa fila de amantes, Germaine Jouve também havia acompanhado *Alain* naquela noite, contra as regras da SOE, que proibia relações pessoais. Agora ela estava fumegando na cadeia, onde dividia a cela com a esposa de um colaborador bem conhecido. Era uma questão séria, pois as afinidades de Jouve não eram claras (ela já havia sido amante de um espião italiano), e graças a *Alain* conhecia a maioria dos principais agentes de Lyon e a localização de seus depósitos de armas. Pior ainda, na ausência de Germaine Jouve, *Alain* (que estava explorando ao máximo o atraente poder de ser um agente secreto) começara ousadamente a cortejar outra mulher, uma tal Mademoiselle Pradel. "Se Germaine souber disso", um agente recém-chegado relatou, "os efeitos serão desastrosos".[31]

Uma Virginia lívida esperava a soltura de Germaine – prevista para acontecer em seis semanas – com preocupação.

Não era apenas *Alain* que se distraía por uma vida amorosa frenética. Talvez se devesse ao fato de que a Benzedrina com frequência causava um aumento drástico da libido. De qualquer forma, vários agentes homens estavam saindo com dezenas de mulheres diferentes, o que trazia riscos óbvios para Virginia e para toda a operação da SOE. Quando Charles Hayes, um técnico dentário, chegou em maio de 1942 (queria verificar centrais elétricas para futuros ataques de sabotagem), ficou horrorizado com a "séria falta de segurança" dessa troca constante de pares românticos. Muitas das mulheres não guardavam segredo; algumas eram até simpatizantes dos nazistas. Tudo era parte de uma bravata de "*chercher la femme*", procurar mulheres, e de um descuido endêmico. Um agente foi visto saindo de um bar berrando que a lua cheia lhes daria muita "diversão" naquela noite (entregando o fato de que esperavam uma carga de paraquedas). Ele foi preso logo em seguida, bem como seus dois companheiros. Um mensageiro de bicicleta levava um aparelho de rádio até uma partida de futebol e se vangloriou disso enquanto assistia ao jogo. A polícia seguiu-o até o local da entrega e invadiu o quarto onde o proprietário do rádio estava começando as transmissões, levando-o como prisioneiro depois de dar nove tiros nele. Outro alvo fácil eram grupos de homens "furtivos" entrando e saindo de bares com pacotes, especialmente se estivessem usando o uniforme não oficial da Resistência – uma *canadienne* (jaqueta de couro com gola de pele) e óculos escuros. Além disso, apesar de todos os alertas, muitos agentes eram capturados com listas de endereços de seus contatos, levando à queda de circuitos inteiros.[32] Com frequência, o medo típico do início de uma missão se dissolvia em excesso de autoconfiança quando nada acontecia nas primeiras semanas. Os alemães observavam suspeitos com paciência, até cometerem um erro ou não conseguirem se responsabilizar por seus atos e serem caçados. Cada vida perdida era um peso enorme para Virginia e para os outros que permaneciam; o efeito era cumulativo e devastador.

Levar uma vida secreta era o mesmo que não relaxar nunca e ter sempre uma explicação montada. Aqueles que sobreviviam eram obviamente astutos e tinham um sexto sentido desenvolvido ao extremo. Ao entrar em um prédio, Virginia conseguia sentir o perigo só de olhar para o recepcionista, sabia espreitar à porta por vozes inesperadas antes de entrar. Um erro cometido por cansaço ou pressa podia resultar em desastre, como muitos agentes já haviam descoberto. Um especialista que ignorava o sinal de perigo das persianas fechadas quando corria até a casa de um contato podia encontrar a Gestapo esperando por ele lá dentro.

Os contatos policiais de Virginia eram extraordinariamente bem informados, inclusive sobre os passos de seus pares alemães. Graças a um fluxo de pistas, ela realocava um contato no mínimo 32 vezes para mantê-lo um passo à frente da Gestapo. Também descobriu que a polícia obtivera uma descrição detalhada de Charles Hayes e providenciou sua fuga antes que os policiais chegassem para prendê-lo. Um dos recrutas mais confiáveis de dr. Rousset acreditava que as informações dela eram tão boas que devia ter aliados dentro da própria Gestapo.[33] Por mais impressionantes que fossem suas conexões pessoais, ou por mais estritos que ela tentasse manter seus hábitos de segurança, Virginia era tão conhecida que ficava vulnerável às falhas de todos os outros.

Denis Rake era um artista de teatro de 40 anos, rechonchudo e de óculos, que havia sido criado em um circo como uma criança acrobata depois que a mãe, cantora de ópera, o abandonou quando ele tinha 3 anos. Enquanto menino perplexo durante a Primeira Guerra Mundial, ele havia ido para Bruxelas na época em que os alemães ocuparam a cidade e se viu auxiliando a lendária enfermeira Edith Cavell, mais tarde fuzilada por ajudar na fuga de duas centenas de soldados aliados. Quando jovem, levou uma vida luxuosa ao lado de um príncipe de Atenas, que terminou a relação ilícita porque temia um escândalo político. Talvez por conta de sua juventude tumultuada, Rake "morria de medo"[34] de explosões e paraquedas e se recusava a manejar uma arma. Semelhante a um merceeiro das antigas, ele se destacava como uma das nomeações mais excêntricas da SOE. Contudo, dizia que havia se voluntariado, pois, como não tinha pais nem esposa, não tinha "nada a perder",[35] e sua criação sem raízes o transformara em uma pessoa excepcionalmente autoconfiante. Apesar da desconfiança dos outros, Buckmaster acreditava nele, observando com astúcia que ele tinha a "coragem de domar seus medos" e reconhecendo que, às vezes, os candidatos mais improváveis, como a própria Virginia, se tornavam os melhores agentes. O próprio Rake confessou que tinha muito a provar para si mesmo – e para os outros também – e que reconquistava a confiança ao murmurar para si mesmo a frase "Recomponha-se, querido"[36] nos momentos mais desafiadores.

A chegada de Rake em Antibes, na Côte d'Azur, em uma noite de maio em uma faluca – um barco de pesca de sardinha pequeno, mas rápido, tripulado por poloneses imprudentes e corajosos –, não era tão desafiadora quanto o salto de paraquedas de um avião. A polícia local (alguns aliados, outros não) revezava-se para vigiar as aterrissagens de suas janelas, e recém-chegados não tinham mais que um sistema de luzes piscantes de cores diferentes dos colegas na costa para informá-los de sua provável recepção. Uma luz vermelha longa indicava que a costa parecia livre, uma luz branca significava esperar e uma série de luzes azuis alertava para um perigo iminente. Depois da luz vermelha, Rake remou as últimas centenas de metros em uma balsa desmontável.

Assim que conseguiu se instalar em segurança na costa, Rake seguiu para Lyon para ajudar Zeff com a imensa carga de trabalho de transmissões de rádio para Virginia e seus circuitos. Zeff precisava desesperadamente de uma pausa depois de transmitir por muitas horas em um espaço de vários dias por semana. Não devia passar mais que cinco minutos no ar a cada vez – e não mais que vinte minutos por dia –, mas às vezes as mensagens precisavam ser retransmitidas meticulosamente, porque eles as haviam recebido corrompidas e os oficiais destinatários na Grã-Bretanha não conseguiam decodificá-las mesmo depois de dezenas de tentativas. Cada minuto extra datilografando as mensagens em Morse aumentava exponencialmente a probabilidade de seus sinais serem detectados e sua fonte, localizada pelo inimigo. Todo e qualquer momento que ele passava usando o aparelho de rádio – a massa enrolada de fios, discos e tomadas – aumentava as chances de ser pego no flagra enquanto esperava uma resposta.

Ainda assim, nada podia ser apressado. Mesmo depois que uma das fileiras de jovens mulheres com fones de ouvido, lápis e papel em quatro estações de recepção em toda a Grã-Bretanha pegava os trinados rápidos e parecidos com o cricrilar de insetos que vinham dele, levava-os para os decodificadores, esperava pela redação do texto por Baker Street e sua resposta era codificada para ser transmitida de volta, ele tinha que aguardar, no melhor dos casos, setenta minutos por uma resposta. Um sinal fraco ou erros no código Morse – praticamente todo operador fazia riscos um pouco curtos demais ou pontos um tanto longos, sua "mão" ou estilo considerado tão individual quanto uma impressão digital – apenas aumentavam todo o trabalhoso processo. Durante o que parecia uma eternidade, ele ficava sentado de olho na rua, procurando veículos suspeitos, sua pistola Colt ao lado da mão, sua cápsula de veneno na boca, os ouvidos alertas para qualquer ruído habitual. Assim que finalmente terminava seu dia, ele corria para enrolar seu cabeamento aéreo e terrestre, tirava o pequenino cristal de quartzo que estabelecia a frequência, tirava os fones e escondia o estojo de couro surrado do rádio da melhor maneira que conseguia. O fato de ser um item volumoso de 20 quilos tornava a troca de localidade perigosa e provavelmente suspeita.

Zeff não saía de seu quarto por semanas por medo de ser visto ou capturado, passando os intervalos entre a transmissão caminhando obsessivamente pelo cômodo enquanto acalentava um frio na barriga grave e debilitante conhecido como ansiedade somática. Sabia que os alemães estavam rastreando todo sinal enviado em frequências não usadas por seus operadores de rádio. Cada um de seus sinais poderia muito bem ser flagrado por receptores panorâmicos, aparecendo como pontos verdes brilhantes em bancadas de telas de raios catódicos em uma imensa sala em Paris. De imediato, começava o trabalho para localizar a fonte. Os alemães estavam melhorando rapidamente suas técnicas de localização e ficando cada vez mais ágeis e precisos em localizar rádios clandestinos próximos. Zeff e seus colegas operadores de rádio sabiam que, quanto mais transmitiam, mais perto estariam de ser rastreados pelo inimigo, por um processo de triangulação capaz de apontar um sinal em um raio de 200 metros. Os nazistas estavam determinados a silenciar a teia de mensagens que se fiava no espaço e mantinha o sonho de libertação vivo. Uma morte apavorante decerto seguiria a captura, mas, com tão poucos operadores de rádio em atividade em campo, o trabalho se acumulava cada vez mais. Depressão nervosa era muito comum, e vários cediam sob pressão. Era claro que Zeff enfrentava esse risco, e Virginia sabia muito bem dos perigos de não ter uma conexão direta com Londres.

No entanto, o bem-intencionado Rake seria um acréscimo involuntário aos infortúnios de Virginia. No início, ele era muito útil, assumindo algumas transmissões de Zeff durante o dia, enquanto cantava no cabaré do clube La Cicogne à noite para estabelecer seu disfarce. Depois de levá-lo a seu apartamento, onde Virginia o deixou "muito confortável, muito feliz",[37] ela o transferiu para a casa intensamente perfumada de uma das *filles de joie* de Germaine Guérin, que o alarmou com numerosas ofertas de serviços ao hóspede sem custos.[38] Algo muito incomum naquela época, Rake era gay assumido para os mais íntimos e, assim, acabou persuadindo a moça de que nem ela nem qualquer outra mulher estava qualificada para "consolá-lo".

De novo houve um lapso desatento na segurança. O acompanhante de Rake na faluca havia comentado sua chegada com uma tia, que se revelou uma pétainista estridente e logo entregou o próprio sobrinho à polícia. Muitas famílias e mesmo casais também estavam polarizados entre colaboradores e *résistants*. Graças a Virginia e aos contatos bem situados de Germaine, no entanto, eles logo foram avisados de que o sobrinho havia cedido sob interrogatório e a polícia estava caçando Rake. Eram notícias amargas. Virginia sabia que precisava se distanciar dele imediatamente; ele sabia demais sobre sua localização, seus contatos e suas operações. Ela o encorajou a fugir para a Espanha e fez os arranjos necessários, mas Rake – mais tarde descrito por Maurice Buckmaster como o homem mais "friamente corajoso" que ele já havia encontrado – se recusou a ir. Decidido a se provar em campo, em vez de ir para casa ao primeiro sinal de perigo, ele aceitou a oferta alternativa de se juntar a Cowburn em uma nova missão em Paris, depois que outro operador de rádio se recusou sem pestanejar a entrar na Zona Ocupada.

Em primeiro lugar, ele teve o desafio de cruzar a linha demarcatória, que se estendia de um ponto a 40 quilômetros no interior de Hendaye, na fronteira da Espanha, até Tours, no Loire, e, em seguida, além da fronteira suíça, nas proximidades de Genebra. Rake tentou cruzar por Montceau-les-Mines, mas foi traído e preso por soldados alemães que o reconheceram após uma descrição dada por seu colega preso. Ele tentou jogar papéis incriminatórios no vaso sanitário e dar descarga; quando não funcionou, teve de retirá-los dali "com uma prece silenciosa"[39] e comê-los. Ele aguentou vários interrogatórios e foi aprisionado em uma cadeia nazista em Dijon, até que conseguiu escapar em um contêiner de lixo fedorento com ajuda de um padre. Em seguida, foi a Paris, onde, incrivelmente, viveu em felicidade doméstica por um tempo com um oficial aristocrata alemão que conhecera em um bar, cuja vida arriscou ao se tornar amante de Rake. No entanto, Rake não pôde se distrair por muito tempo. Ele foi instruído a voltar ao trabalho e descobriu que, para fazê-lo, deveria voltar a Lyon para buscar um novo rádio e um conjunto de documentos de identidade, evitando mais problemas na linha demarcatória ao se esconder na caixa de circuito do trem elétrico em que embarcara quando a velocidade foi reduzida em uma curva. Era um homem marcado. Estava sendo caçado em toda a França pela polícia e pela Gestapo. Eles tinham uma descrição detalhada dele e sabiam de suas conexões em Lyon. O simples fato de ser visto perto dele era um convite à destruição. No entanto, havia uma pessoa na França que ele conhecia e que não o decepcionaria, e ele bateu à sua porta. Mas agora havia ficado claro para Baker Street – e talvez para a própria Virginia – que ela estava gravemente comprometida. Seu tempo no campo estava quase terminando.

O verão de 1942 em Lyon foi tão quente quanto o inverno havia sido frio. Mesmo com todas as belas casas e ruas admiráveis, o saneamento da cidade deixava muito a desejar, e a maioria dos lavatórios era "nada além de buracos no chão. E nos fins de tarde quentes e nas noites abafadas [...] os mosquitos saíam para ataques em massa".[40] Era mais arejado na colina Croix-Rousse – embora, para Virginia, subir as centenas de degraus irregulares para chegar até lá no calor fizesse a dor em sua perna ficar quase insuportável. E os sopros de ar mais fresco mal penetravam as *traboules* [passagens] por onde *résistants* corriam para escapar da Gestapo, ou a confusão de antigas casas em ruínas, onde os operadores de rádio suavam por horas diante de seus aparelhos.

O que havia sido um refúgio comparativamente seguro para os "pianistas" agora era um alvo prioritário. No verão de 1942, a Funkabwehr – o serviço alemão de contrainteligência dedicado a rastrear sinais de rádio – entrou com uma grande operação em um lugar do outro lado do rio das *traboules* em Forte Saint-Irénée, no topo da colina de Fourvière. Era tudo parte da atenção especial voltada a Lyon, agora marcada como o centro das transmissões Aliadas, bem como da atividade da Resistência. Os alemães instalaram os sofisticados equipamentos de rastreio de ponta no forte e levaram uma frota de oitenta furgões detectores verde-cinzentos. Felizmente, Virginia havia conseguido com amigos policiais franceses uma lista das placas dos furgões e a informação de que eles deveriam ser fáceis de localizar, pois não tinham teto para evitar a interferência de sinal. Por fora, pareciam uma carroça motorizada com antenas estranhamente grandes.

Assim que ouvia um operador de rádio clandestino datilografando um código para Londres, a Funkabwehr ou a Gestapo levava menos de trinta minutos para sair cantando pneus em seus Citroëns pretos e enviar homens para as *traboules*, ou ruas labirínticas, a fim de atacar sua presa. Outro método era desligar a energia elétrica distrito por distrito e, quando os sinais paravam, eles sabiam que precisavam cercar aquela parte da cidade. A taxa de captura não era surpresa alguma, e Zeff e os outros operadores de rádio que trabalhavam na França estavam sofrendo. Embora a SOE estivesse enviando mais operadores, ninguém esperava que eles sobrevivessem mais de três meses.

A diminuição permanente de refúgios fez quase todos os operadores na Zona Livre terminarem no apartamento de Virginia, na place Ollier, onde, por ora, ela felizmente podia confiar na proteção policial. De fato, havia tantas pessoas transmitindo de sua casa que o corredor começou a lembrar um ninho de pássaros, com diferentes antenas, algumas com mais de 20 metros de comprimento, pregadas de cima a baixo nas paredes. Cowburn considerava aquela situação extremamente insegura até mesmo para ela; Virginia via da seguinte forma: quem pudesse oferecer proteção a um pianista também tinha poder sobre as comunicações para Londres. E, se ela não pudesse ajudar os operadores de rádio, quem poderia?

Foi em junho que Virginia ficou realmente abalada, mas não pelos problemas com Rake ou pela obstrução de *Alain*, ou mesmo pelas atividades da Funkabwehr e Gestapo. Buckmaster pediu que ela voltasse a Londres para uma "discussão pessoal" sobre os planos da Seção F. A solicitação transformou-se em ordem quando Baker Street foi informada de que o cônsul norte-americano Marshall Vance havia sido questionado pela Sûreté francesa sobre conhecer Virginia. Ele negou categoricamente, mas, em uma visita a Berna logo depois, aproveitou a oportunidade para alertar um agente do MI6 de que Virginia era claramente um alvo e que sua "unidade" estava "totalmente comprometida".[41] Embora a integridade dela não estivesse em dúvida, muitos de seus contatos eram negligentes.

Profundamente alarmada, Baker Street enviou, em 28 de junho, um telegrama para George Backer no *New York Post* para pedir que ele a convocasse de volta via Londres, para reuniões urgentes nos Estados Unidos (embora seu destino real fosse Londres). Ele aceitou e ainda assumiu a responsabilidade de persuadir o Departamento de Estado a "aumentar a pressão" sobre Vichy para acelerar seu visto. Uma convocação de seu jornal era uma explicação plausível para a partida repentina, que, sem justificativa, poderia trazer risco a seus contatos em Lyon. Baker Street informou Virginia de que seu trabalho era "estimado", mas que agora era hora de discutir seu futuro. As breves palavras foram ofensivas. Ela não havia ficado – e mantido tantos outros – longe de problemas desde os primeiros dias, quase sem ajuda de Londres? O que mais ela precisava fazer para mostrar que sabia se cuidar, além de ter sobrevivido no campo por nove longos meses? Não deveria ser dela a tarefa de julgar se sua segurança estava de fato comprometida? Ela havia conseguido a proteção de contatos de cargos altos na polícia! Em sua opinião, estava chamuscada, e não *brûlée*, queimada. Portanto, "tudo" ainda estava "bem". Pior de tudo, se ela saísse de campo, certamente nunca seria capaz de voltar. Como Baker Street sabia muito bem naquele momento, Virginia mantinha um traço rebelde e, depois de sua prova de fogo, estava muito confiante de suas habilidades. Ela "não se submetia facilmente à disciplina", como Buckmaster já havia comentado, e tinha "o hábito de formar sua opinião sem considerar o 'ponto de vista' de outros".[42] Mesmo com todo o medo persistente, ela nunca havia sido tão feliz. Apesar de todas as frustrações, ela nunca estivera tão plena. Mesmo com todos os traidores e colaboradores, desejava mais do que nunca ajudar o povo bom da França. Ela não era submissa a ponto de aceitar uma convocação para retornar às limitações de sua vida antiga.

Virginia sabia que precisava de uma estratégia para entrar nessa briga. Culpou as más condições atmosféricas, que tornavam as transmissões difíceis e, portanto, atrasavam suas respostas às ordens. Em seguida, converteu um colega em um poderoso aliado. Ben Cowburn, que antes havia pedido para ela partir, enviou um relatório "apontando a importância" do trabalho de Virginia, enfatizando a "dificuldade de passar suas conexões aos outros" e insistindo que "ninguém era capaz de substituí-la".[43] Virginia prometeu reduzir o ritmo de suas operações, mudar de apartamento novamente e ver apenas um punhado de contatos mais cautelosos com a segurança. Para outros, como *Gauthier*, ela "deixaria de existir".[44] Não voltou para casa nem pretendia fazê-lo. Ficou claro, poucos dias depois, qual era o plano de Virginia e por que ela não podia abandonar sua missão.

CAPÍTULO CINCO
Doze minutos, doze homens

A prisão em Périgueux, no sudoeste da França, era uma fortaleza sombria e congelante, com calabouços malcheirosos e umidade escorrendo pelas muralhas. Os doze agentes da SOE pegos na armadilha da Villa des Bois – metade britânica, metade francesa – foram abandonados para apodrecerem por seis meses na sujeira, e seu moral estava baixo. Um deles, tenente Jumeau, descreveu a experiência como "degradante e humilhante até o último nível".[1] Suportaram um longo inverno sem aquecimento e tinham autorização para ficar apenas dez minutos do lado de fora, onde a única torneira estava tão congelada que não conseguiam se lavar. Nem Peter Churchill, nem *Olive*, tampouco seu sucessor, *Carte*, pareciam ter feito progresso quanto a sua soltura ou foram capazes de oferecer esperanças de futuro. Os homens, coletivamente conhecidos dentro da SOE como *Clã Cameron*, ainda estavam esperando julgamento sem data definida ou a certeza de que, como troféus Aliados, não seriam entregues aos nazistas nem enfrentariam um pelotão de fuzilamento. Baker Street estava ficando cada vez mais impaciente quanto ao resgate de seus melhores agentes – especialistas em transmissão de rádio, armas e sabotagem –, que eram urgentemente necessários em campo. Era vergonhoso tê-los penando aprisionados, aparentemente além de sua capacidade de ajudar. Virginia nunca se esquecera deles, e ao menos seus pacotes ocasionais de comida eram algum lampejo de conforto para eles. No entanto, para sua contínua frustração, ela não tinha autoridade para fazer mais do que isso.

Nesse período, os doze tiveram sorte, pois a esposa do ex-deputado francês Jean Pierre-Bloch, que estava preso com eles em Marselha, foi liberada em seguida. Gaby Bloch, uma mulher com a idade de Virginia, passou muito de seu tempo desde janeiro visitando o marido na prisão e arregimentando apoio para ele do lado de fora. Em vão, Gaby já havia feito o lobby com ministros em Vichy, e suas opções estavam se esgotando. Ela e os *Camerons* tinham perdido a fé nos esforços esporádicos da SOE, mas ouviram falar que Gerry Morel, que havia se encontrado com eles em Périgueux, conseguira escapar graças, em grande parte, a Virginia. A pedido do marido, Gaby foi até Lyon e ao bar do Grand Hôtel Nouvel para pedir ajuda a *Marie*. Ao chegar, Virginia ficou impressionada pela coragem daquela francesa pequenina, que estava agindo inteiramente sozinha. Ainda mais pelos perigos incríveis que enfrentava por ser judia.

Georges Bégué também havia encontrado uma maneira de enviar uma carta para Virginia. Sendo um dos dois *Camerons* que enfrentavam a séria acusação de "atentado contra a segurança do Estado", ele mal conseguira escrever abertamente sobre a necessidade de ajuda para fugir. Em constante preocupação sobre se ele a "colocaria em risco"[2] caso a carta fosse descoberta, escrevera que os homens estavam bem e eram bem tratados, e que o moral estava "excelente".[3] Sem dúvida, ele esperava que ela lesse as entrelinhas – e, de fato, era quase certo que a carta continha mensagens codificadas. De qualquer forma, Gaby esclareceu de uma vez por todas a realidade de Périgueux: as surras, a escuridão, a doença, a dieta diária de uma tigela de um líquido gorduroso e exatamente 249 gramas de pão; os insetos picavam o corpo dos doentes e dos fracos e o local estava infestado de piolhos, e, desde primavera de 1942, a força e o vigor dos *Camerons* estavam decaindo rapidamente. Gaby insistiu que Virginia era a última esperança deles.

Virginia gostou de saber do tamanho do problema. Périgueux era uma fortaleza impenetrável de muralhas altas e portões de ferro de onde ninguém escapava. No entanto, depois de tantos meses observando outros fracassarem, aquele pedido desesperado certamente era a chance de Virginia provar o que podia fazer. Ela formulou um plano duplo e prometeu a Baker Street – que, na ausência de avanços, finalmente lhe dera autoridade – o seguinte: "Se eles não podem sair oficialmente, voltarão em caráter extraoficial".[4] Parece que em Londres havia pouca fé na capacidade de Virginia – e, de fato, ainda se esperava que ela voltasse à Grã-Bretanha muito em breve –, mas ela secretamente decidiu se associar a Gaby para que seu plano funcionasse.

Logo depois, Virginia escreveu às pressas para Vichy para marcar uma reunião com o almirante Leahy, na embaixada norte-americana. Mesmo naquele momento, em que os Estados Unidos estavam em guerra com a Alemanha, o embaixador continuava a exercer alguma influência sobre a administração de Pétain. Ela pensou que, se ele fizesse lobby em nome do *Clã Cameron*, talvez eles tivessem alguma chance. No entanto, como ele desaprovava a concentração de inteligência Aliada em seu território, ela mal podia revelar que o clã era composto por agentes secretos que enfrentavam a perspectiva da execução. E nem eram cidadãos norte-americanos com direito à proteção dele. Então, Virginia apelou para seu sentimento de humanidade universal. Alegou que eram prisioneiros importantes e que, desde Pearl Harbor, os norte-americanos estavam do mesmo lado que os britânicos, enquanto seus companheiros franceses não tinham feito nada de errado. Talvez Leahy se preocupasse com a provável cobertura negativa na imprensa dos EUA caso ele ignorasse os pedidos dela. Talvez Virginia simplesmente tenha usado o nível máximo de sedução e persuasão. Leahy concordou em analisar o que poderia fazer por meio de seus canais diplomáticos alternativos.

A resposta veio mais rápido do que ela esperava, mas eliminou qualquer perspectiva de uma soltura próxima. Um telegrama de 14 de março anunciou que os *Camerons* seriam retirados dos horrores de Périgueux, mas diretamente para o confinamento no campo de internação conduzido por Vichy em Mauzac, perto de Bergerac, na Dordonha. As condições na zona rural eram consideravelmente melhores, porém o destino deles permanecia incerto. Então, Virginia começou a planejar sua fuga durante a transferência de 40 quilômetros entre as duas prisões, apenas para descobrir que, depois de meses de maus tratos, os *Camerons* estavam fracos demais para correr. Pior ainda, ela soube que eles seguiriam acorrentados durante a jornada e que os guardas tinham ordens para atirar em qualquer um que tentasse se libertar. A operação teria que esperar.

Estava escuro quando os homens chegaram exaustos a Mauzac. Pela manhã, descobriram que o campo tinha seiscentos prisioneiros políticos (a maioria apoiava De Gaulle) e era ladeado por duas cercas de arame farpado, guardas armados e uma série de torres de observação. Ao menos o campo era aberto, os homens ficavam abrigados juntos em grandes barracões, tinham permissão para cozinhar para si mesmos a comida que Gaby e a Cruz Vermelha levavam (oferecida por Virginia) e até tomar banho uma vez por semana. Também conseguiam ver o mundo exterior através das cercas. Já mais animados, organizaram um parlamento próprio e um coro para passar o tempo enquanto se concentravam em recuperar suas forças.

Estava claro que Mauzac oferecia mais chances de fuga, e Virginia e Gaby começaram imediatamente a trabalhar na elaboração de um exército de apoiadores para aproveitar o momento antes que os homens fossem transferidos para outro lugar. Os *Camerons* começaram os próprios preparativos lá dentro. Consideraram cavar um túnel, mas ninguém achava que tinham habilidades técnicas e, assim, deram preferência a encontrar uma maneira de passar pelo arame farpado. O atlético chefe inglês Michael Trotobas começou a conduzir exercícios físicos intensos todas as manhãs. Seu interesse principal era praticar um estilo estranho de rastejamento (que seria útil mais tarde), mas, à tarde, o grupo se entregava aos jogos mais prazerosos de *boules*. Jogar bolas em direções pré-selecionadas lhes dava cobertura para calcular o tempo de que precisavam para cruzar os barracões e a cerca, detectando pontos cegos das torres de vigilância, descobrindo o terreno duro e banhado de sol onde não deixariam rastros reveladores e observando o cronograma das patrulhas.

Felizmente, Bégué havia sido, na vida civil, um habilidoso faz-tudo e vendedor de carros, então criou uma lista das ferramentas necessárias. O problema era encontrar um jeito de comunicar suas necessidades para Virginia e Gaby no exterior – e, ao mesmo tempo, descobrir como elas entregariam os itens para ele sem serem descobertas. Virginia já era conhecida demais para ser vista perto do campo, mas ela treinou Gaby minuciosamente para recrutar alguns dos guardas como mensageiros. Deixando seus filhos pequenos em casa, Gaby agora fazia a viagem de ida e volta de 112 quilômetros três vezes por semana, às vezes ficando no Hotel de Mauzac, em cujo bar ela sabia que vários guardas do campo bebiam. Muitos eram pétainistas que previam seu futuro sob controle alemão e que talvez denunciassem suas atividades suspeitas. Virginia, contudo, havia deixado muito dinheiro com Gaby e lhe ensinara a identificar potenciais apoiadores sem se colocar em risco desnecessário. Gaby conversava de forma diligente no bar, da maneira mais casual possível, como Virginia lhe instruíra, sobre a certeza de uma vitória final dos Aliados. Ela acrescentava, para qualquer um que parecesse genuinamente interessado, que existiam maneiras de ajudar a acelerar o processo e que talvez houvesse belas recompensas em troca dessa ajuda. No início, parecia que ninguém morderia a isca, mas, por fim, um guarda que por acaso tinha ouvido mostrou-se receptivo, porém foi descuidado e logo demitido por suspeita de levar mensagens aos prisioneiros.[5] Outros dois também pareceram intrigados, mas por fim recuaram. O último guarda com quem Gaby fez amizade, José Sevilla, persistiu, apenas pedindo que, em troca, fosse levado de volta a Londres para poder se unir à concentração da França Livre, cujos números aumentavam cada vez mais ao redor do general De Gaulle.[6]

Sevilla mostrou-se extremamente útil. Sua primeira contribuição foi persuadir o comandante do campo de que a Torre de Vigilância 5 — a mais próxima da barraca dos *Camerons* — não deveria ser guarnecida à noite. Mostrando iniciativa considerável, Sevilla alegou de forma convincente que ela balançava ao vento, diminuindo a segurança da escada para a plataforma à noite. Quando pôde, também espalhou essa notícia aos homens, o que se provou mais difícil, pois ele raramente tinha acesso direto aos *Camerons*. Virginia precisava inventar outros meios mais persuasivos de enviar mensagens e suprimentos vitais para dentro do campo.

Logo depois disso, Gaby começou a levar para Jean um carregamento de roupas limpas, livros e quantidades especialmente grandes de comida em cada uma de suas visitas permitidas. Virginia lhe dava dinheiro para comprar no mercado clandestino uma lista de itens cuidadosamente selecionados, de forma que parecesse que ela era apenas uma esposa devotada querendo alimentar o marido. Claro que estranharam essa contribuição, e Gaby foi denunciada à polícia em várias ocasiões, possivelmente por vizinhos invejosos, e vasculharam sua casa. Ela foi revistada de novo quando levou os pacotes de comida ao campo. A polícia não encontrou nada. Não notaram que, dentro de um dos jarros de geleia, estava escondida uma pequena lixa, e, em uma pilha de roupas limpas, um par de cortadores de fio; livros vazados acomodavam uma pequena chave de fenda e um martelo; e foram escolhidas latas de sardinha em molho de tomate caríssimas, para reutilizarem o metal, que tinha melhor qualidade. Marc Jumeau foi um dos *Camerons* que ficaram maravilhados com a determinação de Gaby, pois sabia que a descoberta desses itens com ela certamente a levaria à tortura e à morte. Ele relembrou quantos amigos homens haviam se recusado a se envolver por conta dos riscos incalculáveis – aqueles que Gaby assumiu sem hesitar. Sua coragem extraordinária e a criatividade de Virginia indicavam que logo Bégué teria todas as ferramentas necessárias para fazer uma chave para a porta dos barracões, usando o pão da cantina da prisão para fazer um molde da fechadura. A partir desse momento, toda noite o coro dos *Camerons* berrava canções "das mais obscenas"[7] para abafar o barulho da lixa e do martelo.

Enquanto isso, Virginia se dedicava aos planos a serem executados após a saída dos homens de Mauzac. Ela recrutou *Vic*, o chefe da rota de fuga homônima, para encontrar esconderijos e organizar a passagem final dos *Camerons* pelos Pireneus até a Espanha. Juntos eles alistaram um motorista de fuga e arranjaram documentos, cartões de racionamento e passagens de trem. Mais importante: encontraram um esconderijo não muito longe do campo para as primeiras horas e dias tensos de liberdade, quando o risco de recaptura era mais alto. Havia incontáveis detalhes para organizar uma façanha tão ousada, exigindo todas as habilidades de campo e engenhosidade de Virginia. De fato, esse foi o principal motivo de seu enorme desespero ao receber as ordens de retorno a Londres. Não podia abandonar sua equipe mais próxima – Germaine Guérin, dr. Rousset e seu novo operador de rádio, André Courvoisier (um agradável ex-soldado francês) –, que estava agitando suas redes de contatos ao máximo em nome dela. No entanto, o problema mais persistente ainda era encontrar uma maneira mais direta e veloz de contatar todos os homens para finalizar os planos. As visitas de Gaby e os esforços de Sevilla não foram suficientes. Juntos, Virginia e seus apoiadores chegaram a uma solução incrivelmente ousada.

Numa manhã ensolarada, pouco tempo depois, um jovial padre francês de 70 anos, veterano do Exército que tinha perdido as pernas em combate na Primeira Guerra Mundial, começou uma série de visitas pastorais aos *Camerons*. Ele era bom em levantar o moral deles e aparentemente obteve permissão para que os homens pegassem algumas latas de tinta para embelezar seu barracão. Um dia, quando tinham terminado, ele pediu que o levassem para dentro do barracão na cadeira de rodas, a fim de ver os esforços na decoração interior. Uma vez lá dentro, o padre se moveu com a cadeira até o meio do recinto e rapidamente acenou para os homens se reunirem ao redor dele. "Tenho um presentinho para vocês", sussurrou ele, com os olhos se movendo de forma rápida e entusiasmada. "Mas primeiro alguém fica de olho na porta e na janela… Agora, um de vocês olhe embaixo da minha batina… onde minhas pernas deveriam estar." Um deles levantou obedientemente a túnica do padre e causou um suspiro geral. "Minha nossa! É um piano!", exclamou Bégué, sem dúvida imaginando quem teria conseguido trazer ali para dentro um rádio de forma tão engenhosa. "Sim", o padre respondeu. "Fui informado de que vocês podem mandar muita música para fora daqui. O piano está bem afinado. [...] Escondam-no e, claro, esqueçam como ele chegou aqui."[8]

Algumas noites depois, aproveitando a ausência de sentinelas na Torre de Vigilância 5, Bégué instalou 20 metros de antenas fora do campo de visão, embaixo das calhas do barracão. Uma semana depois, transmitiu sua primeira mensagem a Baker Street, na qual relatou o nome daqueles que estavam com ele e que dez deles pretendiam "formar um grupo de fuga e chegar a esconderijos no interior", possivelmente com mais quatro membros. A Seção F ficou surpresa ao receber notícias de seu celebrado pianista a partir de um campo de detenção francês. Era quase inacreditável, agora havia uma linha direta de entrada e saída em Mauzac. Sabendo que Virginia estava comandando a operação (e sem saber muitos detalhes, para o caso de possíveis interceptações), Londres respondeu com instruções sobre como os *Camerons* podiam contatá-la pessoalmente no Grand Nouvel Hôtel assim que chegassem a Lyon. Deveriam dar a seguinte senha: "Vim perguntar quantos ovos devo separar para você". A resposta dela seria: "Separe dez para mim, a menos que tenha mais quatro". Ainda assim, havia um ceticismo geral de que os agentes poderiam mesmo fugir.

Bégué tornou-se tão adepto da transmissão a partir do barracão que podia até mesmo repassar informações úteis colhidas dos guardas falastrões. Depois de transmitir detalhes da nova fábrica alemã de cartuchos e explosivos em Bergerac, da qual o carcereiro vivia falando, os *Camerons* ficaram extasiados ao ouvir que bombardeiros da RAF passariam sobre eles duas noites depois e viram o céu incandescer em vermelho quando pesadas explosões balançaram a terra e "enviaram nuvens de fagulhas noite adentro".[9] Era mais que gratificante escutar o mesmo guarda no dia seguinte discutindo a destruição da fábrica. Incrivelmente, estavam desempenhando um papel na guerra, mesmo estando por trás de arames farpados.

Bégué enviava tantas mensagens que os sinais logo atraíram a atenção de um furgão detector de rádio, que foi visto passando pelo campo ao menos em uma ocasião. No entanto, estava confiante de que a polícia nunca pensaria em olhar dentro do campo e descobriu que tinha razão quando soube que várias casas e fazendas próximas foram meticulosamente revistadas. Talvez também via rádio tenha sido concebida uma solução para um problema complicado com um dos outros prisioneiros. O velho Père Fleuret, dono de um estacionamento de Châteauroux e um dos primeiros locais a serem recrutados pela SOE, estava ameaçando informar aos guardas se os *Camerons* realmente seguissem em frente com seus planos. Ninguém queria prejudicá-lo, pois ele havia sido um apoiador corajoso e leal de Bégué desde os primeiros dias, mas seu medo de que a fuga colocasse sua esposa e sua filha em risco ameaçava toda a operação. Em algum momento em junho – bem quando Virginia estava lutando para permanecer no seu posto –, o médico do campo chamou George Langelaan até seu consultório e deixou claro que ele havia sido avisado de um certo evento vindouro. O médico – muito provavelmente contato do dr. Rousset – entregou um pequeno frasco do que ele afirmava ser um sonífero inócuo, sugerindo que talvez fosse útil. Explicou que podia ser despejado na cerveja sem alterar o gosto. "Estou pensando em tirar alguns dias de descanso, mas não sei exatamente quando", o médico acrescentou com um olhar sabichão. "Você faria a gentileza de me dizer quando acha que seria um bom momento? Sabe, em alguns momentos, prefiro me distanciar com antecedência."[10]

Nesse momento, os planos de fuga estavam quase completos. No entanto, quando testaram a chave na fechadura, ela não girou. Foi um desastre. A fuga precisava acontecer no período de lua nova, entre 8 e 15 de julho. Depois disso, as noites ficariam claras demais, a fuga seria óbvia demais, e por isso o tempo deles estava se esgotando. Bégué trabalhou freneticamente para remodelar a chave quando as "cantorias intermináveis" recomeçaram. Virginia e Gaby, ansiosas, foram alertadas do atraso por outro meio engenhoso de comunicação. Haviam começado a repassar mensagens aos homens em tubinhos de aspirina trazidos por outro guarda aliado. Os homens escreveram sobre o problema com a chave jogando o tubo de volta por sobre a cerca a um intermediário (outro carcereiro aliado). Quando a chave funcionou corretamente, depois de algumas noites, puderam relatar as boas notícias da mesma forma. Conforme o combinado, o carcereiro repassou a mensagem ao colega que estava em contato direto com Gaby, deslizando o tubo no bolso de seu casaco pendurado no refeitório. No entanto, ela não o recebeu, e, dois dias depois, quando ela chegou ao campo, o sargento do refeitório anunciou que queria lhe falar.

Com o coração palpitando, ela entrou no gabinete dele se preparando para o pior. Para seu horror, seus planos tinham mesmo sido descobertos: o carcereiro havia posto o tubo por engano no casaco do sargento do refeitório, e não naquele de seu contato. Gaby disse que não sabia de nada, mas, pela reação do sargento do refeitório, devia estar claro que ela estava mentindo. Para seu grande alívio, ele mudou o rumo da conversa de repente, dizendo que também ajudaria em troca de uma soma principesca de 50 mil francos.[11] Virginia, claro, rapidamente forneceu esse valor.

Graças aos pacotes de comida e às sessões de exercícios, os homens estavam fisicamente mais fortes, o que era bom. Para a fuga funcionar, precisariam estar em condições quase perfeitas. Primeiro, teriam de correr do barracão até um ponto escuro atrás de um prédio, aonde as luzes das torres não chegavam. Dali, tinham de correr até um ponto específico da cerca de arame farpado (determinado durante as incontáveis sessões de *boules*), relativamente mal iluminado e fora do alcance de visão das torres de vigilância ocupadas. Ali, o arame podia ser separado levemente por mesas de cavaletes feitas por Bégué (como parte da suposta redecoração do barracão) com tábuas velhas de madeira. Jogariam um pedaço de tapete velho por baixo, para impedir que rasgassem o estômago ao rastejar com o corpo quase colado ao chão, estilo que aprenderam com Trotobas. No entanto, ainda seria um imenso desafio correr até a cerca em dois estágios, depois atravessar os vários metros da cerca de arame farpado, tudo no escuro, tudo em menos de um minuto. O processo inteiro foi cronometrado em frações de segundos para evitar as rondas regulares dos guardas; um único atraso poderia acabar com a operação inteira. E as patrulhas talvez flagrassem a porta aberta do barracão, então o mais artístico deles pintou uma porta falsa em saco de aniagem, que podia ser pregada em segundos assim que a porta real fosse destrancada.

Gaby levou os filhos para ver Jean no Dia da Bastilha, 14 de julho, e não conseguia parar de se lamentar pelos perigos iminentes para eles. A noite seguinte – a última possível – havia sido definida para a fuga, e o dia seguinte foi o mais longo da vida de quase todos eles.[12] Pouco depois das quatro horas da tarde do dia 15, esperaram Virginia dar o sinal indicando que tudo estava pronto. Uma senhora passou pelo campo no horário combinado, com três crianças no encalço, indicando que podiam seguir com o plano. Se ela tivesse passado com um senhor, significaria que a operação havia sido cancelada. No jantar daquela noite, os prisioneiros tentaram agir normalmente quando um deles derramou a poção do sono na cerveja de Fleuret, que havia sido levada especialmente por Gaby. Os outros homens ficavam cada vez mais agitados enquanto comiam, percebendo que Fleuret, normalmente nervoso, parecia animado (o que era estranho). Em geral, ele era o primeiro a ir para a cama, mas não estava mostrando sinal de sonolência. Ficou parado à janela e assobiou por algum tempo, enquanto os outros verificavam os relógios o tempo todo e imaginavam, em frenesi, se a poção do sono era falsa. Por fim, foi para a cama, e os olhos sobre ele buscavam sinais de cansaço, mas o homem desafiou as esperanças dos prisioneiros quando começou a assobiar de novo. Somente ao se despir Fleuret misericordiosamente tombou e começou a roncar.

Enquanto isso, na sala dos guardas, Sevilla pediu a um amigo para trazer 2 litros de vinho branco e, por volta da meia-noite, começou a beber com seu chefe. Assim que se sentaram e iniciaram uma cantoria, foi combinado que outro carcereiro aliado chamado Conrad montaria guarda na Torre de Vigilância 7 e faria um sinal com seu cachimbo, indicando que o caminho estava livre para os *Camerons*. Em seu barracão trancado, os homens estufavam trapos para criar bonecos embaixo das roupas de cama e parecer que estavam dormindo, fazendo sorteios para saber quem sairia primeiro e revezando a vigilância da janela. As horas passavam, o filete de lua se ergueu, e ainda não havia sinal. Talvez fosse tudo uma armadilha, ou talvez o guarda tivesse sido descoberto. Sevilla também estava esperando Conrad subir as escadas da Torre de Vigilância 7, mas ele ficou com medo e não subiu.

Por fim, às três horas, quando ninguém mais aguentava esperar, Sevilla fugiu do chefe inebriado, subiu ele mesmo na torre de vigilância e, com mãos trêmulas, conseguiu acender seu cachimbo. Aliviado ao extremo, Bégué enfiou a chave na fechadura e abriu a porta, que rangeu aflitivamente – apesar de ter sido azeitada no dia anterior. Em segundos, ele pendurou o saco de aniagem pintado, e Trotobas passou pelo arame com o tapete e desenrolou um novelo de cordão como uma linha sinalizadora. Um puxão indicava que tudo estava limpo, três puxões rápidos sinalizavam perigo. Um a um, os homens correram até o barracão e depois à cerca, e se contorceram para atravessar o arame farpado o mais rápido que podiam. Langelaan foi um dos últimos a se lançar sobre o tapete, mas de repente um guarda se ergueu sobre ele. Trotobas estava prestes a agarrar o guarda por trás, colocando em prática o treinamento de assassinato silencioso da SOE, quando o guarda sussurrou: "É o inglês?". Trotobas respondeu: "Sim". "Bem, não façam tanto barulho", respondeu o guarda antes de se afastar. Alguns segundos depois, Trotobas viu que Bégué, Jumeau, Pierre-Bloch, Garel, J. B. Hayes, Le Harivel, Langelaan, Liewer, Robert Lyon e Roche já haviam atravessado a cerca, bem como Sevilla, e o sargento do refeitório os encontrou do lado de fora. O excelente exercício durou doze minutos – um homem por minuto.

A alguns quilômetros de distância – bem além das luzes do campo –, um corso de cabelos cacheados chamado Albert Rigoulet estava esperando por eles em um velho caminhão Citroën estacionado em uma baixada coberta de folhas. Assim que saíram, os homens correram a toda velocidade pela floresta escura em duplas e trios, saltaram dentro do caminhão, e Rigoulet os levou noite adentro sem serem vistos ou ouvidos. Somente no raiar do dia, um dos prisioneiros que ficara para trás começou a gritar que seus companheiros presidiários haviam desaparecido à noite, jurando (exatamente como havia sido instruído) que não havia notado nada incomum até aquele momento. Ele também havia trancado a porta novamente e jogado a chave fora para que os guardas desavisados não tivessem a mínima ideia de como os *Camerons* tinham escapado do barracão. Imediatamente o alarme soou, um número imenso de policiais se juntou para montar uma caça humana sem precedentes. Todo o tráfego rodoviário no perímetro de 150 quilômetros foi verificado, todas as estradas, pontes, ferrovias, barcos e estações foram fechados ou postos sob vigilância 24 horas. Fotografias dos prisioneiros circularam em centrais de controle e pontos de verificação. Casas, fazendas e campos foram sistematicamente vasculhados pela polícia. Alguns guardas de

Mauzac foram espancados de maneira selvagem e aprisionados por não terem impedido a fuga – tivessem eles ajudado ou não, sabido ou não – e, sob ordens dos alemães, a segurança em outros campos e prisões foi imediatamente reforçada. Conforme esperado, Gaby foi presa de imediato, mas Virginia a havia aconselhado muito antes a forjar um álibi incontestável. Ela conseguiu nomear testemunhas, que afirmaram que ela estava voltando das reuniões com oficiais em Vichy – onde estivera novamente implorando por seu marido – na data em questão.

Gaby foi liberada, mas tanto os alemães quanto Vichy sabiam muito bem que os Aliados haviam realizado uma fuga espetacular e um grande golpe de doutrinação. A fuga adquiriu um *status* lendário muito além de Mauzac. Era discutida com fervor em bares e lojas e entre os passageiros apinhados em ônibus e trens. "Doze homens foram resgatados de um campo por um bombardeiro da RAF", os nativos informavam uns aos outros, extremamente admirados. Poucos faziam ideia de que os rumores tinham sido iniciados por prostitutas, médicos e cabeleireiros locais, aliados de Virginia. Ela queria que a polícia acreditasse que os homens já haviam voltado à Inglaterra.

Na verdade, Rigoulet havia dirigido pouco mais de 30 quilômetros antes de deixá-los em um trecho de arbustos selvagens coberto por uma leve névoa matinal. Eles se deitaram no orvalho por mais ou menos uma hora enquanto ele se livrava do caminhão. Então, ele reapareceu e os levou a pé por uma paisagem de colinas curvadas densamente revestidas por nogueiras e castanheiras, avançando até estarem bem longe do alcance de qualquer veículo, no coração da floresta. Jean Pierre-Bloch recordou-se de finalmente terem chegado a "uma casa e um celeiro dilapidados e abandonados" por volta do meio-dia e ficarem entusiasmados ao descobrir o seguinte: "Com organização admirável, alguém tinha se preparado para nossa visita".[13] Os armários estavam cheios de biscoitos, geleia, navalhas e até sabão – um toque do estilo de Virginia que caíra muito bem.

Por duas semanas, os *Camerons* ficaram entrincheirados, dormindo durante o dia e fazendo apenas uma breve e silenciosa caminhada à noite, afiando os ouvidos para qualquer som não familiar e esquadrinhando a escuridão em busca de movimentos. Por fim, a afobação começou a diminuir. Os informantes de Virginia relataram que a polícia havia concluído que os fugitivos deviam ter escapado do país. A caçada humana foi cancelada, mas o rosto dos homens agora era desconfortavelmente bem conhecido. De qualquer forma, era hora de partirem em pequenos grupos para continuar a jornada até Lyon. Simplesmente teriam de encontrar uma maneira de evitar a atenção e chegar lá. Alguns tomaram o trem, outros viajaram de caminhão. Todos foram ao Grand Nouvel Hôtel, conforme instruídos, onde sabiam que Virginia estaria esperando para prepará-los para sua passagem à Espanha. Alguns levaram muito mais tempo que outros para chegar a Lyon depois de terem escapado várias vezes, por um triz, de perseguidores franceses e alemães. Mesmo quando chegaram, a atmosfera era tensa – a fuga de Mauzac ainda estava muito recente na memória –, e por isso ela logo os distribuiu em vários esconderijos, para evitar que chamassem atenção como grupo. Dois ficaram com um dos lendários cabeleireiros da Resistência da cidade, outros foram deixados com Germaine, possivelmente em seu bordel. Em 11 de agosto, *Vic* telegrafou para Londres: "Todo o *Clã Cameron* repito *Clã Cameron* transferido com segurança para Lyon repetir Lyon. Primeiro grupo sai próxima semana".[14] Pela primeira vez em muito tempo, houve uma celebração de verdade em Baker Street.

Alguns *Camerons* demoraram muito mais tempo para chegar a Londres, e cerca de metade deles passou algum tempo em uma prisão espanhola no caminho. No entanto, graças à engenhosidade de Virginia e Gaby, e com ajuda de *Vic* e muitos outros, a fuga permitiu que Bégué se tornasse o futuro oficial de comunicações da Seção F. Outros quatro – Hayes, Liewer, Lyon e Trotobas – viraram ilustres chefes de circuito. As explorações de Trotobas em seu retorno à França lhe trouxeram uma indicação para a Cruz Vitória (a maior condecoração militar da Grã-Bretanha). Embora seja surpreendentemente pouco conhecida, a fuga de Mauzac foi reconhecida pelo historiador oficial da SOE, M. R. D. Foot, como "uma das operações desse tipo mais úteis da guerra".[15] A escala e a ousadia da fuga foram tão notáveis que foi inevitável que muitos à época reivindicassem e recebessem crédito por ela, em maior ou menor grau. Virginia estava nos bastidores e não pretendia se pôr em evidência. Muitos dos próprios *Camerons* não tinham ciência de sua importância na operação, mas seus tenentes mais próximos, como Courvoisier, em Lyon,[16] e, mais tarde, seus superiores em Londres, viram quanto do sucesso foi mérito dela. A forma como Virginia Hall e Madame Bloch inspiraram, conduziram e impulsionaram até o fim tal "operação de resgate ousada" bem "embaixo do nariz dos guardas" se tornou uma lenda da SOE, observou o historiador E. H. Cookridge. Virginia foi a "peça central" dessas atividades, decretou Foot depois de pesquisar a fundo os eventos de Mauzac. Muitos dos maiores triunfos da SOE permaneceram "totalmente desconhecidos" para todos, explicou ele, "exceto para as pessoas que estavam envolvidas neles".[17] Morel também registrou oficialmente, *a posteriori*, que "ela foi pessoalmente responsável por várias fugas de prisões e, em muitos casos, a organização das fugas foi inteiramente trabalho dela".[18]

Em reconhecimento ao valor extraordinário de Gaby Bloch, a SOE acabou com todos os impedimentos para levá-la com os filhos até a Grã-Bretanha a fim de se juntar ao marido. Os dois continuaram a atender aos serviços de segurança franceses em Londres e, mais tarde, receberam a Cruz da Legião de Honra, e ela foi indicada a uma Medalha do Rei por Coragem na Causa da Liberdade. Entusiasmada pela operação Mauzac, a SOE destacou Virginia para uma das condecorações civis mais altas da Grã-Bretanha, abaixo apenas do título de *Dame*. De fato, ela talvez tenha sido a única agente de campo da Seção F a ser considerada elegível a Comandante da Mais Excelente Ordem do Império Britânico, ou CBE, enquanto ainda ativa no território inimigo. E, como tal, sua menção não podia incluir detalhes operacionais e mal lhe fazia justiça: "Ela se devotou de todo coração ao nosso trabalho sem considerar a posição perigosa na qual ficaria se suas atividades fossem percebidas pelas autoridades de Vichy. Foi incansável no apoio e na assistência constantes a seus agentes, combinando um grau elevado de capacidade organizacional e uma avaliação clara de nossas necessidades. [...] Não há elogios que bastem a seus serviços para nós".[19] Essa condecoração lhe foi recusada.

Mais tarde, depois da liberação da França, Baker Street finalmente reconheceu a verdadeira extensão de sua contribuição para um "número muito grande"[20] de fugas, mas, acima de todas, a fuga de Mauzac. Um memorando interno da Seção F, escrito em 21 de novembro de 1944, registrou para a posteridade o seguinte: "Muitos de nossos homens devem sua liberdade e até sua vida" a Virginia Hall. No entanto, o mundo lá fora nunca soube disso.

CAPÍTULO SEIS
Colmeia de espiões

A ousada fuga dos "terroristas" de Virginia em Mauzac causou alvoroço no alto-comando nazista e levou Hitler a desencadear uma repressão brutal na França. Obviamente a Resistência havia se tornado uma grande ameaça, e o governo semiautônomo francês no sul não era mais sustentável. Repetidos ataques a fábricas, vagões de trens, carros alemães, linhas de energia e a um escritório de recrutamento de Lyon também provaram a Berlim que não se podia confiar em todas as promessas da administração de Pétain para destruir o inimigo interno. Agora, o Terceiro Reich estabeleceria as bases para uma ocupação, ordenando que Vichy emitisse quinhentos cartões de identidade franceses para ajudar a Gestapo a se infiltrar em redes secretas de aliados em toda a Zona Livre.[1] Sob a Operação Donar, batizada segundo o deus do trovão germânico, os nazistas planejavam encher as cidades do sul de agentes duplos para revelar e eliminar as células terroristas restantes. Os termos do armistício de 1940 declaravam que a Gestapo deveria intervir somente na presença da polícia francesa, mas os alemães começaram a prender e torturar à vontade. Lyon foi seu alvo primário. Um historiador da SOE comentou: "A panela estava esquentando... e logo transbordaria".[2]

Rastrear os responsáveis por Mauzac, bem como o recente e notável aumento na eficácia e frequência de sabotagem, havia se transformado na maior prioridade deles. Tanto a Gestapo quanto a Abwehr agora suspeitavam do consulado norte-americano em Lyon – que Virginia ainda visitava com frequência – e o mantinham sob vigilância estrita. No entanto, os dois serviços de segurança do Reich eram inimigos implacáveis e concorriam entre si na busca pelos maiores prêmios. Por ora, seu sucesso com a quebra de códigos da SOE – graças ao sargento Bleicher e a La Chatte – pusera a Abwehr na *pole position*. Ela deduzira que o alvo era uma mulher inglesa ou canadense, uma mulher que mancava – *la dame qui boite* ou *Die Frau, die hinkt* –, chamada *Marie Monin*. A Abwehr, entretanto, preferia usar uma abordagem mais metódica que a da Gestapo, que seguia com as prisões em massa. Bleicher não faria nada até saber exatamente quem era ela e com quem estava trabalhando. Também esperaria até conseguir botar as mãos em um de seus operadores de rádio e fazer o *Funkspiel* com Londres em nome dela. No início de agosto, ele já tinha um plano para derrubá-la – e atrapalhar o esforço de guerra britânico – e o homem perfeito para levá-lo a cabo. Era para ser um mês crucial.

Enquanto isso, o investigador mais famoso da Gestapo – que um ano depois receberia (ao que dizem, do próprio Hitler) a Cruz de Ferro por torturar e massacrar milhares de *résistants* – também estava se interessando pessoalmente por Virginia. O major-capitão Klaus Barbie, educado por um pai abusivo – que havia sofrido graves danos físicos e mentais após o combate contra a França em Verdun, em 1916 –, ainda não estava baseado em Lyon em tempo integral, mas já estava consumido por um desejo obsessivo de esmagar a SOE, vista pelos alemães como a espinha dorsal de toda a ameaça subversiva. Dezenas de oficiais da Gestapo estavam interceptando sinais suspeitos vindos de fora de Lyon e realizando ondas de prisões e ataques constantes, noite e dia, em uma suíte acarpetada de gabinetes no terceiro andar do cavernoso Hôtel Terminus, próximo à estação Perrache. Sabiam que estavam se movendo rápido na direção do centro da célula terrorista. Alguém cederia sob tortura, Barbie cuidaria disso. A Maria Manca de Lyon estava se tornando a agente Aliada mais procurada em toda a França.

Sem saber das forças obscuras que se aproximavam, a saúde de Virginia naquele mês de agosto estava melhor, e seu ânimo, mais elevado do que antes. O triunfo de Mauzac a alegrara e, no início do mês, Nicolas Bodington foi a Lyon para discutir seu futuro. Ela justificou de forma convincente sua permanência no posto, insistindo que seus amigos em cargos mais altos a manteriam longe do perigo e que ela tinha muito a fazer para libertar e recrutar mais agentes e ajudar a intensificar a campanha de sabotagem. Bodington cedeu e recomendou a Londres que cancelasse a convocação de Virginia. Afinal, tinha sido ele a se arriscar por ela, e certamente valera a pena. Baker Street concordou e pediu que o *New York Post* confirmasse o cargo dela e pedisse mais artigos para manter seu disfarce. Virginia recebeu 750 mil francos por meio do adido militar norte-americano em Vichy, a fim de continuar seu bom trabalho. Foi um acréscimo útil aos 10 mil francos por mês que secretamente recebia da SOE de forma não ortodoxa na conta bancária do bordel de Germaine Guérin, onde ela recebia telegramas de Londres em nome do piloto queimado da RAF William Simpson.[3] Bodington também buscou acalmar as rivalidades entre agentes da SOE em Lyon e, por fim, deixar claro quem comandava. Talvez ele tenha pensado que era politicamente vantajoso ter um francês no comando para aplacar o orgulho nacional ferido. Talvez a Seção F simplesmente se recusasse a promover uma mulher. Para o horror de muitos *résistants* e a consternação de Virginia, o cargo ficou com *Alain*.

Fazia quase um ano que Virginia tinha partido para trás das fileiras inimigas e era a única mulher enviada pela Seção F depois de todo aquele tempo. No início, era vantajoso ser uma mulher trabalhando sob disfarce, especialmente sendo bonita, podendo usar seus encantos para distrair ou ludibriar. A maioria dos alemães, abastecidos com propagandas sobre como a vida das mulheres deveria girar em torno de *Kinder, Kirche, Küche* (filhos, igreja e cozinha), assumia que essas figuras frágeis dificilmente se envolveriam em algo tão sujo e perigoso quanto a Resistência. No entanto, como Virginia sabia muito bem, o programa nazista tinha mudado drasticamente. A Gestapo havia descoberto que cada vez mais mulheres locais estavam desempenhando um papel ativo, muitas como mensageiras que transportavam dinheiro, mensagens ou armas entre agentes. Uma delas havia sobrecarregado tanto o carrinho do filho – com

40 quilos de armas de fogo – que as molas raspavam nas rodas e a engenhoca toda quase se desmantelou. Não raro, mensageiras carregavam itens incriminatórios (leves e pesados), mas também guardavam muitas coisas na cabeça, inclusive nomes e endereços de agentes; se pegas, portanto, eram submetidas deliberadamente a algumas das piores formas de tortura que a depravada mentalidade nazista podia conceber.

Sem dúvida, rumores chegaram até Virginia sobre o tipo de tratamento que ela poderia esperar se finalmente fosse descoberta. Uma das técnicas favoritas era torcer os mamilos das mulheres com alicates ou pressionar o nervo exposto de um dente estraçalhado, arrancar as unhas ou queimar a pele com cigarros, ferros de solda ou ácido. Outras eram abusadas sexualmente ou estupradas – ao que se sabe, uma das técnicas favoritas de Barbie envolvia o uso de um cão. Mais tarde, o método de tortura "banheira" – um precursor do afogamento simulado – se tornou o preferido. A prisioneira era imersa nua em água congelante, as mãos algemadas para trás e a cabeça mantida embaixo d'água até que ela quase se afogasse. Se desmaiasse, era arrastada para fora da água pelos cabelos. Se ainda assim se recusasse a falar, era empurrada de novo para baixo d'água. Às vezes, no momento da morte, ela recebia um café ou chá, mas, se ainda assim não cooperasse, o processo recomeçava;[4] em outras, se era judia, Barbie simplesmente esmagava seu rosto com o salto de sua bota de cano alto.

Não que essa barbárie fosse exclusiva dos alemães. Alguns agentes sentiam mais medo das autoridades francesas, por conta da competição perversa para impressionar seus mestres da Gestapo ao estabelecer novos padrões de crueldade. Um método especialmente pernicioso de fazer uma cativa sucumbir era ameaçar ferir sua família. Ao menos uma mensageira teve de enfrentar a possibilidade de ver a cabeça do filho bebê sendo esmagada contra uma parede a menos que ela falasse. Vichy estava liberando muitos recursos para reforçar sua polícia – não apenas o número de homens, mas uma explosão de diferentes forças uniformizadas de forma elaborada, cada qual observando a outra e juntas, em última instância, "tendo sucesso em oprimir o país inteiro sob o peso de um exército de espiões".⁵ O objetivo era limpar o país de dissidentes de uma vez por todas.

Apesar dos relatos dessas atrocidades, o sucesso de Virginia abriu as portas para mais agentes mulheres. Não é exagero dizer que essa "*lady* galante", como a SOE a chamava, mudou o curso da história para as mulheres na inteligência Aliada. Seu currículo havia superado a considerável hostilidade em relação à simples ideia de oficiais mulheres em campo. Bem quando a posição para mulheres havia se tornado especialmente perigosa, a Seção F estava pronta, naquele agosto, para enviar a primeira das 38 oficiais. "Estamos destinados a nos surpreender quando descobrirmos que, mesmo em trabalhos [...] originalmente considerados prerrogativas masculinas, elas mostraram grande entusiasmo e habilidade", disse Maurice Buckmaster. "Para determinados trabalhos, as mulheres eram superiores aos homens", em parte por conta de "sua capacidade de se concentrar em um único objetivo."⁶ Embora tivessem de fato passado a fazer o que Buckmaster chamou de "um papel extremamente importante", elas pagariam um preço alto. Treze – ou uma em cada três das 39 mulheres que a SOE enviou à França – nunca voltaram para casa, número comparado a um em cada quatro dos quatrocentos ou mais agentes homens. A taxa maior de baixas para espiãs devia-se em parte ao fato de que muitas assumiam o perigoso papel de mensageira (que envolvia passar constantemente por patrulhas com material incriminatório) ou, mais tarde, de operadora de rádio. Milhares de *résistants* francesas também pagariam com a vida. Seu papel típico de ficar em um lugar para oferecer esconderijos não lhes trouxe glória, mas lhes deixava especialmente vulneráveis à traição. Uma em cada cinco mulheres que abrigavam pessoas ou suprimentos foi executada por seus esforços.⁷

No entanto, tal era a necessidade urgente de se enviar agentes a campo que algumas eram recrutadas desconhecendo o segredo. Uma secretária bilíngue que sem saber entrou em um curso de treinamento intensivo da SOE esperou muitas semanas antes de finalmente se aventurar a perguntar a uma de suas colegas de treinamento se ela sabia por que estavam ali. Algumas sabiam mais, mas acreditavam na ideia de que uma vida clandestina era glamourosa de alguma forma, e não uma luta mortal pela sobrevivência. Quando da chegada do navio à Riviera, a primeira ideia que ocorreu a uma mulher da SOE foi perguntar para Virginia onde encontrar o melhor cabeleireiro local. Virginia não suportava essas vaidades e deixou claro seu descontentamento ao enviar outra recruta diretamente de volta ao barco porque era óbvio que havia feito permanente no cabelo pouco antes de sair de Londres, um luxo raramente disponível na França. A mulher podia ter sido pega imediatamente, oferecendo um risco mortal a todas elas.[8] No entanto, uma das primeiras novas recrutas a chegar, uma recepcionista de hotel no West End de 40 e poucos anos e nascida na França, era diferente. As "maneiras alegres e fofinhas"[9] de Yvonne Rudellat escondiam sangue-frio constante e muito bom senso. Ela seguiu para Tours para começar um trabalho como mensageira, pelo qual foi recomendada para receber a Cruz Militar (que lhe foi negada, pois não era concedida a mulheres). Um mês depois, Andrée Borrel, de 20 anos, tornou-se a primeira mulher a descer de paraquedas para trabalhar como mensageira com Francis Suttill, um advogado meio-inglês organizador do extenso circuito Prosper. Embora fosse profundamente corajoso, Suttill talvez fosse ingênuo demais para saber como recrutar apoiadores locais. Ele e Borrel assumiram o futuro segundo lugar no comando do circuito ao escolher uma boate parisiense para demonstrar as submetralhadoras Sten – a arma favorita da Resistência – a um "público misto interessado".[10] Não foi um bom começo, nem terminou bem. Suttill e as duas mulheres acabaram morrendo. Ele foi executado no campo de concentração de Sachsenhausen, próximo a Berlim, em março de 1945; oito meses depois de Borrel receber uma injeção de fenol e, embora ainda viva, ser arrastada para dentro do crematório no campo de Natzweiler, nas montanhas de Vosges, no leste da França. Uma esquálida Rudellat morreu de tifo logo depois da libertação do campo de Belsen, em 1945.

Virginia continuou seu caminho. Contudo, precisava desesperadamente do tipo certo de apoio. Ao receber uma prorrogação de Bodington, ficou mais ocupada que nunca, muito longe de ter uma folga em suas atividades. Baker Street sentiu-se obrigada a alertá-la a não perder tempo ajudando outras agências de inteligência Aliadas – como os poloneses, belgas e mesmo a agência rival britânica, o MI6 –, pois temiam que elas fossem tirar partido "de seu coração bondoso".[11] Ela, contudo, não conseguia resistir a nenhuma das oportunidades de reunir informações e construir redes que apareciam em seu caminho. E algumas das maiores lendas da Resistência – inclusive *Gauthier* – ainda estavam se mostrando de pouca ajuda prática. "Há ênfase demais em planos grandiloquentes, palavras demais e trabalho duro de menos", reclamava Virginia.

Ela repetiu sua solicitação de um enviado permanente para ajudá-la a lançar mão de seus contatos, mas também deixou claro que Londres podia ficar com ele (aparentemente sem considerar o pensamento em outra mulher), "a menos que fosse um homem de primeira classe, experiente, confiável, disposto a assumir responsabilidade e a levar uma vida desagradável" e, acima de tudo, "a não reclamar".[12] Depois de libertar um agente que quase perdera 30 mil francos e seus documentos em um trem, e outro cujos cheques de quase 40 mil francos voltaram de um cassino, ela se cansou de bancar a mãe de homens que se comportavam como crianças rebeldes. Peter Churchill comparou a meia dúzia de "ases", como Virginia, que fazia todo o trabalho pelo "privilégio de praticamente morrer de fome [...] nessa terra de ninguém", com aqueles que eram "desleixados, medrosos e vinham choramingando e gemendo" e não conseguiam beber com decência.[13] Todos os agentes ficavam assustados. A maioria sofria de insônia crônica. "Há pesadelos infinitos de incerteza", explicou um. "As tensões, a pressão nos nervos e a fadiga, o alerta total de se viver uma mentira, isso é o que [os agentes] precisam conhecer, aceitar e controlar. Nunca vão dominá-los de verdade."[14] No entanto, mesmo que não fosse conquistado, o medo precisava ser controlado sem ajuda de álcool, jogatina ou sexo. Os agentes tinham de encontrar a força para seguir em frente dentro de si mesmos, mas havia poucos preciosos que conseguiam fazê-lo.

Ben Cowburn voltou a Lyon para realizar várias operações de sabotagem estratégica. Como de costume, seguiu diretamente para o apartamento de Virginia a fim de preparar sua missão, que incluía persuadir operários aliados em uma fábrica local de aeronaves a introduzir abrasivos no maquinário e explodir as linhas de alta-tensão ao redor de uma estação de energia elétrica. Virginia nunca conseguiu deixar alguém se aproximar tanto dela, muito menos se permitir confiar, mas Cowburn, uma figura tranquilizadora com um sorriso carinhosamente brincalhão que tinha se deslocado de seu trajeto para alertá-la sobre a saga de La Chatte, era especial para ela. Virginia o recebeu bem cedo, fazendo-o se deitar para repousar enquanto ela preparava o café da manhã deles na cozinha. Apesar de toda a solicitude durante esse breve momento doméstico, Cowburn temia por ela. Cada rodada de prisões ficava mais próxima de Virginia. Mesmo sendo um dos defensores mais ferrenhos na SOE da permanência dela na França, ele ficava apavorado com os riscos que ela continuava a enfrentar. Cowburn pediu para Virginia parar de confiar em seus protetores poderosos, implorando que, em vez disso, ela se salvasse levando uma vida "de rato". Essa abordagem funcionava bem para ele em suas missões curtas, comparativamente bem definidas e com períodos de descanso de volta a Londres, mas não era nada realista para Virginia, que tinha um papel permanente e abrangente. Era seu trabalho – e sua natureza – estar disponível a todo momento para quem precisasse dela. Somente naquele mês de agosto, ela trabalhou com 25 organizadores treinados da SOE e seis pianistas na Zona Não Ocupada, e em oito diferentes circuitos em toda a França, ajudando-os com sabotagem, chegadas de paraquedas, coleta de informações e recebimento de quase 1 tonelada de suprimentos entregues por via marítima.[15]

Mesmo agora, Virginia continuava a estender sua esfera de influência, especialmente dentro de Paris. Estava assumindo sérios riscos. A capital era alvo dos ataques mais brutais da Gestapo, e a Resistência era constantemente dizimada por prisões em massa conhecidas como *coups durs*, ou golpes duros. Sua reputação e seus contatos, por outro lado, permitiram que ela conseguisse vários recrutas excepcionais da alta sociedade, como Vera Leigh, uma atiradora especialista e a diretora reluctante de uma casa de alta costura de

Reboux. Virginia convocou-a a Lyon para ajudar com as rotas de fuga para Espanha e Suíça. Dois empresários judeus ricos – Jean Worms e Jacques Weil –, que estavam conduzindo sua guerra independente contra os nazistas em Paris desde 1940 com um grupo de amigos com ideias afins, também se aproximaram dela. Eles recusavam-se de forma sistemática a se unir a organizações da Resistência conduzidas por franceses, porque nenhum deles confiava nelas ou as respeitava, mas tinham ouvido apenas elogios quanto ao trabalho de Virginia. Outro contato valioso era o campeão de corridas de automóvel Robert Benoist, que se juntou a seu antigo rival britânico, William Grover-Willliams (que já havia entrado na SOE). Eles realizavam pequenas missões de sabotagem e pousos de paraquedas no sudoeste da capital. Portanto, os contatos de Virginia compensavam, mas se ligar a figuras de tanto destaque também redobrava a ameaça de descoberta. De fato, seu renome em Paris custaria bem caro para ela – e para muitos outros.

Em 14 de agosto, Denis Rake saiu às escondidas do apartamento de Virginia em Lyon, depois de ela ter cuidado da saúde dele e protegido-o de seus muitos perseguidores. No dia seguinte, ele estava tomando café da manhã em um café do Hôtel des Faisans, em Limoges. Com a polícia e a Gestapo ainda atrás dele, ele precisou encarar os perigos de pegar um trem e reservar um hotel, e estava suando com uma combinação de medo e calor de verão. No entanto, organizara um encontro com outros dois agentes da SOE – Ernest Wilkinson e Richard Heslop – e não os decepcionaria. Virginia havia abrigado esses dois também e reunira os três para acordarem a fundação de um novo circuito em Angers, no oeste da França, com Rake atuando como operador de rádio. Ela os abasteceu, conforme disse Rake, de seu "jeito maravilhoso"[16] com documentos falsos, dinheiro e até um rádio (um modelo novo, mais leve) de Londres. Alertou Baker Street para esperar transmissões de Rake vindas de Angers dentro de poucos dias.

Ainda assim, as ondas de rádio ficaram silenciosas, e os três homens simplesmente desapareceram. Um dia depois, Virginia se sentiu "assolada pela tristeza" ao encontrar um recado anônimo para ela no consulado norte-americano, alertando que eles haviam sido presos em Limoges. "[Um] notável 'passarinho me contou'",[17] disse Cowburn, que um inspetor Morel da Sûreté havia identificado Rake com um nervosismo suspeito no hotel e decidira revistá-lo. Encontrou no bolso de Rake uma quantia imensa de 65 mil francos, que ele tentou explicar (e falhou) ao alegar ter um improvável rendimento de 8 mil francos por mês como camiseiro.[18]

O inspetor – um subordinado do contato de Virginia na Sûreté, *Commissaire* Guth – prontamente o prendeu por suspeita de espionagem, e os outros dois agentes, quando chegaram, também foram recolhidos, apesar de alegarem que tinham acabado de se conhecer. Sua história desmantelou-se ao se descobrir que os bolos de notas de milhares de francos impressas pela SOE que Virginia havia lhes entregado tinham sido todas impressas com números de série consecutivos – um erro grave por parte de Baker Street que ela aparentemente não havia percebido. Rake também carregava três carteiras de identidade, todas de cidades diferentes, mas com a mesma letra manuscrita. Apesar da engenhosidade da SOE para imprimir dinheiro e documentos franceses, essas falhas eram bem comuns.

O inspetor Morel não teve escolha a não ser escoltá-los à delegacia de polícia. Felizmente, assim que se averiguou que eram ingleses, e não alemães, policiais aliados de Guth queimaram gentilmente o dinheiro falso e esconderam a pistola automática encontrada em um dos quartos deles, bem como o rádio. O próprio inspetor Morel jogou as carteiras de identidade supérfluas de Rake na privada e deu descarga. Sem esses itens incriminatórios, havia toda a confiança de que as acusações contra eles seriam mínimas. A influência de Virginia sobre Guth novamente provou salvar vidas, e ela correu para Limoges, onde o trio estava sendo mantido na Prisão Central, e conseguiu entrar com um pacote de comida contendo carne enlatada, chocolate, leite condensado e cigarros. Garantiu a Londres que ela "os tiraria de lá razoavelmente rápido com um pouco de ajuda" de seus "amigos".[19]

Como de costume, o gorducho e loiro Guth pareceu disposto a ajudar. Adiou os interrogatórios dos três agentes para que eles não precisassem ser transferidos de Limoges. Até permitiu que Rake transmitisse mensagens de sua casa e lhes ofereceu comida, vinho e livros na prisão. No entanto, Virginia ficou frustrada, pois ele estava "lento para fazer qualquer coisa"[20] para realmente os tirar de lá. Logo ficou claro por quê.

Nesse momento, a disenteria de Rake voltou com força total, embora isso ao menos tenha trazido a Virginia uma oportunidade. No mesmo instante, ela convocou o dr. Rousset para ajudar a tirar Rake do hospital em Limoges a fim de que ele pudesse ser escondido em um "hospício" falso em cima do consultório de Lyon até se recuperar. No dia seguinte, um médico jovem entregou um jaleco branco para Rake e algum dinheiro e o instruiu a sair do hospital imediatamente. Mas Rake, também sofrendo com um abscesso no rosto, estava fraco demais para se mover com rapidez. Em seu caminho lento descendo as escadas, ele esbarrou em uma das enfermeiras que não estavam envolvidas no esquema e voltava do almoço. Ela gritou para acionarem o alarme, e logo Rake estava de volta à prisão de Limoges.

Enquanto isso, Virginia recebeu a terrível notícia de que Wilkinson e Heslop estavam sendo enviados de Limoges para uma fortaleza isolada chamada Castres, uma conhecida prisão de transferência para os campos nazistas de Dachau e Buchenwald, na Alemanha. Pior ainda, Guth, normalmente entusiasmado, de repente alegou que não tinha como ajudá-los. Virginia ficou atônita. Apenas mais tarde foi revelado que a Gestapo o havia ameaçado com represálias contra sua família se ele "perdesse" mais prisioneiros, sem falar no que fariam se soubessem que ele os estava ajudando.[21] Mesmo os apoiadores mais cuidadosos e devotados podiam ser brutalmente colocados "na linha" dessa forma, e a fuga de Gerry Morel – agora seguida pela tentativa fracassada de Rake – havia levantado suspeitas nada positivas. No entanto, sem tempo para ponderar sobre o comportamento estranho de Guth, Virginia procurou com urgência seu arguto subordinado, Marcel Leccia, ordenando que ele arranjasse "uma gangue de brutamontes para derrubar" os guardas enquanto eles se preparavam para transferir os homens da SOE para Castres, a 80 quilômetros de Toulouse. Leccia provou ser criativo e corajoso – o mais próximo que ela tinha de um espírito camarada, em sua solidão de travar uma guerra secreta. Guth, porém, descobriu o plano e, para descrença furiosa de Virginia, aumentou o número de guardas para impossibilitá-lo. "Fui ver a polícia em L [Limoges]", sinalizou uma perplexa Virginia a Londres. "Não entendi nada."[22] Virginia concebeu outro esquema para Leccia, que ficou enojado pelo que agora considerava covardia da parte de Guth e não atentou em nada para a própria segurança. Embarcou no trem que levava Wilkinson e Heslop para Castres e abriu caminho pelos vagões lotados até onde eles estavam em pé, algemados juntos em um corredor. De alguma forma ele conseguiu passar uma lixa de 45 centímetros para a mão de Heslop e, no aperto, este foi capaz de escondê-la na manga sem ser notado. No entanto, os prisioneiros nem tiveram chance de usá-la, pois os guardas que os acompanhavam, obviamente nervosos, não voltaram a relaxar a vigilância nem por um segundo, e eles chegaram a Castres (onde Rake se juntaria a eles em breve) conforme o planejado, ainda acorrentados. "Espero que vocês não se importem se a evasão dos três romper as relações com [Guth]", ela enviou a Londres por telegrama, indicando que planejava outra de suas fugas espetaculares. Ele "de fato merece, por sua falta de coragem moral". Um de seus principais protetores havia se tornado outra ameaça em potencial.

Para a maioria das pessoas, estava bem claro que lado estava vencendo a guerra durante o verão de 1942. A ofensiva alemã na Rússia havia chegado ao rio Volga, e o general Rommel estava avançando sobre os portões de Cairo. No entanto, havia sinais de que a maré estava começando a virar. Os Estados Unidos estavam mudando o foco para o palco ocidental do conflito do Pacífico com o Japão e, em junho, montaram uma versão própria da SOE chamada Escritório de Serviços Estratégicos (sigla em inglês OSS). Os norte-americanos estavam, por fim, preparando-se com os britânicos para a primeira ofensiva conjunta em massa como uma plataforma de lançamento final para invadir a Europa. A SOE sabia que isso provavelmente aconteceria em semanas, na forma de um desembarque anglo-americano na África do Norte controlada por Vichy – conhecido como

Operação Tocha –, e que esses dias seriam críticos para seus agentes no sul da França. Também sabiam que a ofensiva provavelmente seria o gatilho para Hitler enviar seus exércitos por toda a linha demarcatória, a fim de deixar o país todo sob o controle formal dos nazistas. Nesse momento, nem os amigos em altos cargos eram capazes de proteger Virginia.

Ainda assim, havia muito a fazer até lá. A SOE decidira que era hora de atingir a Zona Livre enquanto ela ainda existia: avançar dos ataques triviais de pequena escala que até então haviam organizado para passar a detonar "grandes alvos" cuidadosamente selecionados. Virginia logo ordenou que Cowburn partisse para sabotar toda a rede ferroviária em torno de Lothiers, no centro da França, usando grupos de homens especialmente equipados que haviam treinado por meses. Também recebeu 200 mil francos para armar e instruir equipes a fim de, no momento oportuno, assumir o controle da estação Perrache, em Lyon, e um campo de avião próximo, além de explodir uma estação de energia.[23]

Entregas de armas e explosivos por paraquedas estavam se intensificando de forma geral, quando os céus limpos e os ventos leves permitiam. Novos agentes chegavam com dezenas de malas de fundo falso com roupas quentes para o inverno vindouro e explosivos escondidos embaixo delas. Os "*boffins*" (ou inventores científicos extravagantes) da SOE, com sua sede no Thatched Barn, um antigo hotel na passagem Barnet, no norte de Londres, desenvolveram secretamente uma série de dispositivos explosivos engenhosos para causar o máximo de impacto nas situações mais complicadas. Esses precursores da vida real de Q de James Bond inventaram garrafas de leite que explodiam quando sua tampa era removida, filões de pão que "causavam devastação" quando cortados ao meio e canetas-tinteiro que esguichavam veneno. Talvez o mais popular fosse o esterco falso que explodia qualquer carro que passasse por cima dele – mas também havia cargas mínimas, mas letais que podiam ser inseridas em cigarros, caixas de fósforo, bombas de bicicleta, canetas-tinteiro ou escovas de cabelo, e talvez de forma mais útil em locomotivas ou tanques de combustível.[24] Em uma escala maior, pela primeira vez, falava-se até mesmo em deixar de sabotar áreas industriais e passar a identificar alvos "classe A" ou militares, a fim de impedir o contra-ataque alemão em uma possível invasão Aliada. Por fim, parecia que a SOE tinha a massa crítica e o direcionamento necessários para fazer algo significativo de verdade, e queria, mais do que qualquer coisa, levar isso a cabo.

Também ficou claro que ela precisava libertar os agentes aprisionados remanescentes da SOE antes que fosse tarde demais e eles caíssem no controle irrestrito dos nazistas. Havia muitas pessoas boas que confiavam apenas nela para sua simples sobrevivência. O tempo em que ela se mantinha ocupada era vertiginoso, e as expectativas sobre ela, imensas. "Estou fazendo demais", disse ela a Londres, "e acho difícil rodar o circuito com rapidez suficiente".[25] Ela se sentia especialmente responsável por *Olive*, seu colega na Riviera, que a salvara da *rafle* policial em Marselha. Ele havia criado o impressionante número de trinta células de sabotagem na Côte d'Azur, que destruíram com sucesso diversos caminhões e reservatórios de combustível, linhas de transmissão de energia e vagões de trem. Ele também havia coletado informações vitais sobre as defesas do Eixo no Mediterrâneo e ficou contente por ter recrutado um novo mensageiro, um funcionário do consulado-geral da Suíça em Marselha, que usava seu *status* diplomático para transportar material altamente secreto pela fronteira da Suíça, onde o entregava a um oficial da inteligência britânica em La Chaux-des-Fonds. No entanto, mais ou menos ao mesmo tempo que ocorreram as prisões em Limoges, o mensageiro foi denunciado e preso pelas polícias militares alemã e italiana. Eles abriram a valise diplomática selada que ele estava transportando e descobriram microfilmes sobre as defesas costeiras na Sicília, as quais os Aliados planejavam atacar na primavera seguinte. O mensageiro insistiu, dizendo que não sabia de nada sobre as fotos, mas, por fim, depois de dias de tortura, entregou *Olive*, que foi capturado em 18 de agosto.

Virginia descobriu que, em duas semanas, *Olive* seria escoltado pela polícia em um trem de Nice para a prisão de Montluc, em Lyon. Ela sabia que poucos que entravam naquela fortaleza-prisão comandada por alemães saíam dela – ou morriam lá ou eram deportados. Então, ela providenciou urgentemente que Peter Churchill, que havia retornado, e um bando de apoiadores o resgatassem durante o trânsito. No entanto, quando o encontraram em um vagão lotado a norte de Nice, descobriram que a nova amante (casada) de *Olive*, Mademoiselle Menier, o acompanhava. *Olive* avistou Churchill, mas sinalizou que ele não queria que os homens o libertassem enquanto ela estivesse ali. "Então, agora O. vai vestir o paletó de madeira", relatou Churchill a Londres. "O que me surpreende é por que, se precisam levar um lanchinho para a prisão, nossos rapazes sempre escolhem uma moça meio tonta em vez de uma parceira séria e útil."[26]

Mademoiselle Menier era uma preocupação. Os informantes de Virginia a haviam alertado de que essa "ruiva apaixonada e perigosa" estava "farta" e pretendia vender tudo o que sabia para a Gestapo. Virginia imediatamente enviou uma mensagem a Baker Street: o que ela chamava de "elo fraco" sobre Menier "pioraria os problemas". "A solução lógica seria desagradável", alertou, mas ela precisava "agir com urgência". Londres respondeu que ela podia tentar subornar Menier, mas, se isso se mostrasse impossível, tinha "autorização plena". Essa era a licença de Virginia para eliminar a amante voluntariosa de um colega tolo. Poucos dias depois, ela ficou exigente e impaciente: "Onde estão os comprimidos?", querendo se certificar de que as cápsulas de veneno estavam a caminho. Enquanto isso, *Olive*, ainda irremediavelmente sob o domínio de Mademoiselle, estava penando em uma cela escura em Montluc, aparentemente sem esperança. Virginia teve de criar outro plano para ele.[27]

Como se uma namorada salafrária não bastasse, no mesmo período, Germaine Jouve, ex-*amour* de *Alain*, foi liberada depois de seis semanas na mesma prisão. Como se temia, ela foi consumida pela fúria ao encontrá-lo nos braços de uma mulher mais jovem – a cunhada de outro líder do *Le Coq Enchaîné*. Não podia ser coincidência que, logo depois disso, 24 membros do grupo tivessem sido presos, e alguns obviamente haviam falado demais. O medo agora era que Jouve também estivesse em condições de vender agentes da SOE, inclusive a própria Virginia, então ela pediu urgentemente mais pílulas para Londres, porém Jouve desapareceu antes que ela pudesse "tocar" nela.[28] As ameaças de todos os lados transformaram-na em uma assassina calejada pelas batalhas, muito diferente da Virginia de janeiro, que não conseguia nem se forçar a dizer palavrões em sua carta a Bodington. Essa nova versão de Virginia entendia que precisaria assassinar para sobreviver.

Alain logo saiu de cena por um motivo diferente. A Seção F por fim percebeu que seu caráter mulherengo, ostentador e bêbado – e a falta de feitos relevantes – havia feito dele uma ameaça para si e para outros. Baker Street reavaliou-o como um "charlatão, vaidoso e prepotente"[29] e o convocou a Londres. Ele tentou levar a nova namorada, mas outros agentes intervieram e a expulsaram, empurrando *Alain* sozinho para dentro do avião. "Ficamos todos imensamente aliviados [...] por A ter partido", relatou Virginia, mas ela exigiu orientação de Londres sobre o que deveria fazer com todas as armas fornecidas a ele pela SOE. Temia que, se perdesse o controle delas, uma anarquia sangrenta poderia irromper entre as organizações rivais da Resistência. "Não sei como ou onde elas vão acabar", alertou. Londres teria poupado muitos problemas se tivesse ouvido Virginia desde o início.

Virginia sentia agora que estava sendo constantemente vigiada. Havia um punhado de rostos que ela via vezes demais para ser coincidência. O som de passos atrás dela lhe causava arrepios; a visão dos temidos Citroëns pretos da Gestapo estava ficando frequente demais. Ela percorria travessas escondidas, esgueirando-se por *traboules*, mantendo-se às sombras, olhando constantemente as janelas acima dela no caso de movimentos repentinos, na tentativa de se tornar quase invisível. Ainda assim, o calor intenso simplesmente aumentava o medo doentio de que a Gestapo estivesse rapidamente se aproximando para matar. Em uma tarde canicular de agosto, um conviva regular estava a trabalho em um apartamento espaçoso no Quai Perrache que pertencia a Joseph Marchand. Marchand, um valoroso *résistant* de longa data, estava com sua esposa e dois outros agentes da SOE quando um dos operadores de rádio de Virginia, *Grégoire*, datilografava em seu equipamento, tendo feito várias horas de transmissão e recepção. A inteligência de Lyon era altamente valorizada e, nessa ocasião, o ex-funcionário da American Express tinha acabado de enviar a Londres notícias importantes dos planos secretos do chefe da SS, Heinrich Himmler, de visitar Toulouse. A mensagem codificada fez folhetos serem impressos e lançados pela RAF sobre a cidade naquela noite, alertando os habitantes. Temeroso por sua segurança, um enfurecido Himmler foi forçado a cancelar sua visita.

Por fim, *Grégoire* ergueu os fones da cabeça e começou a retirar sua antena, acreditando que havia terminado seu expediente. De seu rosto e corpo, escorria suor por causa da concentração no trabalho e da sufocante falta de ar. De repente, houve um cantar alto de pneus na rua lá fora, seguido por portas de carro batendo e o som de pessoas gritando. Madame Marchand saltou para a janela e viu o que temiam. Três Citroëns pretos e o clássico furgão detector verde-acinzentado da Funkabwehr bloqueavam a rua. Mais ao fim da rua, um caminhão de estilo militar avançava na direção deles. "*Bon Dieu*!", exclamou ela quando seis homens em trajes civis gritando em alemão irromperam no prédio enquanto outros quatro soldados uniformizados, com submetralhadoras a postos, tomaram posições na entrada do prédio de apartamentos.

Virginia queria chegar a *Grégoire* com mensagens de último minuto antes de ele terminar o expediente, então, naquele momento, corria na direção do quarteirão dos Marchand e estava a poucos metros de distância. Prestes a virar a esquina e entrar diretamente na confusão, ela parou instintivamente antes de entrar em uma banca de jornal para garantir que ninguém a estava seguindo. Ela pediu um jornal, mas, enquanto o vendedor lhe dava o troco, ele se inclinou para a frente e sussurrou: "Não suba, a polícia está lá". Ela se virou, desapareceu e nunca mais voltou para lá. Tinha sido por um triz.

Virginia ficou aliviada ao saber mais tarde que *Grégoire* conseguiu esconder seu equipamento no alto de um armário de cozinha bem a tempo, e que cinco deles fingiram estar no meio de um jogo de cartas. Os alemães, de qualquer modo, pensaram que os sinais deviam estar vindo de mais à frente no quarteirão. No entanto, o apartamento era outro esconderijo que foi *brûlé* – e havia alguns poucos endereços ainda não comprometidos. Pouco depois, a Gestapo atacou outro operador de rádio de Virginia, Edward Zeff, que havia acabado de transmitir quando ouviu uma batida forte na porta de seu apartamento e gritos de "Polícia! Abra!". Ele correu até a entrada para atender e foi questionado: "Em que andar está o inglês?". "No segundo andar", respondeu ele, "mas eu o vi sair faz uns dez minutos, por ali." Eles saíram zunindo, deixando que Zeff pegasse seu equipamento e "fizesse sua fuga antes que voltassem como búfalos enlouquecidos atrás dele".[30] Aos poucos, os alemães estavam fechando o cerco.

Brian Stonehouse, ou *Célestin*, um ilustrador de moda de 34 anos da *Vogue*, abençoado com a boa aparência dos modelos e uma alma gentil, era outro dos protegidos de Virginia. Havia chegado de paraquedas em junho para atuar como operador de rádio para Philippe de Vomécourt, ou *Gauthier*. Como de costume, *Gauthier* não mostrava consideração nenhuma pela segurança dos recém-chegados – e não se deu ao trabalho de aparecer no local do pouso. O equipamento de *Célestin* ficara preso em uma árvore, e ele teve que dormir sozinho em uma floresta por cinco noites enquanto tentava descer o equipamento. Mesmo quando conseguiu fazer contato com *Gauthier*, o aristocrata francês esfarrapado não ofereceu nenhum lugar para *Célestin* morar ou trabalhar, nem qualquer proteção enquanto estava transmitindo. *Célestin* precisou se virar com o frágil disfarce de modista e esconder seu equipamento de rádio, do tamanho de uma mala pequena, sob um pacote de desenhos de moda. A postura de *Gauthier* era a seguinte: "Toda a questão de segurança é exagerada por Londres";[31] ele também acreditava que *Célestin* estava agindo como se precisasse de uma babá, pedindo senhas e locais de esconderijos. (Os chefes de circuito responsáveis, por outro lado, mobilizavam vigilantes para seus operadores de rádio e preparavam o alarme à primeira vista de um Citroën preto ou homens de jaqueta preta de couro e chapéus de feltro, a escolha de roupas à paisana da Gestapo.) Sob uma tensão intolerável, *Célestin* ficou gravemente doente, com disenteria, então o dr. Rousset o abrigou por um tempo em sua clínica, mas ele ficou de novo sem ter para onde ir, além de ter perdido seus documentos de identidade. Quaisquer que fossem os riscos, Virginia simplesmente não podia abandoná-lo, então o levou para casa, mas ficou claro que sua presença tornava a existência dela ainda mais perigosa. Houve ainda outra série de prisões, inclusive de *Constantin*, irmão de *Gauthier* e *Sylvain*. Virginia recebeu ordens para se isolar completamente de qualquer um que estivesse relacionado a eles. Ninguém sabia quem seria o próximo.

Enquanto isso, um anúncio de trabalho de representante de alimentos no atacado apareceu na imprensa de Lyon. Novos empregos eram raros – e muitos estavam desesperados para alimentar a família –, e, assim, não foi surpresa ver uma multidão de candidatos esperando por entrevistas nos escritórios de uma agência de empregos ao lado do rio. Alguns deles eram especialmente gentis, logo puxando conversa com o vizinho. Aqueles que se mostravam simpatizantes da causa alemã eram convidados a ir até um café depois para continuar uma conversa tomando alguma coisa. Somente nesse momento ficou claro que a armação era uma fachada da Gestapo. Uma oferta enorme de 20 mil francos por mês era feita, com um bônus possível de 15 mil para trabalho excepcional. A tarefa era simples: denunciar qualquer um relacionado à Resistência, que simplesmente pudesse ser simpatizante dos Aliados ou mesmo expressasse um sentimento antialemão.[32] Muitos acharam a proposta atraente. Os novos recrutas logo se espalharam por toda a cidade. Saíam para trabalhar nas ruas, em cafés, lojas e estações, e havia certas figuras nas quais haviam sido especialmente instruídos para ficar de olho, inclusive uma mulher que mancava.

Um dia antes do cancelamento oficial da convocação de Virginia a Londres, em 4 de agosto, um padre bastante jovem de batina preta bateu às portas duplas e altas de madeira que levavam ao consultório do dr. Rousset, no número 7 da place Antonin-Poncet. O pátio interno estava agitado como sempre, mas, quando entrou, o padre exigiu ver *Pépin*, explicando que era o novo mensageiro do circuito da WOL em Paris. O padre entregou vários microfilmes em um envelope marcado com *Marie Monin* para ser enviado a Londres, como o último mensageiro havia feito. O médico nunca tinha visto o homem antes, mas ficou feliz em receber o pacote, pois sabia por meio de Virginia que a inteligência da WOL era altamente considerada em Londres. Como bom católico, tranquilizou-se com a vocação religiosa do visitante e, obviamente, com o fato de ele saber do protocolo, como o nome de *Marie* no envelope, seu nome de campo *Pépin* e a senha correta de um representante da WOL. O padre pediu 200 mil francos que eram devidos para suas despesas de circuito e recebeu a notícia de que *Marie* não sabia que ele estava vindo, então não deixara nada no consultório. Ele se importaria em esperar? O padre não podia esperar, mas disse que voltaria em uma semana.

Por fim, levou três semanas até que ele aparecesse de novo, em 25 de agosto. Agora insistia em encontrar *Marie* pessoalmente, pois tinha notícias importantes para compartilhar. Rousset ficou aliviado em vê-lo de novo e feliz em buscar sua chefe para que ela mesma pudesse entregar o dinheiro. Ele atravessou a pont de l'Université até a place Ollier, verificou que o vaso de flores estava no caixilho da janela para sinalizar que tudo estava em ordem e bateu com suavidade na porta de Virginia. Quando ela atendeu, *Pépin* lhe disse que o mensageiro da WOL finalmente tinha retornado de Paris e ela era esperada com urgência. Virginia pegou um envelope cheio de dinheiro detrás de um bufê e seguiu o doutor de volta ao consultório a uma distância segura. Depois, passou pelos pacientes na espera até uma sala privada. Lá dentro, logo viu um clérigo de compleição poderosa em uma batina preta com olhos azuis penetrantes, boca apertada e um queixo saliente com covinha. Observou que o abade Robert Alesch a encarou e pareceu levemente constrangido quando perguntou se ela era *Marie Monin*, mas foi Virginia quem congelou de horror ao som inconfundível de um sotaque alemão pesado, bem no coração do quartel-general da rede. Observando sua reação, ele explicou que vinha da região fronteiriça teuto-francesa da Alsácia, que havia sido anexada pela Alemanha em 1940, mas que atualmente era padre no subúrbio de Paris, em uma paróquia chamada

La Varenne-Saint-Hilaire. Ele pediu desculpas por seus colegas da WOL não terem alertado que ele viria, mas disse que havia insistido com o dr. Rousset para vê-la pessoalmente.

WOL, um dos circuitos mais ativos de Paris, era outra parte do reino de Virginia. Desde que seu operador de rádio havia sido preso, em março, esse circuito lhe trazia informações vitais sobre as defesas costeiras alemãs para transmitir a Londres. As informações tinham tanta qualidade que ela foi autorizada a pagar 100 mil francos por mês em despesas para o chefe de circuito conjunto, Jacques Legrand, um engenheiro químico, outro parisiense que pedira ajuda dela depois de ouvir sobre seu bom trabalho por meio dos rumores da Resistência na capital. No entanto, ela concordava que a WOL não era parte da SOE – embora fosse apoiada pelo MI6, e o próprio Legrand tivesse trabalhado antes para *Sylvain*. Virginia também se tranquilizava pelo fato de sua outra chefe ser Gabrielle Picabia, com quem servira no regimento de ambulâncias francesas em 1940 e que por acaso era filha do pintor dadaísta Francis Picabia. Outros luminares eram o escritor irlandês Samuel Beckett e a antropóloga Germaine Tillion, então tudo parecia em ordem.

Em julho, Legrand lhe entregou mais 109 fotografias e mapas (devidamente reunidos por sua rede de mestres batedores e jovens líderes), mas explicou que aquela visita teria de ser a última. Era perigoso demais para ele continuar, pois acreditava que a Gestapo estava no seu encalço, então enviaria outra pessoa para entregar microfilmes no futuro. A primeira visita de Alesch havia sido pouco depois disso.

Na ocasião de 25 de agosto, no entanto, Alesch chegara de mãos vazias, culpando a necessidade de se esconder depois da prisão de um colega da WOL com uma lista de agentes no bolso. Ele sorriu e expressou grande preocupação pela segurança dela, alertando *Marie* que Lyon estava "extremamente ameaçada e que deveria ter grande prudência". Então, ele fez um pedido inesperado: implorou para ela lhe fornecer um equipamento de rádio, que ele afirmava ser para o grupo da Resistência em Paris, que seria capaz de se comunicar diretamente com Londres, evitando o risco de alguém viajar várias vezes a Lyon para entregar material a Virginia. Talvez ele tenha registrado a surpresa dela ao pedir de pronto um item tão valioso, porque de imediato ele mudou a conversa sobre como estava trabalhando próximo a seu chefe. Como se para confirmá-lo, ele entregou a ela uma nota por escrito de Legrand, lembrando algo que eles haviam discutido previamente. Tranquilizada, Virginia entregou ao abade o pacote de dinheiro e desejou que "Deus o protegesse".[33] Ele enfiou o dinheiro na bolsa, pôs a boina e saiu.

Alesch esforçou-se para provar suas credenciais, inclusive revelando que seu pai havia sido morto a tiros pelos alemães. Ele irrompeu em uma retórica antinazista durante a reunião e, em sua visita anterior, entregara o que pareciam ser informações extremamente úteis sobre a Muralha do Atlântico, as fortificações imensas, mas ainda incompletas, que Hitler esperava que impedissem uma chegada Aliada à França. Ele sabia o endereço de *Pépin* e o codinome dos dois. Mesmo que Virginia nutrisse uma dúvida torturante, o dr. Rousset ficou impressionado pelo fato de que Alesch era padre e tinha ouvido que ele denunciava o Terceiro Reich em seus sermões. E, embora a hierarquia da Igreja Católica Romana apoiasse Vichy, tanto ele quanto Virginia sabiam que muitos padres secretamente apoiavam a Resistência. O abade também lhe dera um bilhete de Jacques Legrand, que ela provavelmente considerou legítimo, pois reconheceu a caligrafia dele. Na verdade, Baker Street tinha acionado um pequeno alerta sobre Virginia trabalhar com circuitos do MI6 – que eles não podiam verificar por si mesmos – em vez de ficar apenas com a SOE, mas certamente era possível que a Seção F estivesse apenas perpetuando a guerra por território com seus rivais de Serviço de Inteligência. Virginia e dr. Rousset discutiram sobre o abade, o que podia fazer por eles, e decidiram recebê-lo no grupo, dando-lhe o codinome *Bispo*.

No entanto, na semana seguinte, Virginia sofreu uma crise de confiança. Um de seus melhores mensageiros acabara de voltar de Marselha apressado para informar que a WOL havia sido arrasada por prisões em meados de agosto e que Legrand e Germaine Tillion estavam nas mãos da Gestapo. Em outras palavras, Alesch tinha vindo vê-la logo depois desse desastre e nem sequer o mencionara.

Então, seu mensageiro de confiança de Marselha de repente foi preso também e desapareceu. Por fim, em 1º de setembro, um agente do MI6, de codinome *Blanchet*, apareceu de repente no consultório de Rousset, dando o nome de Alesch como referência. Ele alegou que o abade lhe devia 75 mil francos e exigiu o reembolso e uma pistola para ajudá-lo a escapar para a Espanha. Por sorte, Virginia não o viu pessoalmente, mas sinalizou para Londres pedindo instruções e foi alertada para se livrar de *Blanchet*, que era considerado um traidor (e estava, de fato, trabalhando para Bleicher). "Em nenhuma circunstância você deve ajudar ou ter contato com esse homem tão perigoso: se ele insistir em incomodá-la, tem plena autorização para tratar o problema da forma mais limpa possível." Virginia teve de novo licença para matar.[34] "Certos amigos" o executaram logo em seguida, em uma mansão no Corniche, em Marselha.

Virginia confessou a Londres que tudo aquilo a deixava cada vez mais intranquila. Quando Alesch reapareceu, em 2 de setembro, ela o confrontou, mas ele se explicou rapidamente. Disse que também havia ficado preocupado por não ter notícias de Legrand, mas não quis alarmar Virginia até saber ao certo o que havia acontecido. Quanto a Germaine Tillion, ele só soube recentemente que ela havia sido recolhida também. No entanto, conseguiu encontrar Gabrielle Picabia e lhe entregou o dinheiro de *Marie*, mas desde então também havia perdido o contato com ela. Quando Virginia lhe pediu para descrever Picabia, ele disse que era alta e loira, quando, na verdade, era uma morena baixinha.[35] Talvez percebendo que cometera um erro, Alesch de repente pareceu inseguro, pedindo instruções e conselhos para ela de forma dócil. Ele fez o que havia observado que funcionava melhor quando se ganhava a confiança de uma mulher que precisava desesperadamente ser necessária: pediu o apoio de Virginia.

Mesmo assim, Virginia ficou assustada com a insistência dele em ser colocado em contato com outros membros de seu circuito no caso de ela "desaparecer do dia para a noite". Para que ele precisaria saber outros nomes? O que lhe fazia pensar que ela poderia desaparecer? Virginia era sagaz demais, claro, para concordar com tudo que exigia aquele homem que ela agora tratava como sua "criança problema", mas estava perturbada demais para pedir conselhos. "Vocês podem verificá-lo para mim e me enviar instruções?", pediu ela para Baker Street dois dias depois. "Não consigo acreditar que ele é um impostor",[36] acrescentou, especialmente por causa de sua familiaridade com detalhes íntimos de seu trabalho com a WOL. E nem assim ela conseguia banir inteiramente esses pensamentos. Baker Street concordou em passar Alesch pelos cartões, mas não encontrou nada. No entanto, incentivaram Virginia a cortar relações com ele, apenas por segurança.

Talvez a exaustão depois de tanto tempo em campo a tivesse enfraquecido. Talvez ela houvesse se tornado muito confiante com suas precauções, ou talvez simplesmente tivesse visto que o material fornecido pela WOL era valioso demais para se perder. De qualquer forma, Rousset, cuja opinião ela valorizava, continuava a acreditar no padre. Ela estava cada vez mais acostumada a nutrir dúvidas sobre todo mundo; afinal, a confiança completa na guerra secreta era impossível e perigosa. Ela também se considerava uma juíza astuta de caráter, então concluiu que podia lidar com Alesch. Quando o viu de novo em sua próxima visita, em 1º de outubro, ele lhe entregou outro lote aparentemente excepcional de filmes, papéis e mapas para transmissão a Londres. Estava mesmo se transformando em um informante de ouro. Com a bênção de Baker Street, Virginia entregou a ele 100 mil francos e até um novo aparelho de rádio recém-chegado; em troca, ela o instruiu a conseguir, da próxima vez, informações militares específicas que ajudariam em planos Aliados futuros – e também revelavam o que eles poderiam ser. Havia dúvidas persistentes em Londres e na mente de Virginia, mas permitiram que a qualidade aparente do material de Alesch os apaziguasse. E, assim que ela pôs sua fé no abade, seu vasto exército de apoiadores imaginou que era seguro fazer o mesmo.

Foi um erro da parte de Baker Street e Virginia que teria consequências desastrosas. Alesch não havia se confundido com a lembrança de Picabia; ele nunca a conhecera, muito menos lhe dera dinheiro. Ele já havia passado grande parte da vida em alto estilo com duas paroquianas que eram suas amantes e que lhe pagavam em abundância. Bebia vinhos finos nos cabarés de Montmartre e estava prestes a se mudar para um apartamento brilhante de oito cômodos no sofisticado 16º *arrondissement* de Paris, no número 46 da rue de la Spontini, decorado com belas obras de arte compradas com dinheiro da SOE. Seu pai não havia sido morto pelos alemães, mas estava bem vivo. Alesch – ou melhor, agente *Axel* da Abwehr, número GV7162 – tinha obtido sucesso além de suas mais loucas expectativas. Impulsionado por ambição pessoal, ele se ressentia por ter perdido um trabalho invejável de padre na famosa igreja de Saint-Joseph, na rue La Fayette, no centro de Paris, e precisar se virar vivendo em uma água-furtada nada glamourosa. Natural de Luxemburgo, na realidade, logo descobriu que precisava de apoio nazista se quisesse atingir seus objetivos – e fazer uma fortuna no processo. Em 1941, ele se naturalizou alemão e abordou a Abwehr com uma oferta de espionar para ela, que viu imediatamente o potencial do homem.

Primeiro ele permitiu que seu carisma e o hábito de distribuir fotografias do general De Gaulle na missa ganhassem a confiança dos paroquianos. Depois de ouvir seus violentos pronunciamentos antinazistas na igreja, jovens locais logo foram se confidenciar com ele sobre seu trabalho na Resistência. Quando esbravejou do púlpito contra suas prisões algum tempo depois – após os trair com seus empregadores alemães –, ganhou a admiração de seu rebanho. Então, quando ouviu falar da WOL e a abordou com a ideia de se envolver, eles viram nele uma pessoa de confiança. E, quando Legrand não pôde mais viajar a Lyon por motivos de segurança, fez sentido enviar Alesch no seu lugar. Ele podia esconder em sua batina a caixa de fósforo com microfilmes e usar o passe de viagem que seu trabalho lhe outorgava para cruzar a linha demarcatória sem problemas. A WOL lhe dera o endereço do dr. Rousset, os codinomes e senhas relevantes e um pacote para *Marie Monin*. Daquele momento em diante, seu destino estava selado.

Obviamente, a Abwehr ficou contente por finamente ter rastreado essa mulher de sobrenome *Monin*. Ficaram ainda mais entusiasmados quando Alesch abriu com diligência o pacote que a WOL lhe dera e mostrou as informações sobre a Muralha do

Atlântico – entregando ao alto-comando Nazista um vislumbre valioso das intenções dos Aliados. Então, os alemães trataram com inteligência o material para torná-lo impreciso antes de Alesch levá-lo para Lyon.

Em 12 de agosto, a WOL pediu a Alesch para viajar novamente a Lyon. Dessa vez, lhe deram a carta de Legrand para Virginia e pediram que ele encontrasse a mulher que descreviam como "*la personne principale*",[37] *Marie*. Também providenciaram para ele outro pacote de informações, que diziam ser de extrema importância. Alesch mostrou imediatamente o conteúdo impressionante para seus empregadores da Abwehr, que reconheceram sua precisão excepcional e decidiram que era hora de convocar a Gestapo para liquidar o circuito inteiro da WOL. Oficiais à paisana seguiram Alesch ao Café des Voutes, na place de la Bastille, onde ele havia combinado de se encontrar com Germaine Tillion e outro membro-chave da WOL, supostamente para finalizar seus planos. Todos os três foram seguidos até a Gare de Lyon. Quando ele passou pelo controle de passagens para a plataforma sem ser impedido, a Gestapo capturou Tillion e seu acompanhante. Foram vistos pela última vez sendo empurrados para dentro de um Citroën preto a caminho das câmaras de interrogatório do quartel-general da Gestapo, na rue des Saussaies.

O pacote continha fotografias e planos das defesas costeiras de Dieppe, no nordeste da França, em detalhes extraordinários e precisos. A Abwehr entendeu seu provável significado e alertou o alto-comando nazista de que deveria preparar um ataque ao porto do Canal. Quando o ataque da unidade de assalto Aliada aconteceu, apenas uma semana depois, em 19 de agosto, sem o elemento surpresa crucial, encontrou um contra-ataque inesperado de forças alemãs bem preparadas. Fatalmente, os Aliados tiveram que confiar nas antigas fotos amadoras e não tinham ciência das posições dos armamentos nas encostas ao redor. A força de ataque logo foi cercada sob fogo na praia e mais da metade – ou quase quatrocentos homens (quase todos canadenses) – foi morta, capturada ou ferida. Sem as informações vitais da WOL, o ataque foi um fracasso incrivelmente dispendioso.

Seguindo as instruções de Alesch, nesse meio-tempo, a Gestapo também tinha prendido Jacques Legrand, levando seus documentos e o torturando sem piedade antes de deportá-lo para o campo de Mauthausen, na Áustria, onde ele morreu. Então, capturaram outros sessenta membros da WOL. Muitos deles nunca mais foram vistos. Uma das melhores fontes de inteligência de Londres desapareceu para sempre. Alesch não aparecera em seu compromisso em Lyon, em 11 de agosto, porque estava ocupado demais ajudando a Gestapo em Paris. E ainda assim, em 25 de agosto, finalmente se encontrou com Virginia e conseguiu se comportar como se nada tivesse acontecido.

Alesch fez umas duas viagens tardias até Virginia e continuou a lhe entregar o que pareciam ser informações similarmente úteis, mas que na verdade eram quase inúteis. Agora, Virginia estava no centro de um perverso jogo nazista; estava realmente sendo enganada. Esse era o triunfo pelo qual a Abwehr ficava feliz em pagar a Alesch até 25 mil francos ao mês por seus esforços – e lhe oferecia artes finas que eles saqueavam de museus como bônus. No entanto, os maiores prêmios de todos eram as enormes quantias em dinheiro entregues a ele de boa-fé por muitas das pessoas que ele traía (provavelmente totalizaram quase 1 milhão de francos). Agora ele era um homem rico – e celebrado no quartel-general da Abwehr, em Paris, no Lutetia, um hotel *art déco* no Raive Gauche que ele visitava regularmente à paisana. Seus empregadores da Abwehr, capitão Karl Schaeffer e coronel Reile, esperavam havia muito para encontrar *Marie Monin* e agora finalmente a tinham na mira. Também ficaram animados por poderem fazer o *Funkspiel* com Londres de novo ao enviar mensagens de rádio enganosas, fingindo serem de um dos melhores contatos de Virginia. Schaeffer e Reile ficaram felizes com o abade, consideravam que ele havia feito um "*bon travail*" no "*l'affaire de Miss Mary*".[38] A Abwehr agora tinha penetrado na rede de Virginia a ponto de conseguirem interceptar e brecar muitas de suas mensagens codificadas. No início de outubro, eles até sabiam que ela suspeitava de que Alesch era um agente alemão; portanto, passariam a usá-lo apenas com parcimônia.[39] E eles atacariam Virginia quando fosse a hora e ela não fosse mais útil. Ou se sentissem que a Gestapo fosse chegar lá primeiro.

CAPÍTULO SETE
A montanha cruel

Depois de todas as prisões recentes, mas especialmente as de Rake, *Constantin* e *Olive*, Virginia teve uma mudança drástica de opinião. Embora não soubesse da penetração da Abwehr, por fim concordou que não tinha escolha além de partir antes que os alemães ocupassem a Zona Livre. Em 21 de setembro, pediu para Londres providenciar sua passagem para um voo de Clipper[1] a partir de Lisboa a fim de que ela pudesse solicitar os vistos necessários e "se mudar em definitivo se for preciso". "Acho que chegou a minha hora", relatou com tristeza. "Meu endereço foi entregue a Vichy, mas não meu nome, o que não seria difícil de adivinhar." Peter Churchill também entendia que Virginia estava definitivamente na mira. "O velho holofote está rodando e rodando", alertou ele a Londres, "e a cor dessa luz é bem vermelha. De fato, o calor está bem em cima."[2] Virginia queria sair abertamente como correspondente do *New York Post*, temendo que uma partida inexplicada criasse mais problemas àqueles que ficariam. Também para ajudar seu sucessor, ela começou a entregar equipamentos, como carimbos oficiais para fazer documentos falsos, a um antigo cabeleireiro de Mayfair de codinome *Nicolas*. Ela o considerava competente, ainda que "muito quieto", mas não teve escolha naquele momento senão confiar a ele esses itens preciosos.

No entanto, Virginia alertou Londres de que não poderia mais abrigar *Célestin*. "Sinto em dizer que terei de deixá-lo de novo, pois talvez eu esteja sendo observada, ou ao menos minha casa esteja sendo vigiada", sinalizou ela a Londres. "Porém, espero que ele consiga um lugar para viver em breve." E, para variar, ela não tinha capacidade de montar outra tentativa de resgate para *Olive*. "Considerando o que foi mencionado, temo que será impossível para mim fazê-lo", disse antes de sugerir, de forma sarcástica, que outra pessoa assumisse ao menos um pouco das "atividades de fuga": "Acho que eles talvez cuidem de seus próprios afazeres na costa". Ainda assim, Virginia, sendo Virginia, não manteve sua posição distante por muito tempo. Apesar dos perigos óbvios, Peter Churchill a persuadiu a ser a última chance de *Olive* e, uma semana mais tarde, relatou com alegria a Londres que tinha "novas esperanças" por seu colega preso, agora que ela "estava vasculhando a rotina hospitalar".[3] Caso isso não desse certo, Virginia também abriria negociações por um intermediário (um coronel do Exército francês com quem ela havia cultivado amizade) com o comandante da prisão de Montluc sobre o tamanho do suborno necessário para garantir a soltura de *Olive*. Ela não conseguia deixar de ajudar os outros, por mais que isso lhe trouxesse riscos, e pediu a Londres que adiasse sua partida de novo. Sem saber, claro, que a Abwehr estava ouvindo praticamente cada palavra.

Germaine Guérin emprestou a Virginia um apartamento perto de seu bordel, na rue Garibaldi, a partir do início de outubro, porque "personagens surpreendentes"[4] surgiam dia e noite na place Ollier, pedindo para ela enviá-los à Inglaterra. A nova residência de Virginia era mais escondida, especialmente porque ficava no 6º andar e o elevador estava quebrado. Com Cuthbert, era uma subida difícil, mas sua inacessibilidade ajudaria a diminuir os visitantes, e a zeladora era um membro leal da Resistência, que vigiaria para ela. Era evidente que Virginia acreditava que se mudar era uma maneira de ganhar tempo. "Talvez eu postergue minha partida se não conseguir libertar [os prisioneiros] antes ou se as coisas parecerem boas e eu puder ser útil", informou a Londres. Até encontrou um momento para calcular suas despesas, enviando a Baker Street seus recibos desde 1º de agosto. "Mas, como não sou muito boa em fazer contas, talvez pareçam um pouco estranhos. Acredito que vocês vão compreendê-las."[5]

Com a ajuda de Virginia, *Célestin* encontrou também um novo local, no sótão de um castelo de Hurlevent do século XVI, a sul de

Lyon, em Feyzin. Zeff havia reservado um tempo para recuperar a saúde e, assim, a carga de trabalho de *Célestin* era intensa. Na manhã de 24 de outubro, havia 48 horas que ele estava na frente de seu aparelho sem parar, em grande parte organizando pousos de paraquedas com armas e explosivos. De repente, a energia caiu – o sinal de perigo dos proprietários do *château*, Monsieur e Madame Jourdan. *Célestin* correu à janela e viu que um círculo de Citroëns pretos já havia rodeado a propriedade. Tarde demais para fugir. Ele e seu assistente tentaram esconder o rádio e os documentos no porão por meio de um fosso de elevador, mas, apesar de seus esforços frenéticos, não houve tempo para tirar tudo de vista. Homens da Gestapo à paisana já estavam subindo as escadas e irromperam no quarto com as armas apontadas para suas vítimas. *Célestin* foi um dos primeiros – mas não o último – operadores de rádio a cair na Operação Donar.

A Gestapo agira instantaneamente quando teve certeza da fonte dos sinais flagrados por um furgão detector de rádio. Naquele momento, pegaram o rádio e os documentos de *Célestin*, depois o algemaram e o levaram até Lyon para interrogatório. Para seu horror, a Gestapo havia encontrado em seu bolso o que eles mais queriam. Era uma antiga mensagem decodificada de *Gauthier* com uma pista óbvia de que seu verdadeiro nome era Phillipe de Vomécourt. Também dava o endereço real de um de seus assistentes em Lyon, chamado J. M. Aron, um executivo sênior da Citroën e um dos críticos mais ferrenhos da conhecida segurança estilo babá de Virginia. Pior ainda, a mensagem se referia a *Marie* como a líder de um circuito da SOE chamado Heckler.[6] *Célestin* admitiu ser o proprietário do rádio, mas mesmo sob coação extrema se recusou a responder a mais questões.

Aron foi preso logo depois na estação de Lyon, assim como outra meia dúzia de *résistants* que foram inocentemente a seu *poste de commande* e outro grupo relacionado em Marselha. Apesar de toda a ousadia, Aron cedeu sob tortura e entregou *Gauthier* (que foi preso duas semanas depois) e revelou o local dos depósitos de armas e explosivos da SOE. Um diário encontrado no depósito levou a uma porção de novas prisões. Foi sorte ao extremo que, no início do verão, Virginia tivesse se distanciado tanto de Aron como de *Gauthier*, e suas informações sobre ela agora estavam desatualizadas. Claro que não era o caso de *Célestin*, que ela vira recentemente. Ainda assim, apesar do tratamento inimaginável que ele sofrera nas mãos da Gestapo, o silêncio heroico do ilustrador de moda deu mais alguns dias a Virginia. Várias vezes perguntaram para ele sobre *Marie* ou "aquela terrorista". Não conseguiram resposta, mas a Gestapo sentiu o cheiro de sangue.

Horas depois das prisões, mensageiros da SOE foram enviados para aumentar o alerta pela Zona Livre. Alguns foram instruídos a usar uma cor específica de roupa ou fazer um certo sinal enquanto estivessem passando por um prédio específico em um momento específico. Isso sinalizava àqueles que sabiam olhar: "Cuidado! Discrição até segunda ordem". Uma jovem mulher recebeu ordens de pegar um trem lotado até a cidade onde seus velhos parentes viviam, a quase 100 quilômetros de distância. Em sua chegada, ela devia visitar um certo café precisamente às 21h45 e pedir um café preto e três aspirinas. Ela nunca soube o motivo ou mesmo percebeu que alguém estava jogando dominó em uma mesa vizinha, ouviu a frase e correu para alertar os colegas de que o "fogo estava ligado".

Era compreensível que as notícias sobre a prisão de *Célestin* deixassem Virginia nervosa. Dois dias depois, ela estava infernizando Londres para conseguir a passagem de avião, que ainda não havia chegado. Disseram que ela precisava dar informações de seu passaporte, então Virginia enviou em 4 de novembro e, no dia seguinte, Nicolas Bodington instruiu o escritório de Nova York da SOE a providenciar os vistos e a passagem de Lisboa o mais rápido possível. Sua partida era mais que urgente.

Apesar do furor, Virginia estava ocupada finalizando novos planos audaciosos para os homens de Castres, que agora tinham a companhia de *Célestin*. Oficiais de inteligência com frequência falavam sobre compartilhar uma crença de proteger seus colegas e o trauma de deixar colegas agentes para trás.[7] De maneira alguma ela deixaria de fazer isso como uma questão de dever, e sim de orgulho.

Ela já havia planejado cada detalhe com base em seu registro incomparável de operações temerárias semelhantes. Um veículo que podia se passar por um carro de funcionário alemão já havia sido roubado e era completo, com placas autênticas e um uniforme da SS para o motorista. Dois de seus agentes de confiança (Henry e Alfred Newton) se vestiriam de policiais militares e dois outros posariam de oficiais da Gestapo à paisana de camisa de gola rulê, calças de montaria verde-escuras e botas altas polidas. Virginia treinou-os para assinar o livro de registro na chegada à prisão e depois apresentar quatro "formulários de transferência de prisioneiros" (de um de seu exército de forjadores especialistas) com ordens para levar os prisioneiros britânicos a outra cadeia. Quando os prisioneiros fossem levados para fora, a "Gestapo" deveria enfiá-los no veículo, seguida pelos "policiais militares" e, em seguida, partir em disparada. Se os carcereiros ficassem desconfiados a qualquer momento, a "Gestapo" deveria acionar os alarmes como isca, inutilizar seus telefones para impedir chamados de ajuda e atirar em qualquer um que perseguisse o carro.[8]

Arranjar uniformes de policiais militares foi uma tarefa inesperadamente difícil. Encontrá-los no tamanho certo foi quase impossível. Os Newton – acrobatas em uma trupe de variedades que fazia turnês por teatros europeus antes da guerra como os Boorn Brothers – eram simplesmente musculosos demais, e os uniformes muito justos faziam que parecessem mais toureiros que policiais.[9] Então, Virginia decidiu recrutar dois policiais militares genuínos que "estivessem dispostos a desertar e fazer o trabalho".[10] Também isso se provaria complicado, pois colocaria os oficiais e suas famílias em risco grave. Eles precisariam ser enviados para fora da França imediatamente depois, e suas famílias, postas sob proteção da Resistência. Os Newton estavam especialmente ávidos por ajudar, impulsionados por um ódio ao Terceiro Reich depois que uma tragédia inimaginável os fez perder os pais, as esposas e os filhos em setembro de 1941, quando um submarino alemão atingiu com torpedos o SS *Avoceta*, navio de passageiros que os levava para casa de Lisboa a Liverpool. Então, os irmãos receberam a incumbência de abordar vários contatos na polícia militar em Le Puy e, no fim de outubro, conseguiram.

Muito aliviada, Virginia apressou-se para contatar seus colaboradores em Limoges. Ficou especialmente grata pelo apoio e pela dedicação do sempre alegre e colaborador Marcel Leccia, cuja presença sempre aumentava seu moral. Ele estava, disse ela generosamente a Londres, fazendo a maior parte do trabalho ao dar "os toques finais aos planos para o grupo de 'Castres'". Guth obviamente foi deixado de fora, mas os Newton – conhecidos afetuosamente como os Gêmeos, embora tivessem na verdade nove anos de diferença em idade – escoltariam os policiais militares voluntários a Lyon para um briefing final em 11 de novembro, antes de executar a operação no início do dia seguinte. Agora realista sobre seu futuro, Virginia os alertou de que, se houvesse uma ocupação, ela teria de partir imediatamente, então eles não deveriam se surpreender com uma partida abrupta. Só para garantir, ela lhes deu 30 mil francos para cobrir despesas e passou instruções meticulosas, inclusive de como encontrar ajuda depois de cruzar os Pireneus para a Espanha.

Pouco depois de seu retorno de Limoges, no sábado, 7 de novembro, o consulado norte-americano a contatou com notícias da Operação Tocha vindas de seus colegas remanescentes na embaixada em Vichy. A invasão do norte da África era iminente. Logo, a ocupação alemã integral também era. Eles lhe disseram que ela precisava partir ou sofreria as consequências. Mesmo nesse momento, Virginia quis resistir ao inevitável, ainda esperando com fervor para ver a operação Castres bem-sucedida. De qualquer forma, começou a resolver seus assuntos, arranjando um operador de rádio para os Gêmeos e destruindo os documentos que estavam em seu apartamento. Entregou a *Nicolas* o restante dos selos para documentos falsos e vários cartões de racionamento em branco e deixou 200 mil francos com as Mesdemoiselles Fellot para serem distribuídos aos Gêmeos, a *Vic* da linha de fuga e ao operador de rádio Edward Zeff, que estava de volta ao trabalho em Lyon. Encontrou um esconderijo para uma mensageira em fuga com as freiras amigas em La Mulatière e, talvez o mais importante, fez um último contato com o comandante de Montluc para fechar a liberação de *Olive*.

No início da manhã seguinte, 100 mil soldados Aliados sob o comando do general de divisão norte-americano Dwight Eisenhower chegaram ao norte da África tomado por Vichy, às cidades de Argel, Orã e Casablanca, na primeira ofensiva Aliada em massa da guerra. O marechal Pétain ignorou os apelos, mesmo de alguns de seus ministros, de voar para Argel e declarar que estava do lado anglo-americano. Em vez disso, ordenou que tropas francesas lutassem contra os Aliados, resistência que logo se extinguiria. Também rompeu relações diplomáticas com os EUA e confinou o oficial mais sênior na embaixada dos Estados Unidos, o *Chargé d'Affaires* Pinkney Tuck, juntamente com sua equipe. (O almirante Leahy já havia sido chamado de volta a Washington.)[11] Nada impediria Hitler de rasgar o acordo de armistício e invadir o domínio de Pétain no sul da França com tropas e tanques. Qualquer tentativa dos Aliados de atacar o território de Hitler a partir de sua nova base do outro lado do Mediterrâneo seria combatida com o punho de ferro da Wehrmacht. Em algumas horas, os amigos e protetores de Virginia ficariam impotentes, em um Estado totalmente nazista, onde o terror alemão seria desenfreado. A Resistência seria esmagada sem restrições. Como ela poderia ficar e ter esperanças de sobreviver?

Virginia levantou-se cedo e, ao ouvir as notícias, sempre cuidadosa, saiu para acertar os últimos detalhes. Enquanto corria pelas ruas assustadoramente vazias, trombou com um ex-agente do antigo serviço secreto francês, o Deuxième Bureau, que havia sido útil no passado. Ele aconselhou com veemência que ela partisse imediatamente. No entanto, ela não iria antes de ver os Gêmeos, que tinham saído para encontrar um policial militar aliado e discutir a operação Castres e precisariam enviar relatórios ao seu apartamento às seis da tarde naquele dia. Ela voltou à rue Garibaldi para recebê-los, mas eles não chegaram. Ansiosa, esperou ainda mais tempo pela chegada de *Nicolas* conforme ele havia prometido, para que ela pudesse lhe dar instruções, mas ele também não apareceu. "Concluí que eles estavam receosos em ir ao apartamento ou imaginaram que eu havia partido", relatou ela a Londres. Virginia saiu de novo às nove horas da noite para encontrar o agente da inteligência francesa e buscar mais notícias, mas ele pediu para ela desaparecer imediatamente, pois a vida dela dependia disso. Nenhum chefe de polícia francês, nenhum diplomata norte-americano, nenhum disfarce de jornalista poderia ajudá-la naquele momento. Os alemães sabiam tudo sobre ela e não teriam misericórdia. Aliás, ele tinha ouvido que haveria uma guarda avançada em Lyon – sua primeira cidade-alvo – entre meia-noite e o período da manhã. Virginia visitou seu apartamento pela última vez, pegou o restante do dinheiro e uma mala de roupas e se arrastou o mais rápido que pôde – e que Cuthbert permitia – pelos 3 quilômetros até a estação. Ela conseguiu pegar o último trem para fora de Lyon, que saía às 23 horas, por um triz.

Virginia não disse a ninguém, nem mesmo para Rousset ou Germaine, que ela estava indo para Perpignan, a 480 quilômetros de distância de trem, a cidade mais ao sul na França continental. Foi uma noite longa. Os trilhos serpenteavam aflitivamente por fábricas, armazéns de seda e refinarias de óleo do sul de Lyon até Marselha, onde ela precisou fazer baldeação sob olhos tensos e vigilantes de grupos de oficiais da Gestapo. Naquele momento, ela já sabia que os alemães provavelmente estariam em Lyon com a intenção de capturá--la. Ela não sabia ainda que Alesch havia dado uma descrição precisa de sua aparência a seus mestres na Gestapo (ele trabalhava para quem estivesse disposto a pagar), mas sem dúvida usou um de seus disfarces para conseguir passar pelos centros de controle improvisados. Depois de uma noite insone, chegou em segurança a Perpignan, a 30 quilômetros da fronteira espanhola, perto da parte leste dos Pireneus. Era uma antiga cidade rebelde franco-catalá com uma atmosfera tensa, mas que ela conhecia muito bem, pois a havia usado como base para ajudar muitos outros a escapar. Virginia se registrou no Hôtel de la Cloche, cujos proprietários eram aliados, e desapareceu em seu quarto até a tarde, pois sabia que um de seus contatos, *Gilbert*, passava uma hora na praça todos os dias entre as duas e as três horas. *Gilbert* reconheceu de imediato a americana alta e impressionante que ele conhecia como *Germaine*, com quem já havia feito negócios antes, caminhando às escondidas por detrás das árvores. Sinalizou para que o seguisse por uma rua lateral, onde poderiam conversar. O vento cortante do norte passava por eles, mesmo ali embaixo, na planície costeira, e o ar de novembro cheirava a neve. A única chance de Virginia escapar estava em uma das passagens montanhosas mais cruéis nos Pireneus, 2.500 metros acima deles, além das geleiras e dos flancos protuberantes do Maciço de Canigou. Traiçoeira e muitas vezes intransponível mesmo nos meses de verão, poucos esperariam que um fugitivo tentasse negociar a passagem pela trilha estreita e rochosa onde a neve podia chegar à altura da cintura no inverno, e o vento congelante, chamado *tramontane,* era de tirar o fôlego. Agora, porém, não havia outra maneira de sair da França – era tarde demais para uma saída de barco ou avião, os trens que cruzavam a fronteira estariam fortemente vigiados e seus perseguidores verificariam todas as rotas mais fáceis pelas montanhas até a Espanha.

Gilbert concordou em tentar encontrar um *passeur*, ou guia montanhês, disposto a levá-la, mas alertou que dificilmente conseguiria, pois os riscos eram muito altos. Os *passeurs* não gostavam de levar mulheres em nenhuma circunstância, muito menos no inverno. E com as notícias do norte da África, haveria mais policiais militares na cidade e patrulhas nas montanhas, todos tensos e acompanhados por cães farejadores para seguir rastros na neve ou encontrar peças de roupa descartadas, como uma luva. Cruzar as montanhas nas tais zonas proibidas sem um passe especial era estritamente ilegal; qualquer um que fosse pego seria parado e preso.

Os *passeurs* eram um grupo complicado, com frequência contrabandistas que não arriscariam a vida para levar alguém que eles achassem que pudesse retardá-los, desistir no meio do caminho ou fazer que fossem presos. Abundavam histórias de *passeurs* que matavam retardatários a tiros, jogando-os nas ribanceiras ou apenas deixando que morressem nas mãos dos alemães ou de ursos e lobos que vagueavam nas montanhas. Outros, exauridos demais para continuar, simplesmente se deitavam na neve e deixavam a morte tomar conta. Muitos homens jovens e em plena saúde nunca mais foram vistos, embora os grupos de fuga muitas vezes encontrassem um cadáver congelado, às vezes em pé, fitando adiante. *Gilbert* explicou que, nessas circunstâncias, Virginia precisaria pagar um preço muito alto para ter alguma chance, mais ou menos 20 mil francos por cabeça (quase vinte vezes a taxa anterior). E para valer a pena para o guia, ela precisaria levar dois outros fugitivos com ela – dois homens que ela não sabia, mas que estavam esperando havia um tempo. Eles ainda não tinham o dinheiro e, assim, Virginia teria de ser paciente. Não era possível esperar, respondeu ela. Pagaria 55 mil para todos eles. Sem dúvida surpreso pela insistência dela, *Gilbert* prometeu entrar em contato assim que tivesse notícias. Ele não sabia de Cuthbert, e Virginia precisava impedir a todo custo que ele, e especialmente o *passeur*, descobrissem. Se soubessem, qualquer esperança de fuga desapareceria.

Eles se separaram, e Virginia voltou às pressas para o Hôtel de la Cloche, mas ninguém foi procurá-la naquela noite. Ela não podia fazer nada além de esperar, sabendo que o tempo estava avançando e que os alemães chegariam a qualquer minuto. Outra noite se passou, e em Londres, no dia seguinte, 10 de novembro, Winston Churchill estava celebrando a vitória britânica em El Alamein e o aparente sucesso da Operação Tocha. Em seu discurso no Grande Almoço do Prefeito de Londres, na residência oficial, a Mansion House, o primeiro-ministro enlevou seu público já cansado de guerra com as palavras: "Este não é o fim. Este não é nem o começo do fim. Mas talvez seja o fim do começo". Virginia, contudo, não teve essas palavras para confortá-la. Apenas uma longa e solitária espera por um dia inteiro e ainda outra noite no quarto do hotel, onde se sentia presa.

Às sete horas da manhã seguinte, a Wehrmacht, em plena potência, avançou sobre a linha demarcatória para dentro da Zona Livre. A França não ofereceu resistência. Agora seria apenas questão de horas até que as tropas e os tanques chegassem a Perpignan, tirando de Virginia a última chance de liberdade. No Hôtel Terminus, em Lyon, Klaus Barbie estava acarinhando seu amado gato e fervilhando de ódio. Sob seu comando, Lyon tinha mais oficiais da Gestapo em relação a seu tamanho do que qualquer outra cidade, inclusive Paris. A plena ocupação nazista também lhe trouxe apoio de tropas fortemente armadas e de oficiais de elite da SS em seus uniformes pretos, exibindo os broches de caveira. Uma recompensa enorme foi oferecida para qualquer pessoa com informações que levassem à prisão de *Marie Monin*. Ainda assim, ninguém sabia onde estava Virginia, e Barbie ainda não sabia sua nacionalidade. Um tempo depois, o Açougueiro de Lyon, como ficaria conhecido mais tarde, foi ouvido gritando: "Eu daria qualquer coisa para pôr as mãos naquela puta canadense manca!".[12] Naquele momento, redobrando sua campanha para capturá-la, ele ordenou que milhares de pôsteres de "procurada" fossem distribuídos pela França com um desenho enorme, quase fotográfico de Virginia. Estendidas em letras enormes na parte de baixo havia as seguintes palavras: *A espiã mais perigosa do inimigo – precisamos encontrá-la e destruí-la!*

Ainda escondida no hotel, Virginia finalmente recebeu uma mensagem, por volta do meio-dia, de que alguém a procuraria no fim da tarde. Um *passeur* chegou pontualmente depois do cair da noite, e, com grande alívio, ela entrou no banco da frente de seu furgão na escuridão, sem que ninguém a visse. Entregou metade do dinheiro para ele, com a promessa de que o restante seria pago do outro lado da fronteira. Ela só conseguiu avistar os dois homens encolhidos no chão na parte de trás do veículo, os quais se apresentaram como Leon Guttman, um judeu polonês que havia emigrado para a Austrália antes da guerra, e um anglo-francês chamado Jean Alibert. Quando o furgão saiu de Perpignan para uma estrada montanhosa, os homens expressaram sua gratidão por ela ter pagado suas passagens. Virginia, sempre em busca de bons recrutas, começou a imaginar se poderia usá-los em uma futura missão. Mesmo naquele momento, ela estava certa de que haveria uma.[13]

No mesmo momento, outro trem estava chegando à estação de Perrache, em Lyon, lotado de tropas alemãs. Tanques e caminhões trazendo mais homens, armas e munição não estavam muito longe. Frotas dos Citroëns pretos da Gestapo zuniam pelas ruas da cidade. Oficiais alemães empurravam pedestres das calçadas. Suásticas eram erguidas sobre prédios públicos, e os relógios eram alterados para o horário alemão. Algumas das lojas haviam começado a anunciar suas credenciais alemãs para cortejar uma clientela da Wehrmacht; a livraria da estação agora vendia apenas panfletos nazistas ou de Vichy, inclusive uma arenga antibritânica de um oficial naval francês. Enquanto isso, os remanescentes do exército de papel de *Alain* – que no passado havia convencido Baker Street de que esse exército era uma força de combate gigantesca – não fizeram nada. A maioria foi "tomada pelo pânico" e "pela covardia", jogando no rio as armas que restavam. "Ao primeiro sinal de perigo, seu blefe foi descoberto", um relatório oficial concluiu mais tarde.[14] Não havia mais uma Zona Livre, e a França não tinha mais Exército, império ou mesmo uma frota – o que restava de sua marinha logo seria bombardeado pelos próprios oficiais em Toulon. Em Vichy, os hotéis do governo singular de Pétain foram tomados com a finalidade de alojar soldados alemães. Para humilhação total, Hitler estava extraindo do tesouro francês 500 milhões de francos por dia, e seus brutamontes levavam vários bens valiosos, desde maquinário agrícola até obras dos Antigos Mestres.

Os Gêmeos desceram em uma cidade tumultuada, quando o horror completo dos eventos estava apenas começando a ser compreendido. Eles levavam os policiais militares para a operação Castres com eles, mas deixaram os homens em uma esquina da rue Garibaldi enquanto iam ao apartamento de Virginia para receber as ordens finais. Quando Henry Newton entrou no corredor, teve uma "sensação estranha" de que algo estava errado.[15] Subiu as escadas aos pulos até o 6º andar, mas o sinal de barra limpa não estava na sua porta. Ele decidiu que era melhor não bater. Voltando às pressas para sair, perguntou à zeladora, que ele sabia ser de confiança, o que havia acontecido com Virginia. A mulher lhe disse que ela havia partido rapidamente, sem tempo de terminar todos os seus projetos. Quando os Gêmeos saíram do prédio, um padre se aproximou deles, dando-lhes o codinome *Bispo*. Eles ficaram relutantes em falar e tentar ir em frente, mas o padre persistiu, dizendo que sentia muito que *Marie* tivesse partido, pois trabalhava para ela. À menção de seu nome, eles pararam para ouvir. O padre continuou, com forte sotaque alemão, falando que ele fazia várias pessoas fotografarem as casamatas costeiras e alegou que precisava de 75 mil francos para continuar a financiá-las, por isso perguntava se sabiam onde estava *Marie*. A conversa foi breve, apenas por tempo suficiente para Alesch descobrir quem eles eram.[16]

O furgão virava na estrada com curvas muito fechadas antes de reduzir para pegar uma pista íngreme rochosa. Avançou até parar diante de um celeiro escuro não muito longe do vilarejo montanhoso e murado de Villefranche-de-Conflent, no sopé dos Pireneus, a leste de Perpignan. O trio deveria dormir ali por muitas horas, com o som de corredeiras de ambos os lados do Maciço de Canigou se elevando sobre eles.[17] Enquanto Virginia tentava descansar na palha, não conseguia tirar da mente os garotos que ela precisara deixar para trás na prisão. Ela se sentiu especialmente "inconsolável"[18] por não ser capaz de terminar a operação Castres, mas esperava que seguisse adiante com tranquilidade conforme havia planejado, especialmente para Rake. Ela decidiu que, assim que chegasse ao consulado norte-americano, tentaria descobrir.

O que Virginia não sabia era que Rake já estava livre e, naquele momento, também a procurou em Lyon e descobriu que ela havia partido. Ele e seus dois companheiros foram extremamente felizes, pois tinham acabado de ser transferidos para um campo de prisioneiros de guerra, onde o comandante pró-Aliados decidira soltá-los antes de os nazistas os pegarem e até lhes forneceu roupas, chocolate e cigarros. Agora, Rake teria de segui-la até a Espanha sozinho. Ela também não sabia que *Olive* estava escondido no salão de cabeleireiros de Madame Gilbert na rue de la Republique, em Lyon, tendo sido solto como resultado da intervenção de último minuto de Virginia com o diretor da prisão. Saber que ele continuava a acreditar, erroneamente, que aquilo se devia à Mademoiselle Menier a teria enfurecido.

A bruma da manhã pendia como um véu sobre as casas de mármore de um rosa iridescente de Villefranche quando o grupo de Virginia saiu a pé no raiar do dia, seguindo para o sul pelo caminho escavado nas íngremes encostas nevadas ao lado do turbulento rio Rotja. No início, a subida era razoavelmente gradual, a rota se erguendo 500 pés durante 3 quilômetros enquanto seguiam para o sul na direção do vale de Corneilla-de-Conflent, onde contornaram a vila para evitar atrair atenção. Virginia estava carregando sua mala pesada do lado direito para tentar disfarçar o claudicar, mas, depois de muitas horas de terreno cada vez mais íngremes, e quando a neve ficou mais forte e escorregadia, a dor na perna começou a se manifestar. Ainda assim, ela não podia ficar para trás; precisava acompanhar, porque sabia que havia terreno muito mais difícil por vir e mais de 80 quilômetros para caminhar. Em sua subida, passaram pelas fontes de água quente em Vernet-les-Bains e depois por uma subida exaustiva até o pequeno povoado de Py, aparentemente pendendo para manter-se vivo às escarpas brancas do Canigou. E isso não era nada se comparado à desgraça dos próximos 20 quilômetros. Depois de meses de quase inanição, impingida pelas condições dos tempos de guerra na França, ela agora precisava subir 1.500 metros nas condições mais cruéis de inverno; cada passo para o lado empurrava seu quadril enquanto ela puxava a perna manca sobre uma subida vertiginosa com o peso de sua bolsa, que feria seu ombro e cortava a mão congelada. De um lado dela, abria-se um precipício com centenas de metros de profundidade e, do outro lado, o paredão íngreme de montanha com quase nada a que se agarrar ou a oferecer abrigo da forte ventania montanhosa. A neve tinha quase 3 metros de altura em alguns lugares, mas ela não possuía botas para neve para ajudá-la, nem mesmo uma bengala. Seu rosto contorcia-se de agonia quando o vento cortante e gélido se chocava contra ela, seu peito se esforçava para puxar oxigênio em respirações curtas e rápidas no ar rarefeito, a cabeça latejava com o esforço, sentia-se zonza e o sangue começou a vazar do alto de sua prótese, onde agora seu coto estava aberto, escorrendo dolorosamente. No entanto, ela não tinha escolha, pois precisava acompanhar os homens. Passo a passo ela avançava, sempre para cima. "A subida é infinita", lembrou Chuck Yeager, o ás piloto da Força Aérea dos EUA que fez o mesmo percurso mais tarde durante a guerra. "A desgraça das desgraças."[19] De fato, era ali que muitos daqueles que passaram antes dela tinham sido assolados pela geladura ou pela vertigem – ou simplesmente pelo desejo de morrer. De novo, Virginia invocou as palavras de seu pai sobre seu dever de sobreviver, mas nada mais em todas as dificuldades da guerra chegou nem perto da agonia e do medo daquelas longas horas de resistência – e agora Cuthbert estava se desmantelando embaixo dela, seus rebites aos poucos se soltando sob o esforço enquanto ela lutava pelo desejo de continuar.

Finalmente, quando chegaram à Passagem de Mantet, a quase 2 mil metros, o guia permitiu que eles descansassem na cabana de um pastor e comessem um pouco das provisões esparsas que tinham trazido consigo (provavelmente alguns cubos de açúcar e biscoitos). Encolheram-se juntos para se manterem aquecidos, mas mesmo ali ela precisava esconder a perna protética e a meia encharcada de sangue. É provável que Virginia tenha enviado a lendária mensagem a Londres nesse momento – talvez com um modelo novo de rádio leve escondido em sua bolsa ou por um aparelho que estaria guardado na cabana. A mensagem foi: "Cuthbert está se cansando, mas eu consigo aguentar". O oficial de serviço que pegou sua mensagem na estação receptora, em uma grande casa de campo perto de Sevenoaks, em Kent, não tinha ideia de quem ela falava. "Se Cuthbert está cansado", ele respondeu, "elimine-o."

O dia seguinte, sexta-feira 13, começou bem cedo. O caminho agora era ainda mais íngreme, e as montanhas se erguiam como uma barreira que parecia intransponível entre eles e a Espanha. Subindo cada vez mais em fila indiana por 2.500 metros finalmente chegaram ao topo da passagem perto do cone rochoso do Pic de la Dona, ao meio-dia. Dali eles olharam pasmos para a Espanha, que se estendia abaixo deles, oferecendo a perspectiva sedutora de liberdade. Até então, não tinham encontrado ninguém, exceto alguns animais selvagens, e foram deixados completamente sozinhos, pois o *passeur* pegou o restante do dinheiro de Virginia e voltou. No entanto, não havia tempo para descanso, pois ainda tinham 30 quilômetros para andar, e as histórias eram cheias de lobos e ursos que pegavam fugitivos naquele trecho do caminho. Na verdade, não haveria mais pausas durante a tarde ou na noite longa e amarga que seguiria. Eles se arrastavam pelo caminho ventoso, passando pelo montanhoso vilarejo espanhol de Setcases, um local varrido pelo vento onde a temperatura do inverno em geral caía para 20 graus abaixo de zero, descendo o curso íngreme do rio Ter até Camprodon e, por fim, a San Juan de las Abadesas, no vale. Os membros de todos pesavam agora como chumbo, e o pensamento de pegar o trem matutino para Barcelona e chegar ao consulado em algumas horas, bem a tempo para o almoço, os mantinha caminhando passo a passo. Virginia incentivava seus companheiros a ignorar a dor, embora encontrar a energia para falar naquele momento fosse uma luta. Quase não podiam aguentar o esforço de erguer a cabeça para ver as luzes a distância, luzes essas que sinalizavam o fim de sua tortura. Ela tomou cuidado para caminhar de um jeito que pudesse segurar Cuthbert inteira até o fim, mas escorregava ainda mais ao descer a montanha, e manter o equilíbrio era quase impossível, pois a falta de flexibilidade em seu tornozelo falso obrigava Virginia a se inclinar de forma pouco natural para a frente. Hora após hora ela temia cair no vazio.

Foi um feito surpreendente por parte de Virginia ter escalado a passagem – ou, nas palavras de um relatório oficial no fim da guerra, "um recorde absoluto por si só".[20] De alguma forma, o trio perseverou e chegou a San Juan antes da alvorada, seguindo até a estação para pegar o trem das 5h45. Assim que embarcassem, saberiam que estavam a salvo, pois controles policiais eram quase inexistentes naquele horário, então era apenas questão de esperar um pouco e tentar se manter aquecidos e discretos até que o trem chegasse.

Ainda estava escuro quando a patrulha da Guarda Civil entrou na plataforma brandindo armas. Membros da tão temida força policial paramilitar revistaram a estação meticulosamente e, com a maior facilidade, encontraram Virginia e seus companheiros em um estado de quase colapso físico. Mal capazes de falar, os dois homens gaguejaram algumas desculpas, mas Virginia, mais confortável no espanhol, explicou que era norte-americana e alegou que estava simplesmente passeando pelas montanhas. Os membros da Guarda Civil olharam para suas roupas imundas e consideraram todos muito suspeitos. Prontamente os prenderam como "refugiados sem documentos e necessitados"[21] e os empurraram para dentro de uma viatura a fim de levá-los à delegacia e, em seguida, à prisão em Figueres. De lá,

Guttman e Alibert foram transferidos para o famoso campo de concentração em Miranda de Ebro.[22]

Virginia havia escapado da França, da Gestapo e da Abwehr; lutara para cruzar, em meio à neve e ao vento, uma passagem de 2.500 metros de altura; ajudara inúmeros outros a escapar da prisão e estava a uma hora de pegar um trem até um porto seguro, um banho quente e uma refeição quente. Ainda assim, agora estava atrás das grades. A chama da própria resistência seria apagada?

CAPÍTULO OITO
A agente mais procurada

Antes da alvorada daquela sexta-feira, 13 de novembro, o dr. Rousset foi acordado com batidas violentas nas portas de sua clínica na place Poncet-Antonin. Quando Virginia estava prestes a escalar as alturas finais das montanhas a caminho da Espanha, oficiais da Gestapo e da SS se reuniram aos montes no pátio e o prenderam de pijama, sob a acusação de espionagem e terrorismo. Graças à interceptação das transmissões de Virginia e a interrogatórios brutais, a Gestapo penetrara no coração das operações secretas Aliadas 48 horas depois de ter tomado controle completo da Zona Não Ocupada. Sabiam do codinome de Virginia, de seu quartel-general e das identidades e dos endereços de muitos de seus circuitos. Só não sabiam onde ela estava.

Pépin foi arrastado de algemas, e guardas da Gestapo sentaram sobre ele no banco de trás do costumeiro Citroën preto para que ele não pudesse escapar e tivesse que buscar ar para respirar. Nos dias e nas semanas seguintes, eles o sujeitaram a tortura bárbara, deixando seu corpo estraçalhado, mas seu ânimo era desafiador. "Onde está Maria Manca?", gritavam eles. "Onde está *Marie Monin*?" Dias e noites se passaram em uma mistura de agonia e exaustão, mas ele se recusou a entregá-la, admitindo que a conhecia, mas insistindo que era apenas seu médico e que não tinha ideia de quem ela era ou aonde tinha ido. Era uma ironia amarga que, no dia de sua prisão, agora que os Aliados estavam formando uma base estratégica no norte da África, Londres tivesse enviado novas ordens a seus agentes. Os anos de planejamento finalmente haviam terminado, e as preparações para uma entrada na Europa podiam começar. A nova ordem era "Desordem máxima" e "Ataque a todos os alvos planejados!" com "quaisquer meios disponíveis!".¹ Era o dia tão esperado, mas nem Virginia nem Rousset estavam lá para vê-lo.

Pépin foi levado à famosa fortaleza-prisão em Fresnes, nas cercanias de Paris, onde foi submetido a mais "tratamentos" e mantido em solitária, na cela secreta número 282, por doze meses. Durante todo o ano de 1943, ele esperou sozinho para saber se seria deportado a um campo de extermínio nazista ou executado em sua terra natal, na França. Talvez estivesse focado na esperança evanescente de que Virginia pudesse de alguma forma resgatar seu tenente mais leal, mas ninguém sabia onde ele estava, e ela havia desaparecido – e, com certeza, não poderia voltar. Além disso, não havia mais ninguém com audácia ou capacidade de levar a cabo tal feito.

De volta a Lyon, Alesch redobrou os esforços para rastrear *Marie* e as riquezas cada vez maiores da Abwehr que a captura dela poderia lhe trazer. No dia seguinte à prisão de Rousset, ele foi até o consultório. A governanta do médico, Eugénie, atendeu à porta. Tendo visto o padre conversando com seu chefe, ela sentiu que podia revelar a prisão do doutor. Lívido porque a Gestapo havia roubado sua presa legítima sem envolvê-lo, Alesch exigiu saber o paradeiro da "inglesa" para reclamá-la para si. Eugénie, que não sabia nada sobre a vida clandestina de seu empregador, nem que Virginia era a paciente chamada *Marie Monin*, respondeu que havia desaparecido. Fervendo de raiva, o abade exigiu que ela lhe desse informações sobre os amigos mais próximos de *Marie*, insistido que era vital que ele a contatasse. Inevitavelmente, a confusa Eugénie entregou os nomes e endereços de Germaine Guérin e dos Joulian, os contatos de Virginia em Le Puy.

Alesch agiu rapidamente para quebrar o gelo com Germaine. Com Virginia desaparecida e Rousset preso, ela se tornou, por necessidade, o eixo central da operação da SOE em Lyon, mas, sem dúvida, ainda se surpreendeu ao receber as insistentes atenções do padre de estimação de Virginia. Rousset sempre declarou o seguinte: "[Germaine era] uma de nossas melhores agentes",² mas ficou muito aliviada por ter alguém com quem compartilhar o fardo, agora que havia perdido os dois chefes. Afinal, o abade foi efusivo em seus elogios a Virginia e era versado em seu trabalho. Ele soube como tranquilizar Germaine (dizendo que estava ao lado dela), enquanto, ao mesmo tempo, jogou com seus medos (falando que ela não era qualificada para o papel inesperado que tinha naquele momento). Ela prontamente começou a confiar nele e a depender dele, e o apresentou a um de seus admiradores favoritos, Eugène Jeunet, o industrial que havia sido tão útil à causa. Nas semanas seguintes, Germaine jantou com eles várias vezes em restaurantes de primeira linha do mercado clandestino de Lyon e até levou Alesch a seu apartamento em cima do bordel na rue Garibaldi. Era ali que muitos agentes, mensageiros e apoiadores de todo tipo – inclusive o amado "sobrinho" de Virginia, Marcel Leccia (agora um sabotador talentoso) – visitavam Germaine para pegar instruções de Londres ou apenas para lhe fazer companhia, agora que a chefe havia desaparecido. De boa-fé, ela apresentou um a um para Alesch, que ficava na espreita na cozinha da mulher, quase como se tivesse entrado para a família, apenas para observar as idas e vindas. Portanto, com uma facilidade apavorante, ele conheceu muitos dos que ainda faziam parte das operações de Virginia. Quando *Nicolas*, agora o agente mais sênior em Lyon, apareceu, Alesch até ousou exigir mais dinheiro – ainda que seu pedido de 272 mil francos tenha sido recusado com firmeza por Londres, cada vez mais desconfiada.[3] Mesmo assim, *Nicolas* deixou escapar que Virginia estava agora na Espanha – fato que Alesch rapidamente repassou ao coronel Reile, em Paris, que avisou seus colegas da Abwehr a sul da fronteira para procurá-la. Alesch, enquanto isso, vendeu à Gestapo os nomes e descrições dos visitantes de Germaine. Então, perto do Natal, ele desapareceu por um breve período.

Lyon estava pagando o preço mais alto pelo desafio, e não havia limites para seus opressores. Como lembrou George Millar, um agente visitante da SOE: "Havia ódio e vingança e batalha no ar".[4] Ninguém foi poupado: até as crianças eram paradas e revistadas nas ruas, e as noites frias eram pontuadas por "pneus cantando quando os carros da Gestapo viravam a esquina em seu caminho para prender mais pessoas".[5] *Grégoire*, o operador de rádio de Virginia que quase tinha sido capturado no apartamento dos Marchands à beira do rio, foi outra baixa. A vigilância em seu esconderijo entrou em pânico ao ver um carro da Gestapo e fugiu, deixando *Grégoire* ser pego no flagra com seu rádio.

Nessas condições angustiantes, Germaine estava tentando manter os fragmentos da rede de Virginia unidos, correndo o tempo todo entre os agentes, na esperança de ficar um passo à frente dos alemães. A perda da engenhosidade e da coragem de *Marie* tinha deixado um vácuo – o cônsul suíço em Lyon chegou a mandar um telegrama ao Departamento de Estado em Washington para dizer que "agradeceria por qualquer informação [...] sobre seu paradeiro".[6] Edward Zeff também estava procurando Virginia desesperadamente. Retornou a Lyon para um encontro com ela em 14 de novembro, dois meses depois de uma pausa para se recuperar. O desaparecimento dela o deixou sem ter para onde ir, embora ele tenha sido acolhido por *Nicolas* durante um tempo, até que a Gestapo o descobriu novamente. Na verdade, qualquer um ligado a Virginia estava em perigo mortal naquele momento: em uma perseguição frenética através das *traboules*, um oficial da Gestapo realmente agarrou o pé de Zeff, mas ele conseguiu se libertar, deixando o sapato na mão do alemão.[7] Completamente *brûlé*, correu para a Espanha em fevereiro de 1943, mas foi traído pelo seu *passeur*, que em troca recebeu uma grande recompensa equivalente à oferecida pela entrega de um judeu. Imediatamente entregue à Gestapo, foi espancado, torturado com afogamento e suportou a tortura por um período de três meses, quando tentaram arrancar à força o que tinham ouvido de Alesch sobre o paradeiro de Virginia. Ele não disse nada e, por fim, foi deportado para o campo de extermínio de Mauthausen, na Áustria, onde, de alguma forma, conseguiu evitar a execução. Mesmo depois de semanas sem sinal dela, Virginia continuava sendo o alvo preferencial da Gestapo; eles não desistiriam até que pusessem as mãos nela. Muitos pagariam o preço.

Germaine reconheceu os perigos cada vez maiores e com frequência alterava sua rotina enquanto passava rapidamente em suas várias propriedades, onde continuava a abrigar os valiosos agentes da SOE. No entanto, nenhuma dessas precauções de segurança – nem suas conexões, talentos ou visuais incrivelmente bons – podia salvá-la agora. Tentando proteger a si mesma e aos seus colegas agentes ao trabalhar com Alesch, ela levaria todos ao desastre de forma nada inteligente. Às dez da noite de 8 de janeiro, Germaine se permitiu entrar no apartamento confortavelmente mobiliado na rue Boileau que ela havia emprestado a Virginia, mas agora estava sendo usado por Alfred e Henry Newton. Os Gêmeos tinham avisado Germaine sobre Alesch, de quem já não haviam gostado desde o momento em que o encontraram em frente ao apartamento de Virginia na noite da ocupação, em 11 de novembro. Ele se aproximou deles, extremamente nervoso, insistente, e com olhos frios e endurecidos de um homem que sente que o mundo lhe deve alguma coisa. Para seu horror, eles o haviam visto de novo, poucas semanas depois, no apartamento de Germaine, onde ouvira as discussões e conhecera os codinomes de *Auguste* e *Artus*. Haviam considerado eliminá-lo ali mesmo, mas seus planos foram interrompidos pela chegada de outros *résistants*, e Alesch aproveitou a oportunidade para escapar, agora sabendo que eles eram intimamente ligados a Virginia – e onde moravam.

Germaine manteve seu jeito alegre de costume quando entregava aos Gêmeos o suprimento de alimentos e de jornais. Tinha colocado sobre os cachos escuros um chapéu vistoso decorado com duas aves-do-paraíso, mas dessa vez não havia sinal do gatinho preto selvagem que sempre a seguia. Nem a maquiagem impecável conseguia disfarçar o medo em seus olhos; contudo, enquanto ela contava as notícias de mais detenções, Henry Newton a interrompeu. Os três seguraram o fôlego ao ouvirem pegadas pesadas marchando diante do apartamento na escadaria e, depois, parando no andar de cima. O cabo de uma arma martelou a porta e uma voz gritou: "*Aufmachen! Polizei!*". Outro alemão gritou que talvez estivessem no andar errado. Alguns homens da Gestapo, da SS e da polícia de Vichy desceram então os degraus para chutar a porta de Germaine enquanto gritavam: "Abra ou vamos atirar!".

Henry abriu com um empurrão a janela da cozinha e caiu silenciosamente no quintal, enquanto Alfred arrastava Germaine pela mão. Ele pôs os braços ao redor dela para descê-la até o irmão, que esperava lá embaixo, mas ela o empurrou para se libertar. "Vão embora, rapazes", disse com um sorriso crispado. "Vocês não vão me levar. Sou francesa e posso lidar com esses bebês." Começou a tirar o casaco e o chapéu, e os irmãos perceberam que ela se preparava para se sacrificar para que eles pudessem fugir. O que seus amigos com admiração chamavam de "amor ardente e vergonha" que ela sentia "pela França"[8] vinha em primeiro lugar e acima de tudo; ela sem dúvida incorporava a coragem que sentia que faltava em tantos de seus compatriotas. Os irmãos imploraram que ela fugisse enquanto podia, mas seu rosto mostrava uma determinação inflexível. Um irmão considerou por um breve instante desmaiá-la e carregá-la inconsciente para um lugar seguro, mas teriam de passar por várias muralhas e, muito provavelmente, abrir caminho para a liberdade a tiros. Assim, nos segundos finais antes que a porta fosse derrubada, eles fizeram o que ela pediu. A última visão que Alfred teve de Germaine foi da mulher tirando a calcinha e gritando, sonolenta: "*Allo*! Quem está aí? O que querem a esta hora da noite?".[9] Com orgulho e dignidade, ela vestiu um roupão e abriu a porta.

    Os Newton retornaram à rue Boileau duas noites mais tarde, disfarçados de engenheiros de gás para, como disseram, "pegar alguns da Gestapo". Embora as luzes estivessem acesas, os alemães e Germaine já haviam desaparecido. Em silêncio e em choque, olharam ao redor do apartamento, que estava vazio e tinha sido revirado. Cadeiras, mesas, luminárias foram derrubadas e quebradas, e o papel de parede pendia rasgado. Um despertador, um isqueiro prateado, cigarros e toda a comida da despensa tinham sido levados. O mais arrepiante de tudo era a mancha de sangue no tapete. Os irmãos recuperaram alguns documentos escondidos sob um jogo americano na cozinha e fugiram.

    Mais ou menos ao mesmo tempo, Alesch reapareceu em Lyon e visitou Jeunet, que ficou perturbado com a notícia. Fingindo não saber de nada do que tinha acontecido, o abade comentou que tinha contatos na Gestapo, alegando que talvez fosse capaz de conseguir a libertação dela se ele tivesse dinheiro suficiente para molhar a mão das pessoas. Com imensa gratidão, Jeunet lhe ofereceu dezenas de milhares de francos do próprio bolso e confidenciou a Alesch que Germaine tinha muitos outros milhões em moedas antigas em seu apartamento. O sacerdote podia garantir que elas fossem guardadas em um lugar seguro? Além disso, poderia passar alguns pacotes de alimentos para Germaine em sua cela?

É possível que tenha sido naquela mesma noite que Alesch começou a pilhagem das posses de Germaine enquanto desfrutava das provisões do mercado clandestino que seriam destinadas a ela na prisão. Sob o pretexto de retirar os pertences em segurança, ele carregou arcas de moedas de ouro, peles, roupas e joias e arrancou as tapeçarias valiosas (que mais tarde venderia por uma pequena fortuna a um revendedor de Paris). Mesmo utensílios e mobílias foram arrancados, deixando apenas o gesso puro.[10] Jeunet inevitavelmente foi detido poucos dias depois e também enviado a Fresnes, onde foi visto por outra *résistant* com os braços algemados com firmeza e os pulsos escorrendo sangue. Logo depois, foi deportado com outros 150 prisioneiros ao campo de extermínio de Buchenwald, reunidos em um vagão de gado, onde morreu por asfixia.

Claro que Alesch nada fez por Germaine, apesar de ter prometido a vários outros de seus amigos que trabalhava incansavelmente por sua liberdade, enquanto extraía dinheiro deles também. Fez uma visita a ela em Fresnes, mas apenas para tentar tirar mais informações sobre Virginia e outros *résistants*, alegando necessitar disso para organizar a libertação dela ou para proteger seus companheiros. A tragédia foi que, embora Germaine se recusasse a revelar qualquer coisa a seus interrogadores, Alesch a levou a trair alguns daqueles que ela mais havia se esforçado para salvar. Quando já não era mais útil, Germaine também foi transportada em um vagão de gado a partir da Gare de l'Est, em Paris, para o campo de concentração para mulheres de Ravensbrück, a norte de Berlim, onde sua cabeça e seus pelos pubianos foram raspados. Ela recebeu o número de prisioneira 39280 e um uniforme de campo, um vestido listrado azul e branco e tamancos de madeira. Mais tarde, quando o extermínio se intensificou, ela foi alocada em um subcampo convenientemente localizado ao lado das câmaras de gás.[11]

Na ausência de Virginia, o desejo pelo sangue de seus apoiadores continuou. Mensageiros, operadores de rádio, mantenedores de esconderijos e contatos de toda sorte haviam sido capturados, espancados e deportados. Em 28 de fevereiro, foi a vez do operador de rádio André Courvoisier, que tinha ajudado na operação Mauzac e em muitas outras e que, felizmente, havia acabado de esconder seu aparelho. Foi levado para a suíte da tortura na sede da Gestapo, no Hôtel Terminus. Klaus Barbie, já meio enlouquecido, chegou em calças de montaria e botas de equitação, empunhando um pequeno chicote, exigindo informações sobre a "mulher inglesa" e ameaçando-o com o pelotão de fuzilamento. Courvoisier segurou-se e não disse nada até que, da mesma forma, foi enviado para um campo na Alemanha.

O cerco também estava se fechando em torno dos Newton, que explodiam furgões detectores de rádio (a prioridade atual de Londres) sempre que podiam. Sabendo que sua aparência era muito conhecida, pediram que cabeleireiros aliados da SOE ondulassem seus cabelos e escurecessem os bigodes com tintura, escovassem as sobrancelhas a contrapelo e os equipassem com óculos com armação de chifre e sapatos franceses de sola grossa que os faziam parecer mais altos, mas criavam bolhas excruciantes em seus largos pés britânicos.

Os irmãos eram assombrados pelo sacrifício de Germaine em seu lugar, então Alfred, ou *Auguste*, ficou encantado ao ouvir outro dos devotados namorados dela, o rico e casado Monsieur Dubois, dizer que tinha notícias da amante vindas de um policial francês. Dubois sugeriu encontrar-se com Alfred em um restaurante do mercado clandestino, e ele concordou, agora que se sentia mais confiante em seu novo disfarce. Em sua chegada, avistou Dubois no bar e caminhou até ele sem ser reconhecido. Animado com o sucesso de seu novo disfarce, identificou-se para Dubois apenas para que o francês imediatamente o apresentasse a outra figura até então despercebida. Para horror de Alfred, era o ubíquo Alesch, vestido à paisana. O padre havia enganado o astuto Dubois, fazendo-o acreditar que era amigo de *Marie*, e o persuadiu a participar do encontro. Dubois deixou escapar: "Você não reconhece nosso amigo aqui? É *Auguste*!". "Minha Nossa Senhora!", respondeu Alesch, extasiado. "Pois é. Você me enganou bem." Alfred ficou regelado com um "ódio cego" da estupidez de Dubois e estendeu secretamente a mão para tocar sua Colt no bolso, percebendo que havia deixado a pistola para trás, o que não era comum. Alesch observou o movimento inútil, sorriu ironicamente, murmurou desculpas sobre outra reunião e partiu. Alfred sabia que ele seguiria diretamente ao telefone mais próximo para alertar seus superiores.

Logo depois, Alfred saiu do restaurante e sentiu que estava sendo seguido. Quando virou a esquina, avistou duas figuras na escuridão. Mais perto dele estava um jovem em trajes exuberantes, um dos imbecis franceses desprezados que trabalhavam para a Gestapo. A outra usava um sobretudo de gabardine com duas fileiras de botões e chapéu de feltro inclinado sobre os olhos – o próprio Alesch estava no seu encalço. Alfred desapareceu nas *traboules*, acreditando que tinha escapado de seu perseguidor. Então, ouviu o barulho de passos atrás dele mais uma vez. Acelerou novamente o passo, grato por ter colocado borracha em suas solas para evitar ruídos (como aprendera em seu treinamento na SOE). Alfred virou a esquina e recuou para uma entrada escura que fedia a gatos, onde só conseguia distinguir o som ondulante de interferências de rádio vindo de dentro da casa, pois um *résistant* devia estar ouvindo a proibida BBC. Os passos aproximaram-se cada vez mais no breu, diminuíram a velocidade, pararam, mas logo recomeçaram. Uma figura apareceu de repente da bruma, e Alfred apertou as costas contra a porta. Então, quando o homem se aproximou, ele o atacou com toda a força. Afinal, aquela era a chance de terminar com as traições, as prisões, a tortura; seu momento de se vingar por perder sua família para o odiado Reich e, pelo que ele sabia, por Germaine, Virginia e Rousset também. No passado, havia sido um pai de família devotado e gentil que amava cuidar de flores e dá-las de presente à esposa e à mãe, mas os horrores da guerra e a incomensurável perda o tinham mudado para sempre.

Motivado pela fúria, saltou sobre o traidor como um animal selvagem, uma das mãos tampando sua boca e o outro braço prendendo seu pescoço. O homem lutou freneticamente, fazendo um som gorgolejado abafado, até que por fim seus membros amoleceram e a resistência cessou. Alfred conseguiu ouvir um bebê chorando enquanto ele batia a cabeça da vítima contra a parede até que ela fizesse um "som peculiar como roupa molhada tremulando na brisa". Deixou o corpo deslizar ao chão, parado e sem vida. Quando o chapéu do homem rolou para a terra, Alfred foi atingido por um cheiro de *eau de cologne* que o fez ter ânsias. Então, enquanto seus olhos se ajustavam à escuridão, veio a terrível constatação de que a vítima não era Alesch. Ele matara o homem errado.

Nesse mesmo momento, houve um ruído ensurdecedor de uma explosão, seguida pelo estalo de vidros. Segundos depois, Alfred ouviu um assobio de duas notas repetidas, ficando cada vez mais frenético. O jovem estava chamando várias vezes o homem do casaco de gabardine, imaginando aonde o companheiro tinha ido. Alfred rapidamente se embrenhou nas *traboules* e fugiu às pressas. Estrondos e explosões eram comuns agora, pois a Resistência fazia sua presença ser sentida, mas os alemães chegariam ao local em minutos e, em seguida, o corpo seria encontrado. Ele não ousou correr, porém, depois de dez minutos de caminhada rápida, arrancou as luvas ensanguentadas e as enfiou em uma grade no esgoto.

Mais tarde, foi até o irmão em seu esconderijo sobre uma fábrica na rue du Docteur-Crestin, mas a casa de um cômodo parecia uma armadilha. Muito abalados, os Newton pouco saíram nas semanas seguintes, com medo de serem reconhecidos novamente. Uma tentativa os obrigou a correr metade da cidade com a Gestapo no seu encalço, atirando contra eles. Tiveram sorte de escapar. Por fim, no início de abril, um mensageiro trouxe a notícia de que deveriam ir para a Espanha no dia seguinte com passagem por um esconderijo no interior. Naquela noite, os irmãos deram uma pequena festa para os amigos franceses, inclusive Alphonse e Marie-Fortunée Besson, que tinham arriscado tudo para protegê-los. O vinho estava sendo servido quando a campainha tocou. Não esperavam mais ninguém. Ninguém sabia que o mensageiro havia sido seguido.

Um dos convivas olhou pela janela quando dois caminhões da Gestapo e soldados alemães com seus capacetes de aço pararam na frente do local, as metralhadoras apontadas para a porta. Henry gritou para o irmão saltar lá para baixo e abrir caminho a tiros, mas era tarde demais, e, com as tropas fortemente armadas cercando-os, eles ficaram sem chance. O primeiro grupo da Gestapo já estava subindo as escadas aos berros: "Mãos ao alto, *Auguste* e *Artus*, dessa vez vocês não vão fugir". O predador principal de Virginia, Barbie, entrou com toda a arrogância no cômodo, gritando com prazer: "*Heil* Hitler!".

Enquanto subiam as escadas do temido Hôtel Terminus pouco depois, ambos os irmãos sabiam o que enfrentariam. Algum tempo depois, Alfred saiu em disparada até uma janela do 3º andar e se lançou para fora. Se escapasse, voltaria para resgatar o irmão; se morresse, ao menos não teria revelado nada. De alguma forma, ele apenas fraturou o ombro e quebrou alguns dedos, mas foi recapturado em instantes. Foi jogado em uma cela, enquanto seu irmão mais novo foi espancado em outro quarto por Barbie e seus capangas até ficar inconsciente. Eles se puseram em um círculo e bateram em Henry por horas até que um de seus olhos se deslocou para fora da órbita. Em seguida, Barbie espancou a sola dos pés e a palma das mãos de Henry até ficarem em carne viva, queimou sua carne com um atiçador de lareira, colocando fios elétricos desencapados nos ferimentos, e observou a agonia lancinante quando a corrente era descarregada. Em outra sala, espancou repetidamente a cabeça de Alfred com um cassetete, amassou pontas de cigarro no rosto dele e bateu em seu ombro quebrado. Os irmãos recordaram-se mais tarde dos olhos azuis penetrantes e fundos de seu agressor, "olhos de serpente", e do sorriso fino como faca que Barbie exibia enquanto perguntava repetidamente: "Você conhece *Marie*?". Não. "Virginia Hall?" Não. "Você conhece essa terrorista perigosa?" Não. O Açougueiro de Lyon gritava com seus homens para manterem a cabeça dos prisioneiros em água congelada até se engasgarem, em seguida colocava várias interceptações de mensagens de Virginia na frente deles. Não havia dúvida de que Barbie conhecia o nome verdadeiro dela, mas ele queria saber onde ela estava. Os irmãos, que haviam se recusado a falar, foram enviados duas vezes para o pelotão de fuzilamento e retirados no último momento.

Nas semanas seguintes, mais *résistants* de Virginia, todos identificados por Alesch, foram capturados. Em Le Puy, em 6 de abril de 1943, foi a vez de os Joulian serem capturados e torturados. Marie-Louise Joulian teve os dentes da frente arrancados e o braço quebrado. Ela não disse nada à Gestapo. Depois de dois meses, os alemães a libertaram porque um médico havia afirmado que ela não viveria muito tempo. De qualquer forma, ela correu a Paris, onde acreditava que seu marido estava detido, e subornou um oficial alemão para destruir as provas mais incriminadoras do arquivo de Jean, que tinha sido deportado para a Áustria para trabalhar como escravo. Seus poucos amigos ainda em liberdade começaram a caçar Alesch (agora suspeito de ser a fonte principal de todo o desastre) para executá-lo. No entanto, sabendo que Virginia estava além de seu alcance, ele desapareceu de Lyon de uma vez por todas. Ainda vestindo sua batina, começaria um novo trabalho na Normandia.

A dizimação dos circuitos da SOE em Lyon e em outros lugares – considerada em Londres "uma ameaça grave e imediata" para a segurança britânica – levou a uma frenética autocrítica em Whitehall. Um inquérito altamente secreto em abril de 1943 culpou o sucesso de agentes duplos, mas também as operações de detecção de rádio altamente desenvolvidas dos alemães. Os operadores de rádio eram a única e fina ligação com países ocupados, como a França, e os seus aparelhos eram considerados os objetos mais importantes e carregados emocionalmente em toda a guerra. Esses corajosos homens e, mais tarde, mulheres eram especialmente vulneráveis à captura, e seus comandantes reconheceram que sua expectativa de vida em campo estava se tornando extremamente baixa.[12] Sua coragem na transmissão em tais condições mantinha circuitos inteiros vivos, e eles quase sempre pagavam por isso com a própria vida.

Da delegacia de polícia em San Juan de las Abadesas, Virginia havia sido levada para uma cela cheia, imunda e infestada de pulgas em Figueres, com um grupo variado de mulheres. Mesmo como jornalista norte-americana, ela sabia muito bem que o governo de Franco, muito provavelmente, concordaria com as solicitações de seus pares alemães para entregá-la a seus "cuidados". Era apenas uma questão de tempo até que a Gestapo ou Abwehr a rastreassem e a levassem. Apesar de fraca, macilenta e atormentada por uma alergia infeccionada nas costas, ela passou longas horas e noites acordada tentando planejar sua fuga. A situação não era promissora, mesmo para uma experiente fugitiva: estava trancada em uma fortaleza militar do século XVIII com paredes espessas de pedra (usada ainda hoje para dissidentes, inclusive duas líderes da independência catalã, em 2018) e lutava para caminhar com Cuthbert em frangalhos pelos rigores da travessia. Depois de algumas semanas, entretanto, surgiu a oportunidade, e ela a agarrou.

Uma de suas colegas de cela – uma prostituta de Barcelona – estava terminando de cumprir sua sentença. Virginia fez amizade com ela e lhe pediu para contrabandear uma carta codificada para o consulado norte-americano, o que ela concordou em fazer assim que fosse liberada. Endereçada ao "Caro Nic", a conversa aparentemente inocente da carta sobre a saúde e os amigos de Virginia escondia mensagens secretas sobre seu paradeiro e pedido de ação urgente para garantir sua libertação. Ela assinou: "Um abraço para todos. Estou cruzando todos os dedos e, como de costume, estou de cabeça erguida e confiante. V. H.".[13] Assim que eles a decodificaram, os diplomatas americanos foram rápidos na reação. Graças às suas intervenções orquestradas com as autoridades espanholas (provavelmente envolvendo dinheiro), Virginia saiu em liberdade condicional uma semana depois, quando estava prestes a ser transferida para outra prisão (ou *maison de retraite* [casa de repouso], como ela chamava em tom de brincadeira).[14]

Finalmente abrigada na segurança do consulado em Barcelona, Virginia tomou um banho quente, dormiu em uma cama limpa e avisou sua mãe, que ansiava havia meses por notícias, de que estava em segurança. Depois de se permitir dois dias para se recuperar, ela se lançou de volta à ação. Enviou telegrama ao *New York Post* para que lhe enviassem 500 dólares (rapidamente reembolsados por Baker Street), além de um visto e passaporte de emergência para viajar à Inglaterra. Compôs um longo relatório para a SOE enviado via malote diplomático, incluindo disposições minuciosas de pessoal e suprimentos que ela deixara para trás em Lyon – sem saber, claro, de todas as prisões. E pressionou Baker Street para "fazer todo o possível" para garantir a libertação de seus companheiros dos Pireneus, Guttman e Alibert, do campo de concentração em Miranda de Ebro, afirmando que queria trabalhar com eles no futuro. Seu principal objetivo, disse ela com firmeza, era retornar ao campo "logo que possível" – se Londres apenas a ajudasse a mudar "um pouco sua aparência".[15] Virginia era assim, já havia planejado tudo.

Baker Street ficou exultante ao ter notícias dela. Enviaram felicitações por sua libertação, mas, para a decepção dela, entraves administrativos fariam que levasse quase um mês para chegar a Lisboa e quase dois para se reunir com eles, em Londres. Nesse meio-tempo, precisou ser discreta. No entanto, ela tinha pouco a fazer, em uma cidade considerada um ninho de víboras de espiões, para impedir que os chefes de segurança da informação em Lisboa informassem a Abwehr de que ela havia tomado o voo da BOAC Clipper para Londres em 19 de janeiro de 1943. Em sua chegada à Inglaterra, ela foi apanhada por uma brilhante limusine Humber e levada a Londres para cruzar a arcada na entrada de Orchard Court. Ela subiu os dois lances de escadas até o número 6, onde Park abriu a porta, exclamando: "*Oh, comme ça fait plaisir*" antes de a desengonçada figura de Maurice Buckmaster aparecer, envolta em uma nuvem de fumaça de cachimbo.[16]

Ele, Bodington e a nova participante-chave da Seção F, a Diretora de Inteligência Vera Atkins (que, por coincidência extraordinária, Virginia havia conhecido antes por meio de seu amigo em comum do Departamento de Estado, Elbridge Durbrow), lhe deram uma recepção entusiasmada. A norte-americana excepcional tinha sobrevivido mais no campo do que qualquer outro agente. Evitara a captura pelos alemães e mantivera de forma impecável seu disfarce de jornalista. Criara vastas redes, resgatara inúmeros oficiais, trouxera informações de alto nível e mantivera a bandeira da SOE hasteada em meio a todo o tumulto. Praticamente sozinha, ela havia erguido os alicerces da disciplina e da esperança para as grandes batalhas da Resistência que estavam por vir. Tinha até mesmo atravessado os

Pireneus em meio à neve do inverno com uma perna de madeira. Contra todas as probabilidades, a aposta de alto risco da Secção F tinha rendido frutos, e uma lenda havia nascido (ao menos dentro dos limites restritos da SOE). De fato, um relatório oficial concluiu que não havia "nenhuma dúvida" de que qualquer progresso na França teria sido "impossível"[17] sem ela.

Contudo, o retorno de Virginia não foi um pouso totalmente confortável. Muitos agentes, na volta para casa de um país invadido pelos nazistas, achavam a atmosfera na Inglaterra estranhamente complacente, apesar de apenas dois dias antes outro grande ataque aéreo em Londres ter deixado ruas inteiras em escombros. Churchill e Roosevelt estavam reunidos em Casablanca para discutir seus planos de guerra e expedir uma declaração provocadora de que não aceitariam nada menos que a rendição incondicional dos alemães. No entanto, depois de uma luta febril e diária pela sobrevivência na França, o retorno de Virginia à sede foi um anticlímax quase inevitável. Claro, ela finalmente teve tempo para recuperar sua saúde de forma adequada e levar Cuthbert à unidade protética especializada no Queen Mary's Hospital, em Roehampton, para que fosse consertada e tivesse seus rebites recolocados. William Simpson acompanhou-a enquanto ajustava uma mão falsa e, ao conversarem, ficou maravilhado pelas conquistas dela. "Minha nossa, nem consigo conceber como isso foi possível", exclamou ele sobre sua fuga pelos Pireneus. No entanto, ela era "a imagem de saúde e moral abundante".[18]

Virginia foi entrevistada exaustivamente e pôde dar sua opinião sobre bons agentes (Rousset) e maus agentes (*Alain* e *Carte*), além da constante e perigosa falta de operadores e equipamentos de rádio. Também foi questionada mais de uma vez sobre Alesch, pois Londres tardiamente juntou provas sugestivas de que ele poderia ser um dos agentes duplos mais mortais da guerra. O que tomava conta de seus pensamentos, no entanto, não era a sorte de estar livre, mas o destino de seus amigos. Conforme chegavam notícias a Baker Street nas semanas seguintes sobre uma prisão atrás da outra, ela ficava cada vez mais atormentada. Seria ela a culpada pela queda deles ao recrutá-los, em primeiro lugar, e depois ao permitir o acesso do abade à rede? Não deveria tê-los liberado para cuidarem de sua vida quando ela teve a chance de fugir? Mesmo nos momentos mais sombrios de Virginia, ela não podia ter imaginado que tantos daqueles que a ajudaram a sobreviver seriam eles mesmos traídos. Qualquer que fosse o risco, ela sabia que precisava voltar. Devia isso a todos eles, precisava continuar a luta.

Apesar da brutalidade que isso desencadeava, havia muitos em Londres que viam com bons olhos a ocupação dos alemães no sul da França. Aquilo exauria os recursos nazistas até o limite e funcionou como o chamado de um sargento de recrutamento para a Resistência. Com tanques inimigos, caminhões e tropas nas ruas em toda a França, não poderia haver mais pessoas na Zona Franca iludidas sobre a guerra não ser sua preocupação direta. Ela tocou tudo ao redor. Se alguém fosse pego abrigando agentes Aliados, ele e sua família inteira poderiam ser sumariamente fuzilados, sabendo disso ou não. Às vezes, todos os habitantes de um prédio de apartamentos no qual um agente havia se abrigado (às escondidas) pagava o preço final. Winston Churchill via tais atos de selvageria nazista como uma ajuda direta ao esforço de guerra: "O sangue dos mártires", disse ele em uma reunião do Comitê do Gabinete de Defesa mais tarde naquele ano, "é a semente da Igreja."[19]

O verdadeiro caráter de Vichy também ficou evidente, mesmo para aqueles que inicialmente apoiaram Pétain. Ele não era mais visto como salvador nacional. A opinião arrefeceu ainda mais quando a polícia francesa foi conivente com a deportação de "higiene pública" claramente visível de milhares de judeus por semana, inclusive crianças, mulheres e idosos. A predadora Milícia – a versão de Vichy da Gestapo, criada em janeiro de 1943 – alimentou novas dissidências ao usar informações locais para se infiltrar, reprimir e torturar compatriotas. Seu chefe era um membro da Waffen SS, e seus membros de camisa preta (principalmente pretensos gângsteres ou jovens ricos monarquistas radicais) andavam pela região ostentando armas recém--adquiridas; sua barbárie bruta enojava até mesmo alguns alemães. Incrivelmente, um em cada seis milicianos era mulher.[20]

No início de 1943, jovens franceses pró-Aliados começaram a mostrar sua lealdade lendo ostensivamente *Nada de novo no front* (romance alemão sobre a Primeira Guerra Mundial temido pelos nazistas, por causa das mensagens pacifistas) ou carregando duas varas de pesca (em francês, *deux gaules*, que soa como De Gaulle).[21] Tais atos modestos transformaram-se em desobediência civil generalizada em março de 1943, quando a prisão *ad hoc* de franceses como mão de obra escrava para a indústria de guerra alemã (como o ataque do qual Virginia e *Olive* escaparam em Marselha) transformou-se em uma deportação sistemática que os franceses conduziam de homens e, às vezes, mulheres jovens. Os nazistas estavam exigindo 1,5 milhão de trabalhadores franceses para substituir os compatriotas que haviam morrido, sido presos ou feridos em batalhas. Para os franceses, não eram mais os estrangeiros ou forasteiros que estavam em risco, mas cada filho, irmão, marido e pai entre 19 e 32 anos obrigado a partir para a Alemanha. A única opção para evitar o *Service du Travail Obligatoire* [Serviço de Trabalho Obrigatório], ou STO, era se esconder. Jovens no sul desapareciam nos *maquis*, termo corso para a densa e atrofiada vegetação montanhosa que era comum na ilha. Depois de um mês da introdução do STO, "ir para o *maquis*" virou uma frase comum em grande parte da França, não só com o significado de fugir para florestas selvagens, e o termo *maquis* também passou a denominar os bandos de homens que se escondiam em algum lugar e formavam grupos de resistência. Os mais ordeiros franceses, portanto, se tornaram infratores habituais. Dezenas de milhares se reuniam secretamente em cabanas e cavernas nas montanhas, florestas e platôs remotos, alguns se preparando para o dia em que poderiam enfrentar seus ocupantes em combate. A França finalmente estava reagindo. O orgulho nacional voltou a crescer. A frase da *Marselhesa* cantada com particular entusiasmo era: "*Aux armes, citoyens! Formez vos bataillons!*" (Às armas, cidadãos, formem seus batalhões!).

Nos meses seguintes, eclodiram combates esporádicos entre os *maquis* e os alemães, juntamente com seus apoiadores na polícia de Vichy, em todo o sudeste da França e nas terras altas do Maciço Central. Os fora da lei, embora sem liderança, treinamento, dinheiro, armas, munições e até mesmo sem comida ou estratégia, eram impulsionados pela sorte dos Aliados, que estava mudando em outros lugares. O fim da guerra ainda não estava à vista, mas os alemães não eram mais vistos como invencíveis a longo prazo. Em fevereiro, o Exército Vermelho havia aniquilado a Wehrmacht em Stalingrado, após um cerco de cinco meses, e, no fim de agosto, os soviéticos estavam expulsando os alemães do solo russo após a vitória na batalha de Kursk. Em maio, os Aliados reivindicaram o Oriente Médio após os sucessos no norte de África, o que levou ao avanço-chave para a Europa – quando os Aliados desembarcaram na Sicília em julho –, e Mussolini foi deposto logo depois. Portanto, Hitler já estava lutando em várias frentes quando o acúmulo de forças Aliadas na Grã-Bretanha começou a preparar a tão esperada invasão da França. Rumores febris sugeriam que poderia acontecer já no outono seguinte.

No entanto, a França agora era um lugar muito mais perigoso do que nos primeiros anos da guerra. O Reich estava sob ameaça e na defensiva. O regime de terror institucionalizado de Klaus Barbie continuava a esmagar a Resistência que permanecia em Lyon. Três organizações subversivas francesas fundiram-se para criar a Armée Secrète, em janeiro, mas, seis meses mais tarde, seu líder inspirador, Jean Moulin, foi capturado na cidade e torturado por Barbie durante quinze dias, até morrer. Logo após a morte de Moulin – que manteve seus segredos intactos –, a Gestapo capturou, de forma bem independente, Francis Suttill, chefe do maior circuito da SOE, que levou a mais centenas de detenções e à apreensão de mais aparelhos de rádio e depósitos de armamentos da SOE em todo o norte e centro da França. No entanto, apesar dos alertas de que o circuito Prosper estava *brûlé* e nenhum elemento deveria ser tocado, Baker Street se recusou a acreditar que um dos rádios estava sob controle alemão quando ele começou a enviar mensagens alguns dias mais tarde, embora faltassem verificações vitais de segurança. Por fim, Buckmaster percebeu o que acontecera, mas continuou a transmitir ordens e até mesmo a oferecer mais agentes e armas para a região. Essa aparente indiferença levou algumas pessoas a acusarem Baker Street de negligência letal.

O mais provável é que tenha havido uma percepção de que sacrifícios eram simplesmente o preço necessário de um prêmio maior. O brigadeiro Colin Gubbins (veterano fortalecido em batalhas da Primeira Guerra e nos Conflitos da Irlanda que substituíra *sir* Charles Hambro como chefe da SOE) observou em um memorando da época: "Estrategicamente, a França é, de longe, o país mais importante no palco da guerra. Penso, portanto, que a SOE deveria considerar esse palco como um no qual será inevitável sofrer baixas. Mas é possível que ele gere os dividendos mais altos".[22] Como resultado, muitos mais agentes foram enviados para a área ao redor e ao sul de Paris e acabaram na prisão nazista dias depois de sua chegada. Alguns eram mulheres escaladas urgentemente para preencher lacunas deixadas pelos ataques implacáveis a operadores de rádio. Noor Inayat Khan (uma nobre indiana muçulmana) foi enviada para o que era claramente um circuito já comprometido, apesar de ser considerada por seus treinadores na SOE como inapta ao trabalho clandestino por causa de seu temperamento. Ela desmoronou em uma simulação de interrogatório da Gestapo durante o treinamento, mas, na busca desesperada por mais operadores de rádio, Buckmaster ignorou os avisos sobre a vulnerabilidade dela, considerando-os "besteiras". Ela foi capturada e executada com três outras mulheres da SOE em Dachau, corajosa até o fim.

Apesar de todo o derramamento de sangue, a Resistência demonstrava uma notável resiliência. Graças, em grande parte, à campanha de longo prazo e ao talento para recrutamento e organização de Virginia, a Seção F estava simplesmente muito bem enraizada em faixas inteiras da França, e as redes que ela sustentava também estavam espalhadas e eram numerosas demais para morrer. Baker Street também estava finalmente cedendo a seus alertas sobre a escolha de agentes e, na verdade, se tornando menos ingênua. Agora testava a adequação de recrutas do sexo masculino expondo-os a profissionais da sedução durante o treinamento para ver como se comportavam. Um novo conselho de avaliação formado por psicólogos buscava eliminar egos descontrolados que ficavam fascinados demais nos primeiros dias. O profissionalismo de Virginia em um mundo de amadores mostrara a todos o que podia ser feito e como fazê-lo. Ela não estava mais em campo, mas seu legado sobrevivia.

Os circuitos remanescentes da SOE conduziram na França, em 1943, uma campanha de sabotagem que foi, no mínimo, "impressionante". Fábricas, aviões, túneis, eclusas, postes de eletricidade e locomotivas eram repetidamente mandados pelos ares. Isso marcou o verdadeiro início da guerrilha que Virginia havia planejado meticulosamente e que ajudou a realizar. "[Agora], nossas organizações em campo [finalmente] eram vigorosas o suficiente para se fazerem sentir", essa ação era vista com alegria em Baker Street.[23] "Pela primeira vez", concluiria M. J. Foot, "a SOE podia alegar que estava causando no alto-comando inimigo na França a impressão que pretendia causar desde a sua criação".[24] Lord Selborne, que sucedera Hugh Dalton como ministro responsável pela SOE, relatou aos chefes de gabinete, em 24 de abril: "A maré de resistência está subindo cada vez mais na França. A sabotagem é generalizada e, em grande medida, está sob controle da SOE; não há dúvida de que está [...] ajudando a juntar pessoas contra o inimigo [...] [e] considerando os suprimentos adequados que possam ser fornecidos, um apoio muito eficiente poderá ser dado a operações militares regulares".[25] Mesmo que houvesse um tanto de ilusão nessa avaliação, Virginia só conseguia perceber, de sua escrivaninha em Londres, cada vez mais preocupada, que não estava mais liderando o ataque.

Em 17 de maio de 1943, Virginia desembarcou em um aeródromo ventoso perto de Madri com um novo disfarce, como correspondente estrangeira para o jornal *Chicago Times*. O trabalho era um alívio para sua frustração de não estar no centro da ação: isso a mantinha longe dos perigos de seus perseguidores na França e a retirava do horrendo trabalho administrativo que ela vinha fazendo nos últimos meses em Londres. Ela recebera ordens de se dedicar por alguns meses ao jornalismo para estabelecer sua confiabilidade antes de começar sua verdadeira tarefa, que era organizar esconderijos e rotas de fuga espanhóis para refugiados da Resistência Francesa.

Embora falasse espanhol, era uma nomeação estranha e talvez feita apenas por não haver outra solução óbvia.

Madri, de acordo com o embaixador britânico (ex-secretário de relações exteriores e líder pacificador isolado) *sir* Samuel Hoare, pululava de espiões alemães.[26] Operar na cidade tornaria seu rosto ainda mais conhecido para o inimigo, e a Abwehr local (que Franco autorizou a operar na Espanha) já estava à sua caça. Ainda assim, Virginia havia sido instruída a não visitar o chefe espanhol da SOE (conhecido internamente como H/X) no isolamento da embaixada britânica – o embaixador *sir* Samuel Hoare considerava "agentes da SOE mais um problema do que uma vantagem".[27] Em vez disso, devia esperar um encontro à conveniência de H/X em uma série de coquetéis da qual ela participaria no sufocante calor de Madri. Longe de lhe dar liberdade de usar sua inteligência para fazer seu próprio espetáculo, como na França, disseram que agora ela deveria pedir permissão dele a cada passo que desse. Também devia estar pronta para realizar qualquer tarefa, por mais humilde que fosse, inclusive o trabalho de mensageira, que era de um nível inferior e ainda assim perigoso e demorado, entre Bilbao e Madri (um papel na França que havia muito ela deixara para outros). Incrivelmente, com todos os seus triunfos com pilotos, agentes, *résistants* e refugiados retirados da França, H/X a considerava inapta para conduzir uma rota de fuga na Espanha, capaz apenas de servir de apoio a outros. Talvez ele se sentisse ameaçado por suas proezas ou simplesmente não acreditasse nos relatórios de suas ações em campo. De qualquer maneira, H/X ignorava tanto os talentos dela que considerou que "muito de sua utilidade" girava em torno do tradicional trabalho feminino de "ser capaz de entreter e aceitar convites para o entretenimento", tais como chás da tarde.[28] O mais importante de tudo, porém, era que *DFV* (seu novo codinome) devia ser rigorosamente controlada. "Você vai ver [...] que fizemos o nosso melhor para controlar *DFV* de tal modo que ela não poderá ter nenhuma desculpa para realizar qualquer trabalho sem seu conhecimento e aprovação prévios", seu superior imediato, DF, comentou com H/X. "Não prevejo nenhum problema para você", disse, com a srta. Hall.

Houve um confronto igualmente ofensivo sobre dinheiro. Pagando em dólares para sustentar o disfarce de funcionária do *Chicago Times*, seus novos chefes deliberadamente procuraram reduzir o valor que ela recebia ao forçá-la a trocar grande parte de seu salário em pesetas no mercado clandestino a uma taxa desfavorável. DF considerava os modestos 250 dólares ao mês de Virginia "fora de proporção para quaisquer serviços" que ela parecia "capaz de prestar". Sugeriu que seu pagamento líquido – que era pouco mais que o de uma datilógrafa da embaixada – "poderia ser reduzido".[29]

Isso tudo trouxe uma cruel decepção. Embora Virginia não estivesse especialmente interessada em dinheiro para uso próprio, sabia que a situação refletia o modo como, mais uma vez, ela havia sido subestimada por seus empregadores. Pior ainda era o sentimento de exclusão. Obviamente, Virginia queria estar bem longe dali: no sul da França, no centro da ação real. No entanto, esse desejo havia sido categoricamente bloqueado pela alta patente da SOE. Ela estava *brûlée*, jamais poderia voltar. E ponto-final. Até mesmo seu pedido para treinar como operadora de rádio foi rejeitado; ela havia sido informada de que não precisavam de um operador na Espanha. Também não deveria fazer alianças com seus compatriotas em Madri; tais "intercomunicações" com os americanos (que foram a tábua de salvação em Lyon) eram consideradas indesejáveis por seus novos chefes amantes das regras. Isso era ainda mais irritante, pois os Estados Unidos estavam, finalmente, dando sua contribuição para a guerra de inteligência. De fato, o primeiro agente americano que pousou de paraquedas na França, E. F. Floege, chegou em 13 de junho para organizar uma sabotagem ao redor do circuito de Le Mans.

Nessas circunstâncias, as notícias em julho de que ela havia sido laureada com um MBE – sigla em inglês para Membro da Ordem do Império Britânico, um reconhecimento menor do que o CBE, para o qual havia sido rejeitada no ano anterior – talvez tenham sido uma consolação mínima. Baker Street enviou "felicitações calorosas" pela "condecoração tão merecida", mas, como ela ainda estava em campo, não podia haver qualquer anúncio ou celebração em público.

Virginia, como sempre, tentou superar obstáculos, e talvez também a perspectiva de ressurgimento da depressão, jogando-se no trabalho. Havia um fluxo constante de fugitivos mais próximos indo pelos Pireneus agora que o verão havia chegado. Ela alertaria Londres da chegada de um novo lote com uma mensagem como "*La chienne de Florence a reçu je dis reçu cinq chiots dont un est une petite chienne*" ("A cadela de Florença teve cinco filhotes, repito, cinco filhotes, dos quais um é fêmea" – ou seja, mais cinco tinham conseguido cruzar as montanhas, entre eles uma mulher). Virginia podia então oferecer esconderijos espanhóis e documentos para ajudá-los no caminho de volta à Grã-Bretanha, fosse por meio de Gibraltar, controlada por britânicos, ou por Portugal, mas, como os dois caminhos eram muito batidos, era um trabalho bastante exigente.

No entanto, ela ficava extasiada por ser capaz de ajudar seus sobrinhos, Marcel Leccia e Elisée Allard, que haviam sido tão úteis e corajosos em Limoges. Os dois chegaram a Madri magros e exaustos depois de oito meses horrendos em prisões espanholas nauseantes. Ao deixarem a França um mês depois dela, em dezembro de 1942, quando "as coisas estavam ficando quentes demais",[30] foram capturados sem documentos dentro de um trem. Assim que foram liberados, o óbvio a fazer era ir de fato a Madri para visitar sua tia sempre solícita – justamente quando corriam pela Espanha rumores de que Virginia estava ajudando agentes. Aborrecida e decepcionada com seu posto, teve o prazer de se reunir com eles dois, especialmente com Leccia, cujo humor em situações de perigo lhe agradava muito. Ela o considerava um de seus recrutas mais corajosos – ele e Allard eram inseparáveis –, e então conseguiu providenciar a ida deles a Londres para que recebessem o treinamento formal da SOE antes de voltarem à França. Ela providenciou documentos para retirá-los da Espanha por Portugal, e finalmente chegaram à Baker Street em 10 de outubro.

Mesmo assim, isso mal ocupava todo o seu tempo, e a ideia de comer leitão e beber champanhe em festas suntuosas de Madri enquanto a França sofria sob ocupação alemã a deixava consternada. Virginia tinha recebido da mãe os arreios especiais de esqui para

Cuthbert – mais determinada que nunca a continuar praticando seu esporte favorito –, mas teria de esperar a neve do inverno antes de seguir para as pistas. Ansiosa para ser útil nos meses que estavam por vir, escreveu a Maurice Buckmaster, oferecendo-se para monitorar jornais franceses e alemães para seus antigos colegas na Seção F.

Em setembro, porém, Virginia estava farta daquilo. Considerou que tinha dado "uma boa chance de quatro meses" ao novo trabalho, mas aquela permanência em Madri era "um desperdício de tempo e dinheiro". Reencontrar os sobrinhos despertara seus pensamentos de retorno à França, como disse em uma carta a F poucos dias depois. "Tive a sorte de encontrar dois de meus meninos aqui e enviá-los a você. Eles querem que eu volte com eles, pois já trabalhamos juntos e nosso trabalho em equipe é bom. [...] Sugiro que eu volte como [operadora de] rádio deles." Ela acreditava que podia aprender o ofício "com exímia rapidez, apesar do ceticismo de alguns setores". Qual era o sentido da permanecer em um remanso quando havia tanto a ser feito na França? "Quando cheguei aqui, pensei que seria capaz de ajudar a Seção F, mas não ajudo e não posso. [...] Estou simplesmente vivendo uma vida boa e perdendo tempo. Resumindo", acrescentou, "o pescoço é meu", e ela estava "disposta a ter um torcicolo, pois a guerra continuava". Insistindo com a sede sobre seu retorno à França, acrescentou: "Acho que posso fazer um trabalho por vocês juntamente com meus garotos. Eles também acham que eu posso, e espero que vocês nos deixem tentar, pois nós três estamos empenhados de verdade nesta porcaria de guerra". Mandou suas preocupações ao gabinete e disse que havia "enrolado os garotos em limões sicilianos" para que fossem entregues à sra. Buckmaster quando da chegada deles a Londres (onde os frutos cítricos haviam se tornado uma raridade), e assinou: "Atenciosamente, DFV".[31]

Buckmaster foi carinhoso na sua resposta e, assim como outros ingleses reprimidos da época, criou um apelido para aquela mulher que ele achava carinhosa, ainda que desconcertante: "Minha querida Garatuja, você é mesmo incrível!". No entanto, logo ficou mais sério: "Sei que você poderia aprender rádio em um instante, sei que os rapazes adorariam ter você em campo, sei de todas as coisas que você poderia fazer, mas tenho certeza de que a Gestapo também saberia de tudo em cerca de quinze dias. Por isso digo não, minha Garatuja, não". Ele avisou a ela que seria impossível "escapar da detenção por mais que alguns dias", alegando: "O que antes era uma brincadeira agora é uma guerra de verdade". Mesmo que ela pudesse cuidar de si mesma, sua mera presença colocaria os outros em perigo. "O Boche é paciente e muito bom em seguir rastros e, mais cedo ou mais tarde, ele vai desvendar todo o mistério assim que tiver uma chance. Não queremos diminuir as chances dele enviando alguém tão notável quanto você." Sem dúvida ele conseguia imaginar a decepção dela, por isso tentou aliviar o golpe: "Sei que seu coração está na Seção F e que a Seção F sente muitíssimo sua falta", e sugeriu que ela voltasse a Londres como "uma oficial de instruções para os garotos". Consciente de que ela torceria o nariz para a perspectiva de um trabalho burocrático, ele afirmou que havia uma "possível, repito, possível" chance de retorno ao campo quando os Aliados iniciassem a invasão da Europa – apenas quando acontecesse. Por fim, ele prometeu cuidar dos sobrinhos dela quando chegassem a Londres, terminando com: "Carinho de todos nós".

Buckmaster estava apenas fazendo seu trabalho e tinha razão ao dizer que ela estava fatalmente comprometida. Era verdade também que as qualidades que faziam dela uma agente excelente em campo podiam cegá-la para a realidade de sua posição e a da SOE nessa nova fase da guerra. Mesmo assim, ele não sabia quanto os alemães haviam descoberto de Virginia. Por meio de tortura de dezenas de agentes e interceptação de mensagens da SOE, montaram uma imagem altamente detalhada dela, de seu trabalho e de sua rede de contatos. Até mesmo seu antigo colega, Peter Churchill, tinha confirmado seus detalhes para a Gestapo durante o interrogatório em câmaras de tortura na avenue Foch, 84, em Paris. Sujo, sem seus óculos, morrendo de fome e sabendo que sua vida estava por um fio, ele havia cedido depois de seis meses de prisão e espancamentos regulares até a inconsciência. De qualquer forma, acreditava que ela estava em segurança fora da França e que nunca mais voltaria. Além disso, quando havia sido detido em abril (mais uma vez, graças ao sargento

Bleicher, da Abwehr), o antigo número de telefone de Virginia tinha sido encontrado em seu bolso.³² Buckmaster também não sabia que o verdadeiro nome dela e seu exato papel em Lyon estavam prestes a ser deliberadamente revelados aos alemães pelo MI6, novamente na crença de que era inconcebível seu retorno ao campo. O serviço de inteligência britânico rival apreendera um rádio com um agente alemão detido na Inglaterra, e os detalhes de Virginia eram fragmentos de verdades, transmitidos a seus controladores para validar uma porção de desinformação e enganar os alemães sobre a localização e o cronograma das aterrissagens além do Canal.³³ O resultado, ao fim de 1943, foi que o nome de Virginia, sua descrição e sua função eram universalmente conhecidos pela inteligência alemã e além dela. Ela continuou sendo a figura central da guerra clandestina na França, mesmo sem saber disso.

Quando seus chefes em Madri souberam que Virginia desejava partir, não sentiram muito ao vê-la ir embora. Seu registro de guerra era uma lembrança estranha de como passou a ter segurança e diversão em comparação ao que vivera. Sua preferência por atividades alucinantes mal se encaixava no ritmo lento do funcionalismo e na relutância de alguns setores em ajudar os agentes. Às vezes, eram absolutamente isentos. Jean-Marie Regnier, um dos agentes fortes de Virginia em Lyon, havia escapado por um triz da Gestapo para a Espanha e acabou sendo hospedado pela embaixada britânica em Madri em um hotel de propriedade de um agente duplo notoriamente perigoso. É justo dizer que os *résistants* em fuga sentiam falta da presença de Virginia na Espanha, mesmo que outros não sentissem.

Virginia voltou a Londres a tempo para o Natal e foi instalada ao lado de Vera Atkins, que trabalhava cuidando de agentes prestes a serem enviados em missões. A operação em Baker Street estava se expandindo rapidamente, os preparativos para os pousos começavam a acelerar, e a Resistência pretendia assumir um papel central nisso. Ela se mantinha ocupada fazendo o *debriefing* de agentes que retornavam e preparando os que partiriam, mas também encontrou tempo para cuidar de velhos amigos ingleses e americanos. Londres estava repleta de compatriotas dela, atraídos para a capital como eixo central do planejamento militar para o esforço Aliado de guerra na Europa, mas ela nunca abandonara seu objetivo de ser treinada como operadora de rádio – sabendo muito bem da urgente necessidade de mais pianistas, porém também pelas terríveis chances de extinção. Sabia também que estar em contato direto com os agentes de Londres dava a eles um poder especial em campo, e ela não seria impedida de novo. Se não tivesse outro caminho, ela mesma pagaria um curso de seis semanas.[34]

Virginia começou pontualmente o ano na escola de operadores de rádio da SOE, em Thame Park, Oxfordshire, na esperança de tirar proveito do fato de que os Aliados precisariam desesperadamente de mais operadores na França antes que forças de invasão desembarcassem no meio do ano. Os alunos foram postos à prova em uma variedade de aparelhos, inclusive o novo Tipo 3 Mark II, modelo 9 quilos mais leve, menos da metade do peso dos antigos. Esperava-se que ela aprendesse a transmitir Morse a uma velocidade mínima de 25 palavras por minuto, praticando sua habilidade na zona rural próxima, instalando sua antena em uma árvore. Com extenso histórico em campo, Virginia não era como seus colegas. A Escola de Especialistas 52 não sabia ao certo como lidar com ela, especialmente porque ela ainda não havia sido posta à prova dos cartões pouco antes de sua chegada, como era procedimento normal. A administração enviou um telegrama a Baker Street pedindo instruções de possíveis "assuntos que não poderiam ser discutidos na presença dela". O que também os incomodou foi que Virginia afirmava seu desejo de ir a Londres todo sábado – enquanto os alunos normalmente ficavam confinados na área da escola até concluírem o curso. Ninguém em Thame Park sabia por que ela queria visitar Londres ou quem ela estava vendo. Era tudo muito irregular.[35]

Foi após uma dessas misteriosas viagens a Londres, em janeiro de 1944, que o MI5 recebeu um pedido de investigação do Escritório de Serviços Estratégicos, ou OSS, sobre a jornalista norte-americana, srta. Virginia Hall. O OSS havia sido criado pelo Presidente Roosevelt, em junho de 1942, como a versão americana da SOE e do MI6 e tinha um escritório em Londres fortemente protegido, no número 70 da Grosvenor Street, não muito longe da embaixada norte-americana. Seu nascimento havia sido difícil por causa da hostilidade dos militares norte-americanos e até mesmo do pessoal da Casa Branca, chocado com o que consideravam um serviço de espionagem sórdido composto por "uma coleção assistemática de corretores de Wall Street, estudantes metidos a intelectuais das melhores universidades, mercenários, publicitários, repórteres, dublês, arrombadores e falsários".³⁶ (De fato, exceto pelo pessoal de apoio, *eram*, em sua maioria, homens.) Os Estados Unidos não tinham grande tradição de espionagem, mas tinham uma aversão nacional generalizada a profissionais de espionagem, mais bem resumida no pronunciamento de 1929 do Secretário da Guerra, Henry Stimson, que disse: "Cavalheiros não leem a correspondência uns dos outros". Até aquele momento, por conseguinte, informações haviam sido coletadas em uma base *ad hoc* – fato ao qual alguns atribuem o esmagador ataque surpresa em Pearl Harbor. O aventureiro diretor do OSS, general William "Wild Bill" Donovan, que alternava entre o uniforme engomado do Exército e um elegante terno Savile Row, pensava de forma diferente. Tendo se aconselhado com o comandante Ian Fleming, da inteligência naval britânica, Donovan prometeu para Roosevelt fileiras de homens "calculadamente irresponsáveis" com "ousadia disciplinada" e que eram "treinados para ação agressiva".³⁷ Em contrapartida, o presidente lhe concedeu verbas praticamente ilimitadas para espalhar entre os nomes em sua agenda de contatos da alta sociedade. No entanto, embora não houvesse falta de recrutas bem relacionados da elite da Costa Leste dos EUA (levando à piada de que OSS na verdade queria dizer "Ó, Sociedade Social"), havia coisas que o dinheiro não podia comprar – a saber, experiência em campo. "Todos aqueles primeiros recém-chegados do OSS em Londres", escreveu o irônico Malcolm Muggeridge, que trabalhava à época para o MI6, "como bem me lembro, eram como *jeunes filles en fleur [...]* todos novos e inocentes, para começar a trabalhar em nosso velho e gélido bordel da inteligência".³⁸

O OSS desperdiçava tempo com fantasias, tais como introduzir estrogênio na comida de Hitler para fazer seu bigode cair ou colocar gás mostarda nos canteiros de flores para cegar os generais nazistas. Também os parceiros britânicos tinham que servir de babá (por vezes de modo condescendente), enquanto Donovan sentia que seu acesso a Roosevelt era cada vez mais bloqueado pelo almirante Leahy, que Virginia tinha conhecido como embaixador em Vichy, mas que agora estava em Washington como principal assessor militar de Roosevelt.[39] Leahy certamente continuava a desconfiar do mundo da guerra secreta, e agora de Donovan em especial. Não ajudava em nada que o OSS ainda tivesse que estabelecer um único circuito na França, em comparação aos mais de trinta comandados pela SOE,[40] e relatórios internos registravam uma "deterioração do moral".

Se o OSS quisesse se provar hábil aos britânicos, aos militares norte-americanos e, acima de tudo, ao presidente, teria de infiltrar agentes experientes em campo para preparar-se para o Dia D. Precisavam estar prontos e ser capazes de instigar e conduzir uma campanha sem precedentes de guerrilhas, projetada para desviar recursos e minar a força do inimigo. Essa perspectiva fazia o aventureiro Donovan "bufar como um cavalo de corrida"[41] de entusiasmo, mas quem, dentro de suas fileiras, era realmente capaz de tal "ousadia disciplinada"? Os mimados filhos dos magnatas de Wall Street J. P. Morgan e Andrew Mellon ou os publicitários (conhecidos como Mad Men) da J. Walter Thompson, que faziam parte da equipe do quartel-general do OSS e compravam seus kits de combate na Abercrombie & Fitch, eram noviços e não eram páreo para os "velhacos desesperados [...] da Europa batalhadora e torturada"[42] ou "os salafrários cascas-grossas"[43] da Gestapo e da Milícia. Como Wild Bill acabou percebendo, os caras ricos de Princeton não viam problema em se imaginar nas batalhas com guerrilheiros comunistas franceses e em chamá-los de camaradas, mas ele precisava de pessoas diferentes, que sabiam como os alemães operavam e que podiam se esquivar de qualquer coisa cruel que o Reich lançasse sobre elas. Pessoas irregulares que pudessem lutar uma guerra irregular. Nesse momento da guerra secreta, o poder passava das mãos experientes e exaustas dos britânicos para as mãos fortes, mas não calejadas dos norte-americanos. Então, o OSS estava em desespero, buscando oficiais de inteligência dos Estados Unidos que tivessem provado seu valor atrás das linhas inimigas. Eram poucos e raros, mas uma acabou chegando inesperadamente.

Enquanto isso, o MI5 atendia ao pedido de investigação do OSS sobre Virginia: não havia "razão alguma"[44] para duvidar de sua confiabilidade, sem, claro, revelar que ela era a Agente 3844 da SOE, com um histórico sem igual por trás das linhas inimigas. O OSS já sabia disso. Era exatamente por isso que havia perguntado.

CAPÍTULO NOVE
Contas a acertar

Na noite sem luar de 21 de março de 1944, uma pequena guarda que havia se antecipado à iminente invasão Aliada do norte da França estava estacionada na praia de Beg-an-Fry, na Bretanha. O duo escolhido a dedo havia atravessado o Canal da Mancha em uma canhoneira a motor da Marinha Real, depois de passar a noite anterior em um hotel próximo do resort costeiro de Torquay. Um deles era uma camponesa idosa, enrolada em xales como uma *babushka* russa e carregando uma mala pesada. Foi a primeira a desembarcar, tomando cuidado para não fazer barulho ao sair do barquinho camuflado para as rochas e para longe da maré. Uma figura masculina saiu em seguida, mas torceu o joelho no escuro e não conseguiu reprimir um grito alto enquanto a mulher o ajudava a se levantar. Ele se queixou durante todo o trajeto, por uma fenda estreita que desembocava no pontal e através de arbustos de tojo, chegando a uma estrada para a longa caminhada até a estação ferroviária mais próxima. No entanto, era supostamente proibido falar, para não alertar os alemães nas casamatas próximas, pois eles poderiam ligar os holofotes a qualquer momento e começar a disparar.

O grisalho *Henri Lassot* tinha o rosto pálido, bigode fino e óculos redondos, e era pintor de profissão e reclamão por natureza, embora valorizado pelos comandantes do OSS, que consideravam seu ar de fadiga um disfarce brilhante. De codinome *Aramis*, o americano tinha 62 anos, idade suficiente para ser pai de Virginia, que, na verdade, estava chegando a seu 38º aniversário. *Diane*, como era conhecida no OSS, parecia estar com quase 70, porque havia passado por esforços extraordinários para mudar a aparência. Na juventude, preferia vestir-se como uma pirata ousada, mas, para aquela missão, optara por algo mais desleixado. Tingiu os cabelos de um cinza sujo e os prendia com um grampo de madeira em um sério estilo altivo, que enfatizava suas feições; artistas de maquiagem de Hollywood haviam lhe ensinado como desenhar a lápis rugas bem genuínas ao redor dos olhos; usava blusas largas de lã e várias saias que iam até o chão com *peplums* que avolumavam sua silhueta e ocultavam sua Colt calibre 32; pediu a uma dentista londrina muito temida para que desgastasse seus belos dentes brancos americanos, para que se assemelhassem aos de uma camponesa francesa. Com seu 1,76m de altura, era alta para uma camponesa, mas suas roupas tinham sido feitas, puídas e rigorosamente verificadas por refugiados judeus em um ateliê secreto atrás de Oxford Circus, em Londres, a fim de garantir que parecessem reais – até os botões eram costurados da maneira como os franceses preferiam, com costura paralela, enquanto britânicos e norte-americanos preferiam um ponto cruzado. Ela até alterara o famoso jeito de andar, aprendendo a arrastar os pés.

O efeito era surpreendente, mas o OSS julgava que o disfarce de Virginia não era convincente o bastante e indicou "uma alteração radical de suas feições, para sua segurança". No entanto, ela se recusou a passar por uma cirurgia, talvez por causa das lembranças do período pós-acidente na Turquia. De qualquer forma, era uma postura corajosa – e incomum. George Langelaan, um dos fugitivos de Mauzac, foi um dos poucos agentes comprometidos que concordaram com uma cirurgia ou que até haviam solicitado o procedimento antes de voltar ao campo. Duas grandes operações envolveram quebrar o queixo pontudo de Langelaan e deixá-lo mais liso e arredondado com um enxerto ósseo da pelve, um procedimento doloroso que ele finalizou com óculos, um penteado diferente e um bigode. Depois de tudo isso, mesmo seus parentes mais próximos não o reconheciam.

A recusa de Virginia é ainda mais notável, considerando que oficiais alemães na França ainda estavam em alerta máximo à procura da Maria Manca, mesmo dezesseis meses após sua fuga de Lyon. A Gestapo lhe dera o codinome *Artemis*, deusa grega da caça. Para eles, capturá-la e matá-la ainda era um esporte peculiar, arrebatador e sinistro. Seus perseguidores sabiam que ela havia retornado para a Grã-Bretanha via Portugal. Agora, ela precisava evitar a todo custo que ficassem sabendo de seu retorno à França.

Mesmo disfarçada, era uma maneira incomum de se vestir para o papel que ela pretendia assumir em campo, um papel que ia muito além das ordens dadas a seu novo circuito, de codinome Saint, que eram surpreendentemente modestas. Sua instrução oficial era encontrar esconderijos para outros agentes e operadores de rádio fugitivos no centro da França, a sul de Paris – atravessando a área perigosa onde os alemães haviam dizimado o circuito Prosper da SOE e que tinha virado um território quase inacessível aos agentes Aliados. Para a sede do OSS, estava claro que *Aramis* seria o chefe (ele levara 1 milhão de francos para suas despesas), enquanto *Diane* era sua assistente e operadora de rádio (com 500 mil francos).[1] Ainda era controverso nos EUA o fato de enviarem uma mulher para uma operação paramilitar, e era inconcebível colocá-la no comando. No setor militar dos EUA, que havia se expandido às pressas depois de Pearl Harbor, recrutas do sexo feminino (que nunca chegavam perto do *front*, muito menos atrás dele) eram marcadas por alguns colegas homens como prostitutas ou como a conhecida "ameaça lésbica". Sabiam que as mulheres pilotavam aviões, mas apenas para levar cargas às fábricas e trazê-las de volta, nunca em combate. Normalmente o mais próximo que as mulheres chegavam dos tiroteios era como enfermeiras. No entanto, receber ordens de *Aramis*, um inexperiente em campo, era uma situação que Virginia dificilmente toleraria por muito tempo. Também era provável que ela se ativesse a seu restrito papel de apoio por pouco tempo. Desde o início ela teve ambições maiores e, agora que finalmente estava de volta à França, tinha algumas contas a acertar.

O país havia sofrido muito desde sua última missão, e o clima mudara drasticamente. Virginia havia analisado a situação como um todo e, bem antes de chegar, percebeu que era hora de formar exércitos de guerrilha para atacar, em vez de montar circuitos para observar e se preparar, como antes. Como disse um funcionário da SOE: "Passamos exaustivos dois anos e meio semeando vento. Estávamos prestes a colher tempestade".² Na verdade, estava bem claro o que eles poderiam fazer com a liderança e os equipamentos certos, mas infelizmente ambos estavam em falta. Churchill ordenou que a RAF enviasse mais de 3 mil toneladas de armas e suprimentos (inclusive alimentos concentrados e vitaminas) para combatentes franceses nos primeiros quatro meses de 1944. Mesmo assim, a maioria permanecia desarmada, despreparada, mal conduzida e quase sempre esfomeada. Alguns, cansados de esperar pelo resgate, simplesmente foram perdendo a esperança na vinda dos Aliados, deixando de acreditar nas alegações de que a ajuda estava a caminho. No entanto, os grupos mais bem liderados e equipados já usavam seus novos tesouros para explodir depósitos de munição e tanques de gás, descarrilar trens e até mesmo atacar alemães que estavam sozinhos ou em pequenas unidades militares, demonstrando o que podiam fazer. Por conseguinte, a maioria dos nazistas na ocupação temia a Resistência como uma verdadeira ameaça militar, e não como um movimento subversivo. O marechal de campo Gerd von Rundstedt, chefe do Estado-Maior na França, estava descrevendo algumas regiões como fomentadoras de um estado de "revolta geral" e a vida das tropas alemãs como "ameaçada seriamente por tiroteios e bombardeios".³ A ameaça tornou-se mais organizada quando a Resistência como um todo passou a receber ordens do governo da França Livre de De Gaulle. Hitler foi forçado a enviar algumas divisões da Gestapo e da Waffen-SS para longe do *front*, a fim de montar um contra-ataque de extrema brutalidade no quintal dos próprios alemães. Ansiosos para se livrarem de insurgentes antes da esperada invasão Aliada, eles capturaram milhares de membros da Resistência nos primeiros meses de 1944. Muitos deles foram executados pelo esquadrão de fuzilamento, alguns gritando *Vive la France* antes de caírem.

Em março, um baluarte da Resistência no planalto de Glières, nos Alpes de Saboia, foi o primeiro a combater uma batalha campal com forças nazistas. No entanto, bombardeados por aeronaves Stuka e rodeados por uma divisão montanhesa alemã de elite com mais de vinte vezes seu tamanho – e sem o tão aguardado apoio dos Aliados –, o resultado foi um banho de sangue. A tragédia de Glières enviou uma mensagem retumbante de que a Resistência estava ativamente envolvida na guerra, mas também acelerou a queda da França em um caldeirão de vingança sangrenta. O agente da SOE Francis Cammaerts, antes de Virginia partir, tinha avisado Londres sobre um "reinado de terror" na sua zona alvo, no centro da França, com "fazendas queimadas, tiroteios e enforcamentos". "Os dias estão muito difíceis", acrescentou. "Os alemães estão atacando a todos, mesmo aqueles que são ligeiramente suspeitos." Virginia estava bem ciente dos riscos, mas o pensamento no destino de seus amigos em Lyon a impulsionava. Ela acreditava que aquele era, por fim, o ambiente ideal para reunir uma força poderosa de combate, para criar uma nação em armas. De uma forma ou de outra, ela também teria sua vingança.

O primeiro teste do disfarce de Virginia aconteceu no cair da noite seguinte, quando ela e *Aramis* chegaram à estação Montparnasse, em Paris. As barreiras estavam cercadas de agentes da Gestapo, que examinavam passageiros com olhares agressivos, e ela sabia que, se ficasse parada, estaria acabada. Arrastava penosamente a mala com o braço esquerdo, mas precisava fingir que estava leve para não despertar suspeitas de que continha um transmissor de rádio, e aquela nova versão ainda pesava quase 15 quilos. Felizmente, a Gestapo não teve interesse na velha que arrastava os pés e vinha do interior, apenas mais uma em uma multidão fervilhante na estação. No entanto, agora que estava agindo disfarçada, cada ocasião dessas seria uma questão de vida ou morte.

Virginia estava viajando com o novo codinome *Marcelle Montagne*, poucos dias depois de aderir à Seção de Operações Especiais do OSS. Ela estava entre os poucos oficiais de campo a ser transferida da SOE em toda a guerra – mais uma barreira que Virginia rompera, mesmo não tendo sido franca em relação a seus motivos. "Tenho confiança de que sua principal motivação para a transferência [...] é a lealdade nacional", sugeriu um dos recrutas, que parecia não saber que a SOE havia proibido que ela retornasse à França. "Essa senhora [...] é de ascendência americana."[4] Na realidade, o movimento de fuga era, claro, sua maneira de contornar a recusa de Buckmaster de enviá-la para outra missão. Ela provavelmente buscava se juntar ao jovem serviço norte-americano desde seu período frustrante de trabalho burocrático em Madri, pois sabia que o OSS estava desesperado atrás de agentes com experiência. Ela descobriu que as exigências extremas de guerra mostravam que até uma mulher perneta tinha chance de entrar – como ela tinha feito na SOE. Por sorte, outro velho amigo havia se mostrado útil: William Grell, ex-gerente do opulento St. Regis Hotel, em Nova York, agora trabalhava como capitão do OSS em Londres, e ela havia se encontrado com ele várias vezes naquelas misteriosas viagens de fim de semana ao Thame Park. No início, Virginia não revelou que já estava trabalhando para a SOE, mas o capitão Grell viu que sua fluência em francês e as credenciais como repórter na França poderiam ser úteis e providenciou para que ela o encontrasse para uma entrevista. Virginia queria tanto o trabalho que rapidamente deixou claro que não era novata na inteligência. Provavelmente tinha passado mais tempo em território inimigo do que todos eles juntos e agora também sabia operar um rádio. Além disso, poderia continuar a operar em colaboração estreita com seus velhos colegas da SOE, pois as duas agências tinham acordado, em janeiro de 1944, que operariam em conjunto, em uma nova Sede das Forças Especiais (sigla em inglês SFHQ – *Special Forces Headquarters*), em Londres. Portanto, pouca coisa mudaria, exceto seu contracheque e a liberdade de voltar à França. Virginia conseguiu mais uma vez o que queria, mas não demoraria até que, no fundo, ela desejasse não ter conseguido.

A primeira coisa que a sra. Hall ouviu sobre a mais recente façanha de Virginia veio de seus vizinhos. Os oficiais de segurança do OSS chegaram à cidade, batendo de porta em porta e questionando todos que pudessem encontrar um conhecido de Virginia, como parte da liberação de segurança. Isso deixou a mãe nervosa: Barbara sabia que a filha vinha fazendo algo de perigoso, mas nunca ouvira nada sobre os detalhes. A família esperava pistas ocasionais nas raras cartas vindas da Europa, seguia o avanço da guerra em um mapa-múndi na sala de estar e tentava adivinhar onde Virginia poderia estar. Souberam que ela havia "descansado" em Londres por um tempo, mas agora era óbvio, depois dessas visitas bruscas de oficiais governamentais (que sequer haviam se identificado adequadamente), que ela estava voltando a algum lugar perigoso.[5] Talvez tenha sido em parte culpa pela ansiedade da sra. Hall o que levou Virginia a providenciar que quase todo o seu pagamento do OSS fosse enviado à mãe, na Boxhorn Farm (ou talvez tenha sido pela capacidade notável de Barbara em investir no mercado de ações). De qualquer forma, o dinheiro não era a real motivação. O OSS ficou surpreso que ela nem sequer tivesse perguntado quanto receberia, salário e subsídios de 336 dólares, que consistiam no pagamento de uma segundo-tenente do Exército solteira, sem acréscimo por paraquedismo (por razões óbvias). Era um ótimo aumento de 35% sobre seu salário da SOE, mas, agora que ela estava voltando para o campo, o pagamento tinha deixado de ter importância. Seu seguro de vida era supostamente de 10 mil dólares, porém Virginia nunca assinara uma apólice, pela pressa de se infiltrar na França.[6] Mais relevante era que, embora ainda fosse uma civil, estivesse finalmente recebendo uma patente militar equivalente. Dito isso, considerando seu registro de comando em campo, tornar-se segundo-tenente, ou oficial de patente mais baixa, era, sem dúvida, uma desilusão. Ele lhe daria o *status* necessário para o trabalho que ela queria fazer?

A chegada de Virginia e *Aramis* elevou o número de agentes do OSS na França a apenas cinco, mas, depois de um início lento, os americanos estavam determinados a recuperar o tempo perdido na guerra clandestina. O objetivo da SFHQ para o OSS e para a SOE era desempenhar um papel crucial no Dia D, formando sociedades de *résistants*, treinando e armando seus homens para executar operações de sabotagem selecionadas estrategicamente e, assim que chegasse a hora, ataques surpresa contra comboios alemães. Acima de tudo, o plano era direcionar esses bandos de guerrilha para que seguissem ordens do alto-comando Aliado em vez de ouvir os chefes locais, que fariam mais mal que bem, seguindo seus objetivos politicamente motivados. Essa tarefa – nunca antes tentada em escala tão épica – exigiria inteligência militar, diplomacia e pura força de caráter dos agentes. Essas qualidades supostamente seriam encontradas apenas em homens; dependia de Virginia provar que ela também as possuía.

Então, foi ela, e não seu chefe homem, que imediatamente assumiu o comando quando chegaram a Paris, liderando o caminho até um de seus contatos. *Aramis* a atrasava, reclamando o tempo todo de seu joelho. Virginia ficava exasperada, pois não era hora de chamar a atenção. Paris estava ainda mais tensa e oprimida do que em sua última visita, e todos os lugares estavam sob supervisão. As escolas haviam se tornado casernas; cinemas, teatros, cafés tinham sido tomados exclusivamente para os alemães; os antigos salões e clubes de jazz que ela amava frequentar quando estudante foram fechados forçosamente; os nomes judaicos que algumas ruas ostentavam tinham sido alterados para nomes de antissemitas. E, depois de anos de propaganda contra os Aliados em rádios e até em *outdoors*, havia hostilidade no ar, especialmente contra americanos. Quando um avião das Forças Aéreas dos EUA foi derrubado depois de um bombardeio Aliado, correram rumores de que houve gente dançando pelas ruas.

Por fim, chegaram à casa de Madame Long, recomendada por um antigo amigo de Virginia da época da faculdade. Ele vivia no número 57 da rue de Babylone, perto do túmulo de Napoleão, em Les Invalides. Madame Long já havia fornecido teto para Virginia sem questionar, mas sentiu antipatia instantânea por *Aramis*. Ele infringiu o básico da segurança, contando como havia machucado a perna descendo de um barco, e ela achou insuportável o modo como ele usava palavras longas e pomposas. Logo se cansou de seu convidado, e insistiu em levá-lo diretamente à pensão de um amigo gaullista, antes que ele falasse mais alguma coisa. Virginia era livre para usar o apartamento inteiro, mas Long se recusou a permitir que o preocupante falador *Aramis* voltasse.[7]

Todos sabiam que a invasão Aliada era iminente, mas os agentes do OSS – inclusive Virginia – não sabiam a data nem o local exatos, para evitar possíveis vazamentos sob tortura. Outro desembarque deveria acontecer algum tempo depois, na Riviera, para formar um ataque duplo aos alemães. A partir do conhecimento sobre a França vindo de sua primeira missão, Virginia já havia identificado uma área em La Creuse, no centro da França, que ficava no meio do caminho entre o Canal e a costa Mediterrânea e poderia servir como um campo de batalha estrategicamente importante para a Resistência. Seus instintos eram bem fundamentados. A região entre Châteauroux e Limoges havia sido citada pelo Comando Supremo Aliado como local prioritário para armar os grupos de guerrilha a fim de que pudessem atacar as forças inimigas em movimento, interromper suas linhas de abastecimento e derrubar seu moral. O território já lhe era familiar, pois ela havia operado ali em sua primeira missão. Esse fato também aumentou o risco de ser reconhecida em uma área cheia de alemães e informantes, mas tais preocupações não impediram Virginia de partir no dia seguinte para La Creuse, de trem, com *Aramis* a reboque. Eles desembarcaram em uma pequena cidade chamada Saint-Sébastien, 320 quilômetros a sudoeste de Paris, onde, para futura referência, ela fez anotações de possibilidades de sabotar a estação de trem e os trilhos.

Seus contatos locais imediatamente foram utilizados, um deles levando os dois a encontrar um fazendeiro chamado Eugène Lopinat, em Maidou-sur-Crozant, uma aldeia perto dos íngremes desfiladeiros de granito do rio Creuse. Lopinat fez algumas perguntas, mas ofereceu o uso de uma cabana de um cômodo ao lado da estrada, sem água ou eletricidade. Era perfeito, pois a rústica fazenda de Lopinat ficava na outra extremidade da aldeia, onde Virginia (conhecida aqui como *Madame Marcelle*) poderia transmitir a partir do sótão usando o fornecimento intermitente de energia, pendurando sua antena na parte de trás do telhado. Ela se sentia mais segura ali do que em uma Paris invadida pela Gestapo. Mais importante, ela se sentia mais útil. Com o tempo avançando rápido rumo ao Dia D, a área talvez fosse indispensável para as operações, mas, em grande parte, também não havia sido conquistada pela Resistência. O *maquis* local geralmente era pequeno e desorganizado, quase sem armas ou munições. As prioridades dela eram recrutar, treinar e trazer armas por via aérea da Grã-Bretanha para formar uma unidade de guerrilha. Levou apenas alguns dias para Virginia passar das ordens originais – com a bênção dos controladores que a admiravam – para conduzir o tipo de missão que ela queria.

A mãe de Virginia costumava dizer que tudo o que ela aprendesse na infância viria a ser útil um dia. De fato, aqueles longos verões com os animais da fazenda, em Maryland, ajudaram a estabelecer seu disfarce como ordenhadeira. "Eu cozinhava para o agricultor, sua velha mãe e o empregado em uma fogueira aberta, pois não havia fogão na casa", relatou ela. "Eu levava as vacas ao pasto e, nesse processo, encontrei vários campos bons para pouso de paraquedas."[8] Tais condições primitivas eram excelentes para a coleta de informações, porém não tinham apelo para *Aramis*. Ele voltou a Paris mais que depressa e encontrou lugares mais salubres com uma antiga amiga da família chamada Madame Rabut. Agora que estavam operando efetivamente sozinhos, assim ela esperava, Virginia via seu suposto chefe apenas uma vez por semana, quando ele ia até Maidou com atualizações sobre o progresso na busca de esconderijos para transmitir a Londres. Ele não reclamava de seus experimentos com Cuthbert ou do fato de que Virginia tinha de carregar um aparelho de rádio consigo, mas ela se irritava com os resmungos de *Aramis* sobre as viagens e sua recusa bizarra a carregar algo pesado. "Apesar de sua aparência robusta, ele não é muito forte", relatou ela mais tarde. "[Ele] ficava mal por alguns dias depois de cada viagem extenuante."

Ela também se ressentia dos poucos feitos de *Aramis* em Paris e de seu hábito contínuo de tagarelar. Ele se recusava irritantemente a ouvir os conselhos experientes dela sobre segurança, apesar do fato de que suas visitas regulares poderiam chamar atenção indesejada para os dois. "*Aramis* veio [...] sem nada para relatar, exceto que encontrara Madame Rabut", reclamou ela. "Ele parecia não entender como usar mensageiros ou a conveniência de fazê-lo e se ressentia ferozmente de qualquer sugestão." Sua paciência limitada havia se esgotado. Virginia decidiu que encontraria uma maneira de tirá-lo de sua vida para executar a sua missão da maneira que considerava adequada. Começou a recrutar novos membros para a Resistência durante suas rondas diárias para entregar leite. Em alguns dias, moradores do local, desde a secretária do prefeito até o carteiro da aldeia, haviam se envolvido, e se espalhou a notícia de que alguém finalmente estava assumindo o comando da área. Ela ficou extasiada por ter encontrado "fazendeiros e ajudantes dispostos e ansiosos para ajudar"[9] e começou a transformar os "esquadrões de camponeses" em unidades de guerrilha organizadas. Era exatamente o que estava querendo fazer havia muito tempo. Ao fingir ser uma camponesa francesa (a mais improvável possível), Virginia encontrara seu verdadeiro eu. Apesar dos perigos, mais uma vez ela se sentia livre.

Uma semana depois, outro rosto familiar e decididamente mais esperado apareceu à sua porta. Elisée Allard, um dos sobrinhos, tinha acabado de pousar de paraquedas na zona de pouso de Chat, a poucos quilômetros, depois de ter recebido na Grã-Bretanha um treinamento formal da SOE que ela arranjara para ele e Marcel Leccia. Agora ali estava ele, na cabana rústica de sua tia, tendo retornado para a França com Leccia e um terceiro agente da SOE que ela conhecia e de quem gostava, o belga Pierre Geelen. Sem dúvida, ele se assustou quando viu *Madame Marcelle* em trapos de camponesa, mas então soube que Virginia arriscaria qualquer coisa para fazer seu trabalho. Quando ouvira falar dos locais sobre uma velha senhora com um sotaque estranho que estava comandando um pequeno grupo de guerrilheiros, imaginou que devia ser ela.

Os três sobrinhos receberam a tarefa de se preparar para o Dia D explodindo o quartel-general naval alemão perto de Angers e a estação de manobra ferroviária na cercania de Tours. Eles eram uma pequena parte de uma operação tripla Aliada muito maior, conhecida como Plano Vert (destruição de comunicações ferroviárias), Plano Tortue (organização de barreiras e emboscadas) e Plano Violeta (corte de fios telefônicos, forçando os alemães a utilizar sinais de rádio que, ao contrário de chamadas telefônicas, podiam ser interceptados). Allard perguntou se Virginia poderia enviar a Londres mensagens de que três agentes haviam chegado em segurança e estavam começando o trabalho. O próprio Leccia estava em uma viagem para o *département* de Nièvre, mas voltaria em breve para vê-la também. Era como se ela nunca tivesse deixado a SOE, o que era uma alegria, mas também se revelaria um problema grave.

Virginia intensificou seus esforços para coletar informações sobre as tropas alemãs na área. Ofereceu-se para ajudar a mãe do agricultor a fazer mais queijo para poder vender o excedente aos ocupantes. Ao encontrar um pequeno comboio alemão, seguia arrastando os pés até eles para lhes oferecer sua produção, falando com voz falsa de velha senhora para tentar esconder o sotaque. Oficiais alemães na França haviam espalhado cartazes com seu retrato falado e alertas sobre a ameaça que ela representava para o Reich, mas ninguém naquele momento parecia achar *Madame Marcelle* remotamente suspeita. Inocentes, eles compraram queijos, permitindo que ela tivesse a oportunidade de ouvir suas conversas (usando o que tinha aprendido na Konsular Akademie, em Viena), que enviaria via rádio para a Grã-Bretanha naquela noite. Dessa forma, ela começou a desenhar um retrato de planos militares alemães que teria um efeito significativo sobre o andamento da guerra.

Alguns dias mais tarde, ela estava dobrando a antena na fazenda Lopinat depois de transmitir sua mensagem a Londres quando ouviu um veículo estacionar. Pensou que poderia ser *Aramis*, mas fechou a mala do rádio e a deslizou sob as caixas e os móveis antigos guardados no sótão, só para garantir. Desceu a escada e caminhou normalmente até a porta. Lá fora não estava seu colega americano, mas, para seu horror, um grupo de soldados alemães liderados por um oficial, o qual lhe perguntou o que ela estava fazendo sozinha na cabana. Entrando na personagem, Virginia respondeu em seu crocitar treinado que ela cozinhava para o fazendeiro e cuidava de suas vacas. Não satisfeito com sua resposta, ele ordenou que três homens fizessem uma busca lá dentro. Virginia torceu desesperadamente que tivesse escondido o rádio bem o suficiente. De dentro, conseguia ouvir sons de coisas se quebrando e o que pareciam ser móveis sendo puxados. Em seguida, ouviu o rascar da escada contra o alçapão no andar de cima e tentou calcular a distância que conseguiria correr até ser baleada. Uma ideia melhor seria ficar na personagem e alegar que, como mulher idosa, nunca subia as escadas ou sabia o que havia no andar de cima. Era certo que, se fosse presa, eles descobririam Cuthbert e deduziriam sua identidade. Seu destino seria certo: tortura e morte.

O coração de Virginia estava palpitando, e os soldados continuavam a virar a casa de cabeça para baixo. Então, finalmente, foram até o oficial e lhe entregaram algo que ela não conseguiu ver. Também não ouviu bem o que estavam dizendo. Ela tentou não olhar, mas o funcionário finalmente se aproximou e olhou direto em seu rosto, sentindo sua respiração na pele. Ele conseguiria ver através seu disfarce – sob esse intenso escrutínio, perceberia que suas rugas eram falsas? Em vez disso, o oficial a reconheceu como a velha senhora dos queijos que ele havia encontrado na estrada, anunciou que seu produto era muito bom e se serviu de mais, jogando algumas moedas aos pés dela antes de partir. Virginia permaneceu imóvel por alguns momentos, inclinando-se contra a porta para se apoiar, mas sua mente estava acelerada, tentando saber o que havia levado aqueles "lobos" à sua porta. Tinha sido o sotaque? Ela havia sido ousada demais? Alguns dias mais tarde, deparou com as cabeças cortadas de quatro moradores simpatizantes; tinham sido empaladas pelo pescoço pelos nazistas e deixadas em exibição entre as flores silvestres ao lado da estrada principal, como um aviso para os outros. Juntar-se a ela na Resistência tinha um preço arrasador.[10]

Virginia de repente se sentiu muito sozinha. Não podia mencionar esses incidentes terríveis em sua próxima mensagem para Londres por medo de se identificar se fosse interceptada. Em vez disso, pediu permissão em 18 de abril para mudar sua base "devido ao corte diário de eletricidade e condições de viagem".[11] Antes de ir embora, no entanto, Allard e Geelen voltaram com uma "caixa de biscoitos" – o apelido de um rádio novo e menor que pesava apenas 6,5 quilos – que Virginia vinha pedindo e que chegara com outro lote de agentes. Também trouxeram mais notícias ruins. A missão dos sobrinhos próxima do *département* de Indre estava em risco. Leccia conseguira encontrar esconderijos graças a seus primos – dois médicos chamados Laurent e Joseph Leccia –, mas um operador de rádio que estavam usando havia sido preso. "O lugar todo estava cheio de Gestapo", um agitado Allard revelou a Virginia. "Todo mundo estava apavorado" e ninguém trabalharia com eles agora. Leccia havia ido a Paris "tentar arranjar outra coisa".

Cinco dias depois, em 1º de maio, veio a notícia perturbadora de Londres: a possível captura de Geelen. Sua transmissão de rádio mais recente não continha as verificações de segurança adequadas e, desde então, não se ouvira mais nada dele. Se Geelen tivesse sido capturado – a Gestapo certamente o submeteria às formas mais vis de tortura –, os alemães já teriam conhecimento de que *Artemis* estava na França. Virginia mal parou para fazer as malas antes de fugir no próximo trem para Paris. "Claro que não deixei endereço para trás", relatou ela. Chateada com a notícia de Geelen, seguiu diretamente para o apartamento de Madame Long para pensar em seu próximo passo.

Claramente ela havia cometido erros. Permitira que pessoas demais soubessem onde ela morava e fofocassem sobre o jeito como falava. Um domínio impecável do francês era quase tão indispensável quanto munição para sobrevivência de um agente secreto, um fato que, na pressa do OSS para tornar Virginia uma agente, parecem ter ignorado. Isso não importava em sua primeira missão, quando ela estava operando como a jornalista norte-americana Virginia Hall, mas várias pessoas do condenado circuito Prosper da SOE haviam morrido, por exemplo, porque tinham vozes facilmente detectáveis como não francesas.

Como sempre, Virginia encontrou uma solução. Decidiu fazer uma aposta na senhoria de *Aramis*, Madame Rabut, a quem julgou depois de alguns dias como discreta e confiável. Pediu à mulher para viajar com ela e falar em público sempre que necessário. Apesar dos riscos óbvios, Rabut aceitou a chance de ajudar e se tornou, como relatou Virginia, uma "amiga muito dedicada e útil".[12] Não havia tempo a perder. Após 48 horas do retorno de Virginia a Paris, as duas mulheres estavam a caminho de outro ponto de travessia estratégica, no centro da França. Ela provara sua determinação ao OSS em La Creuse, e, com o tempo voando antes do Dia D, seus controladores lhe concederam a instrução vaga que ela desejava desesperadamente. Suas novas ordens eram muito mais de seu gosto: "Examinar as capacidades da Resistência, em particular de sua mão de obra, e estabelecer seus requisitos". Como já tinha feito em La Creuse, deveria localizar os campos de pouso adequados e pousos de paraquedas. No entanto, por fim, o mais importante para Virginia, veio o chamado oficial às armas: "Auxiliar a Resistência e planejar atos de sabotagem". Sua guerra de guerrilha estava prestes a começar – mas onde?

Marcel Leccia tinha informado Virginia sobre os contatos da Resistência de sua família em Cosne-sur-Loire, em Nièvre, cinco horas a sudeste de Paris, no coração da França. Ela ouvira falar que os *maquis* estavam sofrendo com uma liderança fraca e lutas de facções – um problema comum e irritante, especialmente por causa da perda da presença unificadora de Jean Moulin. Os voluntários também estavam famintos por suprimentos. Embora fosse uma das áreas mais perigosas do país, estava claro que, de qualquer forma, o comando Aliado precisaria de uma força de guerrilha viável em Nièvre para aumentar os ataques surpresa contra as forças alemãs que seguiam para norte para reforçar as defesas do Canal e sabotar as suas conexões antes, durante e depois da invasão Aliada. Quando Virginia a escolheu como sua próxima localização, a SFHQ prontamente concordou, mas lembrou que era "muito quente" com prisões atrás de prisões: "[Por isso,] por favor, tenha cuidado".[13]

Virginia e Madame Rabut viajaram juntas à casa do coronel Vessereau, um ex-chefe de polícia e, no passado, assistente de Edouard Deladier, ex-primeiro-ministro da França. Tinha sido avisado por Leccia, irmão de sua nora Mimi, que esperasse um visitante importante e aguardava ansiosamente. Um líder da Resistência desagregador e autoritário havia recentemente deixado a área – para alegria de muitos moradores – e, desde então, o coronel vinha trabalhando a todo vapor para recrutar cem *maquis* e apoiar os policiais militares que estavam atuando. Ainda assim, tinham pouco mais que forcados e cabos de vassoura para lutar, e precisavam até de comida e roupas. Então, a aparição de Virginia nesse momento foi motivo de comemoração, pois Vessereau imaginava que sua área tinha sido esquecida pelos Aliados. Com seu transmissor, ela era ouvida por Londres – lugar que, naquela época, adquirira para muitos franceses um *status* quase mítico de esperança e bondade. Por fim, ele seria capaz de pedir armas, munições, dinheiro e mais agentes para treinar os recrutas.

Virginia começou a trabalhar para treinar os homens dele para que se tornassem uma força de guerrilha improvisada, mas eficaz, com o coronel Vessereau "fazendo o seu melhor como meu vice". Juntos, decidiram formar um *maquis* dividido em quatro grupos de 25 para treiná-los, organizá-los e, por fim, armá-los. Foi uma solução vinda diretamente do novo *O manual do líder partisan* da SOE, considerado a bíblia da guerra suja. Pequenos grupos eram melhores, pois podiam mover-se rapidamente e evitar a detecção – na verdade, Virginia deixou claro aos homens que seu lema deveria ser "atirar, queimar, destruir", seguido de "partir". As operações eram mais bem conduzidas à noite, calçando sapatos de sola de borracha e escurecendo o rosto com lama. Ela os instruiu a começar com sabotagens de pequena escala ou missões "sanguessuga" – atacar de forma persistente pontos menos protegidos – com técnicas simples, como abrir um furo no fundo de tanques de gasolina de veículos alemães e atear fogo no vazamento de combustível. Fios de telefone podiam ser derrubados se atirassem uma corda pesada sobre eles ou derrubassem uma árvore próxima, e aparelhos de mudança de trilho ferroviário podiam ser bloqueados se martelassem neles um calço de madeira. Essas seriam todas táticas de interferência úteis, mas, para o verdadeiro combate iminente, Virginia teria de trazer suprimentos da Grã-Bretanha. Arranjou um pouso de paraquedas com doze caixas de explosivos, armas, munições para a lua cheia seguinte, em dez dias, em 15 de maio. Nesse meio-tempo, ela continuaria o treinamento básico.

Virginia pediu a Madame Rabut que fosse sua mensageira, mas sem dizer a ninguém, nem a *Aramis*, que ainda estava em Paris.[14] Virginia aprendera em sua última missão que devia se afastar de agentes fracos de forma rápida e limpa, eles sendo ou não tecnicamente seus superiores. Às vezes, podia parecer quase brutal. Ela informou a Londres que *Aramis* não havia "feito progresso nenhum em sua missão" e simplesmente o lançou à deriva, sem qualquer meio de comunicação com a base. "Eu disse a mim mesma: 'Que diabos'", relatou ela, "e comecei a avançar com minha parte do país."[15] Felizmente, tal insubordinação foi tolerada, até mesmo incentivada, por Wild Bill Donovan, que gostava de dizer: "Prefiro ter um jovem tenente com coragem suficiente para seguir ordens a ter um coronel organizado demais para pensar e agir por si mesmo".[16] No entanto, era um movimento incomum para uma mulher. Dito isso, *Aramis* não conseguira identificar mais que um esconderijo para as três agentes a caminho, quando precisavam de três. Era evidente, como a própria Virginia enfatizou, que ele não era adequado para as demandas específicas de operações especiais em um país violento e sem lei. De um jeito fraco, ele atribuía a culpa das frustrações de suas "façanhas", como chamava sua missão, ao fato de que era "muito difícil para um forasteiro sem referências entrar no jogo".[17] Não era um problema que parecia afligir Virginia; o fracasso dele destacava o sucesso dela.

Nesse ínterim, Marcel Leccia – agora considerado por seus novos patrões em Londres um ás da sabotagem – ainda estava com dificuldades. A Gestapo estava destruindo a Resistência nas cercanias de Tours, e ele lutava para encontrar os apoiadores necessários para explodir o eixo ferroviário. Para seu alívio, finalmente foi apresentado a um estudante de Medicina de codinome *Lilias*, que se ofereceu para ajudar. Buscaria Leccia e Allard em seu esconderijo em Indre e os levaria a Paris para fazer contatos úteis. A nova noiva de Leccia, Odette Wilen, também em missão na França, acenou em despedida. O casal havia se apaixonado no treinamento da SOE na Grã-Bretanha e noivara poucos dias antes. Wilen e o instintivamente mais cauteloso Allard não confiavam o suficiente em *Lilias* – de onde vinha toda a sua gasolina, por exemplo? Leccia, porém, cabeça-dura – a SOE mais tarde viria a chamá-lo de "sabichão" e "talvez um pouco negligente"[18] –, pensava que poderia lidar com ele, e que talvez ele se provasse como o avanço de que eles precisavam com urgência.

Eles partiram, Allard e Leccia dando um adeus emocionado a todos os franceses honoráveis que os haviam escondido e ajudado até ali, mas o noivo de Odette e seu amigo mais próximo nunca mais voltaram. *Lilias*, outro agente duplo ambicioso, levou-os diretamente a Cherche-Midi, antiga prisão militar de Paris que alojara o capitão Alfred Dreyfus. Ali eles foram mantidos na solitária para aguardar o interrogatório da Gestapo. Notícias de seu destino emergiram apenas porque Leccia persuadiu um guarda a contrabandear uma mensagem para fora da prisão. Logo depois, ele foi levado ao prédio da Gestapo, na avenue Foch (conhecida, sem afeição nenhuma durante a guerra, como avenue Boche), a uma caminhada rápida do Arco do Triunfo. Nos 52 dias seguintes, ele foi submetido ao tratamento mais degradante e horrível no famoso 5º andar. Transeuntes na ruazinha arborizada abaixo se acostumaram a ouvir os gritos. Geelen (que havia sido detido anteriormente) e Allard foram interrogados separadamente, mas todos os três foram repetidamente torturados quase a ponto de morrerem; Geelen, de alguma forma, conseguiu riscar seu nome e algumas datas em uma das paredes como registro.

Odette Wilen, de codinome *Sophie*, tinha seguido seu noivo até a capital, mas agora voltava chorando a Virginia para dizer o que tinha acontecido. A guerra já havia causado muita mágoa, mas essa notícia apenas dois dias depois de sua chegada a Cosne foi arrasadora. Leccia era um amigo verdadeiro que não a abandonara em sua primeira missão de Lyon, por pouco evitando incontáveis capturas por ela. Então, depois de sua magia na prisão da Espanha, foi ela quem insistiu que ele e outros viajassem à Grã-Bretanha a fim de treinar com a SOE e, assim, retornar ao campo. Os sobrinhos tinham mostrado coragem ao voltar e, por causa de seu incentivo, pagaram caro. No entanto, não era apenas a vida deles que estava em risco, mas a de Virginia: pelo menos três agentes presos sabiam que ela estava na França, e dois sabiam que ela estava em Cosne. Não demoraria muito – graças às informações coletadas por Alesch na cozinha de Germaine Guérin em Lyon – até que os interrogadores ligassem todos eles à amada tia.

Os agentes foram treinados para aguentar 48 horas antes de revelar algo importante – dando ao circuito tempo de se esconder. Os primeiros quinze minutos em geral eram considerados os piores, e os cativos eram orientados a tentar se fechar, transportar-se mentalmente a outro lugar, se possível, e lidar com cada minuto por vez. Podiam soltar um ou outro pedaço de verdade esquisito para que talvez recebessem água como recompensa, mas, depois disso, era possível que não conseguissem ficar em silêncio. Muitos agentes locais, talvez depois de um bombardeio de questionamentos de 24 horas, eram colocados sob pressão psicológica da mais intolerável para trabalharem para os alemães. Como no caso de Léon Guth, ameaças à família eram especialmente eficazes. Por mais corajosos que fossem os sobrinhos, não havia mais dúvida de que a Gestapo e Klaus Barbie sabiam que Virginia estava de volta à França e intensificariam sua caça a ela. Com precisão militar, ela teve de eliminar os riscos um a um, ferindo os sentimentos de quem quer que fosse.

Virginia primeiro mirou *Sophie*, pois era possível que tivesse permitido que a seguissem até a casa dos Vessereau. Sufocando qualquer traço de emoção, ela proibiu sua espantada mensageira (que já havia perdido seu primeiro marido em um acidente aéreo da RAF) de fazer qualquer coisa para tentar resgatar os três agentes. *Sophie* estava "muito agitada e dramática e queria sacudir os portões da prisão", relatou Virginia, e "todos ficariam em apuros se ela não deixasse isso para lá". Virginia sabia que estava sendo "fria", mas também que a crise exigia um plano eficaz, não uma reação de pânico. Virginia ordenou que ela partisse e ficasse longe de uma vez por todas até que pudesse ser enviada de volta à Grã-Bretanha. Seu veredito foi implacável: "*Sophie* era emotiva demais e evidente demais para ser útil para mim como mensageira ou em qualquer outra ocupação".[19]

As detenções forçaram Virginia a se mudar, embora ela ainda tivesse um pouso de paraquedas para realizar. Ela já havia começado a transformar a Resistência de Cosne em uma unidade de guerrilha viável, por isso foi frustrante não ser capaz de, mais uma vez, permanecer tempo suficiente para comandar as principais operações. Apenas o coronel Vessereau e sua esposa sabiam aonde ela tinha ido, e Virginia pediu que não dissessem a "ninguém", embora mantivesse contato constante com eles por meio de outro mensageiro que os instruía sobre o treinamento. Ela também providenciou um novo agente para descer de paraquedas em Cosne para substituí-la e, para sua grande satisfação, o grupo que ela formara continuou a lutar uma batalha sangrenta, mas que acabou vitoriosa contra os ocupantes, ajudando a libertar a área em setembro.

Virginia precisava entender uma missão que havia colocado seus queridos amigos em grande risco. Não era sua culpa que Leccia havia confiado em *Lilias*, mas a relação dos sobrinhos com a tia sempre os deixaria mais vulneráveis. E agora ela precisava provar para si mesma que insistir tanto na volta tinha sido sensato e valia a pena. Talvez por isso tivesse escolhido mudar-se para uma área especialmente saturada de alemães, a 25 quilômetros de distância, em Sury-en-Vaux, no Cher, considerada uma das mais difíceis de se entrar no centro da França. Estava se testando ao extremo, mas isso lhe daria uma vantagem valiosa a partir da qual observaria os movimentos de tropas inimigas e tomaria nota dos números, regimentos e armamentos. Virginia permaneceu no disfarce de camponesa e ofereceu-se para cuidar das cabras de outro fazendeiro. Algumas estradas e campos vicinais tinham sido minados para evitar emboscadas da Resistência, mas ela conseguiu descobrir onde ficar com seu rebanho, e se apoiava em um cajado de pastor enquanto ouvia as conversas dos alemães. O clima da primavera de 1944 era horrível, mas ela saía com chuva e vento quase todos os dias, escorregando na lama em seus tamancos de madeira. Tomava cuidado para não falar. Quando abria a caixa do rádio à noite, tinha muitas informações para relatar, iniciando suas mensagens com o sinal "QRV?", que significava: "Vocês estão prontos?".

Nessas circunstâncias, ela teve a sorte de encontrar alguém disposto a arriscar a morte certa ajudando-a em uma área cheia de milicianos e nazistas. Acreditava-se que pelo menos 10% dos habitantes locais no coração da França conservadora estavam trabalhando diretamente para os alemães, e muitos camponeses lucravam bastante com eles. Muitos aproveitavam a oferta de até 100 mil francos – uma quantia enorme – para dar informações sobre a localização dos acampamentos dos *maquis*, que os alemães atacavam com morteiros e metralhadoras. Um agente calculou que apenas "no máximo 2%" dos moradores do Cher estavam "dispostos a arriscar a vida para libertar a França".[20] Por outro lado, Virginia parece ter mostrado uma inteligência notável às pessoas e uma influência igualmente poderosa sobre elas. Sua nova senhoria, a viúva Estelle Bertrand, à época com 50 anos e acostumada com as dificuldades, sem dúvida sabia dos riscos que corria por abrigar *Madame Marcelle*. Talvez fosse a bajulação ou a atração da empolgação ou, simplesmente, o claro compromisso de Virginia com a libertação da França, mas Estelle rapidamente se tornou uma defensora dedicada pronta para pôr sua vida em risco por sua inquilina; em troca, recebia sua confiança. Poucos dias depois, em 15 de maio, Estelle estava ao lado de Virginia quando ela se esgueirou sorrateiramente pela porta de trás sob a cobertura de escuridão para receber o pouso de um paraquedas com armas que ela havia providenciado para o *maquis* de Cosne.

Ao contrário, o pai de Estelle, Jules Juttry, um senhor de 84 anos, era um problema e se questionava sobre o que as mulheres estavam aprontando. Virginia descobriu que ele suspeitava dela e temia que ela talvez fosse alemã. Ela explicou seu sotaque estrangeiro alegando ter vindo do extremo norte da França e foi capaz de dissipar qualquer preocupação, dando de presente um *barrique* de vinho. Agora, estava livre para recrutar e equipar outro bando de guerrilheiros, para perturbar os alemães, informando Londres, em 20 de maio, de que precisava com urgência que lhe fornecessem baterias, cargas para explosivos, chá, roupas, dinheiro, bandagens e sabão.[21]

No entanto, o pensamento de seus três sobrinhos nas mãos da Gestapo não saía de sua cabeça. Assim que se estabeleceu no novo setor, Virginia enfrentou os controles nazistas de novo, partindo disfarçada de volta a Paris para elaborar um plano de fuga e enviar uma mensagem às escondidas para eles. Recebeu a resposta: "Somos oito, não três". Outros cinco foram presos, inclusive dois primos médicos recrutados por Leccia, e de forma alguma ele os deixaria para trás. Virginia soube, com consternação amarga, que seria quase impossível tirar um grupo desses de uma das prisões mais seguras da França, porém não era de sua natureza desistir por completo, e ela repetidamente se pôs em perigo mortal ao retornar à capital toda semana, desesperada para conceber um novo plano. Precisava mexer-se rapidamente. No início de junho, Allard foi transferido para a prisão de Fresnes, movimento que sugeria deportação ou execução iminente. Não demoraria para acontecer o mesmo com Leccia e

Geelen. Ela não podia suportar o pensamento de que os sobrinhos teriam de pagar com a própria vida pelas qualidades que ela tanto admirava neles: nobreza e valor.

O tempo estava se esgotando em todos os *fronts*. A Grã-Bretanha estava em estado de alerta para as aterrissagens do Dia D. Os acampamentos no sul da Inglaterra que mantinham as tropas de assalto Aliadas e os portos que abrigavam seus navios já estavam em confinamento. A tensão era palpável nos dois lados do Canal, agora que a Operação Overlord era iminente. Uma semana antes, Londres havia sinalizado a Virginia o seguinte: "Período de atividade começando. Ponto. Por favor comunique antes da próxima sexta-feira [2 de junho] as informações coletadas desde sua chegada com relação a grandes movimentos ferroviários ou rodoviários. Ponto". Desde então, ela transmitira todos os detalhes que observara em comboios alemães, seu tamanho, regimento, rota e linhas de suprimento – informações de alta qualidade recebidas com ansiedade pelo comando Aliado. Quase não havia tempo para dormir, e ela confiava mais do que nunca em suas pílulas de Benzedrina. Toda noite, sintonizava no Serviço Francês da BBC para ouvir as mensagens pré-arranjadas de que a invasão estava prestes a acontecer. Noite após noite, ouvia apenas mensagens simuladas, e a espera nervosa continuava. Os padres em seus púlpitos percebiam cada vez mais a agonia e o suspense, e começaram a rezar com urgência a Deus pelo anúncio da invasão.[22]

Os alemães intensificaram sua brutal repressão da Resistência. Qualquer suspeito de ter elos com os *maquis* poderia ser sumariamente executado, e a Milícia na área de Virginia estava oferecendo recompensas de 2 mil francos pelas denúncias. Falas descuidadas eram mais perigosas que nunca, e, com o afluxo de um grande número de recrutas novos nas semanas que precederam o Dia D, havia uma chance maior de infiltração de agentes duplos. Alguns pretensos combatentes rejeitados como pouco confiáveis procuravam se vingar e ganhar dinheiro contando detalhes para a Milícia. Nesses casos, os agentes deviam tomar as medidas necessárias de imediato. "Se os membros tivessem tendência a falar, eram retirados da organização", explicou Ben Cowburn, e "se soubessem muito e tivessem tendência a falar, eram fuzilados".[23] Uma nota de saudação era devidamente pregada ao corpo, explicando que a pessoa havia sido executada por ser informante.

Virginia sentia que estava em perigo iminente. Ela ouviu que corria o boato explicando por que as luzes ficavam ligadas até tarde no sótão dos Juttry. Também viu diversos furgões alemães detectores de rádio passando pelas ruas, obviamente tendo captado seus sinais. Então, para salvar seus corajosos anfitriões, mudou de casa mais uma vez. Pouco antes do Dia D, instalou-se em uma fazenda em Sury-ès-Bois.

Enquanto Virginia brincava de gato e rato com os alemães na França, a sra. Hall acompanhava o avanço da guerra na Europa pelos jornais e ficava agoniada pela filha, agora que estava claro que a batalha pela França começaria em breve. Ela não soubera nada de Virginia por meses, mas conhecia sua filha mais nova o suficiente para suspeitar de que estivesse em perigo em algum lugar. Em abril, a sra. Hall escrevera ao capitão Grell em Londres – cujo nome e endereço Virginia havia lhe dado antes de partir – por segurança. Em 2 de junho, por fim, uma tal de Charlotte Norris, de Nova York, respondeu em seu nome. Pediu desculpas por ser imprecisa, por razões de segurança, mas acrescentou: "Sua filha está ligada ao Primeiro Destacamento Experimental do Exército dos Estados Unidos", sem revelar que era uma fachada para o OSS. Virginia estava "fazendo um trabalho importante e demorado" que "implica uma transferência de Londres"; e a "correspondência tinha sido reduzida ao mínimo". Ela acrescentou: "Por favor, fique à vontade para me escrever quando quiser, sra. Hall. Estamos em contato com sua filha e seremos informados sobre qualquer mudança em sua situação. Terei prazer em comunicar qualquer notícia que eu receber dela".[24]

A própria Virginia estava aguardando notícias. Há alguma discrepância sobre exatamente onde ela estava quando soube que o Dia D finalmente estava em curso. Uma versão plausível é que na noite de 5 de junho ela estivesse com Estelle Bertrand e alguns outros apoiadores ouvindo rádio em sua nova fazenda em Sury-ès-Bois. Estavam sintonizados na radiotransmissão da BBC da França, que anunciava, como todas as noites: "*Ici Londres. Les Français parlent aux Français. Veuillez écouter quelques messages personnels*". (Aqui é Londres. Franceses falando aos franceses. Por favor, ouçam algumas mensagens pessoais.) A sala de estar rústica estava abafada, e a recepção de rádio era tão ruim que o pequeno grupo se aproximou do aparelho quando o radialista começou: "*Blessez mon coeur d'une langueur monotone*". (Ferir meu coração com uma apatia monótona.)[25] Essa mensagem sinalizava a notícia que Virginia havia esperado desde os primeiros dias como agente, três anos antes. Tudo que ela havia vivido, tudo que ela fizera, a dor, a tristeza e o medo que tinha enfrentado foram uma preparação para esse momento e, finalmente, o retorno dos Exércitos Aliados a solo francês. Ali estava ela, esperando, cortejando o perigo, arriscando a vida em uma parte mortal da França por apenas um motivo. E agora o Dia D, ou *Jour J*, finalmente estava acontecendo. Grandes comboios de navios já se moviam pela escuridão até suas posições de batalha no Canal da Mancha. A primeira onda de 150 mil homens sob o comando do general Eisenhower estaria se preparando para pisar nas longas praias de areia branca da costa da Normandia pela manhã, para enfrentar o aço e a fúria da Wehrmacht.

Seguiram-se nada mais nada menos que trezentas "mensagens de ação" codificadas – cada uma instruindo um circuito a efetuar ataques preestabelecidos a ferrovias, pontes e linhas telefônicas. A chamada à ação ressoava em praticamente todo distrito, cidade e aldeia. Agora bastava que a Resistência desse o seu melhor para garantir o sucesso da maior invasão marítima da história. As ordens do comando Aliado eram claras: perseguir o inimigo ao máximo e sabotar elos de comunicação com quaisquer meios possíveis. "Uma onda de euforia espalhou-se" sobre a França, Maurice Buckmaster, igualmente entusiasmado, recordou mais tarde. "Armas foram tiradas de palheiros e desenterradas debaixo de lajotas de porões. A França estava disposta a ajudar em sua libertação."[26]

Notícias de desembarques 300 quilômetros ao norte incitavam a região inteira de Virginia. Três anos depois de ela ter se esforçado para recrutar seu primeiro punhado de apoiadores em Lyon, agora milhares de voluntários saíam do nada, excedendo e muito todas as expectativas. Se sua vida havia sido agitada nos eventos que precediam o Dia D, agora estava um turbilhão. Ela ordenou que os grupos que havia armado e organizado tão recentemente partissem para a ação – para "paralisar" as comunicações do inimigo, cortando fios de telefone, colocando explosivos em estradas e ferrovias, explodindo pontes e até mesmo extraindo postes de sinalização para confundir os alemães que partiam para a Normandia, ao norte, e ajudar a repelir os invasores. Placas novas feitas por um carpinteiro local foram instaladas, orientando-os para o caminho incorreto e, quando possível, "de preferência para dentro de um precipício".[27] Outros colocavam esterco explosivo da SOE nas estradas principais – sentindo prazer na espera pela aproximação de um veículo alemão e, em seguida, seu voo pelos ares. Em pouco tempo, todos os comboios alemães paravam cantando pneus cada vez que viam dejetos no chão – genuínos ou não – até serem investigados, causando horas de atraso. Em toda a França, os esforços de sabotagem da Resistência foram mais bem-sucedidos do que se imaginava ser possível. Os alemães não podiam mais confiar no controle de qualquer parte da França ou em qualquer linha de comunicação, mas as represálias seriam bárbaras e, com muita frequência, combatentes franceses ficavam desapontados pela falta de suprimentos.

Por esse motivo, agora que a batalha finalmente estava formada, cada chefe da Resistência na região queria urgentemente a ajuda de Virginia para pedir mais armas e explosivos. Quase sem comer ou dormir, ela vagava por centenas de quilômetros de campo para inspecionar grupos da Resistência quanto à confiabilidade e às necessidades e transmitia suas recomendações a Londres. Carros, caminhões e gasolina dificilmente estavam disponíveis; assim, Virginia incrivelmente fez muitas dessas viagens de bicicleta. Estava consciente de que era uma figura notável, e que aqueles dias eram perigosos, em especial para uma mulher sozinha. Qualquer aspecto de ordem estava ruindo. Áreas inteiras eram patrulhadas por bandidos ambiciosos; estupro, roubo e execução sumária eram um perigo constante para quem estivesse no lugar errado e na hora errada. Agora que os Aliados estavam em solo francês, os nazistas também se sentiam em perigo mortal, descontando sua raiva com violência aleatória e terrível em civis inocentes. E também era possível ainda que o Dia D não fosse exitoso e os Aliados fossem repelidos. As forças de Eisenhower levaram seis dias apenas para conectar as cinco frágeis cabeças de ponte nas praias de desembarque, e os esforços para penetrar o interior estavam encontrando resistência alemã e ficavam atolados em sebes e fossos do *bocage* normando. Virginia sabia que não devia esperar a chegada de tropas Aliadas a sua área por algum tempo.

A cada dia, mais comboios de reforços alemães seguiam para o norte sob as ordens de Hitler para "jogar os Aliados de volta ao mar". A norte do Cher, o *Coronel Colomb* — em momentos normais Conde Arnaud de Vogue, mas atualmente chefe da Resistência local — conseguia apenas assistir, em agonia e sem armas para atacar, aos comboios que passavam pela área. Seus homens também estavam sofrendo batidas constantes da Milícia, que capturavam e torturavam apoiadores para descobrir a localização de seus acampamentos. Para eles, era quase impossível se proteger sem armas, munições ou mesmo comida. Em desespero, os *maquis* estavam agindo por conta própria, invadindo lojas para roubar pão e bancos ou agências de correio para pegar dinheiro. Muitas vezes deixavam uma promissória assinada diante de testemunhas como garantia pelo dinheiro que pegavam, comprometendo-se a restituí-lo assim que seu dinheiro chegasse de paraquedas ou quando a libertação viesse. No entanto, ninguém sabia de fato quando isso aconteceria.

A única esperança para *Colomb* era o boato de uma lendária operadora de rádio "inglesa" na região chamada *Diane*, que falava um francês "atroz", mas que parecia ser ouvida pelas forças em Londres. Ainda assim, de vez em quando, devido a suas medidas rígidas de segurança, ele não conseguia contatá-la, porém soube que seu antigo amigo e agente da SOE Philippe de Vomécourt — antes *Gauthier*, agora *Antoine* ou *Major Saint-Paul* — estava operando nas proximidades, uma vez que havia fugido da prisão. Ele voltara à França em abril, depois de uma passagem de treinamento formal na SOE, em Londres, que parece ter reformulado alguns pontos de vista. Os dois franceses encontraram-se para fazer um conselho de guerra poucos dias após o desembarque, quando *Colomb* perguntou se ele sabia como entrar em contato com a esquiva *Diane*, pois necessitava com urgência de sua ajuda. *Antoine* adivinhou imediatamente sua verdadeira identidade – quantas mulheres podiam se encaixar naquele perfil? Ele encontrou uma maneira de enviar uma nota enigmática: "Eu saúdo você – um dos três irmãos. Mas qual?". A resposta veio de imediato, confirmando que era Virginia ao usar seu antigo nome de campo de Lyon e identificando qual dos três irmãos De Vomécourt ele deveria ser (*Constantin* e *Sylvain* tinham sido deportados). "Saúdo você também", respondeu ela, "de *Marie* para *Gauthier*".

Virginia concordou em se encontrar com seu antigo colega e *Colomb* no crepúsculo profundo de um denso bosque local. Em Lyon, *Antoine* havia desviado de seu caminho para dificultar ainda mais a vida de Virginia, e ela precisou redefinir suas relações e deixar emergir toda a autoridade que pôde reunir. Na ocasião, ela deixou de lado o disfarce de camponesa para parecer a chefe da guerrilha obstinada que havia se tornado. Quando se aproximou dele entre as árvores, ele a viu: "[Ela era] a mesma mulher extraordinária que eu conhecera, escondendo com maestria sua perna artificial a passos largos". Ainda viva, ainda ávida, corajosa até o fim, mesmo De Vomécourt avaliou que "Virginia Hall não devia ser medida segundo os padrões normais". Ela era uma agente, ele admitia, que já tinha feito "muitas coisas consideradas improváveis, se não impossíveis",[28] e faria muito mais. Era, na verdade, um grande elogio de um homem ferozmente patriótico que, como muitos de seus compatriotas, suspeitava que *les anglo-saxons* – especialmente agora, que centenas de milhares de tropas Aliadas estavam em solo francês – tentariam dominar seu país depois da guerra. Ainda mais porque ele tinha em baixa conta as conquistas das mulheres fora de casa e ainda estava fazendo jogos antagônicos com a maioria de outros agentes norte-americanos, que ele dispensou repetidamente alegando serem "absolutamente inúteis".[29] Virginia, por sua vez, ficou, sem dúvida, feliz em ver o antigo colega de volta ao campo – e extasiada em observar o devido respeito que ele lhe mostrava agora.

No entanto, ela se manteve cautelosa. Não concordaria em intervir em nome de *Colomb* enquanto não estivesse satisfeita quanto à sua integridade. Havia muitos aproveitadores e impostores. Ela o questionou em detalhe e inspecionou seus homens antes de finalmente decidir que seu grupo "era bom" e sinalizar para Londres enviar suprimentos para ele. Virginia era agora uma potência no país; era ela quem decidia se os grupos da Resistência seriam apoiados pelos Aliados ou deixados para falhar sem apoio. Seu rigor e suas maneiras militares deixaram o grande e grato Conde de Vogue em estado de admiração. Depois de meses de espera em vão, armas Sten, munições, explosivos e detonadores caíram do céu apenas cinco dias mais tarde e foram distribuídos habilmente por *Diane*. Ela também havia trazido 435 mil francos para que ele pudesse honrar suas dívidas e evitar incorrer em mais. Logo após o primeiro pouso veio outro, trazendo um operador de rádio dedicado para o grupo de *Colomb*, assim ele poderia contatar Londres sozinho. *Colomb* não sabia disso à época, mas Virginia secretamente planejava ações futuras e não o veria mais. Pelo resto da vida, ele continuou surpreso por "sua coragem, autoridade, espírito decisivo". "Aqueles de nós que tivemos a chance de encontrá-la 'em uma ação' [...] nunca pudemos nos esquecer dessa figura tão notável do exército da Resistência."[30]

Considerando suas viagens constantes para inspecionar grupos de guerrilheiros, Virginia não teve tempo de voltar a Paris a fim de trabalhar no plano de fuga. No entanto, estava pressionando seus contatos para obter notícias e, não muito tempo depois de seu encontro no bosque, soube que Geelen e Leccia, como Allard, tinham sido enviados a Fresnes para serem deportados à Alemanha. A sua esperança era que, com os exércitos de Eisenhower avançando gradualmente em direção a Paris, ela fosse capaz de tirar os sobrinhos e amigos no caos subsequente ou, se não desse certo, eles fossem libertados pelos Aliados. No entanto, o melhor que ela podia fazer era mandar embora Odette Wilen (a atormentada *Sophie*) pela Linha Vic à Espanha.

Virginia, porém, estava sobrecarregada. Transmitia a diversos grupos de *maquis* de pelo menos três *départements* em uma parte extremamente importante da França. Graças a seus dias às margens de estradas, estava oferecendo o que mais tarde seriam classificadas como informações vitais sobre movimentos de tropas, especialmente sobre os avanços em direção ao norte do Sétimo Exército Alemão (no qual o alto-comando nazista estava confiando para reforçar suas defesas contra invasores Aliados). Ela também estava envolvida no treinamento, instruindo ataques e sabotagens, encomendando e recebendo pousos de paraquedas. Com o sucesso dos *maquis*, no entanto, vieram as mais terríveis represálias. Em resposta às emboscadas de seu grupo em Cosne contra os comboios provenientes do sudoeste para os combates na Normandia, a Gestapo saqueou e incendiou três aldeias locais com lança-chamas. Em uma delas, massacraram 27 moradores, incluindo o padre local, a quem disseram que eles enforcaram, parcialmente vestido, no campanário.

No fim de junho, Londres percebeu que a situação era insustentável, então, na noite de lua cheia de 8 de julho, o OSS enviou de paraquedas outro organizador e operador de rádio, *Léon*, para assumir o comando dela em Cosne. Ele seria substituído um mês depois pelo tenente René Defourneaux, que serviria como instrutor. Qualquer ideia de Virginia sendo assistente de alguém havia sido compassivamente abandonada; agora era ela considerada uma chefe exemplar. De fato, ficou claro para *Léon* antes de ir embora que ele poderia confiar totalmente nos relatórios favoráveis de *Diane* sobre o grupo em que estava entrando: "[Ela é uma] organizadora experiente [...] e temos total confiança em seu julgamento". Ela se provou correta. Depois de receber várias entregas, os homens conseguiram "uma demolição altamente eficiente da ponte de Saint-Thibaud sobre o Loire, sob ordens diretas do [terceiro comandante do Exército americano] General Patton" e um corte de dezesseis linhas ferroviárias, descarrilando oito trens, explodindo quatro pontes ferroviárias, cortando todos os fios telefônicos na área e matando oitenta alemães, sofrendo apenas doze baixas.[31] Considerava-se que os esforços de Virginia permitiram que os *maquis* de Cosne se tornassem "o fator mais poderoso de perturbação das tropas inimigas".[32] Seus outros grupos desempenharam ataques similarmente eficazes, inclusive um espetacular na estação Saint-Sebastian, que ela havia avaliado naquele primeiro dia de sua missão.

Os agentes exclusivamente homens do OSS que estavam se juntando a Virginia agora no campo rapidamente ficaram "tão espantados com ela quanto seus colegas franceses". Alegando a seus comandantes que essa "extraordinária" mulher merecia "grande honraria", o tenente Paul Martineau a observou direcionar muitas "atividades de guerrilha" bem-sucedidas "com a confiança e o bom humor de uma professora de escola dominical organizando um piquenique".[33] No entanto, assim que formou uma unidade de combate efetiva e começou a lançar uma campanha, Virginia foi, para sua frustração, inevitavelmente chamada a outro local e obrigada a entregá-la a outra pessoa sem sua experiência em campo. Ela havia providenciado quinze pousos de paraquedas que trouxeram armas, munições, operadores de rádio, organizadores, alimentos, medicamentos e muitas outras coisas. Reunira oitocentos combatentes armados para formar o núcleo do que rapidamente se tornariam forças "significativas", em torno de 12 mil homens "prontos para o combate".[34] Mesmo assim, Virginia ainda não havia recebido o comando do próprio bando de guerrilheiros em nenhum momento. O que estava prestes a mudar. Ela enviou uma mensagem final a *Aramis*, que ainda estava tentando se virar, para dizer-lhe que ela estava "indo embora para partes desconhecidas seguindo ordens". Ela disse "adeus" e acrescentou, com indiferença, que ele "certamente ouviria algo de alguém de alguma forma", embora ele tenha alegado que nunca ficara sabendo de nada.[35] Então, ela desapareceu.

CAPÍTULO DEZ

Maria das Montanhas

No topo da encosta no vilarejo de Saint-Clément, no Haute-Loire, havia uma sentinela solitária e nervosa com olhos fixos na vasta paisagem abaixo dela. Dali de cima, o *maquis* em guarda podia observar as rotas que entravam e saíam do Plateau de Vivarais-Lignon, do Le Puy, na direção nordeste, e a região de Ardèche ao sul. Normalmente, a simpática polícia da região tentaria alertá-los a respeito da iminência de uma *blitz*, mas a Milícia já estava atenta a isso e, assim, planejava seus ataques a partir dos vales abaixo. O mais mortal tinha ocorrido em abril de 1944, quando, desde Torquay, os odiosos milicianos uniram forças com os alemães de Le Puy para realizar uma incursão rápida e fatal, matando cinco *maquis* e quatro moradores do vilarejo que os haviam ajudado. Muitos dos *maquis* restantes tinham reagido subindo cada vez mais na mata, alguns montando acampamentos improvisados com pouco mais que galhos e folhas para os proteger das condições climáticas – ou de seus agressores. O que tinham de dedicação à ideia da resistência armada não tinham de armas para se defender, muito menos para perturbar o inimigo. Ainda assim, estradas e caminhos alemães muito importantes para a passagem de suprimentos e reforços – e, posteriormente, para a batida em retirada – cortavam a região, por isso era essencial interceptá-los ou bloqueá-los. O comando Aliado acreditava que a região era boa para a insurgência. Era ali também o local que guardava os segredos mais incríveis da guerra.

No dia 14 de junho, um dia depois de seu encontro secreto com o *Coronel Colomb* e *Antoine*, Virginia fez a viagem de 320 quilômetros ao sul de Le Chambon-sur-Lignon, um dos maiores vilarejos no planalto de Vivarais. Ela havia recebido ordens de Londres para inspecionar o local que os *maquis* haviam descrito em uma mensagem de rádio como "um grupo confiável de homens disciplinados, prontos para seguir ordens militares",[1] e reportar sobre sua qualidade, tamanho e necessidades, como parte de sua liberdade. Assim como grande parte da França, a área não era totalmente desconhecida para ela, que havia estado ali em sua primeira missão, quando alguns de seus muitos contatos leais, como os Joulian, viviam em Le Puy. Dessa vez, foi necessário um dia repleto de perigo para percorrer o trajeto de Cosne a Saint-Étienne com Madame Boitier, sua senhoria e dama de companhia do Cher, terminando com um percurso de duas horas pelas montanhas.

Conforme a estrada para Le Chambon levava planalto acima, os telhados de terracota e vasos de gerânios do resto do sul da França abriam caminho para casas firmes, de aparência levemente proibitiva, de basalto cinza e granito. As janelinhas eram essenciais para afastar o vento e o frio – no inverno, o mercúrio caía para 25 graus abaixo de zero –, pois poucos tinham aquecimento adequado ou sequer eletricidade. Os telhados de pedra resistentes eram capazes de suportar a neve do inverno rigoroso, que caía nas estradas e isolava o planalto por semanas. Agora era junho e fazia muito calor, mas cerca de 1 quilômetro acima do nível do mar o ar estava fresco, e não era incomum que nevasse até mesmo no verão. A terra dos campos era ruim, e, sem tratores, tudo era feito à mão com enxadas e foices. Albert Camus, que chegara da Argélia no verão de 1942 por conta da tuberculose, disse se tratar de um "belo país", mas também "um pouco sóbrio". Ele pensava nos pinheiros reunidos no topo dos montes como "um exército de selvagens", esperando que ficassem mais escassos em direção ao vale – e ao mundo real. O planalto tinha a aparência de uma terra isolada, um lugar misterioso suspenso no céu, e os locais às vezes eram relacionados aos Amish dos Estados Unidos (com quem Virginia tinha familiaridade por seus parentes holandeses da Pensilvânia). Era diferente de qualquer outro lugar na França.

Isolado geograficamente, o planalto, ainda assim, tinha um incomum espírito receptivo, com uma orgulhosa tradição de 400 anos de proteger os perseguidos desde quando os Huguenotes protestantes tinham se reunido ali para escapar dos *dragonnades* franceses católicos (uma antiga forma de purificação religiosa). Desde então, os moradores locais (cuja maioria continuava a seguir uma forma discretamente moderada da fé protestante) tinham mantido um costume de hospitalidade com forasteiros e de resistência à opressão. Durante esse novo período de confusão, jovens da região riscavam um "V" de vitória com giz nos muros do planalto antes de tais símbolos pró-Aliados serem vistos na maior parte do restante da França. Não à toa tinha se tornado um ímã para os que fugiam dos nazistas, fossem judeus evitando os campos de concentração ou jovens escapando de trabalho escravo na Alemanha para se unirem aos *maquis*. Como Virginia descobriria, quase toda família na região estava arriscando a própria vida em segredo ao abrigar pelo menos uma pessoa em fuga.

Quando chegaram, as duas mulheres passaram por duas fazendas incendiadas até um povoado além de Le Chambon e por um orfanato de três andares conhecido como L'Abric. Virginia bateu à porta e, quando um homem magro e alto, com rosto simpático, atendeu, ela perguntou: "Monsieur Bohny?". Virginia, vestida de acordo com sua idade, com um vestido liso de verão, apresentou-se como jornalista belga fazendo uma matéria sobre as condições das crianças na França. Ela começou a fazer perguntas a respeito do "memorável" trabalho dele com órfãos e desnutridos e, apesar de ele ter ficado um tanto intrigado em relação à mulher e ao seu sotaque "anglo-saxônico", Bohny a convidou para entrar. Ele tinha sido alertado sobre a possível chegada dela por um amigo perto de Paris,[2] mas ainda era raro receber visitas, já que viajar em tempos de guerra era muito perigoso.

Professor suíço de Ensino Fundamental de 25 anos, que tinha chegado a Le Chambon para ajudar a cuidar de crianças vítimas da guerra, Auguste Bohny sempre teve respostas cuidadosamente ensaiadas.[3] Como membro da associação de auxílio Secours Suisse, era um ponto em uma rede estrita de valentes pastores, professores, médicos e agricultores protestantes no planalto, pessoas que trabalhavam juntas desde o início da guerra, quase unicamente na

França, abrigando milhares de jovens refugiados. Ele sabia muito bem qual era a ameaça aos jovens perseguidos, muitos deles judeus escondendo-se com documentos falsos, e já havia ajudado a protegê-los de tentativas de prisão. De fato, o planalto salvaria a vida de cerca de 3 mil judeus e, em 1988, Le Chambon se tornou o único vilarejo na França a ser homenageado pelo estado de Israel como Justo entre as Nações. Bohny naturalmente tinha receio de revelar alguma coisa.

Depois de uma hora sem chegar a lugar algum, Virginia confessou que era "inglesa" e que, na realidade, não tinha muito interesse em crianças, mas, sim, em encontrar uma maneira de entrar em contato com os *maquis*. No entanto, como muitos no planalto, Bohny prometeu que era contra a violência e se recusava a apoiar qualquer forma de luta armada. Ele não podia ajudá-la. Claramente, Virginia tinha sido mal orientada em relação a abordá-lo, e agora acreditava que sua viagem difícil havia sido inútil. Como era tarde demais para deixar Le Chambon, as duas mulheres recusadas se hospedaram em um dos hotéis da região antes de voltarem para Cosne pela manhã.

Logo depois de elas deixarem L'Abric, Bohny repensou o pedido de Virginia. Ele disse a um tutor na casa (que tinha escapado do STO em Marseille para se unir aos *maquis*), que contou a seu superior dos *maquis*, Maurice Lebrat (também professor), que mais tarde decidiu que a visita de Virginia era importante o suficiente para despertar um dos líderes da região, Pierre Fayol (um ex-oficial do Exército que estava se escondendo com a esposa, Marianne, em uma casa isolada no campo). Um pouco antes da meia-noite, Fayol estava pegando no sono, com a submetralhadora e a granada ao lado do travesseiro, quando seus camaradas entraram de repente com notícias.

A misteriosa emissária de Londres – Virginia não tinha dado indícios de qual organização representava – estava em um momento crucial. Desde o começo do mês, outros membros da Resistência de Haute-Loire – ou do exército secreto, como alguns preferiam chamar – vinham guerreando com milhares de soldados alemães nas encostas do Monte Mouchet até o sudeste do planalto. Tinham conseguido matar centenas e atrasar o avanço dos sobreviventes para a Normandia, mas haviam sofrido um contra-ataque violento por forças incrivelmente superiores que massacraram moradores da região em vingança. Três dias antes da chegada de Virginia, os *partisans* tiveram que recuar rapidamente depois de perderem centenas de homens. Haviam se espalhado nas montanhas, alguns finalmente conseguiram se reagrupar no acampamento dos *maquis* perto de Saint-Clément. Agora, temiam que o pior estivesse por vir, a partir das guarnições alemãs em Le Puy e Saint-Étienne, a Luftwaffe já tendo metralhado o vilarejo de Saint-Agrève na entrada para o planalto. Todos sabiam dos assassinatos em Glières e temiam que a tragédia se repetisse. Ainda assim, até aquele momento não havia ocorrido quase nenhum abastecimento de armas e munição dos Aliados – a entrega anual que antes recebiam por paraquedas tinha sido descoberta pela Gestapo. Uma semana depois do Dia D – quando as forças Aliadas finalmente estavam saindo de sua cabeça de ponte, a 800 quilômetros a norte –, cerca de duzentos homens à disposição de Fayol estavam prontos e dispostos, mas quase não tinham mais equipamentos para lutar. Como Comandante Aliado Supremo, Eisenhower havia procurado unir seus soldados, marinheiros e aviadores antes das empreitadas com as palavras "os olhos do mundo estão sobre vocês". No Haute-Loire, a sensação era de que o mundo havia se esquecido totalmente de sua luta.

"Não tínhamos tempo de saber quem ela era. Precisávamos vê-la logo", Fayol concluiu depois de uma breve discussão a respeito do assunto. "Era provável que ela pudesse nos ajudar."[4] Os homens escaparam sorrateiramente durante o período de recolhimento, chegaram às três da madrugada ao hotel onde ela estava e foram até seu quarto. Fayol, de 39 anos, era conservador em suas opiniões. Em todo grupo da Resistência, as mulheres tinham que combater estereótipos de supostos pontos fracos femininos, e, quando eram aceitas, era para a realização de tarefas "de mulher", como cozinhar e coser. Em muitos grupos, havia homens fugidos da prisão; em épocas normais, provavelmente ainda estariam ali. Casos de agressão sexual eram comuns. A maioria dos homens, inclusive Fayol, acreditava que a guerra era, em qualquer ocasião, coisa de homem.

No entanto, ele nunca havia encontrado uma mulher como a figura alta e já experiente em batalhas que abriu a porta na madrugada com um ar imponente. A dama de companhia francesa de Virginia, Madame Boitier, estava em um canto escuro do quarto pequeno e mal iluminado e ali ficou sem dizer nada; depois das apresentações, Virginia passou a tratar dos assuntos importantes. Os homens escutavam o som alto de um avião sobrevoando o local em direção a outra parte da França enquanto ela fazia uma pergunta atrás da outra com "sotaque carregado": qual sua patente? Onde você atua? Quem lhe dá ordens? Você definiu as áreas de pouso de paraquedas? Pode reunir quarenta homens bons? Do que precisa? E, por fim, com considerável vigor, ela perguntou: "Vai executar minhas ordens sem questionar?".[5]

Surpreso com esse interrogatório imperioso, Fayol respondeu que tinha uma equipe de reconhecimento chamada Compagnie Yssingeaux Parachutages, que organizara uma lista de possíveis áreas de pouso. Encontrar quarenta homens não seria problema, e haveria muitos outros se ele tivesse suprimentos para mantê-los.

"Que tipo de operação você tem em mente?", perguntou Fayol.

"Sabotagem", respondeu ela. "Do que você precisa?"

"Armas, explosivos e dinheiro, principalmente para comida", foi a resposta.

Virginia orientou seus visitantes a voltarem de carro às oito horas, menos de quatro horas depois.

"Vamos analisar as áreas de pouso", disse ela a eles.

O trabalho de Fayol foi dificultado. Era proibido dirigir sem uma autorização especial; veículos de qualquer tipo eram difíceis de encontrar, e combustível, mais difícil ainda. Um carro, porém, havia sido solicitado e Fayol chegou ao hotel no horário marcado exatamente no mesmo Citroën preto de volante baixo, a preferência da Gestapo por ser elegante e de fácil condução, mas com duas características superiores: era mais rápido, pois tinha um motor turbinado (adaptado para funcionar com um estoque secreto de benzeno), e o para-brisa podia ser retraído, permitindo que os ocupantes atirassem pela frente. O mais importante, contudo, era que os guardas alemães pensassem que os ocupantes eram seus aliados e os deixassem passar tranquilamente.

Era uma manhã calma de quinta-feira quando Virginia, Fayol e outros dois *maquis* partiram para seu percurso de visita a nove possíveis áreas de pouso pelo vasto planalto. Virginia tinha um sistema para cada um deles. Primeiro, media as dimensões (a área de pouso tinha que medir cerca de 800 metros em chão seco e plano, sem obstáculos nem buracos). Testou a força do vento segurando um lenço pela ponta – se não esvoaçasse totalmente na horizontal, então eram menos de 25 km/h e seria um bom local para descer de paraquedas. Anotava as coordenadas, escolhia um nome de peixe como codinome e fazia uma carta de reconhecimento a ser transmitida em código Morse para o piloto de um avião que se aproximava. Além disso, cada zona tinha uma mensagem específica fixada a ela. A área de pouso preferida de Virginia, na parte mais alta do planalto, tinha o codinome *Bream*, tinha a letra de reconhecimento *R*, e o Serviço Francês da BBC anunciava "*Cette obscure clarté tombait des étoiles*" ("Essa luz obscura vinda das estrelas") algumas horas antes de um pouso, para que um grupo de recepção se preparasse.

Virginia ficou impressionada com as possibilidades, mas não pôde entrar em contato com Londres imediatamente – havia deixado seu transmissor para trás devido ao perigo de ser pega em um controle nazista ou miliciano. Ela disse aos homens que teria que pedir permissão antes de tomar outra atitude: "Não posso tomar a decisão final sozinha, mas voltarei ou mandarei uma missão a ser realizada". Sentada num ponto mais alto que o deles em uma rocha grande, ela explicou que eles precisariam competir com outros grupos merecedores por recursos limitados – de fato, áreas como Haute Marne esperavam um pouso havia cinco meses. Os alemães estavam usando suas estradas e rodovias impunemente, porque os *maquis* da região não tinham armamento algum.[6] "Mas posso dar dinheiro a vocês hoje, está bem aqui", disse ela, tocando a barriga.

Naquela tarde, eles se reuniram em uma sala repleta de fumaça atrás de uma loja de armarinho que pertencia à mãe de Maurice Lebrat.[7] Assim que entrou às pressas – o disfarce de senhorinha tinha sido abandonado –, Virginia abriu a faixa onde guardava dinheiro na cintura e entregou a Maurice um maço de notas de 100 francos.

"Aqui estão 150 mil francos. Conte-os." Maurice contou o dinheiro e respondeu: "Tem 152 mil francos". "Conte de novo. Há 150 mil, com certeza." Maurice contou de novo, mas insistiu que ela havia dado a ele 2 mil a mais. "Ah!" Ela sorriu satisfeita. Ele havia passado no teste de integridade. Virginia afastou a cadeira da mesa, indicando que partiria. A última coisa que ela deu a eles foi um pedaço de papel com um nome, um endereço na rue de Donzy, em Cosne, e a senha: "Vim em nome de Jean-Jacques". Se preciso fosse, poderiam deixar uma mensagem para ela ali.[8] Então, desapareceu, deixando para trás um grupo de homens quase sem palavras, surpresos, apesar de um deles já ter começado a se ressentir da autoridade dela, como ela logo descobriria.

Virginia retornou ao norte com Madame Boitier e voltou à movimentada rotina de organizar e equipar seus grupos no centro da França, direcionando sua campanha intensa de sabotagem. Ninguém soube, por alguns dias, aonde ela tinha ido, nem ousou perguntar. No dia 17 de junho, ela indicou a Londres que o grupo em Chambon-sur-Lignon tinha, pelo menos, duzentos homens "excelentes e bem liderados", e era capaz de aumentar depressa para quinhentos. Recomendou que dois oficiais fossem enviados com urgência para assumir o comando, juntamente com um operador de rádio e suprimentos adequados de armamentos. Dois dias depois, seu comandante do OSS agradeceu a ela pelo "excelente trabalho" e sugeriu que ela própria atuasse como operadora de rádio para a missão de Haute-Loire,[9] "pois tinha a impressão de que seu talento singular de organização seria mais bem aproveitado lá".[10] Pela primeira vez ela ganhava comando *oficialmente*. Os registros do OSS do dia 18 de junho relatam: "Planeja-se colocá-la no comando desse *maquis*". Como sempre, não seria tão simples.

Virginia estava relutante em partir de uma vez. Queria analisar uma série de áreas de pouso de paraquedas – pedindo suprimentos médicos muito necessários, e até pneus de bicicleta, armas e munição. Também queria ambientar os novos operadores de rádio que havia convocado para substituí-la no Cher e em Nièvre. No entanto, em Le Chambon, Fayol estava ficando impaciente com a falta de notícias. Os dias se passavam e, depois de quinze dias, não recebeu nenhuma notícia dela. O dinheiro tinha sido útil, mas, no começo de julho – um mês depois do Dia D –, os homens permaneciam sem armas nem explosivos. O pior confronto na região se dera fora do planalto, porém sua proximidade provocava pânico, especialmente depois de uma batalha em Le Cheylard, próximo dali, onde ocorrera a morte de centenas de moradores da região e combatentes. Os alemães agora também se movimentavam em massa em direção à Normandia a partir do sudeste da França, atirando e ateando fogo em tudo e todos pelo caminho. Sem armas, os homens de Fayol não podiam nem ajudar seus camaradas nem enviar grupos de combate para surpreender o inimigo no vale.

Por fim, Fayol não aguentava mais. Enviou dois missionários para que encontrassem *Diane* e a levassem de volta a qualquer custo. Foram Jacqueline Decourdemanche, uma professora cujo marido tinha sido baleado por alemães, e Eric Barbezat, um vendedor de livros de Le Chambon. Os dois concordaram em assumir a perigosa missão e percorreram os 65 quilômetros até Saint-Étienne, evitando os guardas alemães na medida do possível, tomando o trem noturno para Cosne-sur-Loire, e chegaram na manhã de 6 de julho. Desembarcaram separadamente, e Jacqueline foi sozinha para o endereço na rue de Donzy. Por milagre, ela encontrou Virginia passando por ali – apesar de agora ela não ficar em nenhum lugar por mais de algumas horas. Virginia explicou a sua visitante que tinha enviado uma mensagem a Le Chambon, alertando sobre sua chegada, mas a mensagem devia ter se perdido. De qualquer modo, estava pronta para partir e pegou três malas que estavam no corredor. Em uma delas, havia roupas, mas nas outras duas havia um equipamento de rádio e uma série de armas de fogo. Jacqueline ficou impressionada com a serenidade de *Diane*, sabendo que teriam de passar por vários centros de controle no percurso e que enfrentariam a morte certa se fossem pegas em um deles. Ainda assim, longe de se retrair diante dos perigos à sua frente, Virginia parecia radiante, como se tivesse encontrado uma paz quase espiritual em meio ao caos mortal. Ela lembrava Jacqueline de uma estátua renascentista da VirgemMaria

– "muito linda" e tomada por uma "calma surpreendente", apesar do "conteúdo das malas que carregava".[11]

Não era como se Virginia ainda pudesse confiar em seu disfarce. Depois de deixar de lado as roupas de camponesa, a aparência atraente de Virginia (seus cabelos eram castanhos e lustrosos) chamava atenção. Enquanto caminhavam em direção à estação para encontrar Barbezat, um membro dos funcionários da ferrovia pensou que ela fosse estrangeira e se aproximou para sussurrar um alerta de que havia guardas alemães mais à frente. Ele fez um gesto para que os três se escondessem na estação de trem, e eles não tiveram opção além de segui-lo, sem saber ao certo, por vários minutos tensos, se não estavam sendo atraídos para uma armadilha. A Gestapo de fato apareceu para fazer uma inspeção – eles escutaram o som de botas pesadas na plataforma e as vozes de alemães aos gritos –, mas, felizmente, não vasculharam o esconderijo e saíram de mãos abanando antes de o trem chegar. Os três embarcaram e ficaram no corredor quente e cheio, preocupados, pensando em como lidariam com outro controle, já que não tinham onde se esconder.

O trem partiu, e os últimos raios de sol apareciam sobre as montanhas quando escutaram o uivo de uma sirene. Os vagões lotados pararam de repente, fazendo os passageiros caírem uns em cima dos outros e as malas voarem longe. Os guardas do trem lideraram a multidão, que pulou para fora e se espalhou nos campos para se proteger. Portas se abriram com tudo, e homens, mulheres e crianças gritavam enquanto se empurravam para se afastar o máximo possível do trem parado antes de o bombardeio começar. Os aviões estavam quase em cima deles quando Eric e Jacqueline finalmente conseguiram seguir na direção das portas abertas, mas Virginia agarrou os braços deles com força antes de saltarem. Falando com calma e baixinho, ela recomendou que seus companheiros permanecessem no vagão. "São os ingleses que estão bombardeando", ela explicou. "Eu os alertei. Eles sabem que estou neste trem. Não encostarão em nós." As bombas caíam ao redor deles agora, sacudindo os vagões e enchendo o ambiente com uma fumaça pungente. Eric olhou surpreso para Virginia, que estava totalmente asseada, e não conseguiu acreditar que eles sobreviveriam ao resto da viagem, pois sua rota estava agora na mira da RAF. "E se a ponte da ferrovia em Nevers for bombardeada à noite?", perguntou ele. "Ah, ela será derrubada", confirmou Virginia. "Mas só amanhã cedo, depois que nosso trem passar." Ela estava certa.[12]

As comunicações constantes de Virginia com Londres garantiam que ela fosse informada o tempo todo sobre as operações da RAF na região e da mesma forma podia informar seus comandantes sobre seu paradeiro para que não fosse colocada em risco desnecessário por seus próprios aliados. Os aviões, depois de descarregarem as bombas em alvos próximos – mas não tão próximos – do trem, partiram, mas a noite tinha sido intensa quando os três chegaram a Saint-Étienne na manhã do dia seguinte, onde descobriram que o carro que deveria estar ali, à espera de Virginia, para levá-la a Le Chambon, não havia aparecido.

Eles esperaram em vão na estação, sabendo que estava terrivelmente fácil vê-los no saguão amplo. Por fim, como Virginia não se separava das malas, Eric deixou as duas mulheres para procurar o motorista perdido em sua casa. No caminho, um homem que ele nunca tinha visto o abordou e pediu fogo. Enquanto Eric riscava um fósforo, o desconhecido se aproximou e sussurrou para ele não seguir em direção à casa, pois o motorista tinha sido denunciado e sua casa estava sob vigilância. Então, ele entrou numa rua lateral, e Eric não soube como ele sabia que tinha que alertá-lo, mas ficou claro que Virginia teria que subir ao planalto.

Eric teve de pensar depressa. Virginia não podia ser deixada ali por muito tempo, pois, a qualquer momento, um guarda poderia decidir vasculhar suas malas. Saint-Étienne era uma cidade com base militar para tropas alemãs, e a segurança era intensa; a atmosfera havia ficado especialmente tensa depois de um ataque aéreo norte-americano que tinha matado mil pessoas – civis franceses e soldados alemães. Por isso, os americanos não eram muito populares, e havia grande possibilidade de denúncias. As tropas aliadas agora estavam em solo francês, mas ainda permaneciam a centenas de quilômetros, na Normandia, por isso, a guerra ali estava longe de terminar. Eric só conseguiu pensar em visitar seu antigo chefe em uma fábrica onde havia trabalhado em 1939. Os dois homens tinham uma boa relação, mas Eric não podia garantir a lealdade de seu antigo empregador, já que muitas crianças da região tinham morrido nos bombardeios. Pedir sua ajuda era fazer mais uma aposta, mas ele não tinha escolha. Correu até a fábrica e explicou ao *patron* que as duas amigas estavam presas na estação porque alguém não tinha ido encontrá-las. Ele poderia ajudar? Para o alívio de Eric, a resposta foi "espontânea [...] ele próprio iria buscá-las", e elas poderiam descansar em um quarto silencioso até as quatro horas da tarde, quando um ônibus partiria para Saint-Genest-Malifaux, uma cidade mais silenciosa no caminho para Le Chambon. Ali, elas poderiam se hospedar em um hotel e procurar um táxi.

Depois de se refugiar na fábrica, o grupo embarcou no ônibus separadamente, e Eric e Jacqueline colocaram as bicicletas no teto. Virginia, como sempre, estava atenta a qualquer informação que pudesse ser útil e escutou uma conversa sobre um carrinho de leite que levaria os passageiros de Saint-Genest até Le Chambon. Em Saint-Genest, ela orientou Eric a localizar o carrinho de leite urgentemente, pois tinha que chegar a Le Chambon em duas horas para fazer a transmissão agendada para Londres. Ele saiu correndo pelas ruas, mas descobriu que estavam muito atrasados. O carrinho já "estava lotado", ele lhe disse. Ninguém mais podia embarcar. Agora, presa, Virginia se hospedou em um hotel e começou a transmissão na hora certa. No entanto, seria tolice de sua parte ficar ali por mais de uma noite, pois em uma cidade pequena seus sinais seriam facilmente notados, e seu sotaque estrangeiro, seus cabelos ruivos e sua pele clara eram muito óbvios. Eric teria de ser ágil e bolar outro plano.

Naquela noite, houve uma emergência no hotel e, pouco ates de amanhecer, uma ambulância parou do lado de fora. Dois paramédicos subiram as escadas correndo e, alguns minutos depois, uma pessoa, enrolada em cobertores da cabeça aos pés, foi trazida em uma maca e colocada dentro do veículo, que começou a se direcionar lentamente ao hospital da região. Ao chegar à entrada para Le Chambon, ele mudou o caminho e começou a subir até o planalto. Do lado de dentro, saindo do meio dos cobertores, Virginia finalmente estava indo com suas valiosas malas ao seu lado, graças a um favor de um dos velhos amigos de Eric.[13] No dia seguinte, eles souberam que a Gestapo tinha interceptado o carrinho de leite, prendido o motorista, atirado em toda a bagagem em cima do leite e levado vários passageiros para interrogatório.

A ambulância a deixou perto de Le Chambon com um pastor que não tinha ideia de quem era Virginia ou do que fazer com ela. Virginia não ficou impressionada com nada disso. Principalmente porque as tropas alemãs sempre atravessavam ruas do vilarejo – de fato, algumas estavam no Hôtel du Lignon, perto de uma hospedaria abrigando crianças judias. "Não tínhamos combinado um lugar onde eu pudesse morar e trabalhar", ela reclamou, quase arrependida de ter ido. Culpava Fayol por não ter organizado as coisas, pois ela estava arriscando a própria vida tentando ajudá-lo. Ele e outros líderes da Resistência também tinham discutido a respeito do dinheiro que ela havia deixado em sua última visita. Ela concluiu: "Começamos mal", e era um mau presságio. Claramente havia muitos egos em jogo, e não tanto no que dizia respeito à liderança eficiente, apesar de ela considerar boa a maior parte da formação. Sem ter para onde ir, porém, Virginia precisou insistir para morar, pelo menos temporariamente, com Fayol e a esposa na fazenda em Riou, para que ao menos pudesse começar a transmitir.

Sua chegada causou uma impressão instantânea. Marianne Fayol também ficou surpresa com o carisma de *Diane*, e também com sua aparência "muito britânica", sua autoridade e o "impacto físico que a enfatizava". Como assistente social da Resistência, Marianne estava acostumada a lidar com inúmeros pedidos feitos pelos *maquis* por mais comida, roupas, remédios ou cigarros, mas *Diane* "não exigia confortos pessoais e passou dias dormindo sobre ripas de madeira sem reclamar",[14] enquanto ela e o marido ocupavam a única cama.

Apesar de eles estarem dividindo uma casa, Marianne não sabia sobre Cuthbert, só soube quando sugeriu que elas tomassem banho juntas no rio perto da casa, a única água corrente. Virginia concordou, mas ergueu a saia para mostrar a perna amputada e, claramente preocupada com a possível reação de Marianne, disse: "Se você não se assustar com isso, tudo bem". Foi um vislumbre raro das inseguranças de Virginia. No fim, nenhuma das duas se banhou.

A essa altura, o único pedido de Virginia era um lugar de onde ela pudesse transmitir. Todos os dias, passava horas enviando e recebendo mensagens de rádio, codificando e decodificando-as à mesa da cozinha, usando as mais recentes técnicas de criptografia, que normalmente eram abandonadas assim que desvendadas pelos alemães. Agora, usando um sistema mais seguro conhecido como OTP, ou "chave de uso único", Virginia lia atentamente um papel de seda do tamanho de um lenço, com cinquenta colunas e cinquenta linhas impressas, com números e letras aleatórios (apenas a estação nos Estados Unidos tinha outra cópia do papel com as mesmas sequências). Sempre que usava uma coluna para codificar e decodificar uma transmissão, Virginia a arrancava do papel e a queimava.[15] Sabia de muitos outros operadores de rádio que não haviam tomado o cuidado de destruir a evidência e pagaram com a própria vida.

Agora que os alemães possuíam equipamentos de detecção por rádio altamente sofisticados, o trabalho de transmissão por rádio estava mais perigoso do que nunca. Virginia explicou a Fayol que ela frequentemente tinha que mudar sua base por causa dos aviões detectores alemães que voavam baixo. Conhecidos como "Storks",[16] ou "Cegonhas" – porque, durante o voo, as rodas ficavam penduradas em hastes compridas que se pareciam com patas de pássaro –, aquelas aeronaves pequenas regularmente atravessavam os céus à procura de sinais de transmissões clandestinas de rádio. (Eram mais eficientes nos campos abertos do que os furgões Funkabwehr devido às distâncias envolvidas.) Se visse um deles ou escutasse o barulho incomum do motor, Fayol tinha que se jogar de cara no chão e permanecer totalmente parado, dizia ela, e, depois que a aeronave passava, ele imediatamente tinha que tocar o alerta. Se o avião encontrasse um sinal, seria seguido por outros, que "encheriam o lugar [...] com bombas". Um reconhecimento de três segundos de sinal poderia localizar o alvo com precisão de cerca de 800 metros, e uma mensagem mais extensa podia revelar uma localização com precisão de poucos metros.

Na verdade, os dois grupos queriam que Virginia desistisse. Depois de dois dias (e mais um dia na antiga hospedaria de Camus), ela se acomodou em um celeiro de propriedade de um padeiro hospitaleiro no vilarejo de Villelonge, mais perto dos campos de *maquis* e a melhor área de pouso. Mais uma vez, ela ficou sem água corrente (e muito menos, quente) e teve que dormir em estrados de madeira, mas pelo menos podia usar o celeiro como escritório, e sabia que o padeiro a alertaria em caso de problema. Foi ali que ela finalmente conseguiu treinar um grupo leal de *partisans*, com a ajuda do tenente "Bob", de 24 anos – um divertido ex-marinheiro chamado Raoul Le Boulicaut, que Virginia imediatamente achou muito mais prestativo do que Fayol. *Bob* e seus homens tinham vivido e atuado nas montanhas como fora da lei havia mais de um ano, no pior dos invernos, mas *Bob* conseguira manter a disciplina, severamente excluindo aqueles que ele considerava alegres demais ou arruaceiros. Tinha sido um esforço descomunal para que seus homens simplesmente sobrevivessem, se escondessem, comessem e se vestissem – e eles contaram com doações de moradores da região. A maior parte da tropa – um terço dela formado por judeus, todos muito jovens – ficava alojada em uma fazenda em ruínas e atuava nas encostas do lado leste do planalto, com vista para as estradas que saíam de Lyon e de Saint-Étienne. Eles notaram a dedicação de Virginia com seu dever e a disposição para enfrentar as mesmas dificuldades pessoais. A admiração era mútua. "Eu sabia que ele era meio comediante, mas ele era muito firme e muito bom, e seus homens o amavam muito", disse Virginia, então "eu passei a cuidar de *Bob* e de seus cerca de trinta *maquis*".[17] Pouco tempo depois, os homens dela contavam histórias de que ela tinha perdido a perna em uma missão no Extremo Oriente – boatos que ela considerava úteis e que não fazia nada para desmentir.

Os homens de *Bob* concordaram em montar guarda enquanto ela transmitia as descobertas que fazia a Londres, com atenção aos Storks, à Gestapo, à Milícia ou a qualquer outro predador. Até aquele momento, eles tinham se virado apenas com algumas armas contrabandeadas por terra, mas aquela misteriosa recém-chegada, segundo *Bob*, era "uma importante figura nos serviços secretos dos Aliados", que "conseguiria fornecer armamento e materiais de sabotagem em quantidades impressionantes".[18] Boatos sobre uma pessoa aparentemente tão poderosa logo se espalharam e atraíram mais recrutas – e, ainda, um agricultor da região, Victor Ruelle, que se voluntariou e levou 150 amigos e contatos. Virginia ficou muito feliz em aceitar e passou a organizar e a treiná-los, e a selecionar alvos para emboscadas ou bombardeios. Quando Londres também ofereceu a ela os serviços do subempregado *Aramis* – ninguém mais pensava nele como comandante dela –, sem surpresa, ela logo "respondeu em negativa".

No entanto, nem todo mundo era tão solícito ou tão simpático com Virginia como os homens de *Bob*. Na verdade, alguns *résistants* ficaram desconfiados e até relutantes, apesar de ela ter se oferecido para ajudar. A Resistência na França estava mais faccionária do que nunca – levada por combates entre personalidades e alianças políticas, principalmente entre os gaullistas (apoiadores de De Gaulle) e os comunistas (que se ressentiam da influência cada vez maior e da visão conservadora dele). Virginia tomava o cuidado de nunca discutir política e, como uma verdadeira agente, ela se oferecia para trabalhar com qualquer pessoa que a ajudasse a derrotar os nazistas, incluindo os comunistas da FTPF (*Francs-Tireurs et Partisans Français*), porque os considerava corajosos e eficientes. Virginia se esforçou para unir as tribos adversárias, mas normalmente era impossível – e nenhum deles gostava do fato de ela atuar com suas facções rivais. Estavam mais acostumados a colocar recompensa pela cabeça uns dos outros, enquanto havia aqueles que se dedicavam a matanças por vingança e a julgamentos sumários contra colaboradores suspeitos. De fato, existiam muitas escaramuças entre os franceses, a ponto de alguns historiadores falarem de uma *guerre franco-français* da época, uma guerra civil francesa que ocorria como uma espécie de subenredo enquanto a guerra europeia atingia seu ápice.

A guerra é sempre confusa e desorganizada, mas, para alguns desses combatentes franceses, a questão de quem comandaria o país depois da libertação tinha se tornado a mais importante de todas. Quase tudo o que faziam era avançar sua posição pós-guerra. Fayol havia desperdiçado sua lealdade com os elementos mais gaullistas da

Resistência, e alguns deles, como *Antoine*, alimentavam profundas suspeitas de planos anglo-americanos para o próprio país, temendo até um tipo de Conquista Normanda às avessas. Ainda sentindo a humilhação da rápida derrota da França em 1940, não gostaram de ver como o Presidente Roosevelt excluiu De Gaulle (o único futuro líder francês plausível) dos Três Grandes Aliados (Churchill, Roosevelt, Stalin). Isso poderia muito bem estar por trás da recusa de Virginia em revelar que era norte-americana, e ainda mais em revelar que trabalhava para um serviço secreto dos Estados Unidos. Esse contexto fervente talvez explique, ainda que não isente, o comportamento de Fayol.

De fato, Fayol começou a desautorizar justamente a mulher que estava tentando ajudá-lo, alimentando a desconfiança nela. Ele indagou com que autoridade Virginia estava dando ordens. Como podia uma mulher, ainda mais uma estrangeira, se sentir no direito de dar ordens por aí? Nem o serviço secreto francês nem o Exército francês empregavam mulheres nos campos – e havia pouquíssimas mulheres nos elementos combativos da Resistência. Quem em sã consciência poderia acreditar que a *sorcière rousse* (feiticeira ruiva), como agora Virginia era chamada, poderia fornecer as armas e explosivos que prometia? Ela sabia muito bem o que estava acontecendo e acreditava que o oficial em comando de Fayol, *Gévolde* – um cirurgião veterinário estabelecido no vale –, também estava envolvido. "Eu [os] desaprovo como homens", relatou a Londres. Felizmente, *Bob* continuou a realizar um "bom trabalho" e a "se manter ao lado dela", "por mais trabalho que isso lhe causasse".

Na luta pelo poder, Virginia passou a ver o grupo de Fayol como líderes ruins culpados por terem "ganância por prestígio". Eles queriam "pegar tudo e não dar nada", ela dizia, irritada com o fato de eles estarem dispostos a receber e usar o que ela oferecia, mas se recusarem a garantir que seguiriam as ordens dadas por ela, de acordo com o estabelecido pelo Comando Aliado. Simplesmente sendo "mais mundanos", eles tinham conseguido tomar o controle dos *maquis* de Haute-Loire, mas ela os considerava muito convencidos, humilhados pelos próprios homens, e negligentes em relação aos procedimentos de segurança. Grupos inteiros de voluntários já tinham partido, porém a maioria havia permanecido porque estava fugindo dos nazistas ou da Milícia e não podia retomar a vida civil e simplesmente queria "fazer algo em relação aos alemães". Ela disse a Londres que "se deu muito bem com os homens" e, nas circunstâncias, fez "o melhor por eles".[19]

Ela queria levar dois oficiais especialistas para oferecer um treinamento muito necessário nas táticas de ataque e fuga de guerrilha, mas Fayol e *Gévolde* se opuserem veementemente à ideia de os oficiais britânicos ou americanos interferirem em sua área – ou talvez de exibirem suas inadequações. Assim, ela achou melhor cancelar os planos. Mais tarde, chamou dois sargentos de Londres – acreditando que o escalão inferior deles fosse uma opção menos confrontante –, mas agora seus diversos pedidos de apoio eram ignorados. Contudo, sem reforço da SFHQ, Virginia se viu sozinha, cercada por centenas de homens sem treinamento, e sabia que estava perigosamente vulnerável. Fayol, enquanto isso, continuava questionando a autoridade dela – apesar de, felizmente, receber comentários sugerindo (erroneamente) que ela era tenente-coronel, quatro níveis acima de seu escalão real. Esse comentário útil a manteve por aquele período, mas, a menos que conseguisse realizar o pouso de paraquedas com mantimentos em breve, Virginia sabia que sua vida poderia se tornar impossível.

Os filmes às vezes podem dar a impressão de que o sucesso no Dia D marcou o fim do pior dos combates, mas em muitas áreas da França, incluindo a de Virginia, ele criou novos desafios. Os alemães que restavam – e seus colaboradores franceses – estavam tensos, com medo e mais agressivos do que nunca. Virginia tinha que se manter em movimento para permanecer à frente dos Storks, enquanto seguia lutando para conseguir o primeiro pouso. A próxima parada foi em uma modesta chácara em um monte além de Le Chambon, de propriedade da prima de Maurice Lebrat, Léa.[20] O marido de Madame Lebrat era prisioneiro de guerra na Alemanha, e ela se ocupava administrando a fazenda e criando sozinha dois filhos pequenos. Ainda assim, essa pequena mulher com avental florido não apenas deu as boas-vindas a *Diane* – e a alimentou extremamente bem –, mas se tornou outro pilar da Resistência, mantendo a casa aberta para os *maquis*, porém se recusando a receber pagamento por isso. "Minha mãe nunca sentia medo, só era cuidadosa", sua filha Georgette relembra.[21] As punições por ser pega eram todas muito claras. Em um fim de semana recente, os alemães e milicianos tinham atacado fazendas próximas que eles suspeitavam de abrigar membros da Resistência, atirando em nove agricultores desarmados e deixando os corpos no chão. Outros onze foram presos e três propriedades foram incendiadas.[22]

Léa, contudo, recebeu Virginia "sem questionar – [faria] qualquer coisa para ajudar". Ela insistiu em apenas um ponto – não esconderia armas. De olho em qualquer pessoa que subisse o caminho em direção à propriedade, Georgette lembra que sua mãe permitiu que Virginia prendesse sua antena na janela do lado norte da casa, onde o sinal era bom. Na ausência de eletricidade, Virginia modificava uma bateria de carro para acionar seu rádio, que havia sido recarregado pelo jovem Edmond Lebrat (mais um membro do clã), pedalando com força na bicicleta adaptada. Ela se sentava ao lado dele, com fones de ouvido e usando o código Morse para se comunicar com as estações na Inglaterra, que reconheceram seu estilo de transmissão logo de cara.

Léa Lebrat também abrigava um gentil professor de 22 anos da Alsácia, Dédé Zurbach, que estava fugindo do *Service du Travail Obligatoire* (as odiosas leis trabalhistas impostas) e traumatizado pelo fato de os alemães terem levado sua mãe e suas irmãs como reféns. Dédé era um dos *maquis* que estavam no carro com Virginia quando ela realizou o *tour* de inspeção das áreas de pouso no mês de junho. Agora havia se tornado seu "ajudante" – uma mistura de motorista, assistente, entregador e guarda-costas –, um papel exaustivo, já que a própria Virginia admitia que, com frequência, se comportava como uma "senhora de escravos".[23] Ela fazia seus rapazes trabalharem sem parar procurando baterias, geradores e, às vezes, perfumes para ela, e ensinava os favoritos a fazer a contabilidade e até a decodificar sinais. "Ela era muito ativa", ele relembrou com carinho, e "exigia nossa presença o tempo todo."

Virginia comprou bicicletas para si, para Dédé, Edmond Lebrat e *Bob*, e subia e descia as montanhas pedalando furiosamente, conferindo áreas de pouso e treinando sua equipe para a primeira entrega essencial. Todas as noites ela ouvia a BBC, mas, apesar de haver muitas mensagens para outras partes da França, nenhuma era para ela. Enquanto os homens não escutassem uma das frases pré--combinadas para eles, ela não tinha prova alguma de sua autoridade em Londres. Era uma espera tensa. Por fim, uma noite, o anunciante da BBC disse: "*Cette obscure clarté tombait des étoiles*" três vezes, o que significava que três aviões estavam a caminho.

A equipe de recepção correu para a região de Bream, no topo de uma extensão do planalto. Não havia estradas pavimentadas, e apenas algumas casas se espalhavam à beira do que de fato parecia ser o topo do mundo. No horizonte, as montanhas do Maciço Central se destacavam contra a luz que logo sumia, os picos curiosos em forma de dentes do Monte Mézenc e do Monte Lizieux, um em cada ponta. Conforme o céu escurecia e ficava roxo, a própria Virginia apareceu, surpreendendo cerca de trinta homens que estavam trabalhando. A misteriosa "oficial inglesa", a quem todos eles agora se referiam como *La Madone*,[24] havia deixado de lado os vestidos leves em troca de uma jaqueta do Exército e uma calça cáqui, e seu único acessório era um lenço quadrado de seda laranja amarrado no pescoço (uma maneira prática de esconder seus códigos de transmissão). Vários dos homens observaram, e aprovaram, seu estilo militar, que, sempre que ela podia, tinha um toque de perfume francês caro comprado por Dédé. A conversa entre eles terminou quando ela se aproximou para observar que os feixes de gravetos tinham sido colocados perfeitamente a 150 metros de distância um do outro na área plana gramada formando um enorme *Y*. Isso ajudaria os pilotos a se posicionarem para derrubarem as cargas, voando para a região mais ampla do Tyler, de frente para o vento forte que vinha do oeste. Muitos assumiram posições como sentinelas no perímetro para abordar quem se aproximasse; outros ficaram ali à espera do sinal para incendiar seus gravetos ou começar a iluminar a letra *R* da área de identificação em código Morse para os pilotos. Gabriel – um jovem órfão que passaria a considerar os *maquis* de Virginia como uma família postiça – tinha a tarefa de manter os ouvidos atentos a qualquer sinal de motor de avião à distância. Virginia exigiu que todos ficassem totalmente calados enquanto escutavam, de olho em Fayol, que havia acabado de chegar para observar. Ficou claro, naquela noite longa e tensa, que a credibilidade de Virginia – e talvez até mesmo sua vida – estaria em risco caso ela não tivesse sucesso. O céu aveludado estava forrado de estrelas brilhantes, o vento soprava a grama com delicadeza, mas muito tempo depois da uma hora da madrugada ainda se fazia silêncio. Será que ninguém chegaria? Teriam ainda que ficar sozinhos? A Maria era uma mentirosa?

Por fim, Gabriel acreditou estar ouvindo um som baixo e profundo, e, conforme ele foi ficando mais alto, Virginia fez um gesto para que os homens acendessem o fogo. Em pouco tempo, um rugido rouco cortava a escuridão, e eles conseguiram identificar a inconfundível silhueta de três bombardeiros RAF Halifax voando em formação. Tentando conter as reações, os homens correram para suas posições. Orientando-se pelo contorno das montanhas, os pilotos se inclinaram para a direita, puxando o manche para trás, perdendo altitude e voando diretamente para a multidão eletrizada no chão. Cada vez mais baixos, os bombardeiros chegaram a menos de 600 pés de distância das pessoas, e, quando cada um chegava ao centro do *Y*, abria suas escotilhas. No lugar de bombas, veio uma chuva de paraquedas com contêineres enormes e cilíndricos que caíam no chão ao redor deles. Conforme os Halifaxes subiam de novo para a escuridão, os pilotos inclinaram os aviões em sinal de despedida, causando a comoção de todas as pessoas que observavam. Os longos e solitários meses de espera tinham terminado; aquela parte distante da França não estava mais esquecida. *La Madone* havia cumprido sua promessa.

Virginia fez os homens entrarem em ação. Ela os havia separado em equipes para apagar as fogueiras, cortar as cordas dos vinte contêineres de metal e dos dez pacotes que agora estavam espalhados pelo planalto e dobrar os paraquedas em mochilas. Cada contêiner de metal (produzido pela Southern Gas Board, em Croydon, na região sul de Londres) pesava cerca de 145 quilos, e mais de 3 toneladas de suprimentos tiveram que ser rápida e silenciosamente colocadas nos carros puxados por bois e levadas a uma casa próxima antes de serem distribuídas entre os *maquis*. Virginia deu a eles exatamente quinze minutos para que terminassem o trabalho e deixassem a cena. Gabriel relembrou: "Essa [...] operação, como as que se seguiram, não podia deixar vestígios. Deixar de recuperar uma corda ou um pedaço de tecido de paraquedas [...] ou um contêiner poderia acarretar consequências trágicas para uma pessoa ou para o grupo, ou mesmo para a população da região como um todo: prisões, tortura, morte".[25] Os próprios contêineres foram jogados em uma forte queda-d'água perto do ponto do planalto em Gouffre de la Monette. A seda de cada paraquedas, no entanto, foi transformada pelas mulheres dos vilarejos em cerca de vinte blusas e vestidos.

No esconderijo, Virginia e sua equipe fizeram um levantamento. Naquela noite, relacionaram remédios, roupas de combate com a Cruz de Lorraine no bolso do peito (para que os *maquis* pudessem abandonar seus trapos), botas (a maioria dos *maquis* estava se virando com tamancos velhos ou nenhum sapato), itens de conforto (biscoitos, cigarros e pacotes de seu chá preferido da SOE nos quais se lia "*pour Diane*") e, acima de tudo, armamento. Havia Brens (a principal arma automática dos *maquis*), Stens (a arma comum de combate dos *maquis*, muito adorada, pois conseguia disparar munição capturada dos alemães), granadas e explosivos. O conhecimento que Virginia tinha sobre as diferentes armas, suas funções e condições os deixava impressionados, e ela habilmente as dividiu e as escondeu sob a palha. Também havia um S-Phone – um transmissor portátil moderno usado ao redor do pescoço com uma faixa. Desenvolvido pelos laboratórios da SOE na Grã-Bretanha, permitia que Virginia falasse em terra diretamente com pilotos que se aproximavam. Esse era mesmo um grande feito. Também havia uma forte sensação de reconhecimento, de acordo com um professor que estava auxiliando naquela noite, além de terem o orgulho renovado, e, por fim, de estarem juntos em combate e serem irmãos de desconhecidos a muitos quilômetros, fazendo parte de um orgulhoso exército de libertação.

Noite após noite chegavam mais aviões e mais paraquedas que traziam armas, mas também chocolate, latas de gasolina, bandagens, vitaminas, remédios, Benzedrina (e, em determinado momento, uma carta da mãe de Virginia revelando que não andava bem de saúde). Em outro contêiner fechado, no qual se lia "*pour Diane*", havia um pacote com 1 milhão de francos para que ela distribuísse conforme quisesse e diversos pares de meias especiais para Cuthbert, embrulhados pessoalmente por Vera Atkins, na SOE. Para seus homens – e para os moradores do vilarejo que observavam surpresos, de longe –, era como se, sempre que *La Madone* aparecia, o céu noturno ganhasse vida com o ronco de Halifaxes. Ao todo, foram feitos 22 pousos – vinte no solo de Bream e dois em regiões próximas. O fogo foi substituído por faróis ou lâmpadas de baterias eficientes; as carroças foram substituídas por um caminhão de gasogênio com o nome "Marechal Pétain" escrito na lateral; e Virginia usava o S-Phone a partir de então para direcionar os pilotos verbalmente (essa tecnologia avançada em 1944 só a tornava mais interessante). Notícias sobre essa "Maria das Montanhas" se espalharam depressa. Algumas pessoas diziam que ela vinha dos céus e que era um milagre que, aparentemente, conseguisse conjurar armas e explosivos à vontade.

O balé noturno era, sem dúvida, o show de Virginia, e o primeiro havia transcorrido sem contratempos; no segundo, porém, um piloto inexperiente soltou a carga por engano em outra região em Devesset, a 24 quilômetros, em Ardèche. Quando contou a Virginia o que tinha feito, via S-Phone, o pobre jovem piloto logo se arrependeu. Ela reagiu de modo furioso, dizendo palavrões em anglo-saxão, e mandou *Bob* para Devesset com o caminhão para recuperar os contêineres e escondê-los em uma fazenda vizinha. Em outras noites longas e de vigília, os aviões não chegaram; outros voaram tão baixo que os contêineres explodiram com o impacto com o chão; ou nuvens carregadas cobriram as luzes de navegação em forma de *Y*; ou, pior de tudo, foram alvejados no caminho. Os esquadrões RAF SD (ou Tarefas Especiais) tinham se tornado a heroica tábua de salvação da Resistência, mas sofreram grandes perdas de tripulação. Uma mensagem foi interceptada pelos alemães, que apareceram em uma das regiões de pouso menos usadas, mas, felizmente, isso ocorreu em uma noite em que os Halifaxes não chegaram e os invasores inimigos foram combatidos e seus corpos foram jogados no rio Lignon. No entanto, o esforço de manter todo mundo organizado estava sendo exaustivo demais. Virginia acreditava que seu tempo em Haute-Loire estava "diferente e difícil [...] passando as noites esperando, na maior parte do tempo em vão, pelas entregas".[26] Às vezes, ela ficava noites e mais noites sem dormir, usando seu estoque de Benzedrina para se manter em pé, dividindo-os com sua equipe de olhos cansados. A pressão era tanta que qualquer erro mínimo causava uma explosão de raiva, com palavrões, nervosismo e cuspidas no chão em frustração, típicas do soldado que ela tinha se tornado.

"*Diane* era cheia de energia, coragem e charme, mas também sabia ser imponente e imperiosa",[27] disse André Roux, um dos homens de *Bob*. "De vez em quando, levávamos broncas homéricas", Dédé concordou. "Nem sempre era fácil lidar com *Diane*... mas ela deixou uma marca forte em todos aqueles que conviveram com ela. Não me arrependo de tê-la conhecido."[28] Virginia sabia muito bem que era exigente, principalmente porque quase nunca executava as funções de organizadora e operadora de rádio ao mesmo tempo (funções a serem exercidas em período integral, que exigiam habilidades muito diferentes). Depois das experiências em Lyon, contudo, com colegas muito difíceis, ela fez questão de agradecer. Dizia: "[Dédé e os homens da] companhia de *Bob* possibilitaram que eu vivesse e trabalhasse em Haute-Loire". E ela se uniu a seus colegas, também na despedida tradicional dos *maquis*: "*A bientôt, mon cher. Merde!*". E, se antes havia tratado Leccia e Allard como sobrinhos, os membros mais jovens dos *maquis* eram seus filhos. Jean Nallet, um menino órfão abrigado por Bohny, disse a ela, certa vez, que sonhava em ser médico. Ela então fez dele seu assistente para questões médicas, dando a ele a responsabilidade de cuidar dos curativos e remédios e ensinando-lhe as habilidades de primeiros socorros que aprendera na época em que tinha sido motorista de ambulância, em 1940. Na última semana de julho, sua fama e sua popularidade estavam tão grandes que ela se viu cercada por voluntários. Começou com trinta homens, e agora comandava quatrocentos *maquis*, que tinha organizado em cinco grupos. "Recrutamento ilimitado" era possível, Virginia sinalizou a Londres, se eles pudessem garantir a ela a entrega de mais armamento. Em noites boas, servia *schnapps* (aguardente) a eles – capturada dos alemães, claro. Dédé mais tarde relembrou que ela dividia com eles "os momentos de felicidade" mais vívidos.[29]

Com mais suprimentos, porém, surgiram mais problemas. Estava claro na mente de Virginia que o acordo com Fayol era que ela financiaria os grupos dele e lhes daria armas, e eles, em troca, deveriam seguir suas ordens como parte de uma estratégia Aliada mais ampla pós-Dia D. Ele não reconheceu tal obrigação e quis seguir apenas as ordens do Comandante *Gévolde* da FFI, ou Forças Francesas do Interior (o então nome formal dos elementos franceses da Resistência, que tinham que se portar mais como um exército comum). Ela tentou trabalhar com Fayol e com a companhia com o o que ela chamava de *hommes de confiance*, ou homens de confiança, mas, para eles, era "tudo ou nada". Virginia não foi a única agente britânica ou americana a encontrar tamanha hostilidade, mas estava determinada a não deixar que a luta de poder impedisse a batalha real contra os alemães. Felizmente, eles, pelo menos, concordavam com os alvos principais a serem atacados. "Desde que *Gévolde* e Fayol [...] estivessem dispostos a fazer trabalho de sabotagem e a guerrear, eu não me importava com o fato de eles não cooperarem comigo na questão de minha própria existência", mais tarde ela relatou, com pesar.[30] De qualquer modo, Virginia podia contar com a companhia de *Bob* e do grupo grande de homens de Victor Ruelle para suas próprias operações. Um ponto importante para se lembrar era que o explosivo plástico podia ser guardado com segurança em um bolso, e que o calor corporal ajudava a moldá-lo para encaixá-lo em um objeto-alvo; mas, da mesma forma, os detonadores eram temperamentais e podiam explodir sozinhos. Virginia agora direcionava várias missões de sabotagem – apesar de, para sua frustração, não poder participar da ação. O preço de sua cabeça ainda era alto demais para que ela saísse das sombras, e Cuthbert certamente frustraria suas chances de fuga, mas Virginia planejava cada detalhe até o último momento.

Fayol ainda estava sendo pouco solícito nos encontros diários – mesmo recebendo todos os suprimentos oferecidos por Virginia. Ela já sabia o que fazer quando alguém se tornava um obstáculo, assim decidiu encontrar outro oficial da FFI que a *ajudasse* a desfazer o impasse. Dessa vez, ela entraria com o dinheiro, pois sabia que a FFI estava desesperadamente sem recursos. Entrou em contato com o tesoureiro da FFI por meio de um agente intermediário – usando de propósito o codinome masculino *Nicolas* e deixando-o acreditar que ela era britânica (o que ela acreditava ser menos antagonista) – para oferecer financiamento. Ele concordou em fazer uma reunião. Ela pagou com cigarros uma professora de inglês da região, que emprestou o carro para que Virginia fosse encontrá-lo em Le Puy. O comandante Emile Thérond sem dúvida ficou surpreso quando uma comandante entrou em seu esconderijo, oferecendo-lhe dinheiro. Imediatamente, ele assumiu uma abordagem mais colaborativa do que Fayol e *Gévolde*, e, juntos, fecharam um acordo. Se a FFI cooperasse com os objetivos Aliados – incluindo a escolha de alvos para atacar e as técnicas a usar –, ela entregaria um total de 3 milhões de francos pelos resultados. Os dois lados ficaram felizes. Afinal, o dinheiro era suficiente para pagar três batalhões de 1.500 homens e manter uma campanha de sabotagem, além de fornecer à FFI local uma base financeira. Virginia conseguiu entrar pela porta de trás e ganhar o respeito de Thérond por seu estilo intenso de barganhar. Ele elogiou sua "resolução firme, energia e ordem, e todas as grandes habilidades de organização" e considerou "um enorme prazer" trabalhar com uma "líder tão bem-sucedida". Na verdade, se alinhou tão bem com ela que, assim que Virginia deixou a região, ele se retirou da FFI.

O Comando Aliado agora identificava Le Puy, uma cidade medieval cercada por vulcões inativos em forma de cone, o maior alvo. Graças a sua rede de observadores, foi Virginia quem deu a Londres as notícias importantes de que o Estado-Maior da Alemanha estava levando sua sede para 170 quilômetros a sudeste de Lyon (onde tinha estado desde a ocupação da Zona Livre em 1942), por ser considerado um território mais seguro. O objetivo era envolver a FFI – graças à colaboração do comandante Thérond – para ajudar a fazer os nazistas se arrependeram da mudança. Logo, passaram a ocorrer grandes explosões quase todas as noites, enquanto Virginia dava início a dezenas de operações que ela chamava de "demolição de pontes e túneis" a fim de atrasar os avanços da tropa alemã para dentro e ao redor da cidade, e interromper a chegada de suprimentos. Ela mandou equipes para fora dos esconderijos no planalto, para explodir estradas e inutilizar ferrovias, para tirar trens de carga alemães dos trilhos e destruir muitas pontes.

Uma das missões mais espetaculares – agora finalmente com a colaboração de Fayol – ocorreu no dia 2 de agosto, na maior linha férrea entre Le Puy e Saint-Étienne. Ela cruzou o Loire em uma ponte alta de via única em Chamalières, ao norte de Le Puy – um ponto ideal para sabotagem. No escuro, um pequeno grupo de *maquis* espalhou os explosivos de Virginia pelo chão da ponte, como ela os havia treinado e, às seis da manhã, eles abriram um grande buraco. Enquanto isso, outros *maquis* impediram a aproximação de trens a 17 quilômetros, derrubando árvores sobre os trilhos e acendendo explosivos. Os milicianos que estavam dentro dos vagões foram levados como prisioneiros e, assim que o motorista e o bombeiro desciam da cabine, as árvores foram retiradas e três *partisans* assumiram o comando. Em seguida, apagaram o fogo e desceram com o trem em velocidade máxima, em direção à ponte semiderrubada. A cerca de 100 metros, os três pularam nos arbustos na lateral do trilho, enquanto a locomotiva sibilante caiu no buraco, deixando a estrada de ferro entre Saint-Étienne e Le Puy permanentemente desativada.[31] Em 8 de agosto, Virginia declarou que Le Puy estava em estado de sítio, e as principais formas de chegar à cidade estavam bloqueadas. Então, ela voltou a atenção para as linhas elétricas e de telefone destruídas, deixando os invasores alemães sem energia elétrica e incapazes de se comunicar com outras unidades por dias, apenas com sinais sem fio que eram facilmente interceptados por Aliados.

Virginia mantinha os controladores de Londres informados acerca do progresso pelo menos uma vez por dia. Enquanto as enormes forças Aliadas ainda guerreavam na Normandia – tomando a cidade de Caen no dia 21 de julho, depois de seis semanas de batalha –,

Virginia relatava que os *partisans* em Haute-Loire estavam perturbando as tropas alemãs e tomando um controle cada vez maior de suas formações. Nesse novo estágio do confronto, e com centenas de voluntários a sua escolha, a emboscada de veículos ou até mesmo de comboios alemães era tão importante quanto a sabotagem. Tanto os alemães quanto o Comando Aliado ficaram surpresos com o número de candidatos a guerrilheiros franceses que apareceram para lutar em regiões como Haute-Loire. Os resultados por grande parte da França nas semanas seguintes ao Dia D superaram as expectativas e também criaram sérios desvios militares que, juntamente com o grande bombardeio Aliado, impediam a Wehrmacht de voltar a se formar contra as forças Aliadas mais ao norte e ao sul.

As operações de Virginia – meticulosamente planejadas em diversas viagens de reconhecimento – certamente estavam entre as mais bem-sucedidas em um período em que o fracasso era extremamente comum. De seu escritório no novo SFHQ, Maurice Buckmaster se surpreendeu ao ver como os grupos dela conseguiam "enfrentar o inimigo com violência",[32] usando o terreno rochoso e tomado por vegetação a seu favor para maximizar o elemento surpresa e desaparecer sem deixar rastros. Um ataque assim veio das barrancas cheias de vegetação no Loire, em Lavoute, a norte de Le Puy. Dezoito dos homens de Virginia assumiram posições bem camufladas entres as árvores para realizar um ataque muito bem-sucedido a um comboio de 135 soldados alemães, matando catorze e destruindo diversos caminhões, sem baixas no lado francês.[33] Em outra ocasião, destruíram um caminhão alemão cheio de tropas com uma bazuca bem escondida e cercaram e prenderem dezenove milicianos, além de tomarem seus documentos importantes, mais uma vez sem baixas. Mais explosões ocorreram nas ferrovias, e os túneis eram o principal alvo, porque o prejuízo era mais difícil de consertar, mantendo os trilhos desativados por mais tempo. Em uma ocasião, eles explodiram o túnel de uma estrada e o explodiram mais uma vez, quando havia um vagão de reparos debaixo dele. A terra sempre tremia com a força das explosões. "Essa mulher extremamente corajosa está fazendo um belo trabalho",³⁴ reconheceram os oficiais seniores do OSS no dia 14 de agosto. Até recebeu uma modesta promoção a primeiro-tenente – ainda que isso não refletisse o trabalho que ela estava realizando e não levasse a um aumento imediato de salário.

A maré da guerra estava virando depressa, mas Virginia continuava em constante perigo pelos elementos remanescentes da Gestapo, que agora estavam envolvidos em acessos de matança. Em Lyon, Klaus Barbie assassinava centenas de prisioneiros da Resistência na prisão em Montluc, incluindo um doutor jovem e elegante, Roger Le Forestier, que cuidara dos homens de Virginia no planalto, mas tinha sido preso no dia 4 de agosto perto de Le Puy. A carnificina foi tamanha que houve relatos de que sangue escorria do teto da prisão, e as rondas assassinas e a obsessão de Barbie em se aproximar de Virginia e de outros líderes ainda continuavam. Ela se mudou novamente para evitar os Storks, dessa vez para uma bela casa de três cômodos, abandonada pelo Exército da Salvação em Roybet, no meio do caminho entre a fazenda de Léa Lebrat e a região de pouso em Bream. Ficava escondida da estrada, e ela ficou animada por ter uma casa, pela qual pagava generosos mil francos de aluguel. Ela a organizava e limpava e deixava os quartos confortáveis para quem chegasse, enquanto escondia seu rádio em um túnel de água não mais usado nos fundos. De alguma maneira, ela até encontrava tempo para colher cogumelos na mata e tirar peixes do rio de trutas que corria perto de seu portão. Madame Lebrat continuou a cozinhar para ela e mandava a filha pequena pelo caminho de 3 quilômetros em meio à mata, como a Chapeuzinho Vermelho, com deliciosas refeições quentes embrulhadas em papel.

Claro, Virginia ainda pensava em seus sobrinhos – e, apesar de todas as outras obrigações que tomavam seu tempo, continuou a preparar alimentos para mandar para eles na prisão. Não podia mais deixar seu posto, por isso entrava em contato via rádio com seu apoiador Ben Cowburn, que ela acreditava ter maior possibilidade de ajudar. No início de agosto, Cowburn entrou em contato com um funcionário da prisão, em nome dela, e recebeu a péssima notícia de que Leccia, Allard, Geelen e os cinco outros que estavam com eles já tinham sido transportados para a Alemanha e estavam fora do alcance dela para sempre. Os sobrinhos haviam sido mandados para o que Virginia chamava de Weimar, que já tinha sido o belo centro do Iluminismo no século XVIII. Ela se referia ao campo de extermínio em Buchenwald, uma área tomada por vegetação em seus limites. "Não sei o que acontece com esses prisioneiros quando chegam a Weimar", ela sinalizou para Londres, mas, sem dúvida, tinha uma boa ideia. Eles estavam pagando o preço mais alto por sua lealdade inabalável.

Diane talvez fosse uma figura de ferro forjada nas labaredas da guerra, mas Virginia não conseguiria concordar com o destino enfrentado por muitos de seus amigos mais corajosos. Sua luta contra o Reich era incessante, mas havia momentos em que sua alma desejava que tudo aquilo acabasse. Talvez tenham existido momentos em que ela se perguntava se tudo tinha valido a pena. Às vezes, ela baixava a guarda com Dédé e Edmond Lebrat, tomando xícaras de chá tarde da noite, quando se reuniam para planejar o dia seguinte. Falava da saudade que sentia de casa,[35] e ainda assim nunca deu pistas de onde sua casa ficava.

Todos os dias em agosto, ela direcionava mais ataques a alemães, ainda que nem todos saíssem conforme o planejado. Uma pequena unidade de ataque encontrou um inesperado e grande comboio de 54 veículos nazistas e teve que recuar depressa, mas não a tempo de salvar o líder da operação, que foi morto. No entanto, os ataques constantes a membros e comunicações custaram caro para os voluntários russos pró-nazistas da SS e para os milicianos que ainda mantinham a região. Eles tinham recuado rumo a Le Puy, que, cercado por montes, era relativamente fácil de defender. A FFI e outros agora apertavam o cerco – planejando forçar a saída dos alemães, como Virginia disse, por "puro blefe". Sob sua direção, eles cortaram linhas telefônicas, reforçando a impressão dos alemães de estarem sob sítio. Então, interceptaram sinais sem fio para que, sempre que o inimigo saísse de sua guarnição, os *partisans* fossem alertados e pudessem atacar – sugerindo a presença de forças de guerrilha omniscientes. Os *partisans* também tomavam suprimentos, como comida e combustível, por isso os alemães começaram a entrar em pânico, temendo morrer de fome. Por fim, no dia 18 de agosto, uma coluna alemã de cinquenta caminhões e oitocentos soldados tentou um ataque. Alertados, os guerrilheiros de Virginia ajudaram a cercar o comboio e, explodindo várias pontes, conseguiram impedir a fuga e a chegada de reforços. O confronto foi forte, e os *partisans*, muito pressionados, estavam ficando sem armas e munição para trabalhar; mas, por fim, venceriam, depois de matar 150 alemães e prender quinhentos soldados e milicianos. Então, passaram a atacar a própria cidade e avançaram contra a guarnição alemã no dia seguinte, capturando mais de mil prisioneiros. No dia 22 de agosto, os *partisans* exaustos, porém valentes, prenderam o restante de um comboio alemão 37 quilômetros ao norte de Le Puy, enquanto Virginia desesperadamente pedia mais armas e munição. Por cinco longos dias, o combate ocorreu no calor tórrido do fim do verão, enquanto o inimigo tentava avançar, e a FFI mantinha suas posições sob intenso ataque. Cinco franceses foram mortos nessa última tentativa de ataque das tropas nazistas, mas 31 alemães perderam a vida. Foi o momento decisivo que marcou o fim dos confrontos na região. Para a alegria de Virginia, o major Julius Schmahling, comandante da região, sem força de vontade, suprimentos ou esperança, se entregou em Estivareilles, acompanhado por seiscentos homens. A área finalmente ficou livre de inimigos.

Graças a Virginia, os franceses tinham se salvado. Professores, agricultores, alunos e operários de fábricas financiados, organizados, armados e frequentemente direcionados por ela tinham libertado Haute-Loire sem ajuda militar profissional. Haviam derrotado os alemães dois dias antes de os Exércitos Aliados sequer chegarem a Paris e libertaram quase todo o restante da França, onde a batalha ainda acontecia. Ela enviou mensagem a Londres contando a notícia – e pediu novas ordens. Há gravações oficiais de seu "desempenho verdadeiramente incrível" na região com arquivos da SOE que mencionam pela primeira vez sua prótese de perna.[36]

As notícias se espalharam depressa. No Cher, Philippe de Vomécourt soube do incrível trabalho de combate, cuja qualidade ele próprio descreveu como comparável à de qualquer outro em campo. Também foi gratificante saber que algumas regiões do centro da França que ela havia armado e comandado – principalmente La Creuse – também estavam entre as primeiras fora da Normandia a serem libertadas. Charlotte Norris escreveu para Barbara Hall no dia em que Haute-Loire foi libertada, para se desculpar pelo fato de Virginia não ter mantido contato. "Entendo totalmente como o silêncio de Virginia deve ter sido incômodo. Não se preocupe, sra. Hall. [...] A senhora tem motivos de sobra para se orgulhar dela. Virginia está realizando um trabalho espetacular, trabalho de homem."

O que eles não tinham como saber nesse momento – e que só seria revelado 44 anos depois – era que o trabalho de Virginia também ajudara a abrir caminho para a recaptura de Paris pelos Aliados. De acordo com um relatório de 1988, na *Army*, a revista da Associação do Exército dos Estados Unidos, seus conhecimentos sobre a disposição e a direção do Sétimo Exército Alemão desde sua época de leiteira no centro da França e dali em diante foram "essenciais". Seus relatórios tinham sido usados para direcionar reconhecimento aéreo específico e, por fim, a revista explicou, ajudaram os americanos a localizar e prender a maior parte das forças alemãs opositoras na chamada Bolsa de Falaise, na região de Calvados, a oeste de Paris. O comprometimento custou aos nazistas até 100 mil mortes ou capturas e se tornou o avanço decisivo dos Aliados na Batalha da Normandia, mais de dois meses após o Dia D. Apenas três dias depois, em 24 de agosto, Paris libertou-se do inimigo e voltou a ser uma cidade livre pela primeira vez em mais de quatro anos.[37] Foi mais um momento em que os esforços de Virginia desempenharam um papel não aclamado no progresso da guerra. No entanto, Virginia era Virginia, e ainda precisava provar mais.

CAPÍTULO ONZE
Dos céus

A brisa tinha cheiro de outono no topo do planalto na noite de 4 de setembro de 1944, enquanto Virginia esperava impaciente pelo avião que traria dois agentes americanos. Outros três oficiais tinham aparecido algumas noites antes; um deles havia saltado de um avião da RAF, aparentemente vestindo um *kilt*[1] – escolha infeliz de uniforme, considerando que pousou em cima de um pinheiro. Mas, pelo menos, o capitão Geoffrey Hallowes e seu operador de rádio, o sargento Roger Leney, tinham chegado a tempo e se mostraram úteis. Em contrapartida, os novos agentes do OSS que chegariam com a Força Aérea norte-americana não foram vistos. Em determinado momento, ela pensou ter ouvido um avião à distância, mas, quando chamou o piloto no S-Phone, ele não respondeu. "Tal desempenho é imperdoável", ela reportou furiosa a Londres, "mas já sei que os pilotos norte-americanos são abomináveis, desleixados e descuidados em seu trabalho."[2] Um pouco antes do amanhecer, ela cancelou a operação.

Na verdade, os tenentes Henry Riley e Paul Goillot tinham parado a 32 quilômetros dali, na base do Mont Gerbier-de-Joncs, perto da fonte do rio Loire. A turbulência intensa e os ventos fortes tinham chacoalhado o avião e os desviado do curso, e outro pouso brutal nas árvores forçará os dois a passar vários minutos tentando se desvencilhar dos galhos. Temendo a chegada da Gestapo, eles correram no escuro procurando os cinco pacotes que tinham sido lançados com eles. Desistiram depois de encontrar apenas três e partiram a pé rumo a Le Chambon, evitando as fazendas, pois acreditavam que estavam ocupadas por alemães. No caos da guerra, ninguém havia lhes contado que a região tinha sido libertada e eles não faziam ideia disso até chegarem a Le Chambon e darem a senha a Madame Russier, um contato de *Diane* na bicicletaria do vilarejo. Ela lhes disse que o Exército francês oficial do general de Lattre de Tassigny, recém-chegado à França na segunda aterrissagem dos Aliados em 15 de agosto na costa mediterrânea, havia até atravessado o vilarejo numa marcha da vitória alguns dias antes. Dédé foi chamado para cuidar deles e explicar que *Diane* não podia ser perturbada porque estava transmitindo. Ele a informaria sobre a chegada deles para que ela os encontrasse à noite.

Os dois homens ficaram apreensivos. O OSS tinha poucas mulheres nas fileiras, menos ainda em posições de comando, mas Riley e Goillot tinham sido orientados a agir como organizadores e instrutores de armas. Eles confessaram que se sentiram desconfortáveis por servirem ao lado – ou pior, abaixo – de uma mulher em combate, mas tinham consciência de que: "Tendo em vista a ampla experiência dela em campo, vocês se submeterão às ordens dela".[3] Virginia, por outro lado, relembrou com certa irritação: "Eu finalmente recebi os dois oficiais [de reforço] de que eu tanto precisava... depois que tudo já havia acabado".

Bob agiu do mesmo modo incentivador de sempre ao se encontrar com eles naquela noite para jantar na cozinha do Roybet, com a lareira rústica de pedra e a iluminação fraca. Sem dúvida, Léa Lebrat mandou comida da própria cozinha da fazenda para uma ocasião tão importante, e o fogo foi aceso para afastar a friagem de outono. Mesmo durante a guerra, Virginia gostava de criar um ambiente com o máximo de estilo possível e conseguira deixar a antiga casa de persianas brancas de madeira e telhado de pedra com ar confortável e acolhedor. As pessoas que conviveram com ela naqueles dias tumultuados depois da libertação lembram que ela estava radiante e serena; as atividades ao ar livre e a bicicleta tinham lhe proporcionado um bronzeado, e ela parecia à vontade com a calça do Exército e a jaqueta de combate. Foi um período feliz, relembrou o sargento Leney,[4] e ela deixou uma impressão indelével – ou, como ainda dizem a respeito de Virginia em Le Chambon, "*les étoiles dans les yeux*" ("com estrelas nos olhos"). Muitos que estiveram com Virginia naquela época se lembravam surpresos, até o fim da vida, do contraste entre sua aparência atraente e sua destreza em assuntos militares. Ninguém poderia imaginar que ela tomava calmantes para tentar compensar todas as semanas e os meses que passou sobrevivendo de Benzedrina, o que causara insônia crônica. Ou que ainda sofresse com uma assadura intensa, que coçava, nas costas (mais tarde diagnosticada como dermatite nervosa),[5] como resultado do estresse contínuo e das noites sem dormir. Nem imaginavam como ela poderia estar se sentindo sozinha.

Enquanto Gabriel e Edmond Lebrat contavam os 2 milhões de francos que os recém-chegados tinham levado consigo, os três americanos puderam conhecer uns aos outros. Virginia observava seus compatriotas com olhar crítico. Será que a ajudariam ou prejudicariam? Henry Riley era um homem de Princeton, o típico americano; oficial do Exército, afável, charmoso e altamente capacitado, com muitos dons, exceto experiência em combate. No entanto, foi Paul Goillot, mais jovem, fumante compulsivo de conversa fácil e "cheio de gírias",[6] quem chamou a atenção de Virginia. Oito anos mais jovem e 15 centímetros mais baixo que ela, era comparado a uma "garnisé"[7] por seus treinadores da SOE, mas sua energia e sua personalidade eram muito fortes. Nascido em Paris, de origem humilde, ele tinha se mudado para Nova York na infância depois de perder a mãe, mas ainda falava inglês com um leve e encantador sotaque francês. Esguio, esbelto, bronzeado e com um sorriso fácil, Paul já tinha atuado na guerra como cozinheiro, *sommelier*, faz-tudo e mecânico. Parecia capaz de consertar qualquer coisa e, depois de seu desempenho no curso de sabotagem, também podia explodir qualquer coisa.[8] Além disso, ele fazia exatamente o que Virginia pedia e, ao mesmo tempo, a fazia rir. Era respeitoso, mas também um pouco galanteador. Seu pai, Ned, poderia não ter aprovado, mas depois de cinco longos anos de guerra sozinha, ela ficou encantada.

Virginia contou a eles sobre as realidades em terra – os pousos de paraquedas, as operações, as perdas e os triunfos, e as contendas entre os próprios franceses. Ela também explicou que, por mais que estivesse feliz de vê-los, não tinha recebido reforços quando precisava, mesmo após ter solicitado muitas vezes. Apesar de estar fatigada, causou uma ótima impressão. Os dois homens ficaram surpresos com as conquistas dela e com sua vontade de fazer mais, mesmo após tudo o que ela havia enfrentado. Henry e Paul perceberam que tinham chegado tarde demais, mas decidiram, naquele momento, que ajudariam *Diane* de todas as maneiras possíveis. Esse senso de lealdade a ela se tornou ainda maior no dia seguinte, quando eles conheceram *Gévolde*, que acabara de se promover a coronel na sede da FFI, em Le Puy. Os dois partiram "bem irritados" com todas as intrigas políticas e com *Gévolde*, que havia se coroado com ares militares, mesmo sem saber "nada de táticas de exército, nem sobre as leis básicas que regiam confrontos de unidades pequenas".[9] Era uma opinião compartilhada por Geoffrey Hallowes depois de suas visitas a Le Puy – que Virginia agora passara a chamar de "salada fervilhante". Ele também estava irado com os "traidores", que tinham se unido à Resistência uma semana depois da retirada dos alemães e agora tentavam lucrar com a vitória. "Muitos deles vestiram um uniforme pela primeira vez, colocaram a insígnia de major e saíram em busca dos louros que sua falsa patente podia lhes proporcionar", disse ele. "Os sentimentos não eram bons em relação àqueles falsários."

Virginia pediu que o capitão Hallowes e sua equipe de comando anglo-francesa, conhecida como unidade Jedburgh, ou Jed (lema: "Surpreenda, Mate, Desapareça"), trabalhassem com *Gévolde* e Fayol. Apesar de usarem uniformes do Exército, os Jeds eram unidades de três homens especialmente treinados em táticas de guerrilha e também de liderança, com o objetivo de coordenar atividades da Resistência com forças comuns. Virginia instruiu a equipe a encontrar uma maneira de moldar os elementos mais desordenados da FFI de Haute-Loire em uma força de luta adequadamente treinada e coesa, que pudesse ajudar a libertar outras partes da França. Agora que tinha patrocinado, armado e uniformizado os franceses, ela estava determinada a fazer que continuassem a se alinhar totalmente com a campanha dos Aliados de modo geral. E, apesar de os alemães em

Haute-Loire terem sido derrotados, muitos temiam que alguém voltasse para contra-atacar. Em sua opinião, a FFI precisava manter uma "boa vigilância"[10] em seu território e minar as estradas que levavam a Le Puy a partir do sul e do sudeste. Ela ordenou que os Jeds assumissem o controle tático para que tudo isso acontecesse, pois, agora que a área estava liberada, Fayol e companhia estavam, mais uma vez, sendo difíceis. Por serem oficiais militares do sexo masculino, os Jeds talvez conseguissem impor disciplina de uma maneira que para ela parecia "impossível". Virginia já os havia alertado das personalidades truculentas envolvidas, mas ficou feliz ao ver que estavam fazendo um trabalho "muito bom" sob aquelas circunstâncias.

No entanto, havia uma exceção. Os instintos gaullistas inúteis de capitão *Fontcroise*, membro francês do Jed, fizeram-no unir forças com *Gévolde*, desafiando os desejos de Virginia e as ordens sob as quais ela estava atuando. Os dois franceses autorizaram uma expedição autônoma altamente arriscada ao Portão de Borgonha, a passagem que quase todos da Wehrmacht queriam atravessar correndo uma última vez antes de ir para casa. O plano era pegar um grupo grande e altamente visível de homens armados e patrocinados por ela, sem consultar o oficial Aliado regional, cuja função era garantir a cooperação organizada entre forças de guerrilha e unidades regulares. Causando "comoção", como ela disse, Virginia insistiu para que eles conseguissem permissão para a ideia que ela considerava "idiota" de levar 1.500 homens mal treinados para uma grande zona de guerra, onde os alemães defendiam suas posições com unhas e dentes. A reação de *Fontcroise*, no entanto, foi apenas: "Quem você pensa que é para me dar ordens?". Para provocá-la ainda mais, de propósito, ele então autorizou *Gévolde* a pegar 1 milhão de francos com Virginia, especificamente para garantir que Haute-Loire custearia toda a aventura. Com a frustração além dos limites, ela reclamou com a sede: "Vocês deliberadamente mandam pessoas para trabalhar comigo e para mim, mas não me dão a autoridade necessária".[11] Henry Riley, solidarizando-se com o dilema de Virginia, também foi capaz de ver que, enquanto a maioria das seções da FFI era honorável, algumas delas estavam "saindo do controle".

Durante um tempo, Hallowes e Leney permaneceram ao lado de *Fontcroise* e da FFI e partiram para o norte, onde atacaram um comboio alemão do departamento de Allier. Perto dali, em Vichy, Hallowes encontrou o amigo de Virginia e recrutador do OSS capitão Grell. Ele tinha chegado à França alguns dias antes e estava procurando por ela, então Hallowes contou ao americano onde localizá-la. Logo depois, a FFI começou a se fundir com o Exército oficial francês, e ficou muito claro para Hallowes e para Leney que eles não eram mais necessários.[12] Era uma rejeição dos incentivadores estrangeiros, que vinha ocorrendo na França desde que De Gaulle havia tomado o poder como presidente temporário, no dia 10 de setembro, e estabelecido seu governo de unidade nacional. Apesar de ter começado praticamente sozinho quatro anos antes, ele agora rejeitava qualquer sinal de desafio a sua autoridade. Nem os *partisans* franceses receberiam gratidão e glória, e De Gaulle lhes disse para voltarem a seus empregos normais e pararem de brincar de ser soldados. Apenas ele, o próprio De Gaulle afirmou, representava uma França livre, e milhões de franceses estavam, de fato, prontos para aclamá-lo como salvador político e decorar com flores as ruas por onde ele passava. No dia 12 de julho, os Aliados (incluindo o Presidente Roosevelt) finalmente reconheceram a legitimidade de De Gaulle como líder francês (apesar de a proclamação oficial ter sido feita apenas em 23 de outubro). Enquanto isso, no dia 7 de setembro, os nazistas escoltaram Pétain e seus ministros de Vichy para fora do país, para escondê-los como semiprisioneiros em Sigmaringen, um enclave de Vichy na Alemanha.

Virginia desejava se afastar da política prepotente e voltar para o local onde era mais feliz – para as certezas comparativas de lutar contra o inimigo. Seu ato seguinte foi muito audacioso. Ela vinha importunando a sede para receber uma nova missão, e Londres finalmente respondeu, dando a ela autoridade para agir e ajudar a libertar outras partes da França. Reuniu seus homens mais leais entre os *maquis* de Villelong e lhes fez uma oferta. Queria comandar a própria força de combate, que Londres chamava de seus "homens brutos da mata"[13] e perseguir os alemães por meio de investidas de emboscadas e sabotagens cuidadosamente direcionadas. Ela possuía comida, dinheiro, armas, explosivos, veículos e rádio. Perguntou se eles aceitavam.

Conforme ela esperava, a maioria dos homens aceitou, incluindo, claro, seus queridos *Bob* e Dédé. "O restante dos *maquis* e outros *maquis* na vizinhança foram mandados para [a sede da FFI em] Le Puy contra a própria vontade", Virginia contou, "[mesmo assim,] queriam muito ir conosco". No fim, havia dezenove voluntários ao todo – um grupo ideal para montar *coups de main*, missões de ataque e fuga, ainda que a maioria deles tivesse acabado de sair da adolescência. Além disso, ela estava recebendo o apoio de Henry e de Paul, seus instrutores tão esperados. De qualquer forma, o mais importante talvez fosse o fato de, apesar de Cuthbert, ela mesma poder entrar na briga. Afinal, não tinha medo de armas de fogo e demonstrara, diversas vezes, grande coragem sob pressão. Agora, tinha um comando claro, um reforço adequado e, conforme a batalha na França entrava nos estágios finais, finalmente conseguiu sair das sombras e lutar de modo mais convencional.

Virginia parecia gostar da ideia do combate frontal e, nos dias seguintes, passou por uma longa preparação. O único atraso foi causado por ordens de Londres – "para nossa consternação"[14] –, que pediu que ela esperasse até depois de 11 de setembro, data em que receberiam mais um oficial francês e mais suprimentos. Enquanto isso, ela pediu que Henry e Paul dessem aos garotos o primeiro treinamento *formal* com armas pequenas e táticas de guerrilha. A mata perto de Villelonge logo foi tomada pelo som de tiros. Paul, que tinha passado por um intenso treinamento nos Estados Unidos e na Grã-Bretanha, montou alvos para a prática de tiro e abriu buracos especiais dentro para jogarem granadas. Henry achava que as habilidades de tiro do grupo eram deploráveis, mas, como eram "inteligentes, dispostos e prontos para lutar, aprenderam depressa e logo formaram um grupo coeso de combatentes".

Virginia e Henry fizeram um levantamento das armas e provisões e concluíram que tinham "uma unidade totalmente móvel e independente".[15] Eles colocaram uma metralhadora Browning calibre 30 dentro de um caminhão de 7 toneladas de gasogênio, com uma Bren protegendo a traseira. Outra Bren carregada apontava para a frente no para-brisa de um veículo de reconhecimento. Também embarcaram uma coleção de 5 toneladas de rifles Springfield, Colt .45, Stens, carabinas e granadas, além de 23 quilos de explosivos e um kit de demolição. A maioria dos homens viajaria no caminhão com Henry, enquanto Virginia, Paul, *Bob* e alguns homens ocupariam um total de três carros movidos a gasolina. Os Irregulares de Diane, como o grupo ficou conhecido, estavam prontos para partir.

Com o sinal verde do Comando Aliado, o comboio partiu do planalto ao nascer do sol do dia 13 de setembro, todos vestindo uniforme misto, com calças do Exército americano e jaquetas de couro italiano capturadas. A ordem de Virginia era que eles seguissem para o norte em direção a Montluçon via Clermont-Ferrand. Enquanto estavam em território liberto, Virginia seguiu com Paul no primeiro dos dois carros que iam à frente do caminhão, com o último carro na traseira do comboio. Era bom estar na estrada, mas também acabou se tornando uma viagem de descobertas amargas. O progresso foi lento, e eles demoraram até o anoitecer para percorrer os 240 quilômetros de Clermont a Ferrand, porque as estradas estavam tomadas por destroços. Os alemães em retirada tinham abandonado carroças, bicicletas, até carrinhos de mão, que usavam para carregar equipamentos. Os moradores da região contaram aos Irregulares que, enquanto partiam, os comboios alemães em toda a França faziam uma carnificina, atirando em tudo o que viam. "Atiraram em um homem que estava cuidando de uma cerca viva. [...] Atiraram em um camponês em uma vinícola a 100 metros da estrada. Mataram sete lenhadores que estavam indo para casa depois de uma manhã de trabalho na floresta",[16] contou uma testemunha da época. Em Clermont-Ferrand, Virginia encontrou moradores da região desenterrando corpos dilacerados de parentes, amigos e vizinhos, em meio a montes de lixo, montanhas de esterco e buracos na estrada. As imagens assustadoras fortaleceram os Irregulares e, com Paul ao seu lado, Virginia foi ao encontro de um comandante Aliado da região para pedir conselho sobre o lugar com mais chances de encontrar alemães espalhados e, de fato, se vingar. Ele aconselhou Virginia a não ir para Montluçon, já que ali havia outras unidades do OSS, incluindo o amigo capitão Grell, que tinha descoberto as paredes e os pisos cheios de sangue da antiga sede da Gestapo, onde agentes da SOE e outros haviam sido torturados. O comandante incentivou Virginia a levar seus homens para o nordeste, para Bourg-en-Bresse, perto da fronteira suíça, a fim de entrar em contato com um posto do Sétimo Exército dos Estados Unidos em direção ao norte, partindo da costa do Mediterrâneo. Ela concordou que partissem de manhã, mas, como gostava de cuidar dos garotos, deu um jeito de conseguir que passassem a noite no conforto de um hotel, com proteção da polícia para os veículos enquanto dormiam.

Conforme avançavam rumo ao território inimigo no dia seguinte, descobriram mais sobre seu oponente. Um dos melhores atiradores de Virginia posicionou-se na base do veículo de reconhecimento, com o dedo no gatilho da pistola automática. Em Noirétable, moradores alertaram os Irregulares de que um grupo de milicianos pró-nazistas com armamento pesado estava posicionado nos terrenos erodidos a nordeste, atacando naquela noite todos os veículos na estrada que levava para Roanne, o destino deles. Virginia ordenou que carregassem todas as armas e criou um plano em caso de ataque. Agora, o veículo de reconhecimento, carregado com Brens e Stens, assumiu a liderança 1 quilômetro à frente do caminhão, com Virginia em um dos outros dois carros logo atrás. Ela deu a ordem para que o caminhão na parte de trás do comboio não parasse sob nenhuma circunstância, a não ser que eles fossem forçados a parar por uma barragem de aço ou pedras na estrada.

A viagem ficou tensa, mas, no fim, nada aconteceu. "Por mais surpreendente que pareça", Riley respondeu, os Irregulares "chegaram a Roanne sem encontrar nenhum inimigo – e a tempo de jantar."[17] Usando a experiência adquirida com as freiras do La Mulatière, em Lyon, Virginia pediu às freiras do convento da cidade que cuidassem de seus homens enquanto ela levava a carga de adagas de combate de Roanne (feitas originalmente para os invasores) para o estágio seguinte da viagem. Os alemães tinham acelerado a retirada, mas havia relatos de que estavam roubando uniformes britânicos de prisioneiros de guerra e capturando carros de comando britânicos ou jipes americanos para se passarem por tropas Aliadas. Ela queria que os homens estivessem prontos para o combate corpo a corpo.

Os Irregulares seguiram em frente para o Comando Aliado em Bourg-en-Bresse, para o qual Virginia ofereceu seu pelotão, para enfrentar emboscadas nos Vosges, região montanhosa no nordeste da França, perto da fronteira alemã, onde a Wehrmacht em retirada tinha conseguido armar uma linha defensiva contra o ataque Aliado. Seu plano – elaborado nos mínimos detalhes – era que os Irregulares atacassem unidades isoladas de nazistas em um ponto cego estrategicamente posicionado que ela havia identificado. "A reação a essa proposta foi imediata e entusiasmada, e nos mandaram voltar em poucos dias", contou ela.

Enquanto esperavam a resposta, ela requisitou um *château* deserto a alguns quilômetros, em Roissiat. Propriedade de um rico advogado que tinha desaparecido, a mansão de pedras claras tinha janelas enormes, um número grande de quartos, como um hotel pequeno, um piano de cauda e até uma adega. Henry e Paul "fizeram os rapazes limparem o local e tornarem-no habitável", Virginia disse. Abriram as janelas e, da maneira mais respeitosa possível, puxaram os painéis da parede para usar como colchões. "Esses dois oficiais são extraordinários e eficientes em concluir tarefas – o tipo de pessoa que eu gostaria de ter conhecido desde o começo." Era gratificante para Virginia saber que seus homens – que tinham passado por dificuldades e perigos quase inimagináveis na juventude – estavam dispostos a seguir "com afinco" as ordens desses americanos novatos e recém-formados no treinamento.

Mais tarde, eles se reuniram em uma grande varanda que dava para a propriedade e, para sua alegria, encontraram um lago e até um barco. No entanto, em um ambiente tão sedutor, a espera para saber mais sobre sua missão era um teste de paciência. Tinham a sensação de que a guerra escapava deles e de que estavam perdendo tempo. Virginia tentou manter os garotos ocupados com mais treinamento militar – uma agenda constante de vivência militar, formada por calistenia, marchas, uso de bússola e táticas de guerra comandadas por Henry –, mas foi com certa dúvida que ela partiu, alguns dias depois, no dia 19 de setembro, para descobrir se seriam mobilizados nos Vosges como ela esperava.

No fim das contas, porém, os Exércitos comuns estavam avançando mais depressa do que o esperado. Os dias dos *maquis* como força de guerra de romance, resistência e, em alguns casos, coragem excepcional estavam contados. Desde 1941, quando Virginia havia chegado, a Resistência, criada do zero, já desempenhava um papel mais imponente e mais criativo do que qualquer um poderia ter previsto. O próprio Eisenhower dizia que suas ações combinadas – sabotagem, emboscadas, assédio e a constante decadência do moral nazista – tinham encurtado a guerra na Europa em cerca de nove meses e mantido oito divisões alemãs permanentemente afastadas dos campos de batalha do Dia D. Agora, contudo, era claramente o momento de os profissionais terminarem o trabalho. Ela ofereceu ajuda, mas a oferta foi recusada. Era tarde demais.

Foi um fim humilhante para um sonho que talvez tivesse sido improvável desde o início. Virginia, Paul e Henry voltaram ao *château*, onde ela reuniu os rapazes e deu a notícia de que desmembraria os Irregulares imediatamente. Suas palavras foram seguidas por um silêncio assustador. Ela tentou animá-los, aumentando a possibilidade de se reunirem na Escócia para posteriormente receberem mais treinamento e prática de paraquedismo na França em grupos. Ninguém levou a ideia a sério. Os homens queriam lutar contra os alemães; o enfrentamento deles não podia esperar um plano nebuloso no futuro. Virginia e seus homens tinham passado por muita coisa, mas aquele era o repentino e brutal fim da linha. Dividir dias e noites na luta pela sobrevivência havia criado sentimentos fortes, mas agora ela precisava se despedir de Dédé, seu "assistente"; de Gabriel, a quem ela chamava de *chouchou*, ou bichinho; e de Jean, o órfão cujo sonho de se tornar médico ela o incentivara a realizar. "O que vocês farão agora?", Virginia perguntou a eles, um por um. Alguns tiveram dificuldade de esconder as emoções. "Eu estimava *Diane* demais [...] e senti muito por termos sido obrigados a nos separar tão abruptamente", Dédé relembrou.[18] Para ele, os momentos na Resistência com Virginia tinham ensinado "tolerância, amizade sem medida e uma noção real de dedicação ao próprio país". Como ele disse: "Já valeu a pena ter nascido apenas por essa experiência".[19]

Outro membro dedicado, o viticultor André Roux, sentiu que foi uma grande perda se afastar daquela "inglesa impressionante" que "exalava energia e determinação", mas que continuava sendo um mistério a todos eles: "Não sabíamos nada sobre ela. [...] O grupo se desfez e nunca mais vimos a mulher a quem chamávamos de Maria".[20] Para registrar as últimas horas juntos, eles posaram para uma foto na varanda. Como comandante e única mulher, Virginia está no meio do grupo, com os cabelos presos no topo da cabeça, de gravata, calça cáqui e jaqueta. Gabriel está a sua esquerda, mas, pela primeira vez, sem o seu sorriso contagiante. No entanto, assim que o choque inicial passou, velas foram acesas, Paul preparou a última refeição, e a adega de vinho foi atacada. Depois do jantar, um dos jovens Irregulares tocou piano, e Virginia se uniu a ele cantando músicas indecentes da Marinha.

Mais tarde, naquela última noite, Paul e Virginia desceram até o lago, entraram no barquinho e remaram juntos sob as estrelas.[21] Tinham se tornado grandes amigos na noite em que se conheceram em Roybet, e Paul esteve ao seu lado desde então. Ele não a havia desafiado nem a irritado tanto quanto muitos dos outros homens que Virginia conhecera, e sempre cuidava de seu bem-estar; o respeito que ele sentia por ela como comandante era óbvio, mas agora havia mais do que isso. Finalmente, a guerreira secreta, endurecida pela batalha, cheia de sentimentos por seus rapazes, encontraria o amor com um homem.

Durante meses, ou anos, Virginia não ousou sonhar com um futuro. Não se sentia capaz de demonstrar vulnerabilidade nem carência – muito menos fé. A confiança podia matar, por isso ela não se entregara em um mundo brutal onde sua vida estava sempre em perigo. Havia se disfarçado, escondido sua deficiência, até mesmo sua verdadeira nacionalidade – e com certeza, seu medo. Ela sempre se controlara, noite e dia colocando a guerra em primeiro lugar, à frente da própria vida. Aos 38 anos, Virginia finalmente tinha encontrado a satisfação como *Marie* ou *Diane*, a verdadeira heroína da Resistência – e como a lendária Maria das Montanhas. Ela ajudara a manter acesa a chama da resistência francesa nos dias mais obscuros e formara as bases de um futuro exército secreto. Quando o momento finalmente chegara, ela havia desempenhado um papel importante na libertação de grandes áreas da França. Por muito tempo, ela tinha sido rejeitada e depreciada, mas agora era a heroína do OSS e de seus apoiadores fervorosos na Resistência. Mas tudo isso tinha custado bem caro. Aquela noite no lago em Roissiat com Paul foi a primeira vez, desde quando conseguia se lembrar, que ela se sentiu segura e se colocou em primeiro lugar. Exausta e abatida, despiu-se de qualquer disfarce. Animada, mas com receio de perder essa nova e deliciosa sensação, Virginia queria, mais do que qualquer coisa, que Paul permanecesse com ela a partir de então. Caso precisasse partir em outra missão – ela informou à sede logo em seguida –, ela queria ir acompanhada de Paul e Henry, e concluiu: "E ninguém mais ao meu lado".

Os três americanos tinham sido chamados de volta a Paris, mas os franceses estavam livres para ir para casa ou se unir ao Exército francês comum, como achassem adequado. Aqueles que decidissem voltar para suas famílias teriam que deixar as armas para trás, exceto suas facas novas, uma pistola e seis balas para se protegerem. Virginia deu a cada um deles um pagamento de despedida de 3 mil francos, "um valor simbólico para recomeçar, já que a maioria deles havia passado mais de um ano nas montanhas".[22] Sempre meticulosa em relação ao dinheiro confiado a ela – Dédé, certa vez, a descreveu como alguém quase "mão de vaca"[23] –, Virginia pediu a eles um recibo assinado. Também deu a eles uma carta comprovando que tinham sido liberados do grupo, para que ninguém pensasse que eram desertores ou, pior ainda, colaboradores. Muitos acertos de contas estavam sendo feitos em toda a França, milhares simplesmente levavam tiros nas ruas, dados por *maquis* (ou pessoas se passando por *maquis*). Os Irregulares, então, se dividiram. Sete foram diretamente para a 9ª Divisão Colonial do Primeiro Exército Francês para lutar na Alemanha; outros nove se uniram depois de visitar suas famílias.

Após uma breve pausa, Virginia, Paul, Henry e *Bob* (que queria estabelecer antigos elos com os britânicos) foram a Paris, chegando ao SFHQ no Hôtel Cécil, perto da Champs-Elysées, no dia 22 de setembro. Depois de um mês de liberdade, Paris era um lugar diferente daquele onde ela havia ficado, por seis meses, disfarçada de camponesa. O clima era de alegria, com pessoas sorrindo nas ruas e a bandeira tricolor nas varandas e pendurada nas janelas. Virginia se apresentou ao tenente-coronel Paul van der Stricht, o oficial do OSS que tinha assinado seu primeiro contrato de trabalho, para declarar que sua missão havia terminado e para pedir que fosse enviada de volta a Londres. Ela apareceu um pouco depois do esperado e parecia envergonhada. Explicou que estava fugindo de um grupo de busca da Gestapo, mas, mesmo se tivesse passado algumas horas no *château* com Paul antes de aparecer em Paris, quem poderia julgá-la? Ainda assim, desculpou-se, aparentemente envergonhada pela inconveniência causada aos outros.[24] Van der Stricht ficou feliz ao saber que sua agente excepcional conseguiria voltar de tais aventuras. As notícias de seu retorno em segurança se espalharam depressa. Uma mensagem foi passada à sra. Hall no dia seguinte: "Virginia continua bem de saúde e de ânimo, e seu trabalho está progredindo muito bem. As notícias sobre a guerra trazem muita esperança. [...] É razoável supor que Virginia logo voltará para casa".[25]

Paul voltou à sua cidade natal pela primeira vez em quase vinte anos e partiu com boa disposição para ver o pai e a irmã. Já fazia uma década que eles tinham retornado à França, deixando-o sozinho nos Estados Unidos enquanto ainda era adolescente. Quando ele tocou a campainha na avenida Georges Lafenestre, sua irmã Jacqueline quase não reconheceu o oficial norte-americano de 30 anos sorrindo à sua frente. Teria sido um encontro mágico, mas ela teve que interromper o abraço para dar a notícia de que o pai deles tinha falecido em decorrência de um câncer. Paul voltou poucos meses depois da morte do pai. Jacqueline apresentou o irmão ao marido e às duas filhas, e uma delas tinha nascido poucas semanas antes. No entanto, mesmo com a alegria de conhecer as novas integrantes da família, Paul não assimilou bem o choque da morte do pai. Ele se sentiu sem chão, um órfão, e não sabia qual lugar deveria chamar de lar. Seu relacionamento recente com Virginia parecia mais importante do que nunca.[26] Jacqueline convidou Paul a levar sua nova namorada e seus amigos Henry e *Bob* para jantar no apartamento deles na noite seguinte e serviu a melhor comida e o melhor vinho que eles tinham. Foi a primeira vez que Paul e Virginia foram tratados como um casal, por mais que fossem um casal incomum, já que Virginia era mais velha, mais alta e mais desgastada pela guerra do que seu namorado. A guerra costumava intensificar relacionamentos improváveis, transformando-os em elos profundos depois de poucas semanas ou até mesmo dias; porém, ainda era incomum que a mulher desempenhasse o papel de liderança e que o homem aparentasse estar confortável com isso.

De volta a Londres, no dia 25 de setembro, Virginia escreveu seu relatório sobre a missão Saint-Heckler, que durou seis meses, na França. O fato de ter se apaixonado não abrandou suas opiniões. Depois de delinear alguns dos desafios em campo, além de conquistas suas e de seus auxiliares, ela foi generosa ao elogiar aqueles que mais tinham contribuído. Virginia, contudo, não tinha nada a ver com aqueles que ainda tinham esperança de alcançar a glória por meio de medalhas, pois acreditava que o respeito de seus semelhantes, a satisfação do dever patriótico e a restauração da liberdade da França eram recompensa suficiente. Tinha observado em campo que, com muita frequência, pessoas como *Alain* em Lyon ou *Gévolde* em Le Puy, que ativamente buscavam promoção, costumavam ser as menos capazes ou esforçadas. Quando lhe perguntaram quem deveria ser recomendado para uma condecoração norte-americana, ela respondeu com a frase: "Na minha opinião, ninguém merece". E disse "também não haver motivo" para que ela própria fosse condecorada.[27]

Paul passou alguns dias com sua irmã em Paris antes de se unir a Virginia em Londres, no início de outubro de 1944. De volta à Grã-Bretanha, teve tempo de rever velhos amigos e marcou um jantar com um deles no Clube dos Oficiais. O tenente René Défourneaux, um camarada americano da época de treinamento de Paul, havia acabado de voltar de Cosne, onde foi um dos três agentes a assumir os grupos que Virginia havia montado em Nièvre depois de partir para Haute-Loire. Ele nunca a havia visto, mas conhecia bem sua reputação e ficou animado quando Paul (sem dúvida orgulhoso por exibir sua nova namorada) disse que Virginia se juntaria a eles. Défourneaux ficou surpreso ao passar pelos clientes do restaurante e encontrar uma mulher aparentemente na casa dos 60 anos, vestida de modo elegante, mas sério, com um vestido preto, chapéu chique de abas largas e um colar de pérolas. Será que a famosa líder de guerrilha *Diane* era, na verdade, uma aristocrata britânica idosa? "Ela parecia uma idosa com cabelos grisalhos" e levava consigo uma sombrinha que também servia como bengala, mas "exalava autoridade", lembrou ele, "como uma rainha".

Durante o jantar, Défourneaux teve a sensação de que Virginia, apesar do disfarce atraente, era "tão decidida que os alemães [jamais] desejariam se meter com ela". Também havia uma atitude de atenção em seu modo de agir, "como se ela ainda estivesse alerta a ataques".[28] De fato, apesar de tomar cuidado para não revelar seus planos, Virginia estava experimentando o novo disfarce para uma futura missão à paisana. Longe de se preparar para voltar para casa, como o OSS e sua mãe esperavam, já estava procurando outro trabalho em campo. A França estava quase livre da ocupação nazista, mas a guerra na Europa estava longe de acabar, e Virginia queria permanecer envolvida até o fim. A conversa se voltou para seu serviço na França, e os dois homens começaram a especular se eles e outros seriam condecorados. Ela então discursou por meia hora sobre seu tema preferido: "Não tínhamos cumprido nossas missões por medalhas, honras ou reconhecimento oficial",[29] mas por motivos mais nobres.

Ironicamente, enquanto Virginia estava em Londres falando sobre condecorações, o tenente-coronel Van der Stricht, em Paris, mostrava uma opinião bem diferente. Ele acreditava que Virginia era digna da segunda maior condecoração militar dos Estados Unidos – a Cruz de Serviços Distintos – e, assim, pôs em prática os devidos procedimentos. Um oficial recebeu a tarefa de questionar seus colegas em Haute-Loire, como o capitão Hallowes, *Bob* e Henry Riley, a respeito da "mulher membro de sua equipe". Sua conclusão inicial foi: "Ela é uma mulher muito corajosa que demonstrou grande iniciativa".[30] O OSS escreveu a seus camaradas da SOE, incluindo Gerry Morel – que ela havia resgatado de um leito do hospital e mandado aos Pireneus para um local seguro –, que elogiou incansavelmente o papel dela. Em dezembro, o OSS consultou Pierre Fayol para saber sua opinião.

Nos últimos meses de liberdade, Fayol sentiu que não conseguia parar de pensar em *Diane* – apesar de ficar surpreso com o fato de ela ser americana, e não britânica, e de seu verdadeiro nome ser Virginia Hall. Talvez, por não ter mais motivo para ver Virginia como uma ameaça a seu *status* ou ao seu orgulho, ele tenha conseguido ver sua contribuição com mais clareza. Talvez, pelo brilho da vitória, ele simplesmente tenha deixado de lado suas opiniões negativas em relação às capacidades das mulheres e reconhecido que Virginia tinha sido excepcional e altruísta em suas ações. Por algum motivo desconhecido, Fayol passara por uma drástica transformação e se tornara um dos maiores admiradores de Virginia. Ele contou aos oficiais americanos que tinha percebido que a rápida e extraordinária vitória contra os alemães em Haute-Loire com certeza se devia, em grande parte, a ela. Pensando bem, tinha entendido que o papel dela havia sido crucial. "A intervenção de *Diane* possibilitou o armamento adequado de nossos homens", ele disse ao oficial de investigação, tenente George Schriever. E continuou: "E, consequentemente, a rápida libertação de nosso departamento [...] no avanço das colunas Aliadas. [...] Todos nós [...] valorizamos a completa dedicação ao dever e a coragem excepcional demonstradas [por *Diane*]".

O remorso é um forte motivador. Talvez o arrependimento pelo próprio comportamento obstrutivo tenha feito Fayol dedicar dez dos últimos anos de sua vida a pesquisar sobre Virginia, escrever centenas de cartas, viajar a Lyon, Paris, Londres e até aos Estados Unidos, a fim de tentar descobrir mais e celebrar sua memória. Ele pediu aos ministros que a condecorassem com a tão respeitada Cruz da Legião de Honra francesa, mas não foi bem-sucedido, porque, quando descobriu o tamanho da contribuição de Virginia, ela já havia falecido, e a condecoração não podia ser feita postumamente.

O que aconteceu em Haute-Loire parece ter ficado, por um bom tempo, em sua consciência, antes de ele escrever, em 1990: "[Por fim] sabemos perfeitamente quanto devemos a ela". O espírito de Virginia "superava" o planalto, ele registrou em seu livro *Le Chambon-sur-Lignon sous l'Occupation*, e, para aqueles que a conheceram naquela época, para sempre, ela foi *La Madone*.

No início de 1945, a recomendação de Van der Stricht começou sua tortuosa jornada pelos diversos procedimentos oficiais. Como sempre acontecia com Virginia, o caminho não seria fácil. Enquanto isso, na França, parecia que sua contribuição à liberdade simplesmente seria ignorada. De Gaulle, conhecido por ser contra agentes americanos ou britânicos que atuavam em sua área, não compreendia o papel deles, pensava que eram mercenários insignificantes e até mesmo dignos de desdém. Até então, eles estavam dispostos a passar o poder a ele assim que possível. Mas De Gaulle, extremamente rude, prendeu um agente da SOE e ameaçou prender outros caso não partissem imediatamente da França livre. E, como sinal do que estava por vir, ele parecia muito interessado em retirar todas as mulheres da linha de frente e faria de tudo para que a participação delas fosse totalmente apagada dos registros.

Virginia foi fortemente recomendada por Maurice Buckmaster, da SOE, para a Cruz de Guerra, a homenagem se referindo a seu heroísmo em campo como "um fator muito poderoso na perturbação de tropas inimigas". Apesar do sotaque americano, do rosto memorável e da perna de madeira, ele registrou que ela havia passado grande parte da guerra atrás de linhas inimigas sem ser pega. Era verdade, Virginia não se submetia facilmente a ordens e gostava de tomar as próprias decisões, mas tinha prestado "serviços inestimáveis à causa Aliada e era uma grande amiga da França".[31] Não há registro em seus arquivos da SOE ou do OSS de tal honraria ter sido concedida a ela; não há menção disso nos registros pessoais subsequentes; e sua sobrinha não sabe se Virginia foi condecorada. Até mesmo o presidente francês Jacques Chirac acreditava que seu país a estava homenageando pela primeira vez em 2007, ao declarar que ela era uma "verdadeira heroína". No entanto, em 16 de março de 1946, a França já havia, de fato, premiado Virginia com a Cruz de Guerra com Palma, uma medalha de alta patente para heróis de guerra. A homenagem foi outro segredo que ela levou consigo para o túmulo, pois os registros foram destruídos durante um incêndio nos Arquivos Nacionais Franceses, em 1973. Hoje, não existe mais uma lista definitiva dos laureados da Segunda Guerra Mundial, e sua condecoração francesa desapareceu nas névoas da história. Aparentemente, a única confirmação oficial existente estava enterrada nos arquivos obscuros de departamento na Normandia descobertos durante a pesquisa para este livro.[32]

Enquanto isso, muitos apoiadores de Virginia na França, incluindo o eminente historiador Henri Noguères, acreditavam que sua indicação para receber uma honraria maior também havia sido boicotada, alvo dos reflexos nacionalistas mesquinhos dos apoiadores de De Gaulle, que queriam estabelecer o mito de que os franceses tinham se libertado sozinhos.[33] "Os serviços prestados à França e à causa Aliada por Virginia Hall não foram reconhecidos pela França como deveriam", Noguères escreveu nos anos 1980. O conde de Vogue, ou *Coronel Colomb*, a quem ela tinha ajudado no Cher, pensava, como Fayol, que ela deveria ter sido homenageada com nada menos do que a Cruz da Legião de Honra.[34] Virginia, no entanto, não quisera nada disso, dizendo a um de seus colegas da Resistência: "Não quero que as pessoas falem sobre o que fiz. Tudo o que fiz foi por amor à França, meu segundo país".[35] Sem dúvida, foi por isso que ela manteve a Cruz de Guerra em segredo.

No segundo semestre de 1944, Virginia nunca tinha sido tão requisitada em toda a sua vida profissional. Apesar de ter mais de dois anos, o OSS sempre precisava justificar seus gastos e até mesmo sua existência a um estabelecimento militar hostil em Washington. As vitórias de Virginia em campo eram vistas como respostas convincentes às questões inevitáveis acerca das conquistas do serviço. Havia muito tempo que o OSS precisava de um herói; agora, eles tinham uma.

A própria Virginia estava ansiosa para voltar ao trabalho, e Paul van der Stricht, em Paris, que supervisionava as operações na Europa

Ocidental, estava igualmente ansioso para recebê-la. Todos os planos de voltar para casa, em Baltimore, foram deixados de lado quando ele a chamou de volta a Paris, no fim de outubro, usando o nome que ela usava no campo, *Marcelle Montagne*.[36] A esperança de que a guerra terminasse até o inverno havia sido derrubada por reveses militares na Bélgica e na Holanda. Em setembro, uma ofensiva britânica para mudar o curso do rio Reno da Holanda para a Alemanha terminara em enorme fracasso. Três meses depois, perto do Natal de 1944, Exércitos americanos enfrentaram os piores ataques da guerra na região das Ardenas, na Bélgica, quando foram pegos de surpresa pela última grande contraofensiva da Alemanha na linha de frente ocidental. Depois da libertação triunfante da França, os Aliados enfrentaram o amargo fato de que a luta contra Hitler ainda tinha um longo caminho a percorrer.

Wild Bill Donovan estava determinado a planejar uma missão espetacular, no último impulso que silenciaria seus críticos de uma vez por todas. Com essa mesma motivação, Virginia foi escolhida a dedo entre dezenas dos agentes mais bem avaliados do OSS, para realizar uma expedição ultrassecreta que pudesse desempenhar um papel importante nos últimos meses do conflito. O fato de ela ter sido escolhida em meio a tantos homens calejados era a prova de que ela tinha conseguido mudar as opiniões a respeito das mulheres na guerra – e os arquivos sugerem que sua deficiência física nem sequer chegou a ser considerada um impedimento. Pelo contrário, sua coragem, sua habilidade e as operações "comandadas com perfeição" na França, além da "personalidade excelente", dos muitos contatos, do domínio do idioma alemão e do profundo conhecimento da Áustria, adquirido no tempo que passou estudando em Viena, fizeram dela a escolha óbvia. Decidiram que ela seria uma "contribuição admirável" para se infiltrar no coração do território inimigo.[37] Sua influência era tamanha que ela respondeu a Van der Stricht solicitando que o tenente Goillot tivesse permissão para trabalhar com ela na missão, e ele concordou. Paul também, a pedido dela, recebeu a cidadania americana que ele desejava havia muito tempo.

Com o codinome Operação Crocus, a missão ainda era uma perspectiva hipotética, já que dependia do modo como a ofensiva Aliada se desenvolveria; se fosse em frente, porém, com certeza seria uma das operações clandestinas mais ousadas da guerra. As chances de sobrevivência de Virginia não passavam de 33%, já que ela e Paul organizariam as forças da Resistência perto de Innsbruck, no Tirol Austríaco, uma região alpina que tinha um misticismo especial para os *partisans* mais fervorosos do Nacional Socialismo. O medo era que a Wehrmacht se recolhesse em uma fortaleza subterrânea invisível nas montanhas para se proteger dos Exércitos Aliados que avançavam. Hitler já tinha instalado fábricas de armas subterrâneas, e uma delas produzia aviões Messerschmitts, em Kematen, onde centenas de prisioneiros estrangeiros trabalhavam sem proteção em cavernas superaquecidas e sob constante bombardeio Aliado. Havia rumores de que poderosas fortificações estavam sendo construídas para criar um reduto nazista com grandes estoques de armas e provisões suficientes para 100 mil homens viverem durante dois anos, tudo vigiado por tropas do SS. Ninguém sabia se era uma ameaça-fantasma wagneriana, o maior e mais enganoso plano dos agentes alemães, ou um verdadeiro empecilho para a vitória dos Aliados.[38] Os britânicos estavam mais céticos que os americanos em relação à sua existência, mas o OSS, que parecia ter levado os rumores a sério, queria se antecipar ao que ameaçava se tornar a batalha mais sangrenta da guerra, infiltrando pequenas equipes de agentes para atuar com os *maquis* austríacos da região. Virginia (cujo codinome foi levemente alterado para *Diana*) e sua equipe teriam que descobrir se o reduto existia e, se existisse, precisariam planejar um ataque.

Nas semanas seguintes, Virginia e Paul mergulharam nas novas técnicas de segurança e, por um tempo, levaram uma vida quase normal. Um dia, estavam almoçando em um restaurante na Boulevard Saint-Germain quando ela viu um rosto familiar. Ela se levantou da mesa e atravessou o salão até Pierre Fayol e sua esposa, Marianne – que reconheceu seu jeito de mancar, além de sua aparência marcante e da presença imponente que tinha causado grande impacto no planalto. Ela disse a eles que estava esperando para entrar em uma nova missão na Europa Central – é claro, sem entrar em detalhes –, e os quatro fizeram um brinde de despedida. Virginia provavelmente não fazia ideia da mudança de opinião de Fayol, que, pelo resto da vida, se lembrou desse momento com grande emoção. Foi a última vez que viu Virginia, e admitiu que sua vida nunca mais foi tão vívida e emocionante.[39]

Do outro lado da cidade, em novembro de 1944, a polícia de Paris abordou uma mulher de 30 e poucos anos chamada Irma Alesch para interrogá-la sobre seu irmão, Robert. Atendente da loja Reims, Pierre Decley, um dos homens que tinham dado ao padre a responsabilidade de guardar os pertences de Germaine Guérin quando ela foi presa, visitara Lyon depois que a cidade havia sido libertada, em setembro, e descobrira que o apartamento dela tinha sido invadido. Treze milhões de francos (cerca de 3 milhões de libras atuais [quase 14 milhões de reais]) em dinheiro e objetos haviam desaparecido, juntamente com Alesch. Decley avisou a polícia de Paris, que abriu uma investigação. O abade logo se tornou o principal suspeito.

Irma, que agora vivia sozinha no lindo apartamento dele, admitiu que o irmão trabalhara para os alemães, principalmente para alguns dos agentes mais temidos do Abwehr. Ela também confessou que, depois de ir a Lyon a pedido deles, em janeiro de 1942, para ajudá-los com as prisões, ele voltara com diversas malas cheias de peles e pratarias.[40] A polícia vasculhou o apartamento de Alesch e encontrou pelo menos alguns dos artigos roubados da casa de Germaine Guérin. O crime foi provado, mas o suspeito já tinha fugido havia muito tempo.

O juiz que investigou o caso havia emitido um mandado de prisão para Alesch, enviando a polícia para La Varenne-Saint-Hilaire, onde os paroquianos já tinham entendido que o ex-padre era o responsável por atrair muitos jovens *résistants* até a rede da Gestapo. Um deles, por exemplo, havia sido preso depois de passar informações a Alesch a respeito das mortais bombas áreas alemãs V-1, ou "Doodlebugs", que tinham sido usadas para bombardear o sudeste da Inglaterra depois do Dia D, pensando que seriam mandadas a Londres. (Claro que não foram.) O próprio Alesch não era visto desde meados de agosto, quando os Aliados tinham chegado perto de Paris. Apesar de todos os esforços, a polícia não encontrou nada.

No feriado depois do Natal, conhecido como *Boxing Day*, "Diana e o amigo" (como Virginia e Paul passaram a ser chamados) foram mandados à sede do OSS na Europa Central em um palácio real em Caserta, ao norte de Nápoles (também a região de Eisenhower como Comandante Aliado Supremo) para receber treinamento intensivo. Ali, nos cômodos em estilo Versailles, muito opulentos, e no belo parque de 3,5 quilômetros, ela foi iniciada no garrote, a lidar com uma adaga e a matar um homem com as próprias mãos sem fazer barulho.

Dar tiros de arma de fogo era algo que deveria ser feito na posição agachada, com as duas mãos segurando o revólver na altura da cintura e usando o tiro duplo – dois tiros dados em rápida sucessão. Em outra sala de aula, ela aprendeu a aperfeiçoar a transmissão por rádio. No entanto, as semanas estavam passando depressa. Enquanto os Aliados avançavam, a Itália permanecia presa em um ataque sangrento centenas de quilômetros ao norte. A paciência de Virginia com o que ela chamava de desvios desnecessários começou a acabar.

Em Washington, no dia 5 de fevereiro de 1945, a recomendação formal de dar a Virginia a Cruz de Serviços Distintos chegou à mesa de mogno de Wild Bill em seu escritório no andar térreo da sede do OSS, na E Street. A audácia de Virginia diante do inimigo chamou muito a atenção de um homem que gostava de coisas ousadas e não ortodoxas. A partir de então, ela se tornou um de seus assuntos preferidos, e as histórias que ele contava sobre ela ficavam cada vez mais interessantes. Uma das preferidas dele era a história apócrifa de quando Virginia entrava de paraquedas nas áreas de batalha com a prótese da perna embaixo do braço. O entusiasmo do diretor em contar essas coisas (fatos ou ficção) de sua agente principal era tão grande que seus comandantes em campo estavam começando a se preocupar. Matérias apareciam em publicações como a *Reader's Digest*, contando sobre uma "americana" super-humana envolvida em operações secretas de alto risco. Coronel James Forgan, comandante do OSS do Teatro Europeu da Segunda Guerra Mundial, alertou: "[O anúncio da homenagem] deve ser mantido em segredo até o momento em que não coloque mais em perigo a segurança da laureada, ainda envolvida em atividades semelhantes".[41]

Enquanto isso, Virginia estava com Paul, mas ambos se sentiam frustrados por *não* estarem envolvidos de fato em uma missão. Na verdade, apenas em março, quando os Exércitos Aliados já atravessavam o Reno para chegar à Alemanha, os parâmetros da Operação Fairmont, como a Crocus passou a ser chamada, finalmente foram decididos. Mesmo assim, permaneciam incertos e sujeitos a mudança constante. Por mais incrível que fosse, decidiram que a melhor maneira de infiltrar Virginia na Áustria seria fazê-la escalar mais uma montanha alta, levando seu rádio. "*Diana*, que atravessou os Pireneus a pé a 3 mil metros de altitude, parece não ter medo de caminhar",[42] observou Gerry, um surpreso oficial sênior do OSS em Caserta. Não tinha medo, mas estava furiosa e decepcionada. Paul havia sido proibido de acompanhá-la por não falar alemão bem e fora informado de que só usaria o paraquedas depois. Ela insistiu em dizer que eles eram uma equipe inseparável e tentou assumir o controle dos planos de infiltração, chegando a visitar alguns de seus contatos em Genebra para encontrar uma maneira de eles entrarem juntos na Áustria. Seus comandantes interpretaram a reação dela como um infeliz "desejo de independência", e um dos oficiais superiores escreveu: "Do nosso ponto de vista, a atitude de Diana parece tola... [mas] ainda tenho esperanças de fazer com que ela veja as coisas com clareza".[43] Virginia nunca foi fácil de domar, e sua fúria refletia sua determinação em ter a companhia de Paul, tanto como namorado quanto como companheiro de guerra. Virginia se ressentiu por ter seus desejos contrariados por superiores que não tinham a experiência em campo que ela tinha. Alguns dos que ainda não a conheciam pareciam incapazes até de aceitar que ela era uma mulher, e pelo menos um deles se referia a ela como "ele".[44]

No dia 10 de abril, Virginia finalmente cedeu. Concordou em entrar na Áustria sem Paul, e a contagem regressiva para a Operação

Fairmont teve início. Com o novo codinome *Camille*, ela foi confirmada como líder de equipe e deveria recrutar os próprios guerrilheiros austríacos, que teriam a tarefa de realizar ataques "cuidadosamente calculados" a comboios nazistas – a senha de ataque seria a palavra "casar". A principal prioridade da agente *Camille*, no entanto, era descobrir mais a respeito do reduto que continuava a perturbar a mente do Comando Aliado para depois desviar seus recursos. O medo de que o bastião nazista pudesse prolongar a guerra europeia em até dois anos tem sido citado por diversos historiadores como um motivo pelo qual os americanos evitaram avançar sobre Berlim, decisão mais tarde criticada por alguns, por entregar a capital alemã ao Exército Vermelho. (Outros observadores acreditam que a transferência de tropas para os Alpes Austríacos tenha sido o resultado, não a causa, da decisão de permitir que os russos entrassem na capital alemã primeiro.) De qualquer modo, Virginia mais uma vez se viu no centro da guerra europeia, mas recebeu a ordem de operar apenas com um grupo pequeno de homens, pois seria impossível, devido ao terreno montanhoso, entregar armas suficientes para grandes números: "Vocês devem se concentrar na <u>qualidade</u> do pessoal, e não na <u>quantidade</u>, para terem certeza de que cada arma e cada quilo de explosivo fiquem nas mãos de um homem que mate nazistas, siga ordens e <u>fique de boca fechada</u>".[45]

Virginia e Paul viajaram para a fronteira franco-suíça de Annemasse para os preparativos finais. O clima era um calor agradável, e ela estava prestes a viajar para o leste da Suíça para atravessar a fronteira da Áustria na noite de 15 de abril, mas o rápido e inesperado avanço das forças Aliadas atrasou sua partida. Finalmente, seus comandantes começaram a reconhecer que a instabilidade de sua situação era intolerável. "Algo deveria ser feito em relação a essa mulher. Se ela é uma boa agente, merece ser mais bem tratada do que está sendo", indicou um dos oficiais, claramente envergonhado. A resposta de Berna foi um exemplo clássico de empurrar a responsabilidade para os outros: "Concordo com as conclusões, mas não sou culpado pela aparente negligência com a extraordinária agente".

Os acontecimentos rapidamente os sobrecarregaram. No dia 25 de abril, tropas soviéticas se reuniram com forças americanas pela primeira vez às margens do rio Elba. Cinco dias depois, no *Führerbunker* em Berlim, Hitler se matou com um tiro na cabeça. No dia marcado para a partida de Virginia, chegaram notícias de que o Sétimo Exército americano estava agora a apenas 20 quilômetros da área de reduto e não tinha encontrado nada da resistência feroz que tanto temiam – na verdade, em algumas cidades, os residentes chegaram a aplaudir os soldados conforme estes avançavam. A fortaleza nazista na montanha, que tinha moldado o pensamento tático dos Aliados nas semanas finais da guerra, acabou se tornando uma quimera. Nunca existiu de fato, exceto na imaginação de poucos comandantes americanos. A sede de Caserta abortou a missão de Virginia dizendo: "Em vista dos rápidos acontecimentos militares, acreditamos que não faz sentido colocar em risco a vida de *Diana*, [Paul] e do Grupo. Cancelar planos".

No dia 7 de maio, na cidade de Reims, ao norte da França, o Terceiro Reich se entregou incondicionalmente. A luta terminou antes da meia-noite do dia seguinte, que ficou conhecido como o Dia da Vitória na Europa (VE). A princípio, o repentino silêncio foi esquisito. Virginia não pensou que a paz viria logo. Não estava sozinha entre agentes que tinham arriscado tanto, mas que, de certo modo, sobreviveram à guerra com uma sensação de falta de propósito no fim. Ainda assim, a presença de Paul a acalmava, e eles partiram rumo a Paris, sua cidade preferida, para tomar café, beber vinho, fumar cigarros americanos e tomar sol. Era bom dividir o amor e as risadas, estar juntos. Talvez também fosse um choque estarem vivos. E a guerra ainda pairava sobre eles. Faltava comida e havia filas nos estabelecimentos. Milhões de pessoas permaneciam desabrigadas, as ruas estavam sombrias e o fornecimento de eletricidade era esporádico. No entanto, o que mais assustava eram as perguntas a respeito de quem tinha sido deportado ou simplesmente desaparecido. Algum deles voltaria? E, se voltassem, como estariam?

O breve intervalo foi interrompido por um telegrama vindo de Washington, com a notícia de que Harry Truman tinha sido empossado presidente depois da morte precoce de Franklin Roosevelt. Agora que as hostilidades haviam cessado na Europa, Bill Donovan estava ansioso para divulgar a premiação de Virginia por armar, treinar e organizar três batalhões extremamente ativos da FFI, por comandar uma campanha bem-sucedida de sabotagem em larga escala, levando à emboscada de tropas alemãs, e por seu excelente desempenho no trabalho altamente perigoso de transmissão por rádio. Resumindo, foi decretado que ela havia demonstrado "heroísmo extraordinário em conexão com as operações militares contra o inimigo".[46] Donovan ficou feliz que uma oficial do OSS fosse a única mulher civil na guerra a ser condecorada com a Cruz de Serviços Distintos. O futuro do OSS parecia cada vez mais incerto agora que a guerra se aproximava do fim e que seu patrono original estava morto, por isso Bill Donovan estava ansioso para anunciar o prêmio e elevar o prestígio da agência. Então, deu o passo incomum de sugerir uma cerimônia na Casa Branca. "Visto que um prêmio desse tipo nunca foi dado antes", ele escreveu ao novo presidente, "é provável que o senhor queira fazer a premiação pessoalmente."[47] Truman concordou.

Virginia, porém, ficou envergonhada e assustada. Não só tinha dúvidas em relação a honrarias, mas não julgava aconselhável que uma agente secreta – trabalho que ela queria continuar fazendo – fosse o foco de uma cerimônia pública.[48] Para ela, lutar por justiça tinha se tornado um chamado, não apenas um trabalho qualquer, e talvez ela tivesse receio de que sua deficiência mais uma vez se tornasse um assunto sob os holofotes da imprensa. No dia 13 de junho, ela pediu a seus comandantes de Paris que rejeitassem em seu nome o convite do presidente para comparecer ao Salão Oval: "A srta. Virginia Hall [...] acredita fortemente que não deve receber nenhuma publicidade ou anúncio acerca de seu prêmio. [...] Ela afirma que ainda está em operação e anseia por um novo posto. A mínima publicidade a impediria de assumir qualquer operação".[49] Posteriormente, Virginia foi ao escritório do OSS para pegar sua condecoração, e uma jovem oficial do Exército lembrou-se da ocasião com admiração. "Eu havia lido seus relatórios e estava ansiosa para conhecê-la". Mary Donovan Corso, do Exército feminino, relembrou que ficou "tão impressionada com sua grande coragem", mas a achou "desnecessariamente rude, como se não estivesse surpresa por receber a honraria".[50] Parece que Virginia não sabia aceitar a glória e tinha dificuldade para lidar com ela.

Virginia também sabia que seu trabalho ainda não estava terminado. Ela se sentiu tentada a voltar para o local onde tudo tinha começado. A felicidade em sua vida pessoal não a havia cegado para a tragédia que envolvera seus amigos em Lyon e em outros lugares onde ela operara por 1.700 quilômetros de estradas destruídas pela guerra. Tropas americanas estavam enfurecendo muitos *résistants*, abastecendo seus prisioneiros de guerra alemães com cigarros – os franceses tinham passado muito tempo sem nada para fumar e continuavam tendo pouca coisa. Havia um medo generalizado de que o fato de nunca terem testemunhado as realidades da vida sob o peso do nazismo fizesse os americanos "teimarem em não acreditar"[51] na proporção do sofrimento enfrentado na França e, portanto, serem lenientes demais com os responsáveis. Virginia era uma das poucas americanas que tinham testemunhado e sofrido aquilo. Ela nunca se esquecia daqueles guerreiros do dia a dia que tinham arriscado a vida para ajudá-la a alimentar as chamas de resistência. Ela agora descobria como o peso havia sido grande.

Seu retorno a Lyon, ao lado de Paul, foi profundamente emocionante. Todas as pontes pequenas que ligavam os rios tinham sido destruídas durante a retirada dos alemães, em setembro de 1944. O bombardeio americano em maio de 1944 também havia causado incêndios destruidores. Muito pior que o prejuízo causado em uma cidade tão linda, no entanto, foi a dor sofrida por seu povo. A glória da resistência de Lyon em 1941 e 1942 havia sido substituída – mesmo quando a paz se instalava – por um desespero causado por tantas perdas. Muitos do grupo de auxiliares de Virginia foram deportados para o inferno dos campos de extermínio alemães. Muitos outros – como Alphonse Besson (que estava no grupo quando os irmãos Newton foram presos) e a socialite Vera Leigh – não voltaram. Até mesmo aqueles que tinham sido libertados pelos Aliados pareciam assombrações. Estavam doentes, fracos e famintos. Haviam perdido tudo para os saqueadores nazistas.

Na rue Xavier Privat, Virginia encontrou uma antiga mensageira, Eugénie Catin, que tinha sido presa quando Henry e Alfred Newton foram presos, em abril de 1943. Ela havia sido deportada para a Alemanha, depois para um campo de trabalho escravo perto de Praga e, quando voltou, encontrou sua casa sem mobília, sem roupas ou louças; até mesmo as peças de iluminação e canos tinham sido retirados. Ainda mais perturbador foi ver Germaine Guérin, que acabara de voltar de Ravensbrück, onde algumas mulheres eram mantidas em jaulas de ferro e outras eram submetidas a procedimentos que causavam gangrena. Dois terços dos presos tinham morrido, mas um milagre salvara Germaine de acabar em uma câmara de gás ou de sucumbir a uma doença. No entanto, ela não tinha mais a vitalidade de antes. Sua pele estava pálida, e os cachos, antes bem escuros, agora estavam grisalhos. Seu apartamento, os armários e as contas bancárias estavam vazios, e ela ficou arrasada com a notícia da morte de seu amigo Eugène Jeunet.

Não há registro do que aconteceu com as *filles de joie* de Germaine, que haviam se arriscado para conseguir informações de seus clientes alemães e de Vichy. Tamanho era o estado de confusão logo depois da libertação que muitas prostitutas foram sujeitadas a um tratamento brutal por "colaboração horizontal", fossem apoiadoras do nazismo ou não. Duplamente cruel era o fato de elas sempre serem forçadas a trabalhar para sobreviver, depois de terem perdido o trabalho ou o marido. Milhares eram expostas nuas nas ruas para que cuspissem nelas, raspassem seus pelos e as agredissem, e também para que as açoitassem como parte do que era chamado de *épuration sauvage*, ou limpeza selvagem. Às vezes, elas protestavam dizendo ser patriotas, e pelo menos uma afirmava ter colocado "28 soldados alemães *hors de combat*" [fora de combate], infectando-os.[52] No entanto, a maioria das pessoas se interessava apenas por atos claramente definidos de heroísmo, e não por essas demonstrações complexas de coragem. Virginia, porém, entendia que o valor existia de várias formas diferentes.

Quando o dr. Jean Rousset abriu a porta de seu antigo *poste de comande*, Virginia por um momento não sabia se aquela figura esquelética, mas digna poderia mesmo ser seu antigo tenente. Rousset havia acabado de ser repatriado depois de dezoito meses em Buchenwald, onde tinha sido internado com outros agentes leais de Virginia, os Gêmeos Newton. Os três sobreviveram e foram libertados por tropas americanas no dia 11 de abril, mas Rousset nunca mais voltou a ser a pessoa jovial que era. O sofrimento estava estampado em seu rosto. Ele contou que tinha sido um dos prisioneiros de *Nacht und Nebel* – ou Noite e Névoa –, considerados um grande perigo para o Reich e, assim, destinados a simplesmente "desaparecer" na escuridão, sem que suas famílias soubessem o que tinha acontecido com eles. Mesmo assim, de algum modo, ele estava vivo graças à própria eloquência. Os guardas o haviam poupado da execução, pois ele era útil como médico no sanatório do campo, cuidando dos doentes sem remédio, com dois pacientes dividindo o mesmo leito. Ele relatava as cenas horrendas de trabalho forçado, as epidemias mortais, as execuções sumárias e os terríveis experimentos pseudocientíficos realizados pela SS.[53] Talvez tenha poupado Virginia de saber que a esposa do comandante do campo arrancava a pele dos prisioneiros para fazer abajures e capas de livros.

Rousset não conseguiu amortecer o impacto da pior notícia. Ele tivera vislumbres de Marcel Leccia, agredido até sangrar, em Buchenwald. Na noite de 10 de setembro – quando Virginia se preparava para partir com Paul e os Irregulares de Diane –, ele viu os três sobrinhos serem levados para fora da cabana. Torceu para que estivessem apenas sendo levados para caminhar, mas foram movidos para o Blockhaus 17, onde mais uma vez foram severamente agredidos. Faltando vinte minutos para as seis naquela noite, foram pendurados em fios, presos em ganchos de açougueiro. Morreram de forma dolorosa e lenta, sufocados aos poucos com o próprio peso. Depois de mortos, os corpos foram jogados sem o menor cuidado nas fornalhas do crematório. (Mais tarde, Virginia soube que os primos de Leccia, que ele tinha se recusado a deixar em Paris quando ela se ofereceu para tirá-lo da prisão, haviam sido enviados a um campo diferente. Ironicamente, tinham sobrevivido e estavam livres.)

Rousset não conseguiu evitar e falou sobre o abade Alesch. Certamente era resultado da traição dele o fato de tantos auxiliares de Virginia terem sido capturados, até mesmo os próprios sobrinhos. O médico estava aflito por ter sido enganado por ele, quando deveria ter se precavido, mas Virginia também se sentia culpada por ter permitido que Alesch entrasse no esquema. Sua decisão de encontrá-lo, aceitar sua informação e pagar uma quantia alta – apesar de seu desconforto – havia sido vista por muitos outros, como Germaine Guérin, como sinal de que estava tudo bem com o padre. Saber disso sem dúvida aterrorizou Virginia pelo resto de seus dias. O olhar gélido de Alesch nunca saiu de sua mente. Mas onde ele estava agora? Depois do encontro angustiante com *Pépin*, no dia 11 de junho, Virginia mandou à sede do OSS um relatório detalhado contendo tudo o que ela sabia sobre a traição de Alesch e o sofrimento que ele tinha causado. Por Rousset, Germaine, os Gêmeos e a maioria dos sobrinhos, ela disse que era essencial que ele fosse pego. Suas palavras teriam um efeito drástico.

Ainda assustada com o que tinha visto em Lyon, Virginia viajou para Haute-Loire e descobriu o que tinha acontecido com seus rapazes. No caminho, visitou os Joulian em Le Puy – Madame se recuperava aos poucos das agressões da Gestapo, e Monsieur ainda estava doente e fraco depois de ser libertado de um campo na Alemanha. Eles e outro casal amigo de Virginia – os Labourier, que tinham dado transporte a ela para as recepções de paraquedas – também ficaram sem dinheiro, sem mobília, sem meios de viver, sem roupas para vestir. Madame Labourier teve que fazer sua única saia com a capa do colchão em seu campo de concentração. Muitos desses amigos tinham recusado pagamento da SOE pelo trabalho – e Virginia afirmava, agora, que o governo francês estava se recusando a ajudá-los, alegando que haviam trabalhado ilegalmente para uma força estrangeira.[54] Irritada com a injustiça, Virginia enviou relatórios a Londres, comentando sobre o heroísmo não declarado dessas pessoas, e exigiu compensação para eles. No caso de Germaine Guérin, pelo menos, arquivos secretos abertos para este livro mostram pela primeira vez que Virginia garantiu 80 mil francos a sua amiga como "bônus" e um certificado de comenda por coragem e dedicação ao dever do governo britânico.[55] Parece não haver tal registro de ajuda financeira para os outros. Os arquivos também registram a ansiedade dos Gêmeos, que Germaine havia tentado salvar, para saber se ela tinha sobrevivido ao campo. Então, em Le Chambon, Virginia soube que dois membros dos *maquis* de Bob tinham sido mortos depois de se unirem ao Exército francês. Quando as notícias ruins acabariam?

Era Alesch que mantinha Virginia acordada à noite. Não era nada confortante saber que, no outono de 1944, ele conseguira se infiltrar em uma posição nova na recém-liberta cidade de Bruxelas. Sempre ardiloso, havia se apresentado com uma carta falsa do arcebispo de Paris recomendando-o como um "bom abade" que sofrera muito nas mãos dos alemães.[56] Os belgas tinham sentido pena e dado asilo a Alesch, e mais tarde um cargo de capelão para prisioneiros e deportados. Foi tão convincente que ninguém suspeitou de seu jogo duplo nem se importou em conferir seu passado, mas, em maio de 1945, surgiu a notícia de que a polícia francesa estava atrás dele pelo caso Germaine Guérin. O relatório de Virginia e outro do MI6 (que também havia sido traído por Alesch) também mobilizaram a Contrainteligência do Exército dos Estados Unidos. Logo depois, os empregadores de Alesch pediram para ele ir embora, alertando que as autoridades americanas também queriam interrogá-lo. O abade fugiu para seu país, Luxemburgo, mas então, facilmente corruptível, calculou que talvez pudesse se aproveitar da situação e evitar a vingança do sistema judiciário francês. Voltou à Bélgica e, no dia 2 de julho, entregou-se aos americanos.

Usando roupas civis, ele se apresentou com o nome René Martin, identidade que sempre usava quando visitava Virginia em Lyon. Numa atitude de bravura, ele disse ter sido vítima dos alemães, forçado a trabalhar para eles em troca da própria vida depois de eles terem descoberto suas atividades da Resistência na antiga paróquia. Supondo que os americanos estavam desesperados para saber sobre o Abwehr, ele insinuou que revelaria dezenas de nomes úteis em troca de liberdade e apoio financeiro. Em outros interrogatórios com a contraespionagem do OSS em Paris, no dia 6 de agosto de 1945, Alesch revelou que estava do lado dos Aliados. Afirmou que outro agente duplo tinha se infiltrado na rede de Virginia e passado os nomes de seus membros à Gestapo – e que ele, por sua vez, havia tentado protegê-la. Insistiu que não tinha nada a ver com as prisões.

Felizmente, graças ao relatório detalhado de Virginia sobre Alesch, os interrogadores americanos souberam a verdade e não foram enganados. Naquela noite, eles o entregaram à justiça parisiense e, dentro de uma semana, começou uma longa série de audiências sobre sua traição. Ao mesmo tempo que o marechal Pétain, que havia voltado à França a pedido próprio, foi declarado culpado e sentenciado à morte (que mais tarde se converteu em prisão perpétua) por traição, Alesch estava tentando desesperadamente todos os truques para salvar a própria pele. O abade concluiu que o serviço secreto francês certamente estaria interessado em informações sobre um dos mais antigos oficiais do Abwehr em troca de sua vida.

Em Paris, Virginia recebeu a condecoração do OSS antes de voltar aos Estados Unidos. Não poderia ter sido mais memorável. Nas condições mais difíceis, sua motivação e sua inteligência prática (incluindo velocidade e exatidão de análise) tinham se mostrado "superiores" de modo consistente. Os anos atrás das linhas inimigas haviam mostrado que ela era estável, não se deixava levar pelas emoções, era destemida e capaz de liderar e trabalhar com os outros. Sua habilidade física (incluindo agilidade, vigor, resistência e ousadia) foi classificada como "muito satisfatória". O relatório afirmava que a "srta. Hall conseguiu resultados excepcionais em todas as suas tarefas" e que continuaria a ser uma ótima agente. Os comentários entusiasmados fizeram crescer a lista de relatos reconhecendo que Virginia era a agente secreta mais bem-sucedida do conflito europeu e uma das pioneiras no campo de guerra clandestino. Seu futuro certamente estava garantido.

Virginia já adorava a França e sempre quis morar em outro país, então por que voltar para casa naquele momento? Para descansar – e certamente para esquecer –, mas também para agradar a Paul, que gostava da ideia de deixar para trás os feudos do Velho Mundo e viver uma vida nova como americano. Ela atravessou o Atlântico com o respeito e a admiração de seus colegas e superiores e com o amor de um bom homem. A guerra tinha sido sua satisfação. Será que a paz também seria?

CAPÍTULO DOZE
Os anos na CIA

Virginia retornou aos Estados Unidos em setembro de 1945 como uma estranha em sua terra natal. Tinha vivido na Europa a maior parte de sua vida adulta, e a terra que ela deixara para trás em 1931, em meio à Grande Depressão, havia se tornado uma superpotência vitoriosa. Vivera a derrota do fascismo na Europa e a capitulação do Japão em agosto, após o uso de bombas atômicas em Hiroshima e Nagasaki. A paz agora já reinava, mas seu retorno à casa com quase 40 anos de idade não foi tão feliz como ela talvez tivesse esperado. Poucos agentes tinham passado tanto tempo em território inimigo quanto ela, e levou um tempo para que ela se recuperasse de anos de estresse, perseverança e quase inanição. Por fim, seu rosto comprovava a realidade de seis anos de uma Europa dilacerada pela guerra, agora que a adrenalina da ação tinha se esvaído – e ela carregava extensas (e inexplicadas) cicatrizes no lado esquerdo da parte de trás da cabeça. "Seu aspecto era terrível, parecia muito mais velha", recorda sua sobrinha, Lorna, que tinha 16 anos à época. "Vimos que a guerra tirara muito dela. Ela culpava todos os comprimidos que precisou tomar para seguir em frente – tanto os deprimentes quanto os animadores." Infelizmente, encontrar a mãe depois de oito anos de separação não era o tônico restaurador necessário. Virginia acabou não se tornando a filha da sociedade que Barbara desejara. Não se casara, não tinha filhos, sua aparência estava desgastada e obviamente continuava com Paul Goillot, norte-americano naturalizado de origem humilde e apenas com Ensino Médio completo, cuja maior ambição era abrir um restaurante. A filha desobediente talvez tivesse feito algo importante durante a guerra, mas estava muito distante da vida sofisticada dos Hall de antigamente.

Barbara foi fria com Paul desde o primeiro encontro. Virginia tentou trazer a mãe à razão, argumentando que ele era um bom homem, gentil, esperto, divertido e a fazia feliz, mas Barbara se ressentia daquilo que considerava autoritarismo da filha. Paul usou uma abordagem diferente – seu charme gaulês – para conquistar a futura sogra, mas foi tudo em vão. Barbara não se impressionou, e a ideia de casamento foi postergada. Apesar de toda a rebeldia de Virginia, ela não contrariava os desejos da mãe nesse sentido – embora se recusasse a abrir mão de seu amor. O acordo era viver uma mentira, escondendo seu relacionamento com Paul.

Barbara foi a única que a acompanhou duas semanas mais tarde na cerimônia privada no gabinete de Bill Donovan, no prédio indistinto do OSS (ao lado de uma empresa abandonada), onde Virginia finalmente recebeu sua DSC (sigla em inglês para Cruz de Serviços Distintos). Nem sinal de Paul. Virginia, que estava toda vestida de branco, com um lenço de chiffon branco sobre os cabelos, queria evitar qualquer indício de tensão, ou talvez a natureza secreta do evento a tenha impedido de levar mais que um convidado. Donovan cumprimentou as mulheres em seu uniforme de general, sem dúvida entristecido pelo fato de que aquela ocasião discreta seria a última desse tipo. O irrepreensível general mencionou o heroísmo de Virginia ao Presidente Truman, em uma batalha valente para impedir o encerramento de seu querido OSS, alegando que ela representava exatamente o que o serviço poderia fazer no futuro para manter o Kremlin sob controle. No entanto, nem mesmo seus registros notáveis persuadiram Truman a continuar com uma agência criada e administrada por Donovan. Como democrata, instintivamente ele desconfiava do carismático Wild Bill, de suas inclinações republicanas e de qualquer um ligado a ele, uma aversão reforçada por uma campanha vigorosa da imprensa (alimentada por rivais, como o diretor do FBI, J. Edgar Hoover), comparando o OSS a uma Gestapo americana. Prevendo o fim, Virginia já havia se demitido do serviço três dias antes de se encontrar com Wild Bill, declarando que sua missão estava concluída. Tendo mais esperanças do que expectativas, escrevera que ela falava seis idiomas e desejava servir seu país novamente: "Estou profundamente interessada no futuro do trabalho de inteligência e gostaria que minha candidatura fosse considerada caso uma agência de inteligência seja estabelecida".[1] Seu arquivo do OSS registrava-a como "pessoa excepcional" com o "desejo ardente" de ser útil.

O fim de fato ocorreu quatro dias depois da cerimônia de premiação, em 1º de outubro, quando o OSS foi dissolvido por decreto presidencial. Milhares de funcionários, incluindo Paul, foram despedidos, embora Virginia tenha recebido ao menos um cheque de 2.067 dólares de ressarcimento. Incrivelmente, assinara com o OSS apenas um contrato de um ano, que nunca foi renovado, mas consideraram que ela tinha direito a férias de 33 dias pelo período entre abril de 1944 e setembro de 1945. Em todo esse tempo, ela havia tirado apenas cinco dias de folga.

Virginia era uma heroína de guerra, mas encontrar trabalho não era nada fácil, especialmente para uma mulher com deficiência, agora que tantos soldados estavam sendo desmobilizados e esperavam ter seu emprego de volta. No entanto, logo ela saiu em busca, não tanto pelos rendimentos, pois ainda retirava dividendos gordos dos investimentos herdados – e sempre fazia seu dinheiro render com cautela –, mas por sua necessidade impulsionadora de se fazer útil. Como muitos outros ex-agentes secretos, contudo, descobriu que, por não poder (ou não querer) explicar exatamente em que capacidade havia servido na guerra, ela se tornava impopular entre os potenciais empregadores do setor privado. Alguns suspeitavam que sua relutância em falar mostrava que ela estava escondendo algo obscuro, reforçados pela controversa imagem pública do OSS. Muitos antigos colegas estavam enfrentando problemas semelhantes nos dois lados do Atlântico. A coragem de Denis Rake na SOE (ele havia retornado à França em 1944 e atuado em alguns dos combates mais ferozes) tinha sido celebrada com uma porção de honrarias, inclusive a Cruz Militar britânica e a Cruz da Legião de Honra francesa. No entanto, sem referências dos empregadores, ele também estava se esforçando para ganhar a vida. Sua salvação veio quando o astro de Hollywood

Douglas Fairbanks Jr. o contratou como secretário pessoal (até que sua saúde piorou), descrevendo-o como uma "encarnação baixote, roliça e jovial de Jeeves".[2]

Virginia considerou alistar-se no Exército dos Estados Unidos, mas a ideia de aceitar ordens rígidas não era atraente (embora estivesse na reserva como capitã). Voltar ao Departamento de Estado a lembraria de todos os disparates sobre Cuthbert. Tinha feito bons amigos na imprensa antes e durante a guerra, como Charles Foltz, da Associated Press, que ela conhecera em Madri, em 1943, mas sua curiosidade era maior que sua prosa, e o jornalismo tinha sido mais um disfarce que um dom. Amigos sugeriram que ela publicasse um livro, mas, ao contrário de outros agentes, sentia-se obrigada a permanecer em silêncio e dispensava essas ideias com a frase: "Foram só seis anos da minha vida!".[3]

Quando seu velho amigo Elbridge Durbrow, ex-vice-cônsul norte-americano em Varsóvia, agora à frente do setor da Europa Oriental no Departamento de Estado, fez uma visita à Boxhorn Farm, ela o questionou sobre suas possíveis opções. Durbrow reforçou seus temores crescentes de que a paz tão renhida era frágil, e o Ocidente, e especialmente os EUA, não podiam ser pegos de surpresa como tinha acontecido em Pearl Harbor, em 1941. Embora Virginia não fosse uma ideóloga, concordou com Durbrow que, com a derrota do nazismo, surgiu uma nova ameaça totalitária no Oriente, e que já haviam sido lançadas as sementes do que viria a ser a Guerra Fria. No fim de 1945 surgiram revelações de que os soviéticos haviam penetrado no coração do governo norte-americano e em seu programa da bomba atômica, humilhando Washington e deixando expostas as falhas da espionagem. Apenas algumas semanas depois do encerramento do OSS, Truman foi forçado a repensar e, em janeiro de 1946, ele criou o Grupo Central de Inteligência (CIG). Imediatamente, Virginia procurou um trabalho lá. No início, o Grupo não tinha pessoal nem orçamento próprios, mas Virginia trabalhou com afinco com seus contatos por todo o período, quando Winston Churchill fez seu arrepiante discurso sobre a Guerra Fria em Fulton, Missouri, alertando sobre os quinta-colunistas que espalhavam a maré do comunismo pela Europa. Apelando para uma reação vigorosa do Ocidente, ele apontou que muitos países já estavam sob o jugo soviético e afastados do mundo livre. "De Estetino, no Báltico, até Trieste, no Adriático", retumbou, "uma cortina de ferro desceu sobre todo o continente". Os Estados Unidos precisavam de outra ferramenta para lidar com essa nova ameaça para além das alternativas tradicionais da diplomacia ou da guerra.

Em dezembro, o lobby de Virginia finalmente deu resultado. Foi uma das primeiras mulheres a ingressar no que nove meses depois se transformaria na CIA, a Agência Central de Inteligência. Estava entrando em uma organização no centro de uma explosão geopolítica; as autoridades norte-americanas viam a CIA como uma "arma ofensiva" essencial "em uma expansão da Guerra Fria".[4] De fato, as ordens secretas do presidente à agência incluíam o comando específico de executar "operações psicológicas secretas destinadas a combater os soviéticos e as atividades de inspiração soviética" em toda a Europa e no mundo. Graças ao italiano fluente, Virginia foi enviada à Itália, que era considerada especialmente vulnerável à chamada Ameaça Vermelha (comunistas tinham forte representação no governo desde a queda do regime de Mussolini), o que trazia receios a Washington diante da perspectiva de que a antiga sede da cultura ocidental e lar da Santa Sé se tornasse um Estado totalitário hostil. Ela se viu em Veneza, trabalhando no mesmo escritório consular, próximo à Praça de São Marcos, como havia feito em 1930. Sua missão como oficial de inteligência contratada GS-13 (equivalente a capitã), com salário anual de 4 mil dólares, era reunir informações políticas e econômicas a respeito da infiltração soviética. Havia muitas ações a serem observadas, com políticos comunistas populares apelando para greves gerais e motins de subsistência nas ruas. Com zelo e prontidão, Virginia compunha relatórios sobre eventos na Itália, na França, na Grécia e na Iugoslávia, mas ansiava por um papel mais ativo. De sua escrivaninha, ela observava os agentes homens intervirem secretamente nas eleições italianas de abril de 1948, apoiando os democratas cristãos conservadores – trocando malas com milhões de liras no majestoso Hotel Hassler, no alto das escadarias da Praça da Espanha, em Roma (enquanto agentes russos em outros lugares faziam o mesmo ao Partido Comunista com recursos de Moscou). Após uma campanha eleitoral luxuosa e bem orientada, o partido apoiado pela CIA venceu as eleições com 48% dos votos, retirando com sucesso os comunistas do poder por décadas. Foi um padrão que a agência tentaria seguir pelos próximos 25 anos.

James Angleton, colega beberrão e fumante inveterado do espião britânico Kim Philby (que havia se transferido da SOE para o MI6 e já estava repassando segredos para os soviéticos), desempenhou um papel fundamental na operação que foi considerada uma das primeiras missões de sucesso da agência. Sociável e ambicioso, Angleton subiria muito na Agência, embora ele, com suas infelizes conexões, acabasse se provando um peso como chefe da contrainteligência da CIA. O papel de Virginia, ao contrário, ficava restrito a uma mera análise burocrática, o que nunca foi seu ponto forte, e ela informou seus superiores de que achava seu trabalho "insatisfatório". Em julho de 1948, ela se demitiu. "Não especificou exatamente do que não gostava", observou a CIA em seus prontuários, mas à época deixou claro que "preferia o trabalho paramilitar à coleta de inteligência estrangeira".[5] Outra razão mais provável foi que Paul não quis se juntar a ela em definitivo na Itália[6] e, talvez, ainda houvesse outro fator. Os carimbos em seu passaporte mostram que ela passou parte desse período na França, onde as investigações sobre Alesch finalmente estavam chegando ao fim. Felizmente, o relatório de Virginia a respeito da astúcia manipuladora do abade havia sido distribuído aos serviços secretos franceses. Eles, portanto, rejeitaram a oferta dele de informações sobre agentes da Abwehr em troca de clemência. De fato, excepcionalmente, a maioria dos ex-membros da Abwehr em Paris, até mesmo o sargento Hugo Bleicher, que às vezes supervisionava o trabalho de Alesch, testemunhou ativamente contra ele. Os poucos *résistants* que sobreviveram às traições dele estavam levando provas a Paris, entre eles Germaine Guérin e o dr. Rousset. Virginia foi impedida de se apresentar por causa de sua posição de agente da CIA, mas não havia necessidade. O processo contra Alesch era tão condenável que seu advogado de defesa foi obrigado a alegar insanidade, embora uma testemunha especializada logo tenha descartado a condição do padre, considerando depravação em vez de loucura.

Alesch agora havia se tornado uma causa célebre, uma encarnação da traição e do mal nazista. Quando foi convocado ao tribunal de Paris, em 25 de maio de 1948, para ser julgado pelas acusações de "*intelligences avec l'ennemi*", multidões se reuniram para vê-lo no banco dos réus. É improvável que Virginia estivesse lá – mas não podemos descartar a ideia de que ela talvez tenha comparecido em um de seus disfarces ou, possivelmente, como repórter. Se lá esteve, viu seu inimigo, agora com 42 anos, ainda zombeteiro e desafiador e ladeado por duas de suas amantes, Geneviève Cahen e Renée Andry. Repórteres referiam-se a ele como "o Rasputin da Abwehr", e o jornal *Le Monde* registrou sua aparição no banco dos réus: "Robert Alesch, o padre traidor, casaco cinza, cara bem barbeada, amarelada, polida como se azeitada com falsidade esperta e severa, com lábios estreitos e cautelosos olhos azuis alemães".[7]

Ele continuou a alegar inocência até o último momento, mas o júri não estava disposto a acreditar nele. Depois de três dias de audiência, voltaram para dar o veredito de culpado e a sentença de morte. (Foram mais lenientes com as amantes; Renée foi absolvida, e Geneviève, condenada a dez meses de prisão.) Virginia finalmente teve certeza de que não havia nenhuma maneira de Alesch ser libertado. Era um prontuário que ela poderia fechar pessoalmente. Seis meses depois de ela ter voltado aos Estados Unidos para ficar com Paul, em 25 de fevereiro de 1949, Alesch tomou a comunhão pela última vez com o capelão da prisão de Fresnes, onde muitas de suas vítimas tinham sofrido. De madrugada, foi retirado de sua cela e levado de furgão até um forte próximo. Lá, ordenaram que ficasse diante do pelotão de fuzilamento e, faltando cinco minutos para as nove, foi fuzilado.

Virginia visitou rapidamente alguns de seus antigos fantasmas antes de partir da Europa. Acredita-se que ela tenha visitado os Joulian, em Le Puy, e talvez os Juttry, no Cher, mas partiu antes que muitas pessoas soubessem que ela havia chegado. Continuava tão esquiva como sempre e, quando aterrissou de volta nos Estados Unidos, em julho de 1948, tinha esperança de se encaixar em outro posto na CIA. No entanto, os EUA – e a agência de inteligência – tinham mudado na ausência de Virginia. Três anos depois do Dia D, as façanhas da guerra já não eram compreendidas ou respeitadas quanto antes. Homens com mentes brilhantes e fedelhos universitários bem relacionados assumiram o antigo prédio do OSS, no centro de Washington. Mesmo entre aqueles que haviam servido na guerra, pouquíssimos tinham experiência em território ocupado, em confrontos com um inimigo astuto e implacável. Os burocratas de Yale e Princeton tagarelavam movidos a uísque com soda e compartilhavam uma ideia tacanha de um agente de inteligência como alguém à sua própria imagem. Ela candidatou-se para outro cargo e um diretor sênior disse a seu respeito: "[Foi] a pessoa mais qualificada que já entrevistei".[8] No entanto, embora Virginia tivesse recebido algumas missões curtas no exterior, não havia nada de substancial para ela. Em tempos de paz, a burocracia da CIA parecia estar se dando ao luxo de desperdiçar um talento pouco ortodoxo. Mais uma vez, ela havia sido deixada de lado.

No início dos anos de 1950, perto de seu aniversário de 44 anos, ela se mudou para Nova York a fim de viver em tempo integral com Paul em um apartamento na Fifty-Fourth Street, perto do distrito de teatros de Manhattan. Foi a primeira casa onde moraram juntos de fato e, ao menos na Big Apple, estavam convenientemente escondidos dos olhares desaprovadores de Barbara. O irmão de Virginia, John, já não era tolerante. "Quando perguntaram a meu pai se eles se casariam, ele respondeu: 'Devem se casar'", recorda Lorna. "Meu pai era crítico nesse sentido, mas Dindy era liberal e vanguardista."

O casal tinha um grande círculo de amigos, inclusive um casal de embaixadores e vários espiões – que não se importavam com a situação não convencional da união –, e todos gostavam de festejar. Parte do legado do OSS era a bebedeira lendária. Como um historiador comentou: "Todo mundo [...] zarpou da Segunda Guerra Mundial em uma maré de álcool".[9] Virginia e Paul não eram diferentes, e Lorna foi proibida pelos pais de morar com a tia em Nova York, "porque eles se preocupavam com Dindy bebendo e dirigindo".[10] O casal comprava vinho "de galão", e um convite para uma de suas reuniões era considerado um bilhete premiado. A saúde de Virginia havia melhorado, e ela investira em um guarda-roupa novo da Peck & Peck, na Quinta Avenida. Um colega de Paul no OSS, René Defourneaux, que antes só havia visto Virginia em seu disfarce de velhota em Londres, não conseguiu acreditar na transformação: "Ela estava usando um vestido floral alegre, o rosto brilhante e contente, o cabelo castanho-claro. Parecia uma *jeune fille*".[11] Virginia era uma anfitriã elegante com ar enigmático e uma casa moderna em estilo europeu. Paul servia drinques e contava piadas.

Por fim, a CIA voltou com uma oferta: um modesto posto administrativo que nem mesmo fazia parte da equipe. Após dezoito meses de espera, em março de 1950, Virginia começou a trabalhar como assistente administrativa no Comitê Nacional para a Europa Livre, organização de fachada da CIA. No terceiro andar do Empire State Building, ela ajudava a preparar as transmissões da Rádio Europa Livre, estação de propaganda destinada a apoiar movimentos de resistência incipientes nos países controlados por comunistas (ironia que Virginia não deixou de perceber, pois havia trabalhado feliz com os Vermelhos na França durante a guerra). Também interrogava os exilados do Leste Europeu que desembarcavam em Nova York à procura de informações úteis e aconselhava grupos de refugiados, ela registrou em um relatório secreto, para que eles pudessem "manter vivo o espírito de liberdade e de resistência" na volta para casa e trazer "a libertação de todos os países da Cortina de Ferro".[12] Na década de 1940, alguns países, um a um, foram aderindo ao regime comunista, inclusive a Checoslováquia e a Hungria, em 1948, e a China, no ano seguinte. Apesar dos eventos mundiais sísmicos, era um trabalho repetitivo, não era o cargo paramilitar que ela solicitara após a Itália. Assim, em 1951, Virginia apresentou mais uma candidatura para trabalhar no coração da CIA, lugar que era seu por direito. Seis anos depois da guerra, foi atormentada pelas mesmas frustrações profissionais com as quais sofrera em 1930. Era como se nunca tivesse provado seu valor como agente em campo.

Nem a procedência de Virginia a absolvia de um longo e meticuloso processo de segurança. A CIA – assim como todos os outros braços do Estado norte-americano à época – tinha fixação pela ameaça de uma infiltração soviética. Moscou já havia testado sua primeira bomba atômica; Ethel e Julius Rosenberg estavam sendo julgados por entregar segredos nucleares dos norte-americanos aos russos; e o senador Joseph McCarthy, de Wisconsin, tinha começado sua campanha precipitada e obsessiva de acusar adversários políticos de atividades "antiamericanas". Nesse ambiente fervilhante, uma suspeita mínima podia destruir toda uma carreira. Virginia ficou frustrada com o tempo gasto para responder a catorze páginas de perguntas sobre seus pais e seu irmão, sua formação e os países que visitara, e muito mais. Conhecia seus vizinhos em Manhattan? Era dependente do salário? Poderia dar o nome de cinco pessoas que a conheciam "intimamente"? Ela pôs o nome de Elbridge Durbrow, do jornalista Charles Foltz e de três amigas. Ficou surpresa ao saber que o exercício era uma "operação tão grande" e pediu desculpas por ter demorado tanto para preencher o questionário. Por fim, depois de vários meses de verificações, foi submetida a um polígrafo, ou detector de mentiras. Em 3 de dezembro de 1951, tornou-se uma das primeiras oficiais mulheres a serem admitidas na sede da CIA, agora imensamente expandida depois da invasão da Coreia do Norte, controlada pelos comunistas, à Coreia do Sul, apoiadora do Ocidente, uma forte explosão nas tensões da Guerra Fria. Fez o juramento de que iria "defender a Constituição dos Estados Unidos contra todos os inimigos, estrangeiros ou nacionais", em um momento em que a maioria ainda pensava que a CIA era, em princípio, uma agência coletora de informações. Virginia, porém, tinha sido nomeada para sua seção menos conhecida, a de operações secretas. Seu salário mais que duplicou da noite para o dia.

Virginia e Paul mudaram-se de Manhattan para Washington, onde evitaram outra cena com Barbara, morando oficialmente separados. A parte boa era que viam mais Lorna e seu irmão, a quem levavam para viagens idílicas de fim de semana para velejar, pescar e cavalgar na ilha Solomons – um pitoresco conjunto de casas de madeira, a duas horas de carro de Baltimore. Alugavam um barco, e Paul pescava enguias e as cozinhava na manteiga em fogo aberto em uma frigideira especial com pernas. Colhia buquês grandes de flores do campo para Virginia, e eles aproveitavam o sol. Ela continuava sendo uma figura bem contida e pouco afetuosa, mas adorava a sobrinha – tentou até ensiná-la a dirigir (com mudanças de marcha no estilo europeu). E Paul sempre estava por perto para fazer gracinhas. "Ah, Paul é maluco!", gritava Virginia, encantada com uma brincadeira que ele fizera para divertir os mais novos. Na iminência da vida adulta, Lorna observava como sua tia Dindy era excepcionalmente equilibrada, segura de si e, muitas vezes, rodeada de admiradores. "Era uma pessoa poderosa e comandava tudo, mas Paul era bom para ela. Era um pouco maluco, um provocador, sempre pregando peças. Eram brilhantes juntos, e ele iluminava a vida dela."

Parece ter havido da parte de ambos um anseio por filhos, ainda que Virginia estivesse com 45 anos, e a oposição de sua mãe ao casamento com Paul talvez os tivesse dissuadido de tentar assim que retornaram da guerra. Algumas agentes descobriram que, de qualquer forma, não podiam conceber por causa dos efeitos devastadores no corpo do estresse, da desnutrição – e da medicação – que acompanhavam as operações por trás das linhas inimigas. Em seu novo trabalho, Virginia fez amizade com uma secretária solteira que estava grávida – situação escandalosa no início dos anos 1950 – e não tinha certeza de como lidar com esse fato. Com a bênção de Paul, Virginia fez uma oferta para adotar a criança, e os três entraram em sérias discussões a respeito dessa ideia. No fim, isso não aconteceu e, embora as razões não sejam claras, obviamente houve decepção.[13] Paul e Virginia logo depois começaram a adotar poodles. Ela nunca teria uma família para chamar de sua.

Apesar do transtorno emocional, Virginia finalmente estava encontrando satisfação no trabalho, chefiando operações paramilitares ultrassecretas na França. Os governos norte-americano, britânico e francês acreditavam que a Resistência Francesa era um modelo útil para a configuração de redes conhecidas como "*stay behinds*"* em

---

* Agentes ou redes de agentes infiltrados em países estrangeiros e ativados no caso de uma mudança de regime que impeça a entrada normal de estrangeiros em virtude das circunstâncias. (N.T.)

vários países europeus, que foram criadas para apoiar as forças da OTAN em caso de ataque soviético. Ela era responsável por supervisionar o recrutamento e o treinamento de potenciais unidades de guerrilha, e também por direcionar operações secretas e organizar rotas de fuga. Sua experiência excepcional finalmente foi posta em bom uso por seu superior, Frank Wisner (um ex-oficial do OSS que passara grande parte da guerra na neutra Turquia). Em um ano, ela se tornou a primeira mulher oficial de operações em todo o braço de ação clandestina da CIA, parte da Vice-diretoria de Planos, conhecida assim de forma eufemística. Seu histórico era lendário entre os colegas, e ela se tornara uma "presença sagrada" em um mundo predominantemente masculino, mas também uma relíquia do que já era visto como uma época passada, quando as coisas eram feitas de maneira diferente. Foi descrita por um colega jovem como a "senhora empolgada que restava dos dias do OSS no exterior". Jovens secretárias "de casaquinho e colar de pérolas ouviam enlevadas Virginia Hall tagarelando com oficiais paramilitares musculosos que paravam em sua mesa para contar histórias de guerra", recordou ele, lembrando-se do jeito como ela enrolava o cabelo castanho-escuro no alto da cabeça com um lápis amarelo para prender o coque. "Ela sempre ficava alegre quando estava com os rapazes mais velhos."[14] E ainda não havia esquecido seus antigos camaradas na França, tendo enviado cartões de Natal a alguns deles por vários anos – embora sem endereço para resposta. Em uma ocasião, um dos Irregulares seguiu-a com obstinação e, sem dúvida impressionada com a iniciativa dele, ela concordou em acomodar os filhos dele em casa quando visitassem os Estados Unidos. No entanto, recusou o convite para um reencontro, argumentando que não queria que ninguém falasse sobre seus feitos durante a guerra. Apenas se abriria até esse ponto.

Em meados do segundo semestre de 1952, Virginia foi trabalhar no setor do sul da Europa, ocupada fazendo planos de guerra quente e fria, inclusive a supervisão da instalação de uma rádio secreta em Atenas para transmitir propaganda aos países comunistas vizinhos, como a Romênia e a Bulgária. Seu trabalho continuava em ritmo acelerado, apesar da morte de Stalin, em março de 1953, e do leve, ainda que temporário, descongelamento das relações com o Ocidente. Considerando o valor de seus cinco anos como agente clandestina, os supervisores de Virginia a classificaram como "excelente" em sua avaliação daquele ano e observaram que ela tinha "uma compreensão extraordinariamente clara das operações e dos problemas dos agentes". De fato, eles talvez preferissem que ela fosse mais gentil com os outros, instruindo os menos experientes em técnicas que "talvez fossem óbvias para ela, mas que poderiam ser desconhecidas ou não óbvias"[15] para seus colegas oficiais. Consideravam-na especialmente adequada para o planejamento operacional detalhado e achavam que "seu potencial geral seria reforçado se ela tivesse a oportunidade de lidar com um projeto em campo".[16] Achavam que ela poderia ser especialmente hábil na difícil tarefa de penetrar em países comunistas onde a CIA estava lutando para reunir informações confiáveis, conhecidos como "áreas negadas".

O que é estranho, portanto, é o fato de Virginia não ter sido enviada ao exterior para comandar uma grande missão conforme sugerido – normalmente teria sido de seu feitio agarrar a oportunidade. Em vez disso, informou seus empregadores de que não estava "interessada no momento"[17] em um posto no estrangeiro, talvez porque quisesse ficar com Paul nos Estados Unidos, onde ele havia recusado outro trabalho militar ou clandestino em favor de seu amor pelos negócios em restaurantes. Problemas de saúde recorrentes – que Virginia secretamente atribuía aos comprimidos que tomara durante a guerra[18] – talvez também tragam parte da resposta. Fotografias da época mostram um endurecimento de suas feições faciais, e ela estava ganhando peso, pois fazer exercícios com Cuthbert ficava cada vez mais complicado. Há indícios de que seu coração estivesse com problemas, possível efeito colateral do uso prolongado de Benzedrina. Em setembro de 1954, não conseguiu o seguro de vida normal da CIA, talvez porque lhe tivessem negado cobertura devido a uma condição preexistente não segurável. Era evidente que o esforço de suas missões excepcionalmente exaustivas na guerra a afetaria pelo resto da vida.

No entanto, ela pagaria caro por decidir permanecer em sua escrivaninha em Washington nesse momento crítico da carreira.

Funcionários da inteligência podem ser divididos até hoje entre operadores da sede e agentes em campo; no caso de Virginia, seu posto mais forte era o último, mas agora estava presa do lado errado do *front*. Como o ex-funcionário da CIA Craig Gralley comenta: "As qualidades – ou seja, a idade, a deficiência e o gênero – que a tornavam tão boa no exterior por deixá-la invisível dificultariam sua vida em um ambiente burocrático". As promoções, o cargo e o "direito de ser ouvida" a respeito das operações secretas da CIA dependiam em grande parte de experiência recente em campo, e naquele momento ela não tinha nada a oferecer. Ocasionalmente, ela se aventurava no estrangeiro pela agência, mas apenas nas atribuições conhecidas como TDYs (sigla em inglês para "missões temporárias"), que eram consideradas insuficientes para atualizar suas habilidades operacionais. A parte mais prejudicial de sua avaliação de 1953 foi a constatação de que ela era uma mulher – embora considerada "agradável", "consciente" e "cooperativa" – que se atreveu a ter opiniões. Em contraste com a celebração de uma mulher resoluta nos tempos de guerra de Wild Bill Donovan, o pensamento do "*Papai sabe-tudo*" de meados dos anos de 1950 esperava que uma mulher exemplar fosse uma loira obediente que ficava em casa com os filhos. Não ter filhos e ser caracterizada como "sincera e franca" era um sinal de perigo. Aos poucos, mas de forma irremediável, o tempo de paz a aprisionava.

No fim de 1954, ela se mudou para a área paramilitar da Europa Ocidental para conduzir uma análise país a país das "exigências de guerra não convencionais". As operações eram supersecretas – os Estados Unidos não podiam ser vistos controlando nem mesmo apoiando "*stays behinds*" na Itália, na Grécia, na Espanha e em Portugal, pois alguns estavam ligados a criminosos ou à extrema-direita. Virginia estava agora trabalhando no cerne de uma das posições respeitáveis do trabalho da CIA na Guerra Fria. Colegas valorizavam sua contribuição, versatilidade e experiência, mas também havia suposições de que ela era vista como difícil, possivelmente por ter levantado preocupações acerca de algumas operações em que esteve envolvida. A avaliação dela daquele ano a descreveu como "uma pessoa excepcionalmente forte em termos de requisitos da Agência", mas também existiam indícios (sem qualquer prova aparente) de que ela não era capaz de conter suas emoções ou de manter a calma em uma emergência. Era uma maneira sutil, ainda que clássica, de diminuir uma oficial mulher que, durante três longos anos, friamente evitara ser capturada pela Gestapo e que estava servindo como capitã da reserva militar, provando que nem mesmo um acidente arrasador conseguira impedir seu desempenho. Outra insinuação surgiu na observação de que ela tinha ideias "irreais" sobre seu valor para a Agência e que a sua "independência" era sua característica mais significativa.[19] O cartão de Virginia agora estava marcado.

Seu tratamento talvez tenha sido mais extremo do que o da maioria, mas essas atitudes eram tão disseminadas que, quando Allen Dulles (que havia sido chefe do OSS na neutra Suíça) se tornou diretor em 1953, criou uma força-tarefa de mulheres de carreira da CIA para investigar. O chamado Grupo Petticoat descobriu que a noção de que as mulheres eram "mais emocionais e menos objetivas" que os homens e "não suficientemente agressivas"[20] era mesmo a mais aceita, por mais que houvesse provas em contrário. A recomendação de que os supervisores fossem treinados para serem mais justos com ambos os sexos foi aceita pelo conselho de administração da Agência, mas parece não ter tido quase nenhum impacto. A única diferença visível era que as mulheres agora eram admitidas na academia de ginástica da CIA uma vez por semana, mas isso não era nada quando ainda se esperava que funcionárias se apresentassem no trabalho com luvas brancas impecáveis. O moral geral na CIA à época era baixo, e um em cada cinco oficiais deixaram a Agência só em 1953. Muitos acreditavam que os seus chefes não sabiam o que estavam fazendo e desperdiçavam "quantias chocantes de dinheiro" em missões fracassadas no exterior, que eram falsamente alardeadas como sucessos. Para o mundo lá fora, a CIA representava a mais competente forma de serviço público e uma força omnisciente gigantesca que subvertia e sabotava o comunismo. No entanto, quem estava lá dentro alegava que "pessoas incompetentes recebiam poderes enormes, e recrutas capacitados ficavam empilhados como lenha nos corredores".[21]

Então, Virginia entrou no que a CIA reconheceu há pouco como o "período mais infeliz" de sua carreira, definido por uma "controvérsia séria com relação ao nível de seu desempenho".[22] Em maio de 1955, ela se transferiu de volta ao setor dos Bálcãs na divisão paramilitar. Recebeu a empolgante perspectiva de planejamento e implementação de um "grande projeto de ação política" não divulgado como oficial responsável e principal agente. Seus passaportes mostram que ela viajou por França, Suíça, Alemanha e Grã-Bretanha antes de voar de volta a Washington para apresentar um relatório global altamente sensível, no qual apresentava suas conclusões e recomendações. O dossiê – que continua secreto – foi considerado "excelente" e "altamente competente"[23] por parte de seu superior. De fato, seu sucesso nesta missão foi tal que, no retorno a Washington, ela foi selecionada para se tornar uma das primeiras mulheres aceitas na Equipe de Carreira (os oficiais mais valorizados e permanentes) da CIA. A distinção destacava-a para uma possível promoção – uma nomeação que não passou despercebida no ambiente machista da sede da Agência. Infelizmente, seu oficial superior e admirador foi imediatamente transferido para outro trabalho, e foi nesse momento que os verdadeiros problemas começaram.

Apesar de todos os elogios iniciais, sem o apoio de seu patrocinador, seu dossiê foi descartado, e houve rumores de que ela havia sido muito cautelosa. Desde que o Presidente Dwight Eisenhower entrara na Casa Branca, em 1953, a CIA vinha aumentando cada vez mais missões ousadas para travar o que se tornou quase uma guerra santa contra o comunismo. O estilo de Virginia de preparação cautelosa foi submetido a um impulso frenético por ações secretas que acabariam fazendo a agência dar uma guinada, como comenta o historiador crítico Tim Weiner, de "crise internacional para calamidades internas".[24] Frank Wisner estava trabalhando "em um frenesi controlado, doze horas ou mais por dia, seis dias na semana, e exigia o mesmo de seus oficiais". Por fim, ele tiraria a própria vida, mas seus críticos alegavam que ele evitara escrutínio do bom senso de algumas de suas ações quando quase não contava ao diretor da Agência o que estava fazendo.[25]

O zelo anticomunista da CIA já tinha levado à Operação Paperclip, codinome para o recrutamento no atacado de ex-nazistas seniores, baseado na crença de que, por mais que tenha sido bárbara sua conduta na guerra, eles também se qualificavam como os maiores antissoviéticos. A operação de inteligência do Exército dos Estados Unidos aceitou até mesmo o Açougueiro de Lyon, Klaus Barbie. Como deve ter sido para Virginia saber que homens responsáveis pela tortura e morte de muitos de seus amigos estavam agora sendo retirados dos tribunais de crimes de guerra e levados para a segurança de seu país? E que estavam recebendo quantias consideráveis do governo norte-americano, inclusive de seus empregadores na CIA? Seria possível que ela fosse obrigada a trabalhar com alguns deles quando estivesse em missão na Alemanha ou em outro lugar? Por conta de sua recusa em comentar seu trabalho, sua opinião a respeito da política ou seu impacto sobre ela, só se pode imaginar. No entanto, seu velho camarada de Lyon, André Courvoisier, acreditava que ela teria ficado no mínimo "muito decepcionada" ao ver que seus "velhos inimigos"[26] estavam sendo recompensados dessa maneira.

Quando o relatório foi arquivado de fato, Virginia solicitou reiteradamente esclarecimentos sobre suas obrigações, que ela descrevia como "nebulosas", mas lhe ordenaram que fosse paciente, e ela foi abandonada para trabalhar no que chamava de "vácuo total". Outras sugestões para missões úteis eram acatadas como "boas ideias" e, em seguida, entregues a outros agentes (homens) para serem executadas. Por fim, foi condenada a atuar em uma tarefa que, de maneira ofensiva, envolvia sua subordinação a um oficial do sexo masculino duas patentes abaixo dela. Para uma heroína de guerra que havia sido escolhida – em vez de dezenas de homens que não tinham deficiência alguma – para conduzir uma das missões secretas mais perigosas da Segunda Guerra Mundial, era quase impossível acreditar que, dentro de uma década, ela seria humilhada dessa forma.

Um oficial sênior sem nome bloqueou qualquer esperança que Virginia teria de promoção com uma avaliação destruidora de fim de ano de 1956, apesar de admitir nunca ter de fato supervisionado o trabalho dela. Ele denunciou os resultados como "desprezíveis" e alegou que lhe faltavam "iniciativa, dedicação e pensamento criativo".[27] Ele postou o relatório desfavorável imediatamente antes de sair de férias, negando a ela a oportunidade de argumentar. Não é de se surpreender que Virginia estivesse furiosa. No alto de sua cólera, escreveu uma refutação extremamente crítica aos pontos de sua avaliação, que descreveu como "quase inacreditáveis" e "injustificados". A maneira como ela havia sido menosprezada e relegada a uma patente inferior era "inadequada", e questionar sua capacidade no trabalho paramilitar, que ela realizara com excelência durante a guerra, era absurdo. "Certamente a classificação dada não se baseia em nada", irrompeu ela. Seu antigo supervisor também insistiu que não havia motivos para criticá-la. "Se eu estivesse procurando um oficial para a mesma tarefa ou semelhante", declarou ele, "eu teria escolhido [Virginia Hall] para cumpri-la."[28]

Mais uma vez, forças poderosas tinham agido em seu favor, mas a escaramuça falava muito sobre como as fileiras estavam se fechando contra uma mulher considerada obstinada e uma ameaça direta por homens menos capazes ou experientes. Até mesmo a CIA mais tarde reconheceu que Virginia tinha mais experiência em combate do que a maioria dos oficiais do sexo masculino, incluindo cinco diretores consecutivos, e ela foi altamente condecorada por isso também. De fato, o tratamento vulgar dado a Virginia foi posteriormente mencionado pela própria CIA como um caso paradigmático de discriminação.[29] "Ela estava muito além de uma porção de homens que cresceram muito mais na organização do que ela", observa Craig Gralley.

Virginia e Paul ainda estavam vivendo separados por causa de Barbara e bebiam muito; sua sobrinha, Lorna, acredita que ela precisava cada vez mais de ajuda para amenizar memórias de guerra, sem dúvida pela dizimação do próprio pessoal causada pelo traidor Alesch. A atmosfera no trabalho e a falta de respeito com alguém cujo heroísmo chamara a atenção de um rei e de um presidente certamente não ajudaram. Talvez o fato de que Paul fosse agora coproprietário de um restaurante francês, onde ele era *chef* principal, também fosse uma tentação. Felizmente, em janeiro de 1957, seu moral melhorou quando ela se mudou para outra divisão da CIA, dessa vez o setor do Hemisfério Ocidental. Agora ela era oficial de operações de área e ajudava a conduzir guerra política e psicológica contra o comunismo na América do Sul, de Cuba até a Argentina. "Ela parecia estar de novo em casa", observa a CIA em um relatório secreto. "Seus supervisores consideravam-na uma aquisição distinta. [...] Eram sua versatilidade, sua inteligência e sua competência que se destacavam." Eles concordavam que ela "não tinha fraquezas consideráveis".[30]

Tendo restaurado um tanto da estabilidade no trabalho, Virginia decidiu que havia chegado o momento de formalizar sua situação em casa. Barbara atinha-se a sua visão antiga, mas Dindy finalmente pôs de lado sua preocupação.[31] Em 15 de abril de 1957, Virginia e Paul reuniram alguns amigos, saíram da cidade e, em uma cerimônia simples e silenciosa, se casaram. Só informaram a família semanas mais tarde. Ela mudou seu nome no trabalho, e a sra. Goillot formalmente se mudou para a casa de Paul, em Chevy Chase, Maryland, nas cercanias de Washington. Foi um alívio finalmente ir a público, principalmente para Paul, cujo restaurante faliu depois que ele foi enganado por seu sócio. Ao menos agora Paul estava sempre por perto, transformando-se no "dono de casa" de Virginia.

Virginia estava agora com 51 anos e casada. Nada disso a favorecia na CIA, em que as mulheres com maridos eram consideradas menos confiáveis.[32] Um de seus colegas, E. Howard Hunt (que mais tarde foi para a prisão por seu papel no escândalo de Watergate), estava triste por sua "posição de baixo nível". "Ninguém sabia o que fazer com ela. [...] Ela era uma espécie de constrangimento aos tipos não combatentes da CIA, digo, os burocratas."[33]

Em 1959, o agitador marxista Fidel Castro chegou ao poder em Cuba, a pouco menos de 150 quilômetros da costa da Flórida. No entanto, apesar de esse evento sísmico ter acontecido em sua região, a avaliação anual de Virginia a comparava a uma colunista de jornal festejada, observando que ela era "confidente de muitas das secretárias juniores" e as ajudava a resolver seus problemas "sociais". É verdade que se reconhecia que ela era capaz de substituir seu chefe quando ele estivesse longe – assim como tinha feito todos aqueles anos no consulado de Veneza. Virginia não havia ficado *totalmente* sem apoiadores nas instâncias superiores da CIA. Mais tarde, no mesmo ano, ela foi tardiamente promovida a GS-14, o equivalente a um tenente-coronel, o grau mais alto aberto às mulheres naquela época (apenas cinco oficiais do sexo feminino no lado secreto da CIA haviam chegado ao GS-14).[34] Seu pagamento subiu para confortáveis 14.120 dólares, mas foi a única promoção em seus catorze anos de carreira, e talvez não a solução que Virginia esperava. Seus superiores continuavam a lhe dar atribuições abaixo de suas capacidades ou de sua patente. Quando ela e Paul se mudaram para mais longe, para uma casa elegante em Barnesville, Maryland, um chefe até questionou seu comprometimento contínuo. Ainda assim, tinha todos os motivos para acreditar que o novo prédio da CIA em Langley – com seus modernos corredores de mármore branco e campos onde pastavam cervos – era especialmente atraente para ela.

Virginia continuou a dividir opiniões em seus últimos anos na agência. A falta de experiência recente em campo contava sistematicamente contra ela, mas até mesmo seus críticos observavam que ela era excepcionalmente hábil em "distinguir fracassos e armadilhas" nas operações propostas – aparentemente um talento muito raro na Agência naquela época. Em 1961, a CIA causara humilhação para si mesma e para seu presidente, John F. Kennedy, que adorava James Bond, em uma tentativa atrapalhada de derrubar Fidel Castro em Cuba. Como se não tivesse aprendido a lição da necessidade de um planejamento cuidadoso após o ataque fracassado a Dieppe, em agosto de 1942, a CIA desembarcou uma força de rebeldes cubanos na Baía dos Porcos com a intenção de atacar o interior para tomar o controle dos comunistas de Fidel. Muitos morreram ou foram capturados a metros do mar, após ficarem presos em um pântano com raízes de mangue incrivelmente emaranhadas. Ninguém em Washington parecia ter tido conhecimento dessas condições, pois haviam confiado nos mapas rústicos do século XIX para orientá-los. O fiasco sangrento levou à humilhação nacional e, por fim, à demissão de Allen Dulles como diretor. Lorna lembra-se de Virginia – cuja área incluía Cuba – fazendo um raro comentário sobre o seu trabalho. Normalmente a família sabia que jamais devia fazer perguntas a respeito da CIA, mas, nessa ocasião, ela revelou: "[Estou] feliz, [pois a operação] não foi uma das minhas".

Em 1966, seu salário foi substancialmente aumentado para mais de 17 mil dólares. Pouco depois, em seu aniversário de 60 anos, ela saiu de sua vaga de estacionamento em Langley pela última vez. Sessenta era a idade obrigatória de aposentadoria, mas quase todos os oficiais de seu calibre e com sua experiência normalmente continuavam como consultores de treinamento. Não parece que tal oferta tenha sido feita a Virginia, ou talvez ela só estivesse cansada de toda a cena ingovernável da CIA. Parecia que seu coração continuava a causar preocupação, mas, de qualquer forma, foi um fim insatisfatório para sua carreira. Seus muitos fãs na agência observavam horrorizados enquanto ela esvaziava sua mesa e se despedia, e alguns ficaram instantaneamente determinados a fazer justiça para honrar Virginia. Em seu relatório secreto sobre sua carreira, a CIA admitiu que seus camaradas oficiais "sentiram que ela havia sido marginalizada – confinada a contas estagnadas –, porque tinha tanta experiência que ofuscava seus colegas do sexo masculino, e estes se sentiam ameaçados por ela". Um deles observou com raiva que "a experiência e as habilidades dela nunca foram devidamente utilizadas".[35] Era difícil voltar a aguentar esse mundo monótono de rejeição após seus triunfos na guerra – para Virginia mais do que para a maioria. Heroísmo raramente traz os louros que deveria.

Virginia e Paul tinham um ao outro e planos grandiosos para sua bonita casa de estilo francês, em Barnesville. Agora ela tinha tempo para decorar, inspirada pelos *châteaux* e *palazzi* venezianos que avistara em suas viagens. Os hóspedes, inclusive seus antigos apoiadores da CIA, ficavam entretidos na sala de estar, inundada de luz com sua área envidraçada em um dos cantos. Virginia tinha o talento especial de preservar seus amigos mais próximos por toda a vida, e agora ela podia finalmente passar um tempo de qualidade com eles. Por fim pegou leve consigo mesma, mudando para um quarto no andar térreo da casa para não ter mais que enfrentar a dor de subir e descer escadas. Essa concessão – ao menos no início – a impediu de realizar uma vigorosa ação de jardinagem nos 30 acres de terreno que cercavam a casa. Construiu uma estufa nova, plantou vegetais (especialmente suas amadas alcachofras-de-jerusalém) e milhares de narcisos para uma exibição de primavera. Paul vestia um avental de couro e procurava cogumelos engatinhando. Também criavam gansos especialmente cruéis, empurrando-os para longe de casa quando necessário com uma vassoura e, ao fim, faziam com eles – ou ao menos com seu fígado – *foie gras*. O casal até tentou replicar queijo francês com o leite de seu rebanho de cabras, mas um lote deu errado e começou a feder imensamente no alpendre. Cozinhar a dois era uma de suas ocupações favoritas – e, depois de jantar, Virginia tecia em um tear antigo.

Era uma coexistência tranquila, um feito raro da Segunda Guerra Mundial para muitos ex-agentes, cujos relacionamentos várias vezes desmoronavam devido ao peso do passado. O primeiro casamento de William Simpson terminou quase imediatamente depois de sua volta à Grã-Bretanha, pois sua esposa viu as experiências e deficiências dele como uma barreira intransponível. Ao escrever sobre *Esperando Godot*, o crítico de teatro Robert Scanlan observou que, embora a peça não fosse uma representação literal das experiências de Samuel Beckett na Resistência, sua imagética e os estados mentais que ela representava claramente derivavam daquela época: "Todos aqueles que sofreram na guerra europeia emergiram transformados e tiveram grande dificuldade em expressar a magnitude do seu tumulto interior".[36]

Ao menos Paul tinha algum entendimento do que sua excepcional esposa havia passado em virtude de seu serviço na França. De vez em quando, no entanto, ela se aventurava sozinha em busca de um pouco de paz interior em seu antigo lar em Nova York, mostrando durante uma viagem até lá um pouco do engenho da Virginia de antigamente. Ela já estava na cabine do pedágio quando percebeu que havia esquecido a carteira. Sem querer se atrasar voltando para casa para buscá-la, persuadiu o operador a aceitar seu relógio Tissot (presente de sua época na CIA) como garantia até que voltasse para pagar o que devia.

No entanto, nem mesmo Virginia conseguiu impedir o declínio de sua saúde. Gradualmente ela perdeu a força e a força de vontade para usar a perna falsa, e Cuthbert foi abandonada em um canto, em favor de muletas. Logo estava passando a maior parte dos dias em uma cadeira, observando as aves pela janela e usando uma concha prateada para alimentar seus cinco poodles, dispostos em um semicírculo ao redor dela. Seu cérebro ativo devorava palavras cruzadas e pilhas de livros de história e viagens, mas, sobretudo, histórias de espionagem. Ainda se recusava – apesar do incentivo de várias partes – a escrever a sua. Lorna, que continuava a visitar a tia regularmente, muitas vezes pedia para ela contar histórias da guerra, mas Virginia dispensava seus pedidos, alegando que "tinha visto os cadáveres de muitos colegas que contaram essas histórias". Sem dúvida ela acompanhava os livros escritos por seus camaradas na SOE e sobre eles, e observava quantos deles também nunca se recuperaram do serviço dos tempos de guerra, ou morreram sozinhos e relativamente jovens. Os Gêmeos Newton, que ela conhecera em Lyon, por exemplo, foram imortalizados no livro *No Banners* [Sem bandeiras], mas ficaram limitados em consequência de seu período de cativeiro, Alfred morrendo com 65 anos, em 1979, e Henry com apenas 61, em 1980.

Paul também estava com 60 e poucos anos quando sofreu um derrame grave que mudou sua personalidade iluminada para algo mais obscuro e sombrio. Tanto ele quanto Virginia estavam agora irritadiços e cheios de dor, apenas com as lembranças da felicidade, enfrentando uma luta diária para lidar com a vida. Virginia também vivia entrando e saindo do hospital para tratamento médico de uma série complexa de doenças. Após dezesseis anos de aposentadoria e 38 anos com Paul, Virginia faleceu no dia 8 de julho de 1982, no Shady Grove Adventist Hospital, em Rockville, Maryland, de causas não declaradas. Estava com 76 anos.

Como acontece tantas vezes, a morte despertou uma nova curiosidade. Jornais como o *Washington Post* publicaram obituários elogiosos, descrevendo Virginia como uma "aluna de Baltimore que se tornou heroína da Resistência Francesa".[37] O *New York Times* chamou-a de "uma das agentes mais eficazes e confiáveis"[38] da Segunda Guerra Mundial. O que não disseram – nem tinham como saber – era como uma mulher sem esperança, sem perspectiva e, aparentemente, sem importância tinha chegado a tal nível. Como, ao esconder sua identidade de outras pessoas, havia finalmente descoberto quem de fato era e do que era capaz. E como, na luta pela liberdade de outra nação, encontrara a liberdade para si mesma. Ou mesmo como seu país nem sempre a tratara bem e, apesar de sua Cruz de Serviços Distintos, não reconhecera sua grandeza.

A mais de 6.500 quilômetros de distância, na França, os antigos rapazes da Resistência do Haute-Loire trocaram cartas para compartilhar as notícias arrasadoras. Tinham desfrutado de quase quarenta anos de liberdade, passando apenas alguns meses na presença de Virginia, em 1944, mas a guerreira chamada de *La Madone* tinha mostrado para eles a esperança, o companheirismo, a coragem e o caminho para que fossem a melhor versão de si mesmos, e eles nunca a esqueceram. Em meio ao sofrimento e ao medo, ela compartilhara com eles um estado fugaz, mas glorioso de felicidade e o momento mais intenso de suas vidas. O último dos famosos Irregulares de Diane – o rapazinho Gabriel Eyraud, seu *chouchou* – faleceu em 2017 enquanto eu pesquisava a história de Virginia. Até o fim de seus dias, ele e os outros que conheceram Virginia no planalto gostavam de parar de vez em quando para pensar na mulher de cáqui que nunca, jamais desistiu da liberdade. Quando conversavam com admiração e carinho sobre suas façanhas incríveis, sorriam e olhavam para o céu aberto com "*les étoiles dans les yeux*", os olhos brilhando.

Epílogo

Virginia não teve o reconhecimento que merecia durante sua carreira na CIA, mas, perto do fim de sua vida, surgiram sinais de que seu legado estava sendo mais bem compreendido. Eloise Randolph Page, que se tornou a primeira mulher chefe de departamento da CIA na década de 1970, falava sobre como as mulheres do OSS (de quem Virginia era o principal exemplo) prepararam o terreno para "suas irmãs que viriam depois".

Hoje, Virginia é oficialmente reconhecida pela CIA como uma heroína absoluta de guerra cuja carreira na Agência foi refreada por "frustrações com superiores que não usaram bem seus talentos".[1]

Em junho de 1988, o nome de Virginia foi postumamente acrescido ao Hall da Fama dos Grupos de Inteligência Militar pelo major-general Parker. Ela foi uma das primeiras pessoas homenageadas dessa maneira.

Depois de um lobby persistente de seus apoiadores na França e em outros países, mesmo após sua morte, a França e a Grã-Bretanha comemoraram a vida de Virginia em uma cerimônia na residência do embaixador francês em Washington, em dezembro de 2006. O embaixador leu uma carta de homenagem do então presidente Jacques Chirac, homenageando-a como uma "amiga norte-americana" da França. Foi a primeira vez que o país a reconheceu publicamente como uma "verdadeira heroína da Resistência Francesa". Ninguém parecia ciente ou mencionou sua Cruz de Guerra. O certificado do MBE de Virginia, que tinha permanecido em uma gaveta em Londres por sessenta anos, foi entregue a sua sobrinha, Lorna Catling, pelo embaixador britânico.

Foi revelada no mesmo evento uma pintura do artista Jeff Bass que mostrava Virginia transmitindo uma mensagem de rádio ao lado de Edmond Lebrat, jovem combatente da Resistência, na fazenda de Léa Lebrat no Haute-Loire, no verão de 1944. O original está na sede da CIA, em Langley, perto de uma estátua em tamanho real de seu antigo patrão do OSS e maior admirador, "Wild Bill" Donovan. Foram penduradas cópias ao redor do mundo, inclusive no Clube das Forças Especiais, em Londres.

No catálogo atual oficial do Museu da CIA existem apenas cinco agentes do OSS considerados merecedores de uma seção própria: quatro eram homens que se tornaram diretores da CIA; a outra é Virginia, a única mulher e a única a batalhar em sua carreira pós-guerra.

Em dezembro de 2016, a CIA batizou um prédio em sua homenagem. Novos recrutas são postos à prova e aprendem por que Virginia é uma grande de todos os tempos, no Centro Expedicionário Virginia Hall.

Atualmente, existem seis facetas do *éthos* da CIA: Serviço, Excelência, Integridade, Coragem, Trabalho em Equipe, Liderança. Virginia foi escolhida para representar o Serviço, mas ela não está classificada como integrante da *Trailblazer*, lista com os oficiais considerados agentes que moldaram a história da Agência.

A SOE e o OSS – e notavelmente o trabalho pioneiro de Virginia de configuração de circuitos na França – ainda inspiram muito do que acontece nas Forças Especiais hoje. A CIA reconhece que a equipe *Jawbreaker* que enviou ao Afeganistão antes e depois do Onze de Setembro, em 2001, era uma descendente direta das operações secretas de Virginia com a Resistência Francesa na Segunda Guerra Mundial. Agentes da CIA se infiltraram no norte do Afeganistão para coletar informações e, mais tarde, recrutaram, armaram e equiparam grupos locais com a finalidade de ajudar na ofensiva norte-americana seguinte contra o Talibã e a al-Qaeda.

Quando Klaus Barbie tornou-se um embaraço muito grande para seus operadores norte-americanos, eles determinaram em 1951 que ele escapasse por meio dos chamados Caminhos de Rato para ex-nazistas em fuga – no caso, dele para a Bolívia. No entanto, em 1987, cinco anos após a morte de Virginia, ele foi forçado a retornar a Lyon para ser julgado por crimes contra a humanidade. Foi considerado culpado e condenado à prisão perpétua, onde morreu em 1991.

O sargento Bleicher foi capturado na Holanda, em junho de 1945, e levado a Londres para ser interrogado pela SOE. Não foi acusado, mas enviado a Paris, cidade em que foi preso como criminoso de guerra suspeito. Como resultado do depoimento favorável de seus antigos inimigos, foi libertado no fim de 1946 e repatriado na Alemanha. Voltou duas vezes à França depois da guerra, uma vez como testemunha contra Robert Alesch. Incrivelmente, a segunda vez foi como um convidado de Peter Churchill e sua esposa, a colega agente da SOE Odette Sansom, que Bleicher havia capturado em 1943.[2]

Alain – Georges Duboudin – mostrou o lado corajoso da sua personalidade quando retornou à área de Grenoble, no sudoeste da França, em março de 1943. Ele desapareceu quase imediatamente, e descobriu-se mais tarde que havia morrido de fome e pleurite no campo de concentração de Elbrich, na Alemanha, em março de 1945, poucas semanas antes do fim da guerra.

William Simpson casou-se com sua enfermeira, teve dois filhos e descobriu uma maneira de viver com seus ferimentos depois de ter sido paciente pioneiro em cirurgias plásticas.

Paul nunca se recuperou totalmente do derrame, mas viveu cinco anos após a morte de Virginia.

O sacrifício dos sobrinhos está registrado para a posteridade em um memorial em Valençay, no Indre, perto de onde aterrissaram na França para sua última missão.

La Chatte foi deportada de volta à França como estrangeira indesejável no fim da guerra e encontrada pela polícia francesa. Foi julgada e condenada à morte, porém sua pena foi adiada e, por fim, ela foi libertada.

Denis Rake fez parte de um famoso documentário sobre a Resistência chamado *A tristeza e a piedade*, no qual saudou Virginia como a "maior mulher agente da guerra".

Para sua consternação, durante muitos anos ninguém quis publicar o extraordinário tributo de Pierre Fayol a Virginia, apesar de todos os esforços dele para tanto. Ela ficou esquecida por muito tempo para os franceses e, quando o livro finalmente foi publicado, Fayol já havia morrido e nunca o viu. Sua devoção à memória de Virginia levou-o a reunir os Irregulares de Diane, antes que todos ficassem velhos demais, em várias ocasiões, para falar da guerra e, acima de tudo, de *La Madone*.

Gabriel ficou no planalto e teve um casamento feliz. Sua viúva mantém na casa em Le Chambon um cômodo dedicado às lembranças dos Irregulares. Dédé voltou à Alsácia, de onde tinha vindo, e trabalhou como professor escolar. Nenhum deles viu Virginia novamente.

Tal era a popularidade da SOE na França que, mesmo vinte anos depois do fim da guerra, ainda havia 46 fã-clubes da Seção F em expansão chamados Amicales Buckmaster.

Virginia Hall é uma lenda no planalto do Haute-Loire até hoje.

Agradecimentos

Houve muitos pontos altos na pesquisa deste livro, mas passar um período memorável com a graciosa sobrinha de Virginia, Lorna Catling, em sua casa em Baltimore encabeça a lista. Estou em dívida com ela por todas as ideias que me deu na época e durante os vários telefonemas, bem como no almoço excelente que tivemos em sua cozinha enquanto continuávamos a conversar sobre sua tia formidável. Ela foi generosa com seu tempo, seus pensamentos e suas lembranças e abriu seu álbum de família para mim. Guardo com carinho cada momento que passei em sua companhia. A hospitalidade estendida pelo povo gentil e receptivo de Le Chambon, em Haute-Loire, também vai me acompanhar para sempre. Meu período de pesquisa no planalto foi altamente produtivo e agradável, acompanhado de muitos que se deslocaram para me receber e ajudar. Um agradecimento especial a Mme. Denise Vallat, vice-prefeita, ao historiador Gérard Bollon (que gentilmente leu os capítulos de Haute-Loire), ao pessoal do Le Lieu de Mémoire, à viúva de Gabriel e filha de Mme. Lebrat, Georgette, a Michel Viallon e Jean-Michel, que tiraram um tempo para me levar em um passeio de carro pelo planalto. Recomendo para qualquer pessoa inspirada pela história de Virginia que visite essa área muitas vezes ignorada, mas tão sedutora da França, especialmente a área de pouso de Bream.

Enquanto estive no Haute-Loire, tive também a sorte de encontrar Vincent Nouzille, que passou uma década escrevendo o livro francês *L'Espionne*. Foi um dos primeiros defensores de Virginia. Na Grã-Bretanha, tive a sorte de ser orientada por Steven Kippax. Seu conhecimento e sua paixão pela SOE não têm limites, e ele me ajudou a desvendar antigos segredos e encontrar meu caminho no mundo da inteligência. David Harrison foi um conselheiro sábio e paciente e uma fonte de conhecimento, e eu agradeço por sua enorme contribuição para a minha compreensão da SOE. Também forneceu algumas das imagens. Agradeço também a Paul McCue, que mantém o admirável *website* paulmccuebooks.com e forneceu várias indicações úteis. Devo também mencionar os recursos e a equipe excelentes dos Arquivos Nacionais [National Archives], em Kew, que são um verdadeiro tesouro nacional do Reino Unido.

Pierre Tiller foi um acompanhante precioso pelo labirinto de arquivos franceses de diversos tipos, e fico profundamente grata por sua paciência e habilidade. Régis Le Mer, do Centre d'Histoire de la Résistance et de la Déportation [Centro de História da Resistência e da Deportação] (CHRD), em Lyon, disponibilizou os documentos de Fayol (Fonds Fayol) para mim, mesmo durante seu horário de almoço. Passei muitos dias vasculhando essa fonte extraordinariamente rica e amplamente ignorada, que, para minha alegria, preencheu muitas lacunas da história de Virginia e respondeu a muitas de minhas perguntas. A biblioteca, a filmoteca e o arquivo de outros documentos do CHRD também são fascinantes.

A Administração Nacional de Registros e Arquivos [National Archives and Records Administration] dos EUA é uma fonte maravilhosa de informações, mesmo que às vezes seja frustrante. A equipe do Museu da Espionagem [Spy Museum], em Washington, D.C., foi incrivelmente receptiva e gentil (inclusive o diretor, Peter Earnest).

Sou grata a Tony Duboudin, filho de *Alain*, por falar francamente sobre seu pai (e fornecer fotografias dele), que, apesar de suas falhas, sem dúvida foi um homem corajoso. Craig Gralley, ex-agente da CIA, foi um verdadeiro apoio para minha pesquisa, especialmente no que se refere aos anos de Virginia na CIA, mas também em sua travessia pelos Pireneus. Desejo-lhe muita sorte com seu romance *Hall of Mirrors*. Dois funcionários da CIA também me incentivaram muito, e eu adorei o tempo que passei com eles em Langley. O historiador-chefe da CIA, David Robarge, leu o Capítulo 12 e fez comentários úteis. O extremamente experiente Douglas Waller também fez a gentileza de ler os primeiros rascunhos da segunda metade do livro referentes ao OSS, e tive a honra de receber comentários sábios da inimitável Lynne Olson. Alexander Noble também leu o texto, fazendo melhorias. Sou muito grata a todos eles. Agradeço a Jeff Bass, artista que fez o retrato de Virginia que está em Langley, por nos permitir reproduzir sua linda pintura nestas páginas, e gostei de compartilhar observações com ele. Stewart Emmens, curador de Saúde Comunitária do Museu da Ciência [Science Museum] em Londres, ajudou com seu conhecimento de próteses históricas.

Tom White fez um excelente trabalho, ajudando-me com a verificação dos primeiros capítulos, e eu desejo a ele toda a sorte em sua futura carreira. Meu filho Laurie chegou mais tarde e me mostrou apenas que grande historiador ele já é. Seu irmão mais novo, Joe, também contribuiu para a pesquisa – e me incentivou a terminar!

Meus agradecimentos também vão para as pessoas a seguir, que me ajudaram das mais diferentes formas: Andrew Smith, Will Harris, Adam Fresco, dra. Vicky Johnston, Paul Marston, Sarah Helm, Gina Lynn, Sarah Morgenthau e Martyn Cox. Também para Justin e Biz, Hilary Sunman e Peter Prynn, Paul Prynn, Gordon e Babette, Tom e Anthony pelo apoio prático em fornecer refúgios de escrita e Wi-Fi emergencial – e a todos que prepararam inúmeras xícaras de café e de chá de hortelã para mim.

Um viva para Jane, Ali, Tanya e Emma, por terem me mantido animada e por muito mais. Emma, anfitriã fabulosa, me acolheu generosamente no sul da França em uma de minhas viagens de pesquisa. Ali Walsh foi partidário absoluto, compartilhando incentivo e risadas quando eu mais precisava. Espero que Sam Harrison saiba como eu valorizo seus sábios conselhos e que eu não esqueci que lhe devo um almoço dos bons.

Minha maravilhosa agente Grainne Fox acreditou em Virginia desde o início, e a existência deste livro tem muito a ver com sua energia e sabedoria. Minha editora no Reino Unido, Sarah Savitt, tem sido uma grande fã de Virginia, e Andrea Schulz e Emily Wunderlich gentilmente assumiram esse posto de Joy de Menil nos EUA. Um agradecimento enorme por todo o incentivo e pelas sugestões úteis. Tenho o privilégio de estar em uma editora tão ilustre. Agradeço também à incrível Zoë Gullen, editora sênior de projetos no Reino Unido, e Jane Cavolina, preparadora nos EUA, por seu talento e dedicação. Muito obrigada às minhas relações públicas, Graça Vincent e Rebecca Marsh, por me ajudarem a alcançar o sucesso e falar para o mundo todo sobre essa mulher excepcional. Agradeço à Bad Robot e à Paramount por reconhecerem a natureza épica (e fílmica) da vida de Virginia.

Por último, mas não menos importante, não tenho palavras para agradecer à minha família estendida pelo apoio neste livro e por me suportar no processo de escrita – entre dias chuvosos e ensolarados. Significa muito para mim que minha irmã mais velha, Sue, tenha ficado tão empolgada com ele antes de nos deixar. Também significa muito para mim que meu marido, Jon, tenha me ajudado e me amado mais do que eu poderia merecer.

Notas

CHRD = Centre d'Histoire de la Résistance et de la Déportation [Centro de História da Resistência e da Deportação], Lyon
SHD = Service Historique de la Défense [Serviço Histórico da Defesa], Paris
NARA = National Archives and Records Administration [Administração Nacional de Arquivos e Registros], Maryland, EUA
Tr. = Traduzido do original em francês

Todos os registros da SOE são mantidos nos Arquivos Nacionais em Kew, sudoeste de Londres, Reino Unido

PRÓLOGO

1   O concorrente mais próximo provavelmente era a fuga dos refugiados durante a guerra de independência de Bangladesh, em 1971.
2   *The Guardian*, 2 de março de 2017.

CAPÍTULO UM: O sonho

1   Revista *Quid Nunc*, Roland Country Park School.
2   Ibid.
3   Margaret Rossiter. *Women in the Resistance*, p. 190. Com base em entrevista por telefone com Elbridge Durbrow antes da morte deste, em 1984.
4   Telegrama do consulado em Esmirna ao Departamento de Estado em Washington, 25 de dezembro de 1933, Grupo de Registro RG 59, NARA.

5   Lorna Catling, entrevista com a autora em sua casa, em Baltimore, 27 de outubro de 2017.
6   Cônsul George W. Perry, 16 de maio de 1934, RG 59, NARA.
7   Agradeço a Stewart Emmens, curador de Saúde Comunitária do Museu da Ciência em Londres, por seu conhecimento especializado em próteses históricas.
8   Virginia escreveu essas palavras no verso de uma fotografia sua e de Angelo em uma gôndola. Coleção pessoal de Lorna Catling.
9   Virginia Hall, Arquivo 123, NARA, RG 59.
10 Tirado de uma entrevista com Barbara Hall no *Baltimore Sun*, 12 de junho de 1940.
11 Ibid.
12 Philippe de Vomécourt. *Who Lived to See the Day.* Hutchinson, 1961, p. 22.

CAPÍTULO DOIS: Chega a hora

1   Pierre Fayol. *Le Chambon-sur-Lignon sous l'Occupation.* L'Harmattan, 1990, p. 93.
2   Tirado de seu depoimento para a embaixada dos EUA em Londres, em sua chegada, em 1940, NARA, RG 226; e Fayol, p. 93 e ss.
3   Nas histórias de *sir* Arthur Conan Doyle, Holmes comandava um grupo variado de meninos de rua para recolher informações, conhecido como os Irregulares de Baker Street, nome adotado com alegria pela equipe da SOE.
4   SOE HS9-674-4. Prontuário pessoal de Virginia Hall, 15 de janeiro de 1941.
5   M. R. D. Foot. *SOE in France.* Frank Cass Publishers, 2004, p. 9; ref. Hugh Dalton. *The Fateful Years.* Muller, 1957, p. 368.
6   Max Hastings. *The Secret War: Spies, Codes and Guerrillas 1939--1945.* William Collins, 2015, p. 261; ref. *The War Diaries of Hugh Dalton.* Jonathan Cape, 1986, 1º de julho de 1940.
7   Lynne Olson. *Last Hope Island.* Random House, 2017, p. 166; ref. Christopher Andrew. *Her Majesty's Secret Service: The Making of the British Intelligence Community.* Viking, 1986, p. 476.

8   SOE HS9-674-4. Prontuário pessoal de Virginia Hall, 31 de março de 1941.
9   SOE HS9-674-4. Prontuário pessoal de Virginia Hall, 17 de maio de 1941.
10 Ibid., várias notas datadas de 1º de abril de 1941 em diante.
11 Ibid., 21 de maio de 1941.
12 SOE HS7-121, História e Agentes da Seção F.
13 SOE. Prontuário pessoal de Virginia. Ten.-Cor. Edward Calthorpe, 5 de abril de 1941.
14 Foot, p. 16.
15 Foot, p. 55.
16 Marcel Ruby. *F Section SOE: The Story of the Buckmaster Network*. Leo Cooper, 1988, p. 19. Alguns detalhes de seu treinamento também são de um artigo sobre Virginia Hall Goillot de Gerald K. Haines, historiador da CIA, em *Prologue*, início de 1944, NARA. Outros foram tirados de relatos de colegas agentes e, claro, de seu prontuário pessoal.
17 Philippe de Vomécourt, p. 86.
18 *New York Post*, 4 de setembro de 1941.
19 Ian Dear. *Sabotage and Subversion*. Arms and Armour Press, 1996, p. 141.
20 SOE. Prontuário pessoal de Virginia, 22 de janeiro de 1942.
21 Jack Thomas. *No Banners*. W. H. Allen, 1955, p. 102.
22 Peter Grose. *A Good Place to Hide*. Nicholas Brealey Publishing, 2016, p. 63.
23 R. Harris Smith. *OSS: The History of America's First Central Intelligence Agency*. University of California Press, 1972, p. 38.
24 Suzanne Bertillon. *Review of Chain – 1942*, disponível na CIA Freedom of Information Act Electronic Reading Room [Sala de Leitura Eletrônica da CIA segundo a Lei de Liberdade de Informações], <www.foia.cia.gov>.
25 Muito sobre as atividades de inteligência de Johnny Nicholas permanece em sigilo, mas sua presença foi confirmada em correspondência com William J. Casey, então diretor da CIA, em maio de 1985, e liberada segundo a Lei de Liberdade de Informação.

26 Philippe de Vomécourt, p. 82.
27 Almirante de Frota William D. Leahy. *I Was There*. Victor Gollancz, 1950, p. 4
28 Ted Morgan. *An Uncertain Hour*. Bodley Head, 1990, p. 89.
29 Ibid., p. 200.
30 Ajuda do OSS à Resistência Francesa, NARA, RG 226.
31 SOE. Prontuário pessoal de Virginia, outubro de 1941 (sem data exata).
32 Peter Churchill. *Of Their Own Choice*. Hodder and Stoughton, p. 116.
33 William Simpson. *I Burned My Fingers*. Putnam, 1955, p. 36.
34 Corinna von List. *Trois Piliers de la Résistance sous Couvert de Feminité*. Artigo na página Perspectivia.net.
35 Margaret Collins Weitz. *Sisters in the Resistance: How Women Fought to Free France*. John Wiley & Sons, 1998, p. 54-55.
36 SOE. Prontuário pessoal de Virginia, 2 de abril de 1942.
37 SOE HS9-815-4. Prontuário pessoal de C. M. Jumeau.
38 SOE 681-1. Prontuário pessoal de J. B. Hayes.
39 Maurice Buckmaster. *They Fought Alone*. Odhams Press, 1958, p. 85.
40 SOE HS 8/1002. Relatório sobre *Circuitos britânicos na França*, por Major Bourne-Paterson, 1946.
41 SOE HS7-121, História e Agentes da Seção F.
42 O mesmo método adotado pela BBC após a guerra para rastrear inadimplentes de sua taxa de licenciamento.
43 Foot, p. 155.
44 André Courvoisier. *Le Réseau Heckler de Lyon à Londres*. Editions France-Empire, 1984, p. 149.
45 Depoimento de Georges Bégué em SOE HS9-1491. Prontuário pessoal de Gilbert Turck.
46 SOE HS9-1539-5, Philippe de Vomécourt revela em interrogatório no seu prontuário pessoal que era apenas um daqueles que acreditavam que *Christophe* era um traidor, embora as acusações da SOE contra ele tivessem sido retiradas no fim da guerra. Philippe

também foi convidado para a Villa des Bois, mas suspeitou de um ardil e, embora tenha viajado para Marselha, fugiu e não foi até a casa. *Christophe* continuou tentando atraí-lo para um café.
47 Foot, p. 157.
48 SOE HS7-121. História e Agentes da Seção F.

CAPÍTULO TRÊS: Minhas amigas meretrizes

1   Olson, p. 268.
2   Buckmaster, p. 35.
3   SOE. Prontuário pessoal de Virginia, 5 de maio de 1942.
4   Ibid. Relatório de 22 de janeiro de 1942.
5   Ibid. Sem data, mas provavelmente do fim do segundo semestre de 1941.
6   Simpson, p. 36.
7   Ibid., p. 35.
8   Ibid., p. 37.
9   Ibid., p. 35.
10 SOE HS9-631/2. Coronel Gubbins no prontuário pessoal de Germaine Guérin.
11 SOE HS7-121, História e Agentes da Seção F.
12 SOE. Prontuário pessoal de Virginia, Relatório de 4 de dezembro de 1941.
13 Philippe de Vomécourt, p. 82.
14 Simpson, p. 38.
15 SOE. Prontuário pessoal de Virginia, despacho sem data.
16 Gustave Combes. *Lève-toi et Marche: Les Conditions du Français*. Privat, 1941, p. 62, mencionado em *Sisters in the Resistance*, p. 50.
17 SOE. Prontuário pessoal de Virginia, diversos.
18 Benjamin Cowburn. *No Cloak, No Dagger*. The Adventurers Club, 1960, p. 31.
19 KV-153. Serviços secretos inimigos na França, Arquivos Nacionais, Londres.
20 SOE HS6-568. Prontuário pessoal de Ben Cowburn.
21 SOE. Prontuário pessoal de Virginia, 8 de outubro de 1941.

22 Ibid., 8 de outubro de 1941.
23 Churchill, p. 131.
24 SOE. Prontuário pessoal de Virginia, 3 de março de 1942.
25 Ronald Rosbottom. *When Paris Went Dark: The City of Light Under German Occupation, 1940-1944*. Little, Brown, 2014, p. 299.
26 SOE HS7-122. Relatório Bourne-Paterson, Circuitos Britânicos na França, 1946.
27 SOE HS9-452-3. Prontuário pessoal de Georges Duboudin.
28 Oluf Reed-Olsen em Hastings, *The Secret* War, p. 273.
29 SOE HS9-631-2. Prontuário pessoal de Germaine Guérin (originalmente lacrado até 2031, mas aberto para este livro).
30 SOE. Prontuário pessoal de Virginia, 21 de novembro de 1944.
31 Ibid.
32 Peter Churchill. *Duel of Wits*. G. P. Putnam's Sons, 1955, p. 180.
33 HS9-314. Prontuário pessoal de Peter Churchill, vol. 1.
34 Churchill. *Duel of Wits*, p. 118.
35 SOE HS9-314. Prontuário pessoal de Peter Churchill, vol. 1.
36 Ibid.
37 Churchill. *Of Their Own Choice*, p. 136.
38 Relatório Bourne-Paterson.
39 Churchill. *Duel of Wits*, p. 154.
40 Ibid., p. 153.

CAPÍTULO QUATRO: Adeus, Dindy

1 De 13 a 15 de dezembro de 1941, mencionado mais tarde em SOE HS7-244, Diário de Guerra, de julho a setembro de 1942.
2 SOE HS7/142. Manual Básico da França. Partes III & IV.
3 Ibid.
4 SOE. Prontuário pessoal de Virginia, 5 de janeiro de 1942.
5 Foot, p. 56.
6 Ruby, p. 166.
7 Este extraordinário episódio é descrito em muitos relatos (às vezes conflitantes). Usei o mais próximo possível de um consenso quanto ao que realmente aconteceu. As fontes incluem: o prontuário

pessoal de Cowburn; o capítulo 7 do livro *No Cloak, No Dagger*, de Cowburn; o prontuário pessoal de Pierre de Vomécourt da SOE HS9-1539-6; os Arquivos SIS KV3-75, Penetração Alemã da SOE, Arquivos SIS em Kew; M.R.D. Foot, pp. 171-75; *Who Lived to See the Day*, Hale, pp. 98-103; várias referências em Lauran Paine, *Mathilde Carré: Double Agent*, Hale, 1976.

8 E. H. Cookridge. *Inside SOE*. Arthur Baker, 1966, p. 602, referindo-se aos documentos juramentados assinados pelos alemães em julgamento após a guerra.
9 Foot, p. 154-55.
10 Relatório Bourne-Paterson.
11 SOE. Prontuário pessoal de Virginia, 3 de março de 1942.
12 SOE. Prontuário pessoal de Benjamin Cowburn.
13 Ibid.
14 Cowburn, p. 112.
15 SOE HS9-1059-1. Prontuário pessoal de Gerry Morel.
16 Ibid.
17 SOE HS9-902/3. Prontuário pessoal de Marcel Leccia.
18 SOE. Prontuário pessoal de Virginia, sem data, mas provavelmente de outubro de 1943.
19 Relatório Bourne-Paterson.
20 Segunda Minuta de Relatório sobre a honra de Virginia Hall, do tenente De Roussy de Sales ao tenente-coronel Van der Stricht, 13 de dezembro de 1944, Arquivos do OSS, NARA, RG 226.
21 Relatório Bourne-Paterson.
22 SOE. Prontuário pessoal de Virginia, 3 de março de 1942.
23 Ibid., 22 de abril de 1942.
24 Foot, p. 190.
25 SOE. Prontuário pessoal de Virginia, 3 de março de 1942.
26 Foot, p. 190.
27 SOE. Prontuário pessoal de Virginia, Relatório, 18 de janeiro de 1943.
28 Arquivo pessoal de Duboudin, 17 de maio de 1942.
29 SOE HS7-244, Diário de Guerra da Seção F de julho a setembro de 1942, 4 de julho de 1942.

30   Ibid.
31   SOE HS9-681-3. Prontuário pessoal de Charles Hayes.
32   SOE HS9-1651, Prontuário pessoal de Ben Cowburn, 20 de dezembro de 1944; *vide* Churchill, *Duel of Wits*.
33   Courvoisier, p. 134.
34   Denis Rake. *Rake's Progress*. Leslie Frewin, 1968, p. 55.
35   Entrevista no documentário da TV francesa *Le Chagrin et la Pitié*, 1972, mas exibido na TV francesa somente em 1981 por seu conteúdo incendiário sobre colaboração em tempos de guerra. Um filme de Marcel Ophüls.
36   Rake, p. 85.
37   Ibid., p. 104.
38   Ibid., p. 106.
39   Ibid., p. 123.
40   George Millar. *Horned Pigeon*. Heinemann, 1947, p. 290.
41   SOE. Diário de Guerra da Seção F de junho a setembro de 1942.
42   SOE. Prontuário pessoal de Virginia, 19 de junho de 1945.
43   SOE. Diário de Guerra da Seção F de julho a setembro de 1942.
44   Ibid.

CAPÍTULO CINCO: Doze minutos, doze homens

1   SOE HS9-815-4. Prontuário pessoal do tenente Clement Jumeau.
2   SOE HS9 115-2. Prontuário pessoal de Georges Bégué.
3   SOE. Prontuário pessoal de Virginia.
4   Ibid.
5   SOE HS9-1346-5. Prontuário pessoal de José Sevilla.
6   SOE HS9 166-1. Prontuário pessoal de M. e Mme. Bloch.
7   Ibid.
8   George Langelaan. *Knights of the Floating Silk*. Hutchinson, 1959, p. 161-62.
9   Ibid., p. 165.
10   Ibid., p. 164.
11   Ruby, p. 186. Pierre-Bloch Jean fala extensivamente neste livro sobre Mauzac.

12   Ruby, p. 186.
13   Ibid.
14   SOE HS8-171. Sinais do Circuito Vic, parte 1.
15   Foot, p. 183.
16   *Vide* o tributo de Courvoisier a Virginia Hall e Mme. Bloch em Archives Départementales, Lyon 31J/1F/24. Na tentativa de estabelecer exatamente o que aconteceu a partir de relatos não raro confusos e contraditórios, também recebi ajuda com outros detalhes dessa história incrível em (entre outros) *Le Temps d'y Penser Encore*, de Jean Pierre-Bloch, Jean-Claude Simoën, 1977; Marcus Binney, *Secret War Heroes*, Hodder & Stoughton, 2005; SOE HS8-174, Ordens do Circuito Vic, Agentes e Apoiadores; SOE HS8-171, Sinais do Circuito Vic; SOE, Diário de Guerra, junho a setembro de 1942; SOE HS9-115-2. Prontuário pessoal de Georges Bégué; M. R. D. Foot, *Six Faces of Courage*, Eyre Methuen, 1978; SOE HS9-923-4, prontuário pessoal de P. Liewer.
17   Foot, p. ix.
18   Depoimento ao OSS, Segunda Minuta de Narrativa para Concessão do Prêmio à Senhorita Virginia Hall, 13 de dezembro de 1944, Arquivos do OSS, NARA, RG 226.
19   SOE. Prontuário pessoal de Virginia, 19 de outubro de 1942.
20   Ibid.

CAPÍTULO SEIS: Colmeia de espiões

1   SOE HS7-244. Diário de Guerra da Seção F de junho a setembro de 1942, 28 de setembro de 1942.
2   Jack Thomas. *No Banners*. W. H. Allen, 1955, p. 163.
3   HS9-314. Prontuário pessoal de Peter Churchill.
4   Ruby, p. 182.
5   HS7/142, História da SOE, vol. 2, 1943-44.
6   Sh7-121, História e Agentes da Seção F.
7   Corinna von List. *Trois Piliers de la Résistance sous Couvert de Féminité*. Artigo disponível em <https://perspectivia.net/receive/ploneimport3_mods_00006992>. Acesso em 02/09/2020.

8   Catling, entrevista com a autora, outubro de 2017.
9   Foot, p. 178.
10 Ibid., p. 179.
11 SOE HS7-244. Diário de Guerra da Seção F, vol. 1, de julho a setembro de 1942.
12 Ibid.
13 Churchill em seu relatório de 24 de setembro de 1942, *Duel of Wits*, p. 121.
14 Robert Hayden Alcorn. *Spies of the OSS*, Hale and Company, 1973, p. 58.
15 HS7-121, História e Agentes da Seção F.
16 Rake, p. 151.
17 Cowburn, p. 116.
18 SOE HS9-1648. Prontuário pessoal de Denis Rake, Relatório, 30 de setembro de 1942.
19 HS7-244. Diário de Guerra da Seção F de junho a setembro de 1942.
20 SOE. Prontuário pessoal de Virginia, Relatório, 30 de setembro de 1942.
21 Roger Heslop. *Xavier*. Biteback Publishing, 2014, p. 68. Publicado originalmente em 1970.
22 SOE. Prontuário pessoal de Virginia, Relatório, 30 de setembro de 1942.
23 SOE HS7-244. Diário de Guerra da Seção F de junho a setembro de 1942.
24 Cookridge, p. 91.
25 SOE. Prontuário pessoal de Virginia, Relatório, 30 de setembro de 1942.
26 SOE. Prontuário pessoal de Peter Churchill, vol. I.SOE HS7-244.
27 Diário de Guerra da Seção F de junho a setembro de 1942.
28 SOE. Prontuário pessoal de Virginia, Relatório, 30 de setembro de 1942.
29 SOE HS9-452. Maurice Buckmaster no prontuário pessoal de Duboudin.

30 Evelyn Le Chêne. *Watch for Me by Moonlight*. Eyre Methuen, 1973, p. 57.
31 Citação do substituto de *Gauthier, Joe*, vindo de Thomas, p. 136.
32 SOE HS9-1242-8. Prontuário pessoal de Jean Regnier.
33 SOE. Prontuário pessoal de Virginia, Relatório, 6 de setembro de 1942.
34 SOE HS7-244. Diário de Guerra da Seção F de junho a setembro de 1942.
35 SOE. Prontuário pessoal de Virginia, comentários de Maurice Buckmaster sobre *debriefing*, 23 de março de 1943.
36 SOE. Prontuário pessoal de Virginia, Relatório, 6 de setembro de 1942.
37 Depoimento de Germaine Guérin no dossiê de Robert Alesch, ANZ6 01051946 597-5024, Archives Nationales, Paris.
38 Dossiê de Bardet-Keiffer, o ANZ6-682-5790, Archives Nationales, Paris.
39 Relatórios de interrogatório do OSS de 6 a 8 de agosto de 1945, NARA, RG 226, Administração Nacional de Registros e Arquivos.

CAPÍTULO SETE: A montanha cruel

1 Clipper era um hidroplano, uma das maiores aeronaves de passageiros de longa distância na época.
2 Terceiro relatório de Churchill, 18 de setembro de 1942, *Duel of Wits*, p. 117.
3 Churchill, *Duel of Wits*, p. 119.
4 SOE. Prontuário pessoal de Virginia, Relatório Situacional, 30 de setembro de 1942.
5 Ibid.
6 Dossiê 72 AJ 627, Archives Nationales, Paris.
7 A autora realizou entrevistas com ex-agentes norte-americanos e britânicos.
8 Thomas, p. 163.
9 Ibid., p. 164.
10 SOE. HS9 1097-1. Prontuário pessoal de Henry Newton.

11 Almirante de frota William D. Leahy. *I Was There: The Personal Story of the Chief of Staff to Presidents Roosevelt and Truman Based on His Notes and Diaries Made at the Time*. Victor Gollancz, 1950, p. 80.
12 SOE. HS9 1096-8. Prontuário pessoal de Alfred Newton.
13 SOE. Prontuário pessoal de Virginia, Relatório, 18 de janeiro de 1943.
14 Relatório Bourne-Paterson.
15 Thomas, p. 168.
16 SOE. Prontuário pessoal de Alfred Newton.
17 Vincent Nouzille. *L'espionne, Virginia Hall, une Américaine Dans la Guerre*. Arthème Fayard, 2007, p. 224.
18 Prontuário pessoal de Virginia, Relatório, 4 de dezembro de 1942.
19 Edward Stourton. *Cruel Crossing*. Black Swan, 2014, p. 250.
20 Relatório Bourne-Paterson.
21 Arquivos Centrais do Departamento de Estado dos EUA, Memorando, 2 de março de 1943, NARA, RG 59.
22 Este relato vem de uma série de fontes, inclusive de descrições vívidas e úteis de Lorna Catling, sobrinha de Virginia; Craig Gralley, um ex-oficial da CIA que refez os passos dela, em "estudos em Inteligência", vol. 61 (artigos não secretos a partir de março de 2017); *L'Espionne* de Vincent Nouzille; relatos do prontuário pessoal de Virginia e diversas outras referências da SOE e extensa pesquisa pessoal sobre as condições e a topografia.

CAPÍTULO OITO: A agente mais procurada

1 SOE. HS7-245. Diário de Guerra da Seção F de outubro a dezembro de 1942.
2 Depoimento do dr. Rousset, dossiê de Alesch, Archives Nationales, Paris.
3 SOE, Diário de Guerra, vol. 2, de outubro a dezembro de 1942, 21 de dezembro de 1942.
4 Millar, p. 283.
5 Thomas, p. 206.

6   Documentos Centrais do Departamento de Estado dos EUA, Telegrama de Berna ao Departamento de Estado, Washington, D.C., 20 de fevereiro de 1943. NARA, RG 59.
7   Relatório Bourne-Paterson.
8   Simpson, p. 35.
9   Thomas, p. 197-98, um livro baseado no relato dos próprios irmãos Newton sobre os acontecimentos destas páginas.
10 Depoimento de Germaine Guérin no dossiê Robert Alesch, Archives Nationales, Paris.
11 Dossiê Germaine Guérin, GR16P274858, Service Historique de la Défense, Paris; nota sobre ela, B 162/9816, Bundesarchiv, Alemanha. Agradecimento também a Monika Schnell nos arquivos de Ravensbrück, na Alemanha, por mais detalhes.
12 SOE KV3-75, Penetração alemã da SOE, SIS e Organizações Aliadas, 28 de abril de 1943.
13 SOE. Prontuário pessoal de Virginia, 25 de novembro de 1942.
14 Ibid.
15 Ibid., 4 de dezembro de 1942.
16 Churchill. *Duel of Wits*, p. 211.
17 Relatório Bourne-Paterson.
18 Simpson, p. 160.
19 Hastings, p. 260-61.
20 Burrin, p. 438.
21 W. D. Halls. *The Youth of Vichy France*. Oxford, 1995, p. 53.
22 Olson, p. 275.
23 SOE HS7-121, História e Agentes da Seção F.
24 Foot, p. 209.
25 Ibid., p. 210.
26 Ibid., p. 88.
27 Rake, p. 196.
28 SOE. Prontuário pessoal de Virginia, 8 de julho de 1943.
29 SOE. Prontuário pessoal de Virginia, 7 de julho de 1943.
30 SOE HS9-902-3. Prontuário pessoal de Marcel Leccia.
31 SOE. Prontuário pessoal de Virginia, 6 de outubro de 1943.
32 SOE HS9-315. Prontuário pessoal de Peter Churchill.

33 Nota em Foot, p. 499.
34 Philippe de Vomécourt, p. 213.
35 SOE. Prontuário pessoal de Virginia, 13 de janeiro de 1944.
36 Tim Weiner. *Legacy of Ashes: The History of the CIA*. Doubleday, 2007, p. 4.
37 Harris Smith, p. 35.
38 Ibid., p. 149.
39 William Casey. *The Secret War Against Hitler*. Simon & Schuster, 1989, p. 11.
40 Ajuda do OSS à Resistência Francesa na Segunda Guerra Mundial: Missões, Seção F, Resumo Cronológico, NARA, RG 226.
41 David Bruce, mencionado em Weiner, p. 4.
42 *Hugh Trevor Roper Journals*, janeiro de 1943, p. 128.
43 Ibid.
44 SOE. Prontuário pessoal de Virginia, 28 de janeiro de 1944.

CAPÍTULO NOVE: Contas a acertar

1 Arquivos do OSS, Registros 6 e 7 da Seção F, NARA, RG 226.
2 Bickham Sweet-Escott. *Baker Street Irregular*. Methuen, 1965, p. 155.
3 Memorando de 10 de outubro de 1945 para julgamento de crimes de guerra, mencionado em Foot, p. 314.
4 Arquivos do OSS, 18 de março de 1944, NARA, RG 226.
5 Catling, entrevista com a autora, outubro de 2017.
6 Linda McCarthy. *Spies, Pop Flies, and French Fries: Stories I Told My Favorite Visitors to the CIA Exhibit Center*. History Is a Hoot, 1999, p. 46.
7 Arquivos do OSS, Relatório de atividades de Virginia Hall, 30 de setembro de 1944, NARA, RG 226.
8 Ibid.
9 Ibid.
10 Catling, entrevista com a autora, outubro de 2017; Judith L. Pearson. Wolves at the Door. Lyons Press, 2005, p. 187-88.

11 Arquivos do OSS, Sinais do OSS, 18 de abril de 1944, NARA, RG 226.
12 Arquivos do OSS, Registros 6 e 7 da Seção F, NARA, RG 226.
13 Arquivos do OSS, Auxílio do OSS à Resistência Francesa mais Seção F do OSS, NARA, RG 226.
14 Arquivos do OSS, Registros 6 e 7 da Seção F, NARA, RG 226.
15 Arquivos do OSS, Atividades de Virginia Hall no Relatório de Campo, Circuito Saint-Heckler, Registros 6 e 7 da Seção F, NARA, RG 226.
16 Harris Smith, p. 6, ref. Robert Hayden Alcorn. *No Banners, No Bands*. D. McKay, 1965, p. 182.
17 Arquivos do OSS, Atividades de Aramis no Relatório de Campo, Circuito Saint-Heckler, Registros 6 e 7 da Seção F, NARA, RG 226.
18 SOE. Prontuário pessoal de Marcel Leccia.
19 Arquivos do OSS, Relatório do Circuito Heckler-Saint, Registros 6 e 7 da Seção F, NARA, RG 226.
20 Arquivos do OSS, Auxílio à Resistência Francesa; Seção F do OSS, Relatório de atividades, segundo-tenente, Roger B. Henquet (Aus.), NARA, RG 226.
21 Arquivos do OSS, Relatório de Sinal do OSS, 20 de maio de 1944, NARA, RG 226.
22 SOE 597 HS6, *Maquis* da França, janeiro a junho de 1944.
23 SOE. Prontuário pessoal de Ben Cowburn.
24 Arquivos do OSS, 2 de junho de 1944, NARA, RG 226.
25 Philippe de Vomécourt, p. 218.
26 Buckmaster, p. 220.
27 Philippe de Vomécourt, p. 224.
28 Ibid., p. 212.
29 Arquivos do OSS, Registros 6 e 7 da Seção F, NARA, RG 226.
30 Tr. M. Le Comte Arnaud de Voguë para Fayol, 7 de fevereiro de 1987, Fonds Fayol, CHRD, Lyon.
31 SOE, Relatório Bourne-Paterson.
32 SOE. Prontuário pessoal de Virginia.

33 Arquivos do OSS, Relatório de atividades do ten. Paul Martineau, do Circuito Ventriloquist, Registros 6 e 7 da Seção F, NARA, RG 226.
34 CAB 106-989, Notas de FFI, Arquivos Nacionais, Londres.
35 Arquivos do OSS, Atividades de Aramis no Relatório de Campo, Circuito Saint-Heckler, Registros 6 e 7 da Seção F, NARA, RG 226.

CAPÍTULO DEZ: Maria das Montanhas

1 Arquivos do OSS, Relatório de atividades de Virginia Hall, Circuito Saint-Heckler, Seção F, Rolos 6 e 7, NARA, RG 226.
2 Tr. Bohny para a carta de Fayol, 9 de junho de 1984, Fonds Fayol, CHRD, Lyon.
3 Tr. Nouzille, p. 280, de uma entrevista com Auguste Bohny, 22 de maio de 2007.
4 Tr. Fayol, p. 137.
5 Ibid., p. 138.
6 SOE HS9- 171-1, Prontuário pessoal de Nicholas Bodington.
7 Arquivos do OSS, Relatório de atividades de Virginia, 30 de setembro de 1944 e seu relatório financeiro, NARA, RG 226.
8 Tr. Relato feito a Gérard Bollon, historiador de Le Chambon, por Samuel Lebrat.
9 Arquivos do OSS, Circuito Saint-Heckler, Registros 6 e 7 da Seção F, NARA, RG 226.
10 Arquivos do OSS, recomendação de Forgan para o DSC de Virginia Hall, 5 de fevereiro de 1945, NARA, RG 226.
11 Tr. Fayol, p. 146.
12 Tr. Relato sem data feito por Eric Barbezat, Fonds Fayol, CHRD, Lyon.
13 Ibid.
14 Arquivos do OSS, Relato de Marianne contado pelo Tenente George Schriever, responsável por questionar se Virginia deveria ser condecorada, 6 de dezembro de 1944, NARA, RG 226.
15 Tr. Dédé em carta a Fayol, 31 de agosto de 1986, Fonds Fayol, CHRD, Lyon.

16   O nome verdadeiro desse tipo de avião era Fieseler Storch.
17   Arquivos do OSS, Relatório de atividades de Virginia Hall.
18   Tr. Relato de Georges Coutarel em Gérard Bollon, *Aperçus sur la Résistance armée en Yssingelais (1940/1945)*, Cahiers de la Haute--Loire, 1997, p. 54.
19   Arquivos do OSS, Relatório de atividades de Virginia Hall, Circuito Saint-Heckler, Registros 6 e 7 da Seção F, NARA, RG 226.
20   Há muitas ramificações das poucas famílias no planalto, como as dos Lebrat e dos Eyraud.
21   Tr. Entrevista com o autor, Le Chambon, 3 de agosto de 2017.
22   Grose, p. 214.
23   Tr. Dédé em carta a Fayol, 20 de outubro de 1986, Fonds Fayol, CHRD, Lyon.
24   Tr. Relato de Georges Coutarel em Gérard Bollon, *Aperçus sur la Résistance armée en Yssingelais (1940/1945)*, p. 54.
25   Tr. Dédé em carta a Fayol, 3 de maio de 1985, Fonds Fayol, CHRD, Lyon.
26   Arquivos do OSS, Relatório de atividades de Virginia, NARA, RG 226.
27   Tr. Nouzille, p. 290.
28   Tr. Dédé Zurbach, 27 de agosto de 1985, carta a Pierre Fayol, Fonds Fayol, CHRD, Lyon.
29   Tr. Dédé em carta a Fayol, 24 de janeiro de 1991, Fonds Fayol, CHRD, Lyon.
30   Arquivos do OSS, Relatório de atividades de Virginia Hall, NARA, RG 226.
31   Arquivos do OSS, Relatório Saint-Heckler, 4 de agosto de 1944, Seção F, Diário de Guerra do OSS, NARA, RG 226.
32   SOE, Prontuário pessoal de Virginia.
33   Vários recursos, incluindo arquivos do OSS, Relatório Saint--Heckler, Registros 6 e 7 da Seção F, NARA, RG 226. Fayol, p. 176.
34   Ibid.
35   Tr. Dédé em carta a Fayol, 24 de janeiro de 1991, Fonds Fayol, CHRD, Lyon.
36   SOE, Prontuário pessoal de Virginia, 21 de novembro de 1944.
37   Revista Army, fevereiro de 1988, p. 65, CHRD.

CAPÍTULO ONZE: Dos céus

1   Carta de Dédé a Fayol, 7 de outubro de 1986, Fonds Fayol, CHRD.
2   Arquivos do OSS, Relatório de atividades de Virginia Hall.
3   Conselheiro da SOE, FO C. M. Woods da Sala E 203 no dia 26 de setembro de 1985 em carta a Fayol, sobre o segundo-tenente Henry D Riley, Fonds Fayol, CHRD, Lyon.
4   Relato de Roger Leney da entrevista de Gérard Bollow.
5   Arquivos do OSS, exame sem data de Virginia, provavelmente início de 1945, NARA, RG 226.
6   Tr. Dédé em carta a Fayol, 20 de outubro de 1986, Fonds Fayol, CHRD, Lyon.
7   SOE HS9- 596-3, arquivo pessoal de Paul Goillot.
8   Arquivos do OSS, Relatório de Saint-Heckler em Diário de Guerra e o mesmo de Paul Golliot, 3 de outubro de 1944, OSS SO WE Seção, NARA, RG 226.
9   Arquivos do OSS, Relatório de atividades de Henry Riley.
10 Arquivos do OSS, Circuito Saint-Heckler, Relatório de atividades de Hallowes, NARA, RG 226.
11 Arquivos do OSS, Relatório de atividades de Virginia Hall.
12 Relato de Roger Leney da entrevista de Gérard Bollon.
13 SOE HS7/134, Judex Mission Report (1944-45).
14 Arquivos do OSS, Relatório de atividades de Riley.
15 Ibid.
16 Philippe de Vomécourt, p. 19.
17 Arquivos do OSS, Relatório de atividades de Henry Riley.
18 Dédé a Fayol, 24 de janeiro de 1991, Fonds Fayol, CHRD.
19 Ibid., 3 de maio de 1985, Fonds Fayol, CHRD.
20 Nouville, p. 22.
21 Catling, entrevista com a autora, outubro de 2017.
22 Arquivos do OSS, relatório financeiro sem data de Virginia Hall, NARA, RG 226.
23 Dédé a Fayol, 20 de outubro de 1986, Fonds Fayol, CHRD, Lyon.
24 Will Irwin. *The Jedburghs: The Secret History of the Allied Special Forces, France 1944*. PublicAffairs, 2005, p. 154.

25 Arquivos do OSS, Charlotte Norris a Barbara Hall, 21 de setembro de 1944, NARA, RG 226.
26 Carta de Jacqueline Leguevel a Pierre Fayol, 3 de agosto de 1987, Fonds Fayol, CHRD, Lyon. E de Jackie Drury, uma de suas filhas, em entrevista citada por Vincent Nouzille.
27 Arquivos do OSS, Relatório de atividades de Virginia Hall.
28 Rossiter, p. 124. Entrevista em René Défourneaux, *The Winking Fox*, Indiana Creative Arts, 1998, p. 70.
29 Ibid., p. 71.
30 Arquivos do OSS, Rascunho do Discurso para Premiar a Senhorita Virginia Hall, do tenente de Roussy de Sales ao tenente-coronel Van der Stricht, 27 de outubro de 1944, NARA, RG 226.
31 HS9 647/4, Prontuário pessoal de Virginia, 19 de junho de 1945.
32 Pierre Fayol, que tinha muitos contatos militares e começou a pesquisar sobre Virginia antes do incêndio dos Arquivos Nacionais, também menciona isso no anexo de seu livro em francês, na página 217. Ele se refere a ele como Número de Decisão 105, 16 de março de 1946. Os arquivos relevantes da Normandia são mencionados aqui: <http://le50enlignebis.free.fr/spip.php?article18692>.
33 Nouzille, p. 15.
34 Carta de Count Voguë a Fayol, 14 de março de 1987, Fonds Fayol, CHRD, Lyon.
35 Relato de Hubert Petiet, Nouzille, p. 14.
36 Arquivos do OSS, Memorando do capitão Millett ao capitão Calimand, 26 de outubro de 1944 (cópia encontrada em Fonds Fayol, CHRD, Lyon).
37 Arquivos do OSS, Stewart W. Kerman Jr. a Allen W. Dulles, 13 de outubro de 1944, "Personnel Survey of Possible Candidates for Staff on Austrian Operations" (cópia encontrada em Fonds Fayol, CHRD, Lyon).
38 Para saber mais sobre o reduto, leia Rodney G. Minott, *The Fortress that Never Was*; Peter Grose, *Gentleman Spy*; William Casey, *The Secret War against Hitler*.
39 Fayol, p. 18.

40 Relato de Irma Alesch no dia 24 de novembro de 1944, e outros, em Dossier Judiciare Alesch, ANZ6 597-5024 01051946, Archives Nationales, Paris.
41 Arquivos do OSS, recomendação para a DSC, assinado por coronel Forgan, 5 de fevereiro, com a adição em 26 de fevereiro de 1945, NARA, RG 226.
42 Arquivos do OSS, Gerry (Caserta) a Chapin (Caserta), Sasac (Paris) para Brinckerhoff, 25 de março de 1945, NARA, RG 226.
43 Arquivos do OSS, Gerry a Baker (Annemasse) e Brinckerhoff (Paris), 1º de abril de 1945; mensagem de Gerry a Brinckerhoff, 4 de abril de 1945, NARA, RG 226.
44 Arquivos do OSS, 30 de março de 1945, RG 226, NARA.
45 Arquivos do OSS, Diretiva Geral de Operações para Camille, 7 de abril de 1945, NARA, RG 226.
46 Arquivos do OSS, Arquivos Administrativos de Washington, 1944- -1945, NARA, RG 226.
47 Arquivos do OSS, Memorando para o Presidente, 12 de maio de 1945, NARA, RG 226.
48 Arquivos do OSS, Telegrama do OSS para Glavin (OSS Caserta), 10 de maio de 1945, NARA, RG 226.
49 Arquivos do OSS, Telegrama de Gamble (OSS Paris) ao escritório do diretor do OSS (Washington), 13 de junho de 1945, NARA, RG 226.
50 Rossiter, p. 125.
51 SOE Judex Report, 16 de novembro de 1944.
52 Morgan, p. 112.
53 Jean Rousset, SHD dossiê GR16P524616, Paris.
54 Arquivos do OSS, tenente Goillot e Hall ao Chefe da Filial SO, Repasse 11 de junho de 1945, NARA, RG 226.
55 SOE, Prontuário pessoal de Germaine Guérin.
56 Relatório de interrogatório de Robert Alesch, agente da Abwehr III Paris, por OSS, filial X-2 (contraespionagem), 6 de agosto de 1945, documento de 8 de agosto de 1945, cópia traduzida em francês, dossiê judicial de Alesch, Archives Nationales, Paris.

CAPÍTULO DOZE: Os anos na CIA

1. Arquivos do OSS, Carta de Renúncia de Virginia Hall, 24 de setembro de 1945, NARA, RG 226.
2. Rake, p. 11.
3. Catling, entrevista com a autora, outubro de 2017.
4. William Leary (ed.). *The Central Intelligence Agency: History and Documents*. University of Alabama Press, 1984, p. 5.
5. Prontuário Oficial de Virginia Hall, CIA.
6. Ibid.
7. Tr. Le Monde, 25 de maio de 1948.
8. Relatório do Grupo Petticoat de 1953, CIA, Sala de Leitura.
9. Weiner, p. 20.
10. Catling, entrevista com a autora, outubro de 2017.
11. Rossiter, p. 124.
12. Prontuário Oficial de Virginia Hall, CIA.
13. Catling, entrevista com a autora, outubro de 2017.
14. Recontado por Angus Thuermer em Elizabeth McIntosh, *Women of the OSS: Sisterhood of Spies*, Naval Institute Press, 1998, p. 126.
15. Relatório de Avaliação de Virginia, 26 de janeiro de 1954, CIA.
16. Prontuário Oficial de Virginia, CIA.
17. Questionário secreto de qualificação de pessoal, janeiro de 1953, CIA.
18. Catling, entrevista com a autora, outubro de 2017.
19. Relatório de adequação de Virginia Hall, 3 de dezembro de 1954, CIA.
20. Relatório do Grupo Petticoat de 1953, Sala de Leitura da CIA.
21. Relatório final sobre os motivos de moral baixo entre oficiais juniores, 9 de novembro de 1953, mencionado em Weiner, p. 79.
22. Prontuário Oficial de Virginia Hall, CIA.
23. Ibid., 3 de julho de 1956.
24. Weiner, p. 77.
25. Ibid., p. 32.
26. Carta de Courvoisier para Fayol, 6 de agosto de 1985, Fonds Fayol, CHRD, Lyon.

27 Relatório de adequação de Virginia Hall, 28 de dezembro de 1956, CIA.
28 Lyman Kirkpatrick, Diário, vol. III, janeiro de 1956 a dezembro de 1958, CIA; Prontuário Oficial de Virginia, CIA; Memorando para o registro por [nome removido], Equipe PP, CIA; Memorando Hall para Registro, CIA.
29 Relatório do Grupo Petticoat de 1953, Sala de Leitura da CIA.
30 Prontuário Oficial de Virginia Hall, CIA.
31 Catling, entrevista com a autora, outubro de 2017.
32 Relatório do Grupo Petticoat de 1953, Sala de Leitura da CIA.
33 Mencionado em McIntosh, p. 127.
34 Relatório do Grupo Petticoat de 1953, Sala de Leitura da CIA.
35 Relatório secreto da CIA, sem data, recém-lançado sob pedido da Lei de Liberdade de Informação, *Carreira de Virginia Hall no Grupo de Inteligência Central e CIA*.
36 Weitz, p. ix, ref. "Another go at Godot", *ART News*, janeiro de 1995.
37 *Washington Post*, 14 de julho de 1982.
38 *New York Times*, 15 de julho de 1982.

EPÍLOGO

1 Catálogo Oficial da Exposição do OSS.
2 Paine, p. 62.

Bibliografia selecionada

ALCORN, Robert Hayden. *Spies of the OSS*. Robert Hale and Company, 1973.

BINNEY, Marcus. *The Women Who Lived for Danger*. Hodder and Stoughton, 2002.

_____. *Secret War Heroes*. Hodder and Stoughton, 2005.

BLEICHER, Hugo. *Colonel Henri's Story: The War Memoirs of Hugo Bleicher*. (Ed. Ian Colvin), William Kimber, 1968.

BOLLON, Gérard. *Aperçus sur la Résistance armée en Yssingelais (1940/1945)*. Cahiers de la Haute-Loire, 1997.

BUCKMASTER, Maurice. *They Fought Alone: The Story of British Agents in France*. Oldham Press, 1958.

BURRIN, Phillipe. *La France à l'heure Allemande, 1940-1944*. Seuil, 1995.

CASEY, William. *The Secret War Against Hitler*. Simon & Schuster, 1989.

CHURCHILL, Peter. *The Spirit of the Cage*. Hodder and Stoughton, 1954.

_____. *Of Their Own Choice*. Hodder and Stoughton, 1952.

_____. *Duel of Wits*. Transworld Publications, 1955.

COMBES, Gustave. *Lève- toi en Marche: Les Conditions du Français*. Privat, 1941.

COOKRIDGE, E. H. *They Came from the Sky*. Heinemann, 1965.

_____. *Inside SOE*. Arthur Baker, 1966.

COURVOISIER, André. *Le Réseau Heckler de Lyon à Londres*. France-Empire, 1984.

COWBURN, Benjamin. *No Cloak, No Dagger*. Jarrolds, 1960.

DALTON, Hugh. *The Fateful Years*. Frederick Muller, Ltd., 1957

DEAR, Ian. *Sabotage and Subversion: The SOE and OSS at War*. Arms and Armour Press, 1996.

DÉFOURNEAUX, René J., *The Winking Fox*. Indiana Creative Arts, 1998.

DORMER, Hugh. *Hugh Dormer's Diaries*. Cape, 1947.

FAYOL, Pierre. *Le Chambon-sur-Lignon sous l'Occupation: Les Résistances Locales, l'Aide Interalliée, l'Action de Virginia Hall (O.S.S.)*. L'Harmattan, 1990.

FENBY, Jonathan. *The History of Modern France*. Simon & Schuster, 2015.

FOOT, M. R. D. *SOE in France: An Account of the Work of the British Special Operations Executive in France, 1940-1944*. HMSO Londres, 1968.

GROSE, Peter. *A Good Place to Hide: How One Community Saved Thousands of Lives from the Nazis in WWII*. Nicholas Brealey, 2014.

HASTINGS, Max. *The Secret War: Spies, Codes and Guerrillas, 1939--1945*. William Collins, 2015.

HELM, Sarah. *If This Is a Woman: Inside Ravensbrück: Hitler's Concentration Camp for Women*. Little Brown, 2015.

HESLOP, Richard. *Xavier: A British Secret Agent with the French Resistance*. Biteback Publishing, 2014.

HOWARTH, Patrick. *Undercover: The Men and Women of the Special Operations Executive*. Routledge & Kegan Paul, 1980.

JENKINS, Cecil. *A Brief History of France: People, History and Culture*. Robinson, 2011.

JONES, Benjamin F. *Eisenhower's Guerrillas: The Jedburghs, the Maquis, and the Liberation of France*. Oxford University Press, 2016.

LANGELAAN, George. *Knights of the Floating Silk*. Hutchinson, 1959.

LEAHY, Almirante da frota William D. *I Was There: The Personal Story of the Chief of Staff to Presidents Roosevelt and Truman Based on His Notes and Diaries Made at the Time*. Victor Gollancz, 1950.

LEARY, William (ed.). *The Central Intelligence Agency, History and Documents*. University of Alabama Press, 1984.

LE CHÊNE, Evelyn. *Watch for Me by Moonlight: A British Agent with the French Resistance*. Eyre Methuen, 1973.

LOTTMAN, Herbert R. *Pétain: Hero or Traitor: The Untold Story*. William Morrow and Company, 1985.

LYTTON, Neville. *Life in Unoccupied France*. Macmillan & Co., 1942.

MACDONALD, Elizabeth P. *Women in Intelligence*, publicado de forma restrita.

MACKENZIE, W. J. M. *The Secret History of SOE Special Operations Executive, 1940-1945*. St. Ermin's Press, 2002.

MARKS, Leo. *Between Silk and Cyanide*. HarperCollins, 1998.

MARSHALL, Bruce. *The White Rabbit*. Evans, 1952.

MCCARTHY, Linda. *Spies, Pop Flies and French Fries*. History Is a Hoot, Inc., 1999.

MCINTOSH, Elizabeth P. *Women of the OSS: Sisterhood of Spies*. Naval Institute Press, 1998.

MOOREHEAD, Caroline. *Village of Secrets: Defying the Nazis in Vichy France*. Vintage, 2015.

MORGAN, Ted. *An Uncertain Hour: The French, the Germans, the Jews, the Barbie Trial and the City of Lyon, 1940-1945*. Bodley Head, 1990.

MOSS, W. Stanley. *Ill Met by Moonlight*. Harrap, 1950.

NOUZILLE, Vincent. *L'espionne, Virginia Hall, une Américaine Dans la Guerre*. Arthème Fayard, 2007.

OLSON, Lynne. *Last Hope Island*. Random House, 2017.

PAINE, Lauran. *Mathilde Carré: Double Agent*. Hale, *1976*.

PAXTON, Robert. *Vichy France: Old Guard and New Order, 1940--1944*. Barrie and Jenkins, 1972.

PEARSON, Judith L. *The Wolves at the Door: The True Story of America's Greatest Female Spy*. Lyons Press, 2005.

RAKE, Denis. *Rake's Progress*. Frewin, 1968.

RANELAGH, John. *CIA: A History*. BBC Books, 1992.

ROSSITER, Margaret. *Women in the Resistance*. Praeger Publishers, 1986.

RUBY, Marcel. *La Résistance à Lyon*. L'Hermès, 1979.

_____. *F Section SOE: The Story of the Buckmaster Network*. Leo Cooper, 1988.

SIMPSON, William. *I Burned My Fingers*. Putnam, 1955.

SMITH, Richard Harris. *OSS: The History of America's First Central Intelligence Agency*. University of California Press, 1972.

STOURTON, Edward. *Cruel Crossing: Escaping Hitler Across the Pyrenees*. Doubleday, 2013.

SWEET-ESCOTT, Bickham. *Baker Street Irregular*. Methuen, 1965.

THOMAS, Jack. *No Banners*. W. H. Allen, 1955.

VARGO, Marc. *Women of the Resistance: Eight Who Defied the Third Reich*. McFarland, 2012.

VOMÉCOURT, Philippe de. *Who Lived to See the Day*. Hutchinson, 1961.

WALLER, Douglas. *Wild Bill Donovan: The Spymaster Who Created the OSS and Modern American Espionage*. Simon & Schuster, 2011.

WEINER, Tim. *Legacy of Ashes: The History of the CIA*. Doubleday, 2007.

WEITZ, Margaret. *Sisters in the Resistance: How Women Fought to Free France*. John Wiley & Sons, 1998.

Índice remissivo

A tristeza e a piedade, 347
Abwehr, 308, 318, 319, 326
   Alesch e, 173-175,
      184,196-206
   concentrado em Lyon, 109
   concentrado em VH,
      105, 107-109
   Funkspiel (jogo de rádio)
      de, 104, 150
   informações sobre ataque
      de Dieppe, 174
   na Espanha, 191
   penetração na rede de VH,
      175, 198, 210
   quebra de códigos da SOE, 150
   VH e, 178, 193, 206
   ver também Alesch, abade Robert
      (agente *Axel* da Abwehr)Acordo
      de Munique, 35
Administração Nacional de Arquivos e Registros (NARA), 16
Afeganistão, 346
Agência Central de Inteligência (CIA):
   aposentadoria de VH da, 341
   Comitê Nacional para a Euro-
      pa Livre, 329
   comunismo e, 336, 339
   criação da, 325
   éthos da, 346
   falta de cargo substan-
      cial para VH, 42
   fiasco da Baía dos Porcos, 340
   Grupo Petticoat, 335
   Guerra Fria e, 325, 330, 334
   imagem pública da
   intervenção em 1948, eleições
      italianas, 325
   moral na, 335
   museu da, 346
   operação Jawbreaker no Afe-
      ganistão, 346
   Operação Paperclip, 337
   processo de segurança da, 330
   reconhecimento póstumo
      de VH e, 345
   recrutamento de ex-nazistas
      seniores, 337
   seção de operações secretas
      da, 334, 346
   sede em Langley, 15, 340, 346
   setor do sul da Europa, 332
   setor dos Balcãs, 336
   Trabalho administrativo
      modesto de VH em
      Nova York, 329
   tratamento vulgar de
      VH pela, 338
   União Soviética e, 325
   VH como agente em Ve-
      neza, 338-339
   VH no setor paramilitar para
      Europa Ocidental, 334
   VH opta pelo trabalho adminis-
      trativo na sede em, 214
   Vice-Diretoria de Planos, 332

zelo anticomunista da, 337
Alain (Georges Duboudin), 65, 72, 347 alegações exageradas a Baker Street, 88, 89, 188
como mau agente, 92
conduta irresponsável de, 92
Jouve e, 122, 163
morte no campo de concentração de Elbrich, 347
reconvocado a Londres, 156
VH e, 65, 72, 93, 119
Alberte, Madame, 82, 88, 89
Alemanha, 24, 26, 35
Alemanha Nazista:
Abwehr da, *ver* Abwehr
acordo de armistício da França, com, 149
ascensão do Partido Nacional Socialista, 24
batida em retirada da França, 255
bens franceses apreendidos pela, 175
bombas voadoras de "Doodlebug", 308
campos de concentração de, *ver* campos de concentração
campos de prisioneiros, 61, 104; *ver também* campos de concentração
campos de concentração de, *ver* campos de concentração
cidadãos deportados para trabalho escravo por, 163
colaboração do governo de Vichy com comícios de Nuremberg na, 24
Divisões de tanques (Panzer) por, 37
encouraçados de, 73
Espanha e, 41
fábricas francesas e, 96
França invadida pela, 13
Funkabwehr da, 129, 165
Gestapo da, *ver* Gestapo
guerra da Grã-Bretanha com, 100
guerra da União Soviética com, 61
guerra dos EUA com, 81
ilusão de invulnerabilidade da França, 37
Linha Maginot e, 36
Luftwaffe da, 259
membros da Resistência executados antes dos desembarques do Dia D, 228
membros da Resistência presos pela, 95
ocupação inicial da França, 13, 16
Operação Donar, 149, 179
operações para detecção de rádio da, 206
panfletos franceses contra, 60
Paris reivindicada por, 37
pessoas negras e, 58
plano de Solução Final da, 118
planos iniciais de OSS para, 222
plena ocupação da França, 186
Polônia invadida por, 35
prisioneiros de *Nacht und Nebel* e, 316
rendição pela, 219
rumores sobre fortificação reduto da, 307, 311, 312
Sede do Estado-Maior movida, 280
SS da, *ver* SS
suprimentos de comida para franceses, 60
tortura usada por, 149, 150, 152, 162, 195, 202, 238
União Soviética invadida por, 61
VH procurada por, 150, 187, 195

Wehrmacht da, 183, 186, 188, 212, 182
Alesch, abade Robert (agente *Axel* da Abwehr), 168-175, 184, 189, 196-206, 209, 242, 309, 317, 319,326, 327, 338, 347
    Abwehr e, 170, 173, 175, 308
    caçado pela polícia de Paris, 128
    dá à Gestapo descrição de VH, 184
    Dubois e, 202
    expõe a rede remanescente de VH em Lyon, 175
    Germaine Guérin e, 196, 200-201
    Gestapo e, 174, 175
    investigação de, 308
    irmãos Newton e, 314
    Jeunet e, 197
    julgamento e execução de, 327
    paróquia La Varenne-Saint-Hilaire de, 308
    rende-se aos americanos, 318
    Rousset e, 170, 196, 317
    VH e, 168-175, 184,196--201, 209, 242, 317-319, 326, 338
VH envia relatório ao OSS sobre, 326Alesch, Irma, 308
Alibert, Jean, 187
Allard, Elisée, 217, 235
    assassinado em Buchenwald, 284
    capturado e enviado à prisão, 245
    Gestapo e, 237, 242
    memorial em Valençay, 347
    transportado para Alemanha, 284
Alsácia, 168, 273
América do Sul, 339
Amish, 34, 256
Andry, Renée, 327
Angleton, James, 326

Antibes, 69, 83, 125
Antoine, ver Gauthier
Aramis (*Henri Lassot*), 225, 227, 229, 231-234, 236, 240, 254, 270
Ardenas, 37, 306
Argentina, 339
Armée Secrète, 212
Aron, J. M., 179, 180
Arquivos Nacionais Franceses, 16, 305
    ascensão na Europa, 406
Atkins, Vera, 208, 220, 277
Avião Lysander, 114
Avignon, 83
Avoceta, SS, 181

Backer, George, 50, 99-100, 130
Baía dos Porcos, 340
Baker, Josephine, 23
Baltimore, 17, 19, 21, 25, 306
Barbezat, Eric, 263
Barbie, Klaus, 150, 186, 202, 212, 243, 283, 337, 346
    brutalidade de, 150, 152, 186, 205, 212, 283, 337
    CIA e, 337
    furores assassinos nos últimos meses de guerra, 283
    irmãos Newton e, 314
    preso por crimes contra a humanidade, 346-347
    VH e, 243, 283, 337, 346
Barnard College, 22
Basin, Francis (*Olive*), *ver Olive*
Bass, Jeff, 345, 351
BBC, 59, 99, 203, 246, 261, 274
Beckett, Samuel, 169, 342
Bégué, Georges, 117, 134
    codinome *Georges* em homenagem a, 117
    como primeiro operador de rádio da SOE, 49, 64

e perigo dos carros detectores
 de rádio, 68
e Villa des Bois, 117
na fuga da prisão de
 Périgueux, 134
Bélgica, 75, 306, 318
Bellows, George, 41-43, 63
Benoist, Robert, 157
Benzedrina, 54, 85, 123, 246, 277,
 278, 289, 333
Bertillon, Suzanne, 57
Bertrand, Estelle, 244, 247
Besson, Alphonse, 204, 314
Besson, Marie-Fortunée, 204
Blanchet (traidor do MI6), 171
Bleicher, Hugo, 104, 326
Bloch, André, 70
Bob, ver Le Boulicaut, Raoul
Bodington, Elizabeth, 46
Bodington, Nicolas, 42, 44,
 101, 150, 180
Bohny, Auguste, 257
Boitier, Madame, 256, 260, 262
Bond, James, 17, 52, 161, 340
Bordéis, 76, 77, 79
Borrel, Andrée, 154
Bourg-en-Bresse, 295, 296
Bousquet, René, 118
Boxhorn Farm, 19, 24, 30,
 231, 324, 405
Buchenwald, campo de extermínio, 161, 203, 218-220, 282,
 286, 304, 318
Buckmaster, Amicales, 348
Buckmaster, Maurice, 159, 208, 212
 acusações de negligência letal, 212
 recomenda VH para Cruz
  de Guerra, 304
 sobre as mulheres, 153
 sobre missões de sabotagem de VH, 248
 sobre o Dia D, 231

Cahen, Geneviève, 327
Cammaerts, Francis, 52, 229
Campos de concentração, 257, 317
 Buchenwald, 159,
  201, 284, 316
 Dachau, 159, 213
 Mauthausen, 175, 198
 Miranda de Ebro, 193, 208
 Natzweiler, 154
 Ravensbrück, 201, 315
 Sachsenhausen, 154
Campos de prisioneiros, 61,
 194; *ver também* campos de
 concentração
Camus, Albert, 256, 269
Carré, Mathilde (La Chatte)
 (*Victoire*), 103
Carte (contato francês da SOE),
 95, 133, 209
Castres, fortaleza de, 159, 160, 180
Castro, Fidel, 339, 340
Catin, Eugénie, 315
Catling, Lorna (sobrinha de
 VH), 345, 349
Cavell, Edith, 124
Célestin (Brian Stonehouse),
 166, 177-180
Centro Expedicionário Virginia Hall, 346
Chamberlain, Neville, 35-36
Chambrillard, Monsieur, 82
Château Hurlevent, Feyzin
Châteauroux, 64, 68-69,
 117, 140, 233
Chatte, La, *ver* Carré,
 Mathilde Cher
Checoslováquia, 329
Chicago Times, 214, 216
China, 329
Chirac, Jacques, 304, 345
Christophe (Gilbert Turck),
 64, 65, 68-70

Churchill, Peter, 90, 92, 93
Churchill, Winston, 43, 73, 91,
  110, 186, 210, 324
  discurso de "fim do
    início" de, 186
  discurso sobre a Guerra Fria em
    Fulton, Mo., 324
  Dunkirk, 73
  grandes esperanças
    para SOE, 43
  na Conferência de Ca-
    sablanca, 209
  nos Três Grandes, 271
  sobre a selvageria nazista, 210
  SOE criada por, 41-42
  SOE e, 43, 47
  suprimentos enviados aos
    franceses, 66
Ciano, Conde, 110
Cingapura, 110
Circuito Prosper, 154,
  212, 227, 238
Circuito WOL, 168
Clã Cameron, fuga de Mauzac, 146
Clermont-Ferrand, 294
Clipper (hidroplano), 208
Clube de Rifle do Departamento de
  Transportes de Londres, 52
Comitê Nacional para a Euro-
  pa Livre, 329
Comprimidos de anfetaminas, 54
Comprimidos de cianureto, 53
Comunistas franceses, 61, 223
Comunistas, comunismo, 83, 89,
  223, 270, 324-326, 329, 330,
  332, 335, 340
  Francês, 61
Conferência de Wannsee, 118
Constantin (Jean de Vomécourt),
  119, 167, 177, 251
Cookridge, E. H., 147
Coreia do Sul, 330
Corso, Maria Donovan, 315
Cosne-sur-Loire, Nièvre, 239, 263

Courvoisier, André, 139,
  147, 202, 337
Cowburn, Ben, 65, 84, 103, 411
  adverte VH sobre a saga de
    La Chatte, 103
  apoia VH sobre ordem de
    retorno, 283
  avaliação alta de VH por. 84
  como especial para VH, 84
  missões curtas de, 103
  operações de sabo-
    tagem por, 155
Cruz Vermelha, 113, 136
Cuba, 339, 340
Cuthbert, 95, 193, 196, 209, 269,
  279, 281, 295, 345
  ver também Hall, Vir-
    ginia, deficiência e
    prótese de perna de

Dachau, campo de extermínio
  de, 159, 213
Dalton, Hugh, 47, 214
Darlan, François, 110
de Gaulle, Charles, 59, 83, 99, 173
  aliados reconhecem legitimi-
    dade de, 292
  como figura desagregadora, 100
  como presidente provisório, 292
  desprezo por agentes america-
    nos e britânicos, 304
  e o papel das mulheres
    na guerra, 304
  exílio em Londres, 59
  Pétain e, 59
  Roosevelt e, 271
de Lattre de Tassigny, Jean, 288
Decley, Pierre, 308
Decourdemanche, Jacqueline, 263
Défourneaux, René, 253,
  301, 302, 329
Deladier, Edouard, 239

Departamento de Estado dos EUA, 130, 198, 208, 324
candidaturas de VH para
  postos diplomáticos rejeitados em, 24, 26
  cargos administrativos de VH no, 44, 46
  mulheres e, 25
  partida de Londres de VH atrasada por, 43
  pedido de demissão de VH para, 35
Depressão, Grande, 24, 321
Detecção de sinal de operadores de rádio:
  Funkabwehr, 129, 130, 165, 268,
  Funkspiel (jogo de rádio), 104, 150, 175
  aviões detectores alemães (Storks), 268, 269, 272, 283
  furgões/carros de detecção de rádio, 129, 202, 247, 268
  e carga de trabalho dos operadores, 125
Dia D, 223, 231, 233, 238, 246-247, 272
  estratégia Aliada após, 279
  mensagem codificada na transmissão francesa da BBC, 59, 99, 203, 246, 261, 274
  "mensagens de ação" codificadas aos agentes, 248
  novos voluntários da Resistência devido a, 239
  objetivo da SFHQ para, 231-232
  pousos de armas antes de, 118, 179
  preparações para, 223
  semanas após a, 259
  últimos dias antes
VH e, 231, 238, 247Diane, Irregulares de, 344, 348

Dieppe, ataque de, 174, 340
  divisões da Waffen-SS, 210
Doenças venéreas, 79
Donovan, William "Wild Bill", 222, 223, 241, 306, 308, 322, 334, 346
Dreyfus, Alfred, 241
Dubois, Monsieur, 202
Duboudin, Georges (*Alain*), *ver Alain*
Dulles, Allen, 335, 340
Dunkirk, evacuação de, 41
Dunton, Donald (*Georges 35*), 117
Durbrow, Elbridge, 25, 208, 324, 330

École Libre des Sciences Politiques, 22
Eisenhower, Dwight, 183, 248, 250, 252, 259, 297
  sobre a Resistência, 248
Emil (oficial do Exército polonês), 23, 26, 101
Esconderijos, 62, 65, 67, 77-79, 81, 83, 106, 107, 115, 138, 146, 153, 166, 182, 197, 204, 227, 241, 264, 276, 280
  na Espanha, 214, 217
  Villa des Bois, *ver* Villa des Bois, prisão de agentes em
Escritório de Serviços Estratégicos (OSS), 160, 221, 223, 225
  avaliações de VH por, 221, 224
  contrato de VH com, 231
  disfarce de VH e, 226
  dissolução do, 323
  entrada de VH em, 231
  fundação de, 160, 221
  imagem pública de, 323
  invasão Aliada e, 162
  legado de festas e álcool, 328
  mulheres em, 288, 313

na Sede das Forças
Especiais, 346
Operação Crocus/
Fairmont, 307
pedido de demissão de
VH para, 262
recrutas na alta sociedade em, 156
rumores de reduto alemã e,
307, 311, 312
Truman continua com, 322
VH como heroína de, 299
VH declara missão terminada para, 283
Esmirna (atual Izmir), 26-29
Espanha, 41, 45, 116,
128, 157, 171
Abwehr na, 215
carta de VH contrabandeada
para fora da, 207
esconderijos da Seção F na, 217
H/X (chefe da SOE) na, 50, 71
jornada de VH pelos Pireneus,
103, 115, 138
oficialmente neutra na Segunda
Guerra Mundial, 41
papel de VH na (a partir de
maio de 1943), 214
refugiados da França na, 41
VH encontra Bellows na, 63
VH na, 197
VH presa pela Guarda
Civil na, 145
Esperando Godot (Beckett), 342
Estados Unidos:
aliança da Grã-Bretanha com, 293
ataque de Pearl Harbor, 99,
101, 108, 222, 324
Campanha de McCarthy
contra atividades "antiamericanas", 330
Departamento de Estado,
ver Departamento de
Estado dos EUA

entra na guerra de inteligência, 216
entra na Segunda Guerra, 81
falta de tradição em espionagem, 222
Força Aérea, 190, 287
França auxiliada por, 56
França de Vichy e, 130
guerra da Alemanha com, 135
guerra do Japão com, 99
mulheres nas forças armadas de, 206
na Guerra Fria, *ver* Guerra Fria
neutralidade e do isolacionismo na Segunda
Guerra de, 39, 56
New Deal de Roosevelt em, 32
Office of Strategic Services, *ver*
Escritório de Serviços
Estratégicos
VH envia mensagens via
malote diplomático, 64,
87, 109, 207
Estônia, 34, 35, 406
Executiva de Operações Especiais
(SOE), 16, 42, 47
agentes judeus, 118
Alesch e, 168
Barbie e, 150
células autônomas necessárias pela, 89
Churchill e, 43
circuito Heckler da, 66, 77, 179
circuito Prosper, 154,
212, 227, 238
Clã Cameron, fuga
de Mauzac, 146
comprimidos usados pelos agentes na, 53, 54, 85, 115, 163
Dalton como chefe da, 214
deficiência de VH e, 298, 306
Diários de Guerra de, 110
disfarce de jornalista de VH
para trabalhar com, 118

dizimação de circuitos da, 206
e coesão entre as diferentes vertentes de Resistência, 67
e delações e erros por agentes e oficiais estrangeiros, 114, 122
escola de operadores de rádio, 221
esconderijos da, 62, 65, 77, 81, 83, 107, 115, 122, 146, 227
formação da, 42
Guérin e, 75
Guerra anglo-irlandesa e, 46
inventores científicos na, 161
legado de VH na, 198
licença para matar segundo, 53, 171
Manual do Líder Partisan da, *O*, 240
MI6 em contraste com, 47
missão de VH com, 42, 43
morte de Bloch e, 71
mulheres e, 50, 77, 89,112
na Sede das Forças Especiais, 230
nacionalidade de VH e, 15, 298
operadores de rádio de, *ver* operadores de rádio
papel de VH como agente de ligação da, 51
pousos de paraquedas da, 234, 240, 243, 260, 262
primeiro envio de agentes de paraquedas para a França, 49
prisões e detenções de agentes da, 68,78, 95, 102, 110, 113, 114, 122, 133; *ver também* Villa des Bois, detenção de agentes em
recrutamento da, 35, 67
recrutamento de VH para, 67

relacionamentos românticos e, 301, 322, 342
relatório de VH por, 317
"resfriador", casa para desertores, 49
Seção F da, 42
solicita o retorno de VH a Londres, 130
treinamento de VH com, 49
Exército francês, 13, 36, 178, 271, 288, 299, 318, 408
Exército Republicano Catalão, 116
Eyraud, Gabriel, 344, 411

Fairbanks, Douglas, Jr., 324
Falaise, Bolsa de, 286
Fascismo, 32, 35, 48, 321
  ascensão na Europa, 406
Fayol, Marianne, 258, 267
Fayol, Pierre, 258, 303, 307, 347, 411
  conservador, 259
  Le Chambon-sur-Lignon sous l'Occupation, 304
  questionamento de VH, 267
  torna-se grande admirador de VH, 307, 347
  vê VH em Paris, 258-259
  VH fica com em Riou, 267
Fellot, Mesdemoiselles, 81,182
Ferrovias francesas, 84
  bombardeio da RAF em, 111
  condições lúgubres nos trens, 85,
  sabotagem de, 118, 241, 248, 249, 253, 281
  trens como perigo aos agentes, 87
Figueres, prisão de, Espanha, 192, 206
Fitzgerald, F. Scott, 23
Fleming, Ian, 17, 222
Fleuret, Père, 140

Floege, E. F., 216
Foltz, Charles, 324, 330
Fontcroise, capitão, 291
Foot, M. R. D., 146, 214
Forças Francesas do Interior (FFI), 279
Forgan, James, 310
França de Vichy, 58, 62, 80
    atrocidades por oficiais na, 152
    colaboração com a Alemanha, 50
    EUA e, 135
    judeus em, 85
    Laval na, 117
    Milícia na, *ver* Milícia
    Norte de África e, 183
    polícia em, 53, 56, 65
    propaganda de, 61, 63, 73, 100
    Service du Travail Obligatoire (STO), 211, 273
    ver também Pétain, Philippe
França Livre, 48, 77, 82, 100, 137, 228, 292, 304
França:
    abandono da capital pelo governo, 37
    ajuda dos EUA a, 56
    alemães recuam da, 294
    amor duradouro de VH a, 24, 56, 305
    apreensão de bens por alemães em, 188
    armistício assinado com a Alemanha, 38
    atrocidades cometidas por alemães em retirada, 294
    cidadãos capturados para trabalho escravo, 315
    colapso da, 39
    comboios alemães em, 231
    conhecimento de VH da, 33
    contas a acertar depois da partida alemã, 225
    de Gaulle como presidente temporário da, 292
    desconfiança contra a Grã-Bretanha pela, 39
    desconfiança da Grã--Bretanha em, 48
    desembarques na Normandia, 248; *ver também* Dia D
    divisão em duas zonas, 42
    fábricas em, 111
    ferrovias na, *ver* ferrovias
    fornecimento de comida em, 83
    frota afundada em Toulon, 188
    frota da Marinha afundada em Toulon, 188
    fuga de VH da, 157
    guerra declarada pela, 35
    ilusão de invulnerabilidade dos alemães, 37
    imprensa na, 57
    invasão alemã da, 212
    judeus deportados da, 118
    libertação da, 18, 245
    linha defensiva alemã nos Vosges, 154
    luta entre facções em, 83
    mapa da, 52
    na Linha Maginot, 36
    ocupação inicial alemã, 48
    operações paramilitares na, 331
    orgulho nacional reacendido na, 211
    planos para o desembarque Aliado em, 160-161
    plena ocupação alemã, 217
    política cruel nos últimos meses de guerra, 152
    presença Aliada, importância de VH para, 84
    privação e fome em tempos de guerra na, 68, 74
    reinado do terror" nazista nos primeiros meses de 1944, 22

retorno de VH a, 146, 218, 227
Sûreté, *ver* Terceira República de Sûreté
tentativas da população de escapar da *Blitzkrieg,* 13
tratamento brutal de prostitutas no fim da guerra, 315
tropas dos EUA vistas como brandas demais, 314
ver também França de Vichy
violência francesa aleatória e violência apavorante nazista após Dia D, 249-250
Zona Livre em, 42, 56, 58, 69, 70, 149, 280
Zona Ocupada na, 42, 70, 77, 102, 128
Francês, idioma, 230, 238
Franco, Francisco, 41,
Francs-Tireurs et Partisans Français, 270
Fresnes, fortaleza-prisão, 196, 201, 245, 252, 327
Fugitivos da Europa ocupada, 67, 76, 77, 82
de barco a partir de Côte d'Azur, 83
pelos Pireneus, 83, 217
via Marselha, 80Fuzilamentos de Nantes, 66, 67, 72

Gabriel, *ver* Eyraud, Gabriel
Gauthier (mais tarde *Antoine*) (Philippe de Vomécourt)
Geelen, Pierre, 235, 237, 242, 245, 252, 284
George, Perry, 28
Georgette (filha de Léa Lebrat), 273, 349
Gerson, Victor (*Vic*), 65, 115
Gestapo e, 164
Gestapo:

aldeias saqueadas e incendiadas, 253
Alesch e, 170
Allard e, 237
anúncio de trabalho e, 144
Bloch e, 70
Célestin e, 166
Courvoisier e, 202
em Lyon, 128, 149, 150, 174, 186
em Paris, 175, 186, 219, 229, 300
Guth e, 243
infiltração de redes Aliadas pela, 112
irmãos Newton e, 314
Leccia e, 237
Menier e, 163
presença em Vichy, 53, 199
Rousset e, 166
VH e, 112, 124, 156, 157, 159, 163, 175, 180, 195, 198, 237
WOL e, 170
Zeff e, 179
Gévolde (comandante da Resistência), 271, 279, 280, 290, 301
Gibraltar, 217
Gilbert (agente em Perpignan), 64, 184, 185, 189
Glières, tragédia de, 228
Gneisenau, 104
Goillot, Paul:
a morte do pai e, 300
aparência e personalidade de, 289
Barnesville, casa de campo de, 340
casamento com VH, 331
derrame sofrido por, 343, 347
encontro com VH, 289
histórico de, 321-323
mãe de VH e, 234

na Operação Crocus/
 Fairmont, 307
nos Irregulares de Diane, 294
poodles de, 331
relacionamento
 de VH com, 332
Göring, Hermann, 110
Grã-Bretanha, 35, 38, 41, 43, 47-
 -48, 50-52, 56, 75, 98, 100,
 104, 110, 125-126, 147, 212,
 217, 227, 233, 240, 243,
 246, 276, 296, 301, 336,
 342, 345, 349
 aliança dos EUA com, 39, 100
 Blitz de Londres, 44
 Comitê do Gabinete
  de Defesa, 210
 Executiva de Operações Especiais, *ver* Executiva de
  Operações Especiais
 guerra da Alemanha com, 35
 guerra declarada por, 35
 MI5 (Serviço de Segurança), 45
 relacionamento da França com,
  35, 56, 104, 107
 Royal Air Force [Força Aérea
  Real], *ver* Royal Air Force
 Royal Navy [Marinha
  Real], 106, 226
 Serviço Territorial Auxiliar, 35
 VH como embaixadora da
  causa britânica, 38, 39, 52,
  233, 240, 246, 276, 346
Gralley, Craig, 334, 338, 350
Grand Nouvel Hôtel, 62, 65, 90,
 91, 140, 146
Grande Depressão, 24, 321
Grécia, 325, 334
Grégoire (operador de rádio),
 165, 197, 198
Grell, William, 230, 247, 292, 295
Grover-Williams, William, 157
Gubbins, Colin, 213
Guérin, Germaine:

Alesch e, 242, 308, 317
enviada a Ravensbrück, 201
guerra de guerrilha, 223, 227,
 233, 235, 239-240, 243,
 251, 254, 290
impacto físico dos anos
 de guerra, 308
irmãos Newton e, 314-415
organização de VH da, 178
prisão de, 308
VH garante compensa-
 ção para, 317
Guerra anglo-irlandesa
 (1919-1921), 46
Guerra da Coreia, 330
Guerra Fria, 324, 325, 330, 334
 ameaça vermelha na Itália, 325
 CIA e, 334
 Colomb, Coronel (Con-
  de Arnaud de Vogue),
  250, 255, 305
 e trabalho de VH na
  CIA, 324, 334
 início da, 324
 Rádio Europa Livre e, 329
Guth, Léon, 84, 114, 158, 160, 243
Guttman, Leon, 187, 208

H/X (chefe da SOE na
 Espanha), 215
Halifax, Lorde, 47
Hall da Fama dos Grupos de Inteligência Militar, 345
Hall, Barbara (mãe):
 acidente de VH e, 28
 aspirações para VH, 21
 bolo de frutas enviado para VH por, 101
 cartas de Norris a, 247
 e fim do trabalho de VH
  com o OSS, 300
 e mudança de VH pa-
  ra o OSS, 229

e VH dirigindo ambulâncias, 36
e VH em Londres, 35
em Veneza com VH, 30-31
Paul Goillot e, 289, 321, 322
posição social de, 19
reencontro de VH com, 322
Hall, Edwin Lee "Ned" (pai), 19, 20
morte de, 25
na visão de VH, 20, 289Hall, John (irmão), 20
Hall, John W. (avô), 19
Hall, Robert (tio-avô), 19
Hall, Virginia (VH):
Abwehr e, 112, 149-150, 175, 177, 193
acidente e amputação da perna, 28, 34
adoção de filho considerada por, 331
Alain e, 65, 88, 119, 121, 130, 151, 209
Alesch e, 88, 89, 92, 119, 121, 130, 164, 209, 301
apartamento como centro de Resistência e trabalho na SOE, 112
aposentadoria da CIA de, 341
aposentadoria de, 341
Aramis e, 225, 227, 229, 231, 234, 240
artigos escritos por, 35, 56, 57, 74
aspirações da mãe para, 19
atitude da CIA diante de, 325
atrasos na partida de Londres pelo Departamento de Estado, 35
avaliações pelo OSS de, 224
Barbie e, 150, 187, 205, 243
Barnesville, casa de campo de, 340
Bellows e, 41-42, 63
Bertillon e, 57

Bleicher concentrado em, 104, 112
busca alemã de, 129, 130, 146, 149, 150
cabelos e roupas de, 34, 63, 74, 77, 86, 143, 154, 161, 276
caça como passatempo de
casamento de; *ver também* Goillot, Paul
CBE recomendada para, 147, 216
chegada em Vichy de, 42
circuito Heckler de, 77
coberturas jornalísticas de, 35, 56-57, 74, 85, 118, 151, 214
Colomb e, 250, 251
com licença para matar, 17, 53, 171
como "Maria das Montanhas", 255
como heroína de guerra, 323
como heroína do OSS, 299
como motorista de ambulância, 36
como operadora de rádio, 216, 218, 221, 250, 278
comunicações de rádio e, 117, 130, 146
condições de inverno congelante e, 190
consumo de álcool de, 328
contrabando de carta para fora da Espanha, 207
contrabando de mensagens para fora da França, 64
contrato com o OSS, 231
Cowburn adverte sobre La Chatte, 103
Cruz de Guerra laureada a, 304, 305, 345
Cruz de Serviços Distintos laureada a, 302
deficiência visível, 33

Departamento de Estado rejeita candidaturas de, 24-25
dermatite de, 289
Dia D e, 231, 233, 238
"Dindy", apelido de, 20
disfarce de ordenhadeira, 234
e facções dentro da Resistência, 82-83, 239
e freiras em La Mulatière, 62, 76, 182, 295
em Haute-Loire, 344, 348
em La Creuse, 232, 238
em Le Puy, 82, 83, 193, 205, 255
em Londres, 15, 35, 38, 43, 53, 54
em Lyon, 60, 62, 66, 72, 75, 77, 81, 85, 91, 150, 157, 184, 220
em Roybet, 283, 298
em Talín, 32
embaixador permanente solicitado por, 135
Emil e, 23, 26, 101
estoicismo e a autossuficiência de, 19-39,
estudos de pós-graduação de, 24
estudos universitários, 24
exausta por viagens constantes, 84
Fayol e, *ver* Fayol, Pierre
foco nazista em, 127
França amada de, 24, 56, 305
fuga da França, 81
fuga de captura para trabalho escravo, 257
fuga do *Clã Cameron* facilitada por, 135, 146
Gauthier e, *ver Gauthier*
Gestapo e, 56, 58, 86, 92, 150, 156, 159, 163, 164, 166, 174-175, 180, 193, 226, 233, 283, 300, 335
Goillot e, *ver* Goillot, Paul
Guérin e, 76, 127
Guerra de guerrilha de, 120, 214, 231
Guth e, 84, 114-115, 158
histórico familiar, 19
identidade americana como vantagem para, 55, 67
impacto físico dos anos de guerra, 267
Irregulares de Diane liderados por, 294
jornada nos Pireneus, 115, 138, 182, 184
Leahy e, 56, 59
legado de, 19
legado na SOE de, 198
Leprevost e, 80, 83
línguas estrangeiras de, 21, 24, 306
línguas faladas por, 21, 24, 306
MBE laureado a, 345
missão do OSS concluída, 324
missão na SOE de, 42, 43
Morel e, 114, 303
morte de, 343
motivações de, 46, 229
mudança para Paris, 22
na CIA, 321
na Espanha, 182
na Europa (1926-1929), 23, 24
na Operação Crocus/Fairmont, 307, 310
na Roland Park Country School, 20, 86
natureza aventureira e não convencional de, 20
no Cher, 244
no Comitê Nacional para a Europa Livre, 329
no consulado em Barcelona, 207
no Ensino Médio, 20, 22
no Nièvre, 235, 239, 262, 302

no planalto de Vivarais-Lignon, *ver* planalto de Vivarais-Lignon
nomes de campos, identidades e disfarces de, 51, 58,72, 89, 90, 184, 195, 236, 327
nos Diários de Guerra da SOE, 110
obituários de, 343
obstáculos formidáveis enfrentados em Vichy
operação Castres e, 182
OSS acompanhado por, 221
pai na visão de, 20, 289
papel da mulher na inteligência alterado por, 153
papel de oficial de ligação de, 51
patente militar de, 51
pedido de demissão no OSS de, 262
pedidos exoneração do Departamento de Estado, 35
pediu para voltar a Londres, 130
perigos para, 86, 99, 103, 107, 124
período mais infeliz da carreira, 336
perna protética ("Cuthbert") de, 30, 49, 93, 190, 285, 309, 351
Peter Churchill e, 90, 92
poodles de, 331, 343
posições administrativas no Departamento de Estado, 24, 27, 32
pousos de paraquedas organizados por, 253
prêmios e, 313, 323
presa pela Guarda Civil na Espanha, 146
problemas de saúde de, 150
procura de emprego depois do OSS, 302
promoção no OSS de, 283
reconhecimento póstumo de, 343-344
recrutamento na SOE de, 67
recrutamento por, 67, 70, 213
recusa a escrever memórias, 303
recusa de cirurgia para alterar a aparência, 226
relacionamentos românticos, 301, 332
renome em Paris de, 156
retorno à França, 184
retorno à Inglaterra depois de fugir à Espanha
retorno aos EUA (1934), 30-31
retorno aos EUA depois da guerra, 329
Rousset e, 79, 80
salários de, 25, 34, 216, 231, 283, 325, 330
segurança aumentada por, 50
serviço de informação política, 110
Serviço Territorial Auxiliar e, 35
Simpson e, 75
"sobrinhos" de, *ver* Allard, Elisée; Geelen, Pierrel; Leccia, Marcel
SOE pede para retornar a Londres, 92
SOE salva da "extinção prematura" por, 116
S-Phone usado por, 276, 277, 287
sucesso da rede de, 280
Sûreté infiltrada por, 83
trabalhando sozinha, 55
treinamento como operadora de rádio de, 216
treinamento na SOE de, 49
unidade Jedburgh e, 290
viagens europeias quando criança, 21

Hallowes, Geoffrey, 287, 290, 292, 302
Hambro, Charles, 213
Haute-Loire, 15, 82, 255, 258, 259, 278, 282, 290, 302, 317, 344, 349, 408, 410
   derrota final dos alemães em, 290-291
Hayes, Charles, 123, 124
Hayes, J. B., 144,
Hemingway, Ernest, 23
Heroína, 16, 299, 304-305, 323, 337, 344
Heslop, Richard, 157
Himmler, Heinrich, 165
Hitler, Adolf, 24, 57, 58, 104, 149, 150, 161, 183, 188, 212, 213, 250
   comícios de Nuremberg de, 24
   discurso no Reichstag de, 43
   fuga de Mauzac e, 135
   judeus e, 51
   Pétain, e, 38
   planos iniciais do OSS para, 222
   repressão brutal na França, 66
   reunião de Chamberlain com, 35-36
   suicídio de, 312
   torna-se chanceler, 32
Hoare, Samuel, 215
Holanda, 306, 347
Hoover, J. Edgar, 332
Hôtel Terminus, 150, 186, 202, 205
House, E. M., 33
Hull, Cordell, 33
Hungria, 329
Hunt, E. Howard, 339

I Guerra Mundial, *ver* Primeira Guerra Mundial
Igreja Católica, 170
II Guerra Mundial, *ver* Segunda Guerra Mundial
Ingersoll, Ralph, 50
Innsbruck, 307
Inteligência britânica:
   perda de contato com os franceses, 41
   política de recrutamento exclusivo de cidadãos britânicos, 35-36
   ver também MI6; Executiva de Operações Especiais
Itália, 32, 99, 309, 329, 334
   intervenção da CIA na eleição de 1948, 325
   invasão dos Aliados, 309
   Veneza, 30, 33

Japão, 99, 160, 321
   bombardeio atômico, 321
   guerra dos EUA com, 99
   Pearl Harbor atacada por, 99, 101, 108, 135, 222, 324
Jeunet, Eugène, 78, 197, 200, 315
Jóquei Clube de Maryland, 19
Joulian, Jean e Marie-Louise, 82
Jourdan, Monsieur e Madame, 179
Jouve, Germaine, 122, 163
Judeus, 51, 65, 69, 77, 79, 82, 100, 187, 210, 226, 258
   agentes judeus da SOE, 69
   deportação de, 118
   em Le Chambon, 255-258, 263
   em Paris, 118
   em Varsóvia, 187
   escondidos no planalto de Vivarais, 255
   Hitler e, 51
   na França de Vichy, 85, 210
   Pétain e, 57
   plano de Solução Final nazista, 118
Jumeau, Marc, 69, 133, 138, 144

Juttry, Jules, 245, 247, 327

Kennedy, John F., 340
Khan, Noor Inayat, 213
Konsular Akademie, 23, 236

La Chatte, *ver* Carré, Mathilde
La Chaux-des-Fonds, 162
La Creuse, 232, 233, 238, 286
La Mulatière, 62, 76, 182, 295
Labourier, Eugène e Mme, 83, 317
Langelaan, George, 65, 69, 141, 144, 226
Laval, Pierre, 117, 118
Lavôute, 282
Le Boulicaut, Raoul (tenente *Bob*), 269, 411
Le Chambon-sur-Lignon, 255, 304
Le Forestier, Roger, 283
Le Harivel, Jean-Philippe, 65, 69, 144
Le Puy, 255, 259
Leahy, William, 56, 57, 135, 183, 223
Lebrat, Edmond, 284, 289, 346, 408
Lebrat, Léa, 273, 283, 288, 408
Lebrat, Madame, 349
Lebrat, Maurice, 258, 261, 272-274
Leccia, Laurent e Joseph, 237
Leccia, Marcel, 84, 411
  assassinado em Buchenwald, 316
  capturado e enviado à prisão, 217
  Gestapo e, 241
  memorial em Valençay, 347
  Wilen e, 241
Legge, Barnwell, 64
Legrand, Jacques, 169, 173-175
Leigh, Vera, 156, 314
Leney, Roger, 287, 292

Léon (operador do OSS em Cosne), 253
Leprevost, Robert, 80, 83
Lilias (agente duplo), 241
Limoges, 84, 114, 157, 162, 217, 233
Linha Maginot, 36, 37
Linha Vic, 115, 116, 252
Londres, 15
  Blitz em, 100
  VH em, 35
Long, Madame, 232, 238
Lopinat, Eugène, 233
Lorna (sobrinha de VH), 321, 328, 331, 338, 340, 343, 345, 349
Lucas (mais tarde, *Sylvain*) (Pierre de Vomécourt), 49, 64, 72, 102-109, 116, 117
  muda nome de campo, 109
  prisão de, 108, 110
Lyon, 15, 60-62, 64-66, 74, 81, 88, 92, 103, 120, 128, 149, 150, 175, 182, 184, 189, 196, 206, 216, 251, 314
  anúncio de trabalho em, 167
  Barbie e, 186, 283
  bordel de Germaine Guérin, 76
  cirurgia de Rousset, 79
  como berço da Resistência, 59
  dizimação dos circuitos da SOE, 179
  foco da Abwehr em, 73
  fuga do *Clã Cameron* e, 146
  Gestapo em, 179
  Grand Nouvel Hôtel, 91
  Prisão de Montluc, 163-164, 178
  refugiados em, 73
  VH em, 69, 72, 77, 220
Lyon, Robert, 144

Madri, 215-218, 220, 324, 253, 255-259, 261-263, 269, 271, 275-276, 279, 281, 292-293, 297, 299, 318
Manual de Líder Partisan, O, 240
"*Maquis*", 211, 233, 239--240, 244, 250
   ver também Resistência Francesa
Marchand, Joseph, 81, 164
Marchand, Madame, 165
Marion, Paul, 100
Marselha, 57, 65, 68, 80, 86, 88, 93, 94-96, 98, 103, 115, 117, 133, 162, 170, 179, 184, 211
   VH e Peter Churchill em, 93
   esconderijo de Villa des Bois, *ver* Villa des Bois, detenção de agentes em
Martineau, Paul, 254
Massacre de Katyn, 23
Mauthausen, campo de extermínio, 175, 198
Mauzac, campo de internação, fuga pelo *Clã Cameron* do, 135, 138, 140, 145-149
McCarthy, Joseph, 330
Menier, Mademoiselle, 163, 189
MI5 (Serviço de Segurança), 45, 221, 224
MI6 (Serviço de Inteligência Britânico; Serviço de Inteligência Secreta), 17, 47, 71, 130, 155, 170, 220, 318, 326
   agente *Blanchet,* 171
   circuito WOL em Paris, 168
   perda de contato com os franceses, 41
   política de recrutamento exclusivo de cidadãos britânicos, 35-36
   pool genético de almofadinhas, 47
   relatório sobre Alesch, 319

Milícia, 210, 223, 246, 250, 255, 269, 272
Millar, George, 197
Miranda de Ebro, campo de concentração, 193, 208
Moley, Raymond, 32
Montluc, prisão de, 162, 178, 283
Montluçon, 294
Morel, Gerry, 114, 134, 147, 158, 303
Moulin, Jean, 59, 99, 212, 239
Muggeridge, Malcolm, 222
Mulheres:
   ao lado de homens na linha de frente, 17
   atitude de De Gaulle perante as, 304
   atitudes da CIA perante as, 17, 335
   atitudes da França de Vichy perante as, 80
   atitudes da SOE e, 43
   atitudes de militares dos EUA perante as, 227
   atitudes do grupo de Resistência perante as, 259, 271
   e leis internacionais de guerra, 264
   garçonnes em Paris, 22
   oportunidades criadas pela guerra, 16
   papel de combate limitado, 14
   Serviço Territorial Auxiliar, 35
   taxas maior de baixas para agentes mulheres, 153
   tratamento brutal da Gestapo às, 315
   VH como *Trailblazer* para agentes do sexo, 346 feminino, 346
   voto permitido nos EUA, 21, 330
Mussolini, Benito, 24

Nacionalismo, 17, 24, 51
Nada de novo no front
   (Remarque), 211
Nagasaki, 321
Nallet, Jean, 278
Natzweiler, campo de, 154
Nazismo, nazistas, 287, 307, 312, 314-315, 327
   Caminhos de Rato e, 346
   Operação Paperclip e, 337
Nelson, Frank, 71
New Forest, 51
New York Post, 55, 63, 74, 85, 99, 118, 130, 151, 177, 207
New York Times, 65, 344
Newton, Henry e Alfred (os Gêmeos), 181, 199, 200, 314, 343, 409
   Alesch e, 314
   Barbie e, 314
   morte de, 343
   Dubois e, 314
   Germaine Guérin e, 184
   Gestapo e, 314
   livro *No Banners* sobre, 343
   problemas de saúde do pós--guerra de, 314
Nicholas, Johnny, 58
Nicolas (agente em Lyon), 177, 180, 182, 183, 197, 198, 280
Nièvre, 235, 239, 262, 302
No Banners (Thomas), 343
Noguères, Henri, 305
Noirétable, 295
Normandia, 206, 248, 249, 253, 259, 286, 305, 410 desembarques Aliados em, 248; *ver também* batalha do Dia D
Norris, Charlotte, 247, 286
Norte da África, 100, 182, 183, 185, 195

Olive (Francis Basin), 65, 72
   captura e prisão de, 162
   Menier como amante de, 163
   salva VH da *rafle* da polícia, 162
   VH garante liberação de, 162-163
Operação Crocus/Fairmont, 307
Operação Donar, 149, 179
Operação Overlord, 246
Operação Paperclip, 337
Operação Tocha, 161, 182, 186
Operações de sabotagem, 155, 231
   de ferrovias, 118, 241, 248, 249, 253, 281
   guerra de guerrilha de VH, 239
   Irregulares de Diane, 294, 316, 344, 348, 411, 412
   missões "sanguessuga" de pequena escala, 240
   operação tripla Aliada de, 235
Operadores de rádio:
   carga de trabalho e estresse dos, 125
   catástrofe de *Lucas* e La Chatte, 103-104
   chegada de *Célestin* à França, 166
   coragem de, 206
   Courvoisier chega a Lyon, 202
   escola de, da SOE, 221
   falta de, 90, 209
   Le Harivel chega a Lyon, 69
   papel vital dos, 49
   prisões de, 68
   rádio contrabandeado para dentro de Mauzac
   S-Phones, 276
   taxa maior de baixas, 153
   treinamento do operador de rádio de VH, 216

ver também Bégué, Georges; detecção de sinal de rádio; Rake, Denis; Zeff, Edward
VH como operadora de rádio, 216, 218, 218, 221, 250, 278
VH e, 216
OTAN, 332

Page, Eloise Randolph, 345
Pouso de paraquedas, 15, 234
na zona de Bream, 261
organização de VH de, 243, 262

Paris:
abandono do governo francês por, 37
americanos em, 22
Années Folles em, 22
avanço Aliado em direção a, 227
circuito WOL em, 168
entrada dos alemães, 34
Gestapo em, 175
judeus em, 118
Leccia e Allard capturados e enviados à prisão, 241
recaptura de Aliados de, 226-227
Resistência em, 169
Resistência em, 169
sede da Abwehr em, 173
VH chega em (setembro de 1944), 287
VH e Paul no fim da guerra em, 298
VH foge para (maio de 1944), 314
VH na avenue de Breteuil, 38
VH renomada em, 157

VH renomada para (outubro de 1944), 301
VH retorna para (março de 1944)
VH visita (1938), 33
Park, Arthur, 53,
Patton, George S., 253
Pearl Harbor, ataque de, 324
Pejot, France, 82
Pépin, ver Rousset
Perpignan, 83, 112, 115, 184, 187
Pétain, marechal Philippe, 38, 42, 58
armistício com Hitler, 183
condenação de, 319
culto à personalidade de, 59
De Gaulle e, 59
Dunkirk e, 73
e a invasão Aliada do Norte da África, 182
escolta nazista para Alemanha, 292
idade e senilidade, 58
judeus e, 57
repressão à Resistência, 99
retorno de Laval e, 117
reuniões com Göring, 110
Petites Ailes de France, Les, 60-61
Philby, Kim, 88, 326
Picabia, Francis, 169
Picabia, Gabrielle, 169, 171
Pierre-Bloch, Gaby, 69
Pierre-Bloch, Jean, 133, 145
Pireneus, 83, 103, 115, 138, 182, 209, 217, 310, 350
fugitivos viajando pelos, 83
inverno em condições extremas em, 185
passeurs e, 116, 185
jornada de VH pelos, 84
Plano Vert, Plano Tortue e Plano Violet, 235
PM, revista, 50
Poinso-Chapuis, Germaine, 94

Pólio, 33
Polônia, poloneses, 25, 35
 invasão alemã da, 35
 massacre em Katyn de, 23
Portão da Borgonha, 291
Porte de Vincennes, 37
Portugal, 41, 217, 227, 334
Pradel, Mademoiselle, 122
Primeira Guerra Mundial, 47, 59, 104, 124, 139, 211
Prisão de Périgueux, 94, 113, 119, 133, 135, 408
Prisioneiros de *Nacht und Nebel*, 316
Prisioneiros *Noite e Névoa*, 316
Proibição, 21,
Prostitutas, 207
Protestantes, 82, 257

Quacres, 45
Quebra de Wall Street (1929), 24
Queen Mary's Hospital, 209

Rabut, Madame, 234, 238-240
Rádio Europa Livre, 329
Rake, Denis, 124, 157, 323, 347, 411
Ravensbrück, campo de concentração de, 201, 315
Reader's Digest, 309
Reconhecimento aéreo, 41, 110, 286
Região de Ardèche, 37, 255
Regnier, Jean-Marie, 220
Regras de Queensberry, 43
Reile, coronel, 175, 197
Remarque, Erich Maria, *Nada de novo no front*, 211
Resistência, *ver* Resistência Francesa
Resistência Francesa:
 A tristeza e a piedade, 347
 anúncio de trabalho e, 167
 ataques alemães contra, antes da invasão aliada, 162
 Barbie e, 187
 coesão entre diferentes vertentes da, 82
 como ameaça séria aos militares alemães, 236
 conquistas da, 121
 desembarques Aliados e, 160
 detenções de membros da, 163
 Dia D e, 231
 dificuldades iniciais no recrutamento, 35-36
 documentário sobre, 347
 e comportamento descuidado, 72, 137
 Eisenhower sobre, 297
 em Cosne, 239
 em Haute-Loire, 15, 82, 258
 em Le Cheylard, 263
 em Paris, 126
 emboscada de veículos/comboios alemães, 231, 282
 esforços de sabotagem, *ver* operações de sabotagem
 execução sumária de informantes, 249
 falta de orientação ou apoio, 66
 Forças Francesas do Interior, 279
 frase "ir para o *maquis*", 211
 fuzilamentos de Nantes, 66
 guerra de guerrilha de VH, 239
 informantes na, 146
 início da guerra de guerrilhas, 239
 Irregulares de Diane na, 294
 jogo de espera no início da guerra, 53-54
 lutas de facções dentro da, 83, 270
 Lyon como berço/cadinho da, 60
 maquis na, 267, 269

Mauzac, fuga de, e, 146
mulheres na, 259
necessidade de exércitos secretos disciplinadas, 82
no Monte Mouchet, 258
no Nièvre, 239, 255
panfletos antinazistas em Lyon, 60
papel da, 18
recrutamento de VH para, 67
refugiados da, 214
repressão brutal no início de 1944, 149
repressão de Pétain, 57
resiliência da, 213
sem planos para, 61
Service du Travail Obligatoire (STO) e, 211, 273
solidão como tensão eterna, 87
suprimentos para; *ver também* pousos de paraquedas
taxas de morte elevadas na, 107
traidores em, 290
VH como centro de, 92-96
VH como defensora da, 84
Revolução Francesa, 61
Rigoulet, Albert, 144, 145
Riley, Henry, 287, 289, 291, 302, 412
Roland Park Country School, 20, 86
Rommel, Erwin, 100, 160
Roosevelt, Franklin Delano, 32, 33, 56, 99, 223, 407
 nos Três Grandes, 271
 na Conferência de Casablanca, 209
 morte de, 312
 De Gaulle e, 271
 OSS e, 221
 França de Vichy e, 56
Rosenberg, Ethel e Julius, 330
Rousset, Jean (*Pépin*), 79, 315
 Alesch e, 170, 171
 prisão de, 167-168
 sobrevive a Buchenwald, 316
Roux, André, 278, 298
Royal Air Force [Força Aérea Real] (RAF), 75, 80, 81, 111, 140, 151, 165, 228, 243, 265
 bombardeios de infraestrutura na França, 145
 fuga dos pilotos derrubados na França, 80
 pousos de armas e suprimentos, 228
 SD ou esquadrões de Missões Especiais, 277
Royal Navy [Marinha Real], 106, 225
Roybet, 283, 288, 298
Rudellat, Yvonne, 154
Ruelle, Victor, 270, 279
Rundstedt, Gerd von, 228
Rússia, 26, 32, 35, 59, 160
Russier, Madame, 288

Sachsenhausen, campo de concentração de, 154
Saint-Agrève, 259,
Saint-Clément, 255, 259, 410
Sainte-Elisabeth, convento de, La Mulatière, 62
Saint-Étienne, 256, 259, 263, 265, 269, 281
Saint-Genest-Malifaux, 266
Saint-Sébastien, 233
Saint-Thibaud, ponte de, 253
San Juan de las Abadesas, 192, 206
Sansom, Odette, 347
Sarna, 87,
Scanlan, Robert, 342
Schaeffer, Karl, 175
Schmahling, Julius, 285
Schow, Robert, 58
Schriever, George, 303
Secours Suisse, 257

Sede das Forças Especiais (SFHQ), 230
Segunda Guerra Mundial:
Ardenas, 37, 306
ataque de Pearl Harbor, 50, 99, 101,108, 222, 227, 324
batida em retirada alemã da França, 255, 290
bombardeio atômico do Japão, 321
Cingapura, 110
Conferência de Casablanca, 209
Dia D, *ver* desmobilização seguinte ao Dia D
entrada dos EUA em, 99
evacuação em Dunkirk, 41
fim dos confrontos na Europa, 285
Grã-Bretanha enfrenta Hitler sozinha, 38
guerra alemã com a União Soviética, 61
Guerra de Mentira, 36
Innsbruck, 307
invasão alemã da Polônia, 35
invasão alemã da União Soviética, 61
isolacionismo dos EUA, 56
Muralha do Atlântico, 170
Operação Cerberus de *Scharnhorst* e *Gneisenau*, 104, 111
Operação Tocha, 161, 182, 186
queda da França, 229
revezes militares britânicos iniciais, 306
Sicília, 162, 212
vitória britânica em El Alamein, 186
Selborne, Lord, 214
Service du Travail Obligatoire (STO), 211,273
Serviço de Santé des Armées, 36
Serviço Territorial Auxiliar, 35

Sevilla, José, 137, 139, 143
Sífilis, 79
Simpson, William, 75, 151, 209, 342, 347
Sophie (Odette Wilen), 241, 242, 252
S-Phone, 276, 277, 287
SS, 165, 181, 187, 195, 199, 307, 316
divisões da Waffen-SS, 210
Stalin, Joseph, 32, 100, 271, 332
Stalingrado, 212
Stein, Gertrude, 23
Stimson, Henry, 222
Stonehouse (Brian *Célestin*), 166, 411
Storks (aviões detectores alemães), 268, 269, 272, 283
Strong, capitão, 45
Sûreté, 69, 83, 84
Marshall Vance interrogado pela, 130
prisões no esconderijo de Villa des Bois, *ver* Villa des Bois, prisões de agentes em
Rake preso em Limoges pela, 157
VH infiltrada
Sury-en-Vaux, Cher, 244
Sury-ès-Bois, 247
Suttill, Francis, 154
Sylvain, ver Lucas

Talín, 34, 35
Técnicas de criptografia, 268
Thame Park, 221, 230
Thatched Barn, 161
Thérond, Emile, 280
Tillion, Germaine, 169, 170, 171, 174
Toulouse, 160, 165,
Tours, 107, 112, 128, 154, 235, 241

Trotobas, Michael, 65, 136, 143, 144, 146
Truman, Harry, 312
Tuck, Pinkney, 183
Turck, Gilbert (*Christophe*), 64
Turquia, 26, 30, 108, 226, 332, 407

União Soviética, 61
   armas atômicas e, 330
   CIA e, 325
   na Guerra Fria, *ver* Guerra Fria
   invasão pela Alemanha da, 26, 35
   guerra da Alemanha com, 160
   massacre de Katyn em, 23
   vitórias em Stalingrado e Kursk, 212
Unidades de Jedburgh, 290
Universide George Washington

Valençay, Vale do Loire, 38
Van der Stricht, Paul, 300, 302, 304-306
Vance, Marshall, 130
Varsóvia, 25, 324
Veneza, 30-34, 325, 340
   ver também Resistência Francesa
Vessereau, coronel, 239, 240, 243
Vic (Victor Gerson), 65, 115
Vichy, 42, 55, 57, 61-66, 72-74, 91, 100, 110, 118, 130, 145, 147, 149, 151, 161, 170, 177, 182, 188, 210, 292, 315
Viena, 306
   Konsular Akademie, 23
Villa des Bois, prisão de agentes em fuga do *Clã Cameron* de Mauzac, 65, 69, 71, 72, 84, 89-90, 92-94, 102, 113, 114, 115, 117, 119, 133
Villefranche-de-Conflent, 189
Villelonge, 269, 293
Vivarais-Lignon, Plateau de, 255
   Le Chambon-sur-Lignon, 255, 256-258, 262, 263, 265-267, 272, 287, 288, 304
Vogue, 166
Vogue, Conde Arnaud de (*Coronel Colomb*), 250, 252, 305
Vomécourt, Jean de (*Constantin*), 119, 167, 177, 251
Vomécourt, Philippe de, *ver Gauthier*
Vomécourt, Pierre de, *ver Lucas*
Vosges, 154, 296, 297

Waffen SS, 210, 228
Washington Post, 343
Wehrmacht, 183, 186, 188, 212, 248, 282, 291, 296, 307
Weil, Jacques, 157
Weiner, Tim, 336
Whittinghill, George, 64, 75, 81
Wilen, Odette (*Sophie*), 241, 242, 252
Wilkinson, Ernest, 157, 159, 160
Wisner, Frank, 332, 336
Worms, Jean, 157

Yeager, Chuck, 190

Zeff, Edward, 125-127, 166, 198
   Gestapo e, 164
ZurBach, Dédé, 273

Virginia passou uma infância idílica em Boxhorn, a fazenda da família em Maryland. A casa era espaçosa e elegante, mas faltava aquecimento central, e a água era bombeada de um riacho. Sua mãe, Barbara, tinha ambições sociais maiores. Crédito: Lorna Catling Collection.

A jovem Virginia adorava a vida no interior e vestia roupas de garoto. Dindy, como a família a chamava, era destemida, orgulhosa e adorava ser diferente de suas colegas menos aventureiras. Crédito: Lorna Catling Collection.

Virginia e seu irmão mais velho e mais conservador, John, cresceram próximos na fazenda, mas tinham perspectivas diferentes da vida. Com o tempo, John passou a não desaprovar os modos "modernos" da irmã. Crédito: Lorna Catling Collection.

Virginia adorava seu pai, Ned, homem sempre muito alegre que mimava a filha incomum e alimentava nela o desejo de viajar e se aventurar. A morte prematura do pai foi arrasadora. Crédito: Lorna Catling Collection.

Desde pequena, Virginia tinha uma empatia pelos animais, o que se provaria inesperadamente útil durante a guerra. Na imagem, a adolescente está usando pombos como chapéu e, em outra ocasião, ela usou cobras como braceletes na escola. Crédito: Lorna Catling Collection.

Virginia foi enviada para Talín no fim dos anos 1930 e adorava caçar na floresta enorme da Estônia, mas, com exceção disso, sua vida foi uma série de rejeições cruéis. Sua ambição constante de se tornar diplomada falhou repetidamente, e ela se decepcionou com as limitações de seu papel como funcionária administrativa do Departamento de Estado. Crédito: Lorna Catling Collection.

A solidão e o medo de operar atrás das linhas inimigas eram um fardo pesado. Alguns agentes achavam que não deviam confiar em ninguém, exceto no próprio reflexo. Autorretrato sem data. Crédito: Lorna Catling Collection.

(esq.) A impressionante boa aparência de Virginia fez dela uma figura notável na guerra, especialmente depois de seu rosto ter aparecido em cartazes de "procurada". Em seu retorno ao campo, adotou um disfarce criado por maquiadores artísticos de Hollywood e alfaiates refugiados, que operavam um ateliê atrás de Oxford Circus. Ele enganava praticamente a todos. *(meio)* Frustrada pelas restrições da Era da Proibição norte-americana, Virginia atravessou o Atlântico quando tinha apenas 20 anos para buscar as liberdades de Paris. A cena literária, artística e musical gerou um amor intenso pela França e, mais tarde, motivou sua determinação de combater a ameaça crescente do fascismo europeu. *(dir.)* Virginia tinha estilo e foi criada na expectativa de um casamento vantajoso. Teve vários pretendentes, mas desprezava a maioria das expressões de ardor do sexo masculino. Suas ambições eram muito maiores. Crédito: Lorna Catling Collection.

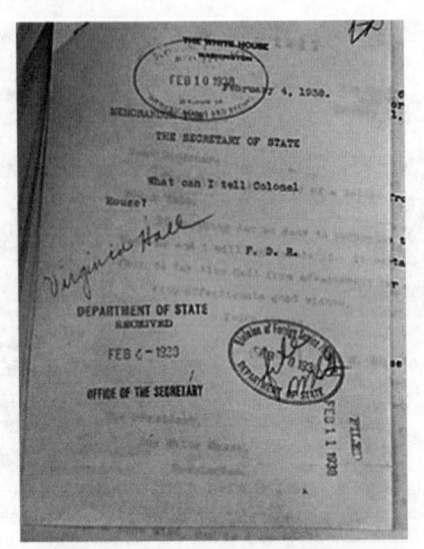

O próprio presidente Roosevelt envolveu-se na briga contra o banimento de Virginia do serviço diplomático. Crédito: National Archives and Records Administration.

Virginia criou uma maneira engenhosa de contornar as centenas de pontes desafiadoras de Veneza. Crédito: Lorna Catling Collection.

O *Baltimore Sun* publicou uma notícia em janeiro de 1934 sobre o acidente de caça de Virginia na Turquia. O restante de sua vida transformou-se em uma missão: provar o que ela era capaz de fazer. Crédito: Lorna Catling Collection.

A facilidade de Virginia em tratar animais de fazenda permitiu que ela, mais tarde, coletasse informações vitais para a ofensiva Aliada depois do Dia D. Crédito: Lorna Catling Collection.

Uma pintura de Virginia por Jeff Bass, transmitindo mensagens urgentes da fazenda de Léa Lebrat, no Haute-Loire, em julho de 1944, com Edmond Lebrat fornecendo energia com uma bicicleta adaptada. A obra original está na coleção de Belas Artes da CIA. Crédito: Copyright Jeffrey Bass.

Virginia organizou uma das fugas de prisão mais bem-sucedidas da guerra, do campo de prisioneiros de Mauzac, na Dordonha. Doze agentes da SOE, nesta foto com outros apoiadores, foram retirados de lá em segurança, mas poucos sabiam da extensão completa do papel dela. Crédito: David Harrison Collection.

Virginia conseguiu que os homens da SOE fossem levados da fortaleza de Périgueux para Mauzac, onde ela sabia que tinham muito mais chance de escapar. Encontrou maneiras engenhosas de contrabandear mensagens, ferramentas e até mesmo um transmissor de rádio para dentro da prisão. Crédito: David Harrison Collection.

Virginia provou sua excepcional coragem sob fogo em 1940, ao se voluntariar para dirigir ambulâncias na linha da frente para o SAA (Service de Santé des Armées) do Exército francês. Crédito: Lorna Catling Collection, mantida pelo Spy Museum, Washington, D.C.

O abade Robert Alesch foi um dos agentes duplos alemães mais mortais da guerra. Crédito: National Archives and Records Administration.

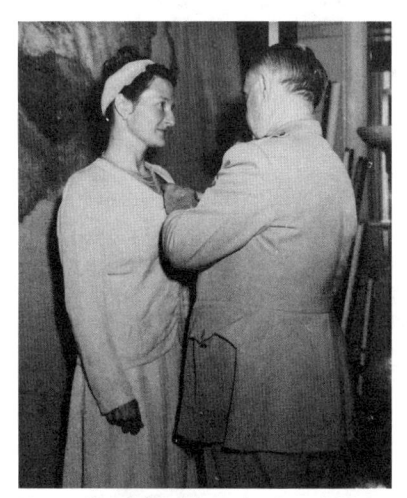

Henry e Alfred Newton (foto tirada em 1938) eram animadores antes da guerra, mas perderam a família inteira quando um navio de passageiros que os levava para casa foi atingido por torpedos alemães. Eles se tornaram valentes defensores de Virginia, mas foram capturados e torturados pela Gestapo. Crédito: Via No Banners por Jack Thomas, WH Allen, 1955.

Virginia foi a única mulher civil na Segunda Guerra Mundial a ser condecorada com a Cruz de Serviços Distintos pelo heroísmo extraordinário contra o inimigo. Ela recebeu a medalha em Washington, D.C., de "Wild Bill" Donovan em uma cerimônia discreta, em 27 de setembro de 1945. Crédito: cortesia de Lorna Catling e John Hall.

Apenas a mãe de Virginia, Barbara, acompanhou-a na cerimônia de condecoração. Donovan, diretor do OSS, foi um de seus maiores admiradores e regalava muitas pessoas em Washington, D.C. com histórias sobre seu heroísmo. Crédito: cortesia de Lorna Catling e John Hall.

A campanha de sabotagem estratégica de Virginia teve uma eficácia devastadora. A ponte ferroviária em Chamalières foi explodida em 2 de agosto de 1944, e uma locomotiva foi lançada em alta velocidade para o abismo. Crédito: Via *Le Chambon--sur-Lignon sous l'occupation* por Pierre Fayol, L'Harmattan, 1990.

As forças alemãs renderam-se em Estivareilles, em 22 de agosto de 1944, após uma ofensiva bem-sucedida da guerrilha. Em grande parte graças a Virginia, o Haute-Loire foi um dos primeiros *départements* da França a serem liberados fora da Normandia. Crédito: Cortesia de Lieu de Mémoire au Chambonsur-Lignon.

Um *maquis* solitário em patrulha perto de Saint-Clement, no planalto de Haute-Loire. Crédito: Cortesia de Lieu de Mémoire au Chambonsur-Lignon.

(à esq.) Bob ou Raoul le Boulicaut, um dos apoiadores mais dedicados de Virginia, no planalto. Morreu em 1946, aos 26 anos, em decorrência dos ferimentos de guerra. *(meio)* Virginia chamava o sempre sorridente Gabriel Eyraud de *chouchou*, ou fofinho. Um órfão que via Virginia e os *maquis* como uma família. Morreu em 2017, sendo o último dos Irregulares de Diane. *(à dir.)* Virginia considerava Ben Cowburn, engenheiro da Lancashire com sorriso brincalhão, o maior agente da SOE na França. A admiração era mútua. Crédito: (esq. e meio) Copyright Collection privée. Cortesia de Lieu de Mémoire au Chambon-sur-Lignon; (dir.) Via No Cloak, No Dagger por Ben Cowburn, Jarrolds, 1960.

(à esq.) Maurice Buckmaster, antigo gerente da Ford Motor Company na França, trouxe "o otimismo de um diretor de vendas" à SOE, mas alguns enxergavam sua alegria como ingenuidade. *(meio)* Virginia brigou amargamente com *Alain*, ou Georges Duboudin, por ele ser mulherengo e beber demais. Ela o considerava um risco à segurança. *(à dir.)* O ousado Marcel Leccia era o camarada de armas mais próximo de Virginia e uma figura heroica. Nunca a decepcionou, mas pagou um preço alto por isso. Crédito: The National Archives, UK.

(à esq.) Brian Stonehouse, ou *Célestin*, era ilustrador de moda para a *Vogue* na vida civil, mas se mostrou o mais corajoso dos agentes. Recusou-se a revelar o nome e o paradeiro de Virginia, apesar das mais terríveis torturas. *(meio)* Rake Denis foi um dos mais coloridos e ousados personagens da SOE e, possivelmente, o mais frio e corajoso – apesar de odiar estouros altos. Ele dizia que Virginia havia sido a maior agente feminina da guerra. *(à dir.)* Pierre Fayol, comandante líder dos *maquis*, no início se ressentia da autoridade de Virginia e tentou ativamente derrubá-la, chamando-a de feiticeira ruiva. Mais tarde, tornou-se um devoto dela. Crédito: (esq. e meio) The National Archives, UK; (dir.) Via *Le Chambon-sur-Lignon sous l'occupation* por Pierre Fayol, L'Harmattan, 1990.

Virginia, com seus rapazes no *château* desapropriado em Roissiat. Paul (o primeiro à esquerda) tornou-se seu amante. Henry Riley está segurando o cão, com o tenente Aimart no centro. Crédito: Via Le Chambon-sur-Lignon sous l'occupation por Pierre Fayol, L'Harmattan, 1990.

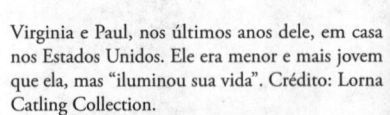

Virginia e Paul, nos últimos anos dele, em casa nos Estados Unidos. Ele era menor e mais jovem que ela, mas "iluminou sua vida". Crédito: Lorna Catling Collection.

Dando um comovente e último adeus aos Irregulares de Diane na varanda do *château* de Roissiat. Como comandante, Virginia está no centro. À sua esquerda está Gabriel, que, para variar, não está sorrindo. Crédito: Copyright Collection privée. Cortesia de Lieu de Mémoire au Chambon-sur-Lignon.

**Acreditamos
nos livros**

Este livro foi composto em Adobe Garamond Pro e
Bliss Pro e impresso pela Geográfica para a Editora
Planeta do Brasil em janeiro de 2021.